2025

아는 만큼 돈버는
상속·증여세
핵심 절세 노하우

PREFACE 머리말

　상속세와 증여세 절세의 왕도는 Tax Planning을 세워 미리 미리 대비하는 것입니다. Tax Planning이란 미래의 절세전략 또는 절세목적의 세금설계를 의미합니다.

　재산을 가진 사람이 생전에 그 재산을 자식 등에게 물려주는 경우에는 그 재산에 대하여 증여세가 과세되고, 사망하여 상속으로 물려주는 경우에는 상속세를 물게 됩니다. 생전에 증여한 재산에 대하여는 증여세도 물게 되고, 증여자가 일정한 기간이내에 사망하게 되는 경우에는 또다시 상속세를 추가로 물어야 하는 경우도 있습니다. 이처럼 증여세와 상속세는 상호 연계되어 있어 절세설계(Tax Planning)을 미리 잘 하여 실행하는 경우에는 상속세와 증여세를 모두 절세 할 수 있지만 증여와 상속을 잘못하게 되면 오히려 세금을 더 물게 되는 경우가 발생하게 됩니다.

　상속세 및 증여세의 절세설계는 50대 후반 또는 60대 초반부터 계획을 세워 단계별로 실행에 옮겨야 합니다. 또한 무작정 재산을 물려주기 보다는 자식들의 자생력을 지켜보면서 단계별로 재산을 물려주는 것이 바람직합니다.

　절세설계의 방향은 상속재산가액은 최대한 낮추고, 각종 상속공제는 최대한 높여서 궁극적으로 상속세를 최소화 하는 방향입니다. 다만, 모든 절세설계는 법률과 세법의 테두리 내에서 합법적으로 설계해야 합니다.

　이 책은 이러한 증여세와 상속세 부담을 최소화 하면서 증여와 상속을 잘 하는 방법에 대하여 소개하고 있습니다. 그리고 일반인들도 조그만 관심을 가지면 간단히 절세할 수 있는 사례들을 다양하게 소개하고

머리말 PREFACE

있습니다. 특히 필자가 24년간 국세청에서 재직하면서 얻은 풍부한 실무경험 뿐만 아니라 세무사로서 실제로 실행하여 성공한 사례들과 연구를 통하여 얻은 다양한 절세 사례들을 소개하고 있습니다. 또한 이러한 사례들은 구체적인 세부담액의 비교를 통하여 현행 법 테두리안에서 합법적으로 절세할 수 있는 핵심 절세전략을 소개하고 있습니다.

이 외에도 상속세와 증여세에 있어서 반드시 알아야 하는 것들도 소개하여 실수를 사전에 예방하여 상속세 및 증여세 부담을 최대한 덜 수 있도록 하고 있습니다.

따라서, 이 책은 상속세와 증여세에 있어서 절세방법에 관심을 갖고 계시는 분들이나 또는 컨설팅을 하고 있는 세무대리인 등에게 좋은 안내서가 될 것이라고 보며 이 책에서 소개하는 방법들을 통하여 상속세와 증여세 신고 등 업무에 있어 실수를 사전에 예방하고, 또한 효과적으로 절세하시길 바랍니다.

이번 개정판에는 2025년부터 적용되는 개정세법을 반영하였고, 손쉽게 절세 할 수 있는 사례 몇 가지와 최근 가장 이슈가 되는 내용을 추가 및 수정하였습니다.

그리고, 총 116개의 절세노하우 내용들을 민법, 상속세, 증여세, 재산평가, 신고납부, 기타 등 6개의 범주로 나눠 분류하여 책을 읽는 분들이 쉽게 찾아보고, 이해하실 수 있도록 하였습니다.

PREFACE 머리말

  새로운 희망의 기운이 가득한 3월에 이 책을 출간할 수 있도록 도움을 주신 김진호 대표님과 이태동 이사님, 경정암 부장님에게 깊은 감사의 마음을 드립니다. 그리고 늘 변함없이 지지해주는 가족들에도 깊은 감사의 마음과 사랑을 드립니다.

2025년 3월
저자 세무사 고경희

차례 CONTENTS

Ⅰ 민법 분야

1 상속세 절세의 왕도는 사전에 세금계획을 세워 미리 미리 대비하는 것이다. ··· 18

2 사망신고 전에 상속세 절세방법이 있을까? ···23

3 상속인이 채무초과 상태인 경우 상속포기 해야 사해행위취소권 행사의 대상이 되지 않는다. ···25

4 상속재산보다 상속채무가 더 많은 경우에는 상속포기를 해야 패가망신하지 않는다. ···28

5 한정승인 상속을 할 때에는 양도소득세를 고려해야 불이익이 없다. ···············30

6 알짜배기 재산은 부모님 생전에 미리 증여받아야 유류분으로 반환하지 않을 수 있다. ···32

7 유류분을 포기하는 대가로 현금 등으로 정산하는 경우 양도소득세가 추가로 부과될 수 있다. ···35

8 감정평가액으로 유류분청구 소송을 하는 경우 그 감정평가액으로 상속세가 과세될 수 있다. ···38

9 부양의무를 중대하게 위반한 부모는 자녀의 재산을 상속받지 못한다. ···········41

CONTENTS 차례

Ⅱ. 상속세 분야

1. 고액자산가는 생전에 미리 일부 증여하는 것이 상속세를 절세 할 수 있다. ······44
2. 상속인 및 직계비속이 아닌 자가 주주인 영리법인에 유증하면 상속세를 절세한다. ················48
3. 배우자 상속공제와 상속세의 연대납세의무 제도를 이용하면 자녀들은 상속세 부담 없이 상속받을 수가 있다. ······50
4. 상속개시일 현재 매매계약 이행중인 재산과 상속개시일 이후 6월 이내에 매매계약이 체결된 재산은 양도소득세가 없다. ······53
5. 특별조치법에 의하여 증여등기한 부동산의 경우, 상속재산인지 증여재산인지 여부를 잘 판단하여야 한다. ······59
6. 상속재산중에 금양임야와 묘토가 있는 경우 협의분할을 통하여 제사주재자를 정하고 그가 상속받도록 하라. ······62
7. 피상속인이 며느리에게 사전증여하고, 그 며느리는 아들에게 증여하면 5년을 벌 수 있다. ······64
8. 토지소유자와 건물소유자가 다른 경우 임대보증금의 귀속자를 잘 판단해야 한다. ······66
9. 피상속인이 긴 투병 생활을 하다 사망한 경우 병원비·간병비를 상속인들 고유의 재산으로 납부하지 마라. ······68
10. 6월 1일 이후에 상속이 개시된 경우 재산세와 종합부동산세를 공과금으로 공제하는 것을 잊지 마라. ······70
11. 상속재산에 합산되지 않는 증여재산은 생전에 가급적 증여하라. ······71

차례 CONTENTS

- 12 재산소유자의 사망일에 임박해서는 가급적 재산을 처분하지 않는 것이 좋다. ·· 74
- 13 상속재산을 공익법인에게 출연하고자 하는 경우에는 신고기한 이내에 공익법인 명의로 반드시 등기 등을 하여야 상속세가 면제된다. ······················ 76
- 14 상속인으로 미성년자, 장애인이 있는 경우에는 일괄공제 대신 그 밖의 인적공제를 적용받는 것이 유리할 수 있다. ····························· 79
- 15 금융재산 상속공제는 금융재산가액에서 금융채무를 공제한 순금융재산가액을 기준으로 공제한다. ································ 82
- 16 부모님을 10년 이상 동거봉양하면 상속세를 절세할 수 있다. ················ 84
- 17 상속개시일 현재 가업상속이 되는 법인의 사업용자산비율을 높여야 상속세를 절세 할 수 있다. ···························· 88
- 18 차명주식이 있는 경우 실제소유자 사망시점에 상속인 명의로 환원해야 가업상속공제 적용 및 2차 명의신탁에 따른 증여세 과세문제가 없게 된다. ················ 91
- 19 손자 등 선순위 상속인이 아닌 자에게 유증 등을 하는 경우에는 각종 상속공제를 적용받지 못한다. ························· 95
- 20 지주회사의 주식등 비율을 80% 미만으로 낮추어서 상속세를 절세해라 ········· 99
- 21 5억원을 초과하여 배우자상속공제를 적용받기 위해서는 반드시 배우자상속재산분할 기한까지 협의분할에 의한 등기 등을 하여야 한다. ···················· 101
- 22 상속재산의 가액이 상속공제액 이하에 해당하여도 상속세를 신고하라. ········· 103
- 23 재산을 상속받는 것이 유리한지 생전에 증여받는 것이 유리한지? ············· 108
- 24 기업을 상속으로 물려주고자 하는 경우에는 가업상속 공제제도를 이용하여 상속세를 절세하라. ····························· 110
- 25 상속포기하거나 한정승인 상속한 자녀가 보험금을 수령한 경우 국세에 대한 납세의무

CONTENTS 차례

　　가 승계되고, 상속세가 과세된다. ································· 118
26 가업상속공제 및 가업승계 특례 적용시 가업에 해당하는 법인이 보유 중인 자회사
　　주식은 사업용자산에 해당될 수 있다. ························· 122
27 중소기업을 물려받은 경우 가업용자산을 처분할 때 까지 상속세 납부유예를 적용받을
　　수 있다. ··· 126
28 법인이 소유한 사업부지에 대한 개발사업 시행시 상속세 절세방안은? ········· 129
29 농지등에 대하여 영농상속공제와 증여세 감면을 둘다 적용받는 경우 상속증여세 절세
　　효과를 극대화 할 수 있다. ·· 133
30 주택을 상속받은 경우 취득세와 양도소득세, 종합부동산세에 미치는 영향은 ? 135

Ⅲ 증여세 분야

1 상속받은 재산은 최초로 상속등기를 하기 전에 협의분할을 해라. ············· 140
2 증여목적으로 수증자명의로 건축허가를 받거나 또는 분양권을 취득하여 건물 완성시
　　증여시기는 건물의 사용승인서 교부일이다. ················ 144
3 양도소득세가 비과세되거나 감면되는 재산을 증여받고자 할 때 대가를 일부만이라도
　　지급하고 매매로 취득해라. ·· 145
4 이혼위자료, 재산분할 하거나 차라리 증여해라. ············ 148
5 30% 이상 출자에 의하여 지배하고 있는 법인의 사용인은 특수관계가 있음을 잊지
　　마라. ··· 150
6 보험금을 수령한 사람과 보험료를 납부한 사람이 다른 경우에는 증여세 또는 상속세가

차례 CONTENTS

부과될 수 있다. ·· 154

7 즉시연금보험금은 함부로 계약자를 변경하지 않는다. ·············· 156

8 특수관계인에게 재산을 시가보다 저가·고가로 매매하는 경우에는 양도소득세와 증여세가 각각 부과된다. ···································· 158

9 부동산 취득자금이 부족한 경우 부모로부터 차입해라. ············ 161

10 가족의 채무를 대신 변제 등을 해야 하는 상황인 경우 현금을 증여하지 말고 직접 변제 등을 해라. ·· 165

11 토지소유자와 건물소유자가 다른 경우에는 토지 및 건물에 대한 사용권리만 출자하여 공동사업을 하는 것이 유리하다. ················ 167

12 연부연납시 타인의 부동산을 담보로 제공하는 경우에도 담보제공이익에 대하여 증여세가 과세되지 않는다. ···································· 174

13 가족법인에 증여하는 경우에도 주주별 얻은 이익이 1억원 미만인 경우 증여세가 과세되지 않는다. ···································· 176

14 특정법인을 통하여 4.9억의 이익을 증여받은 경우에도 증여세가 없다. ········ 181

15 배우자나 직계존비속에게 재산을 양도한 경우에는 국세청 전산망에 100% 포착된다. ···································· 183

16 자금출처가 부족한 자녀와 공동으로 취득한 주택을 임대할 경우 임대차계약의 당사자를 자녀로 해라. ·· 186

17 초과배당에 대하여는 소득세와 증여세가 모두 과세되고 증여세 신고도 2번해야 한다. ···································· 189

18 가족법인이 불균등 자본거래를 통해 이익을 얻은 경우에도 그 법인의 주주에게 증여세가 과세된다. ···································· 193

CONTENTS 차례

| 19 | 가족법인이 초과배당을 받으면 증여세 및 의료보험료 등을 절세할 수 있다. 196
| 20 | 장애인에게 재산을 증여하는 경우 증여세 비과세 또는 면제 혜택이 있다. 198
| 21 | 부담부증여를 이용하면 과연 절세가 될까? 201
| 22 | 부모가 재혼하거나 사별한 경우로서 재산을 증여등을 받은 경우 동일인 합산과세 및 증여재산공제, 상속권 여부를 검토하여야 한다. 204
| 23 | 부동산 증여에 대한 증여세를 증여자가 대납해야 하는 경우 부동산과 함께 증여세 상당액의 현금도 증여하여 합산 신고해라. 207
| 24 | 재산을 부모 또는 자녀에게 증여하고자 하는 경우 가급적이면 부부공동명의로 증여하라. 211
| 25 | 배우자에게 6억원 범위내에 부동산을 증여하여 취득가액을 높여라. 214
| 26 | 혼인·출산한 직계비속에게 세금없이 추가로 1억원을 증여할 수 있다. 216
| 27 | 배우자·직계존비속으로부터 증여받은 재산을 10년 또는 1년 이내 양도하는 경우 이월과세가 적용됨을 유의해야 한다. 218
| 28 | 창업하고자 하는 자녀가 있거든 창업자금에 대한 증여세 과세특례제도를 이용하여 증여세를 절세하라. 221
| 29 | 기업을 자녀에게 생전에 물려주고자 하는 경우에는 증여세 과세특례제도를 이용하여 증여세를 절세하라. 229
| 30 | 특수관계에 있는 법인에게 일감을 몰아주면 증여세가 과세됨을 유의해야 한다. 236
| 31 | 종중이 종중원으로부터 재산을 증여받거나 종중재산을 종중원에게 분배하는 경우에는 증여세가 과세된다. 245

차례 CONTENTS

- 32 부모가 국외에 거주하는 자녀에게 재산을 증여하고 그 증여세를 부모가 대신 납부해도 재차 증여세를 물지 않는다. ·········· 247
- 33 거주자가 비거주자에게 국외재산을 증여한 경우 국조법에 따라 증여세가 과세된다. ·········· 249
- 34 타인의 부동산 등 재산을 담보로 이용하는 경우에도 담보이용이익에 대하여 증여세가 과세된다. ·········· 251
- 35 최초 명의신탁주식의 매도대금으로 동일인 명의로 다시 취득한 주식 등 재차 명의신탁으로 과세되지 않는다. ·········· 254
- 36 부담부증여가 유리할까? 저가매매가 유리할까? ·········· 257
- 37 공동으로 부동산임대사업을 할 때 노무출자를 하면 임대소득을 더 가져갈 수 있다. ·········· 259
- 38 부담부증여로 인수한 채무 또는 상속받은 채무에 대하여는 국세청은 사후관리를 하고 있음을 유의해야 한다. ·········· 262
- 39 사내근로복지기금 또는 공동근로복지기금에 출연한 재산은 증여세가 비과세 된다. ·········· 264
- 40 가업을 생전에 물려주는 경우 사후관리기간이 최대 10년 이상이 될 수 있다. ·········· 266
- 41 공익법인 등이 출연받은 재산에 대하여 상속세 또는 증여세가 면제된다. ·········· 269
- 42 자기주식을 어떻게 처리할까? ·········· 272
- 43 유상증자를 통하여 적대적인 주주 또는 자기주식의 지분율을 낮추어라 ·········· 275
- 44 재산취득자금 중 일부를 증여받은 경우에는 증여세 신고하는 것이 취득자금 세무조사를 피할 수 있다. ·········· 278

CONTENTS 차례

Ⅳ. 재산평가 분야

1 비상장주식을 매매하거나 또는 유상증자 · 유상감자 등 주식변동을 하고자 할 때에는 반드시 세법에 따라 평가한 후 실행해야 한다. ········· 284

2 기준시가로 신고한 꼬마빌딩 및 초고가주택은 국세청이 직접 감정평가 의뢰하여 과세할 수 있다. ········· 286

3 상속 · 증여재산 신고기한 다음날부터 9개월(증여는 6개월) 까지의 기간 동안 매매가액 등도 시가로 적용할 수 있다. ········· 291

4 증여세 또는 상속세 신고일 후의 유사매매사례가액은 시가로 보지 않는다. ··· 294

5 시가가 없는 임대차계약이 체결된 부동산을 증여받거나 상속받은 경우에는 임대료 등 환산가액과 기준시가를 비교해야 한다. ········· 297

6 상속받은 재산을 처분하고자 하는 경우에는 6개월 내에 매매계약을 체결하도록 하라. ········· 299

7 비상장주식을 저가로 양도하는 경우에는 반드시 체크해야 할 사항이 있다. ··· 302

8 사옥을 처분하거나 합병 등 사유가 있는 경우 신고기한 이내에 1주당 추정이익으로 비상장주식을 평가할지 검토해라. ········· 309

9 증여목적으로 자녀명의로 정기적금, 적립식 펀드에 금전입금시 유기정기금 평가방법에 의하여 증여세 신고하라. ········· 313

10 신탁을 잘 활용하면 절세 등 여러 가지 측면에서 유리하다. ········· 316

11 비상장주식을 증여하고자 할 때 증여타이밍이 중요하다. ········· 318

12 비상장법인의 순자산가액을 산정할 때 보충적 평가액과 비교하는 장부가액이란 "취득가액에서 감가상각비를 뺀 금액"을 의미한다. ········· 321

차례 CONTENTS

13 부동산과다보유법인의 주식을 상속·증여하거나 양도하는 경우에는 평가방법 및 양도세율 적용에 있어 유의해야 한다. ·············· 324

14 최대주주가 보유한 중소·중견기업 주식을 상속받거나 증여받은 경우에도 할증평가가 면제된다. ·············· 330

15 상속형 즉시연금보험을 이용하면 증여세를 절세할 수 있는지? ·············· 333

16 부동산임대법인등 부동산등 비율이 80% 이상인 법인의 주식이동시 주식평가를 조심해야 한다. ·············· 335

17 비상장주식을 평가심의위원회가 심의·제시하는 평가가액으로 평가하는 경우에는 최고 30%까지 주식을 낮출 수 있다. ·············· 337

18 유사매매사례가액 찾는 방법을 알려드립니다. ·············· 340

19 법정결정기한 이내의 감정가액 등을 시가로 적용하는 현행법령을 유불리에 따라 이를 활용하거나 피하는 것도 절세방법이다. ·············· 346

20 증여받은 아파트에 대하여 증여세 신고할 때 매매사례가액을 예측하기 어려운 경우 감정평가를 받는 것도 좋다. ·············· 349

21 중견기업의 주주가 감자·증자를 통하여 다른 주주에게 이익을 분여하는 경우에는 20%의 세부담액을 줄일 수 있다. ·············· 352

V 신고납부 분야

1 납부할 상속세, 증여세가 너무 부담스러운 경우 분할납부·연부연납 제도를 이용하라. ·············· 356

CONTENTS 차례

2 상속재산가액보다 실제로 매매되는 가액이 더 낮은 경우에는 상속세에 대하여 물납을 신청해라. ·· 360

3 기업을 상속받은 경우 기업상속공제와 20년간 분할납부를 선택할 수 있다. ·· 367

Ⅵ 기타 분야

1 무주택자가 주택을 상속받은 경우 취득세를 절세할 수 있다. ······················ 372

2 상속에 따른 취득세의 연대납세의무제도를 이용하면 증여세를 절세할 수 있다. 375

3 차명계좌를 이용하면 혹 떼려다가 혹 붙이게 된다. ······································ 376

4 국세청은 최근 FIU자료를 활용한 재산 등 취득자금의 출처에 대한 조사를 강화하고 있다. ·· 380

5 국세청은 PCI 시스템을 이용하여 신고된 소득에 비해 재산증가액과 소비지출액이 과도한 경우 탈루혐의가 있는 것으로 보아 세무조사 한다. ························· 384

6 부동산 임대업자가 법인 임대사업자로 전환하는 것이 과연 유리한지? ·········· 386

7 법인이 자기주식을 보유하고 있는 경우 각 세법상 문제를 체크해야 한다. ··· 396

8 상속세및증여세법상 상속세 경정 등 청구 제도가 있다는 것을 잊지 마라. ····· 402

9 법인형태로 소유한 부동산을 매도하고자 하는 경우 주식으로 양도하는 것이 나은지? 부동산을 양도하는 것이 나은지? ·· 405

차례 CONTENTS

> 부록 | 사망신고 후의 후속조치 매뉴얼

Ⅰ 사망자의 사망신고 ·· 410
Ⅱ 상속재산 확인하기 ·· 412
Ⅲ 재산의 상속절차 ··· 423
Ⅳ 재산상속에 따른 세금 납부 ······································· 461
Ⅴ 기타 후속조치 사항 ··· 474

I

민법 분야

01 상속세 절세의 왕도는 사전에 세금계획을 세워 미리 미리 대비하는 것이다.

여러 개의 기업체를 경영하던 "김자산"이 갑자기 심장마비로 70세에 사망하였다. "김자산"의 상속재산은 약 2천억원 정도였으며, 상속인으로 배우자와 자녀들 4명이었다. 하지만 "김자산"의 갑작스런 사망으로 상속에 미리 대비하지 못했던 상속인들은 "김자산"의 사망 후 상속인간에 상속재산에 대한 분쟁이 벌어졌고, 상속인간 연대납부의무가 있는 상속세 9백억원 중 일부 상속인이 납부하지 않아 4백억원 가량이 체납이 되었다.

이에 관할세무서에서는 상속재산 중 부동산을 압류 및 공매하여 체납된 상속세에 충당을 시켰고, 공매로 넘어간 부동산에 대한 양도소득세가 다시 상속인들에게 고지가 되었다. 이들 상속인들은 2천억을 상속을 받고도 모두 체납자가 되었으며, 공매, 충당, 고지 등 악순환이 계속되고 있다.

상기 사례의 경우 "김자산"은 무려 2천억원의 재산을 소유하였으나 미리 상속에 대비하지 않고 사망함으로 인하여 상속세를 사전에 절세할 수 있는 기회를 놓쳤다. 또한 그의 사후에는 상속인들간의 상속재산에 대한 분쟁으로 서로 원수지간이 되었으며, 이 과정에서 상속재산의 많은 부분은 공매되어 체납된 상속세와 양도소득세로 충당되고 있다.

상속세는 재산소유자가 사망한 경우 상속인이 상속받은 재산에 대하여 내는 세금으로, 재산소유자가 언제 사망 할 지 또 사망할 당시의 재산은 얼마나 될 지 등을 알 수 없기 때문에 세금계획(Tax Planning)을 세우기가 쉽지 않다.

상속세 세금계획은 상속인인 자녀들이 직접 세우기가 더욱 곤란하다. 부모가 생존해 계시는데 사망을 전제로 하여 계획을 세운다는 것이 불효를 저지르는 것으로 생각되고, 재산의 분배·처분 등에 대한 결정은 부모님이 해야 하기 때문이다.

그렇다고 아무런 대비도 하지 않고 있다가 갑자기 부모님이 사망하여 상속이 개시되면 상기 사례와 같이 부모님이 평생 동안 피땀 흘려 일구어 놓은 상속재산은 한순간에 공중 분해되는 경우가 발생하므로 세금계획을 미리 세워야 한다.

상속이 개시되고 나서는 상속인들이 할 수 있는 방법이래야 세법에서 인정하고 있는 각종 공제제도를 최대한 활용하는 것인데 이는 근본적인 대책은 되지 않는다. 따라서 상속세 세금계획은 부모님이 생전에 미리 세워서 대비하는 것이 바람직하다.

상속세 세금계획을 세울 때에는 다음과 같은 사항이 고려되어야 할 것이다.

▌상속대상 재산규모 및 종류, 예상 상속세 등 파악

현재의 상황에서 상속세 과세대상이 되는 재산의 규모 및 종류, 예상 상속세 등을 파악해야 한다.

왜냐하면 부동산·예금·주식 등 재산 종류에 따라 평가방법이 다를 뿐만 아니라 다른 종류의 재산으로 바꾸어 보유하는 것이 유리한지 여부 등도 검토해야 하기 때문이다. 또한 예상 상속세에 따라 사전 절세설계 및 납세자금 마련 등도 검토해야 하기 때문이다.

▎피상속인의 연령 및 건강상태

실무적으로 상속·증여세 컨설팅 업무를 시작 할 때 제일 먼저 물어보는 것이 피상속인의 연령과 건강상태이다. 이는 예측하기 어렵고 또한 예측하기 싫은 것이지만 피상속인이 대략 언제 사망할 것인지 여부를 예측해야만 그에 맞추어 세금계획을 세울 수 있기 때문이다.

▎상속인 분석

상속인의 직업 및 재력 등과 상속인 상호간 화합의 정도, 배우자 존재 여부, 혼인 외 출생자, 상속인간의 상속재산 분쟁 및 유류분 청구가능성 등도 절세 설계시 반영해야 한다.

▎다양한 절세방안 모색

가능한 한 현행 법 테두리 안에서 상속세 부담을 가장 최소화 할 수 있는 방안을 모색하는 것이 중요하다.

선택 가능한 절세방안이 한가지뿐인 경우는 없으므로 여러 가지 방안을 검토해서 가장 절세효과가 큰 방안을 선택해야 할 것이다.

그러나 실제로 절세방안을 결정함에 있어서는 절세효과 못지않게 피상속인의 주관적 의지가 매우 중요하다.

예를 들면 부모가 소유한 회사의 주식을 2세에게 사전증여하고 증여세를 내는 것이 나중에 상속세를 내는 것보다 유리하다 하더라 해도 부모입장에서 경영권을 계속 가지고 있기를 원할 수 있고, 또한 재산소유가 곧 부모의 능력이라 생각하고 있을 수 있기 때문에 그러한 능력을 잃고 싶지 않은 경우도 있기 때문이다.

또한 실제로 재산을 미리 자녀에게 증여한 후 자녀들이 부모를 소홀히 대하는 경우도 종종 발생하기 때문이다.

▌사전증여를 해야 할 지 여부 검토

상속개시일전 10년 이내에 상속인에게 증여한 재산과 5년 이내에 상속인이 아닌 자에게 증여한 재산은 상속재산에 다시 가산한다. 이러한 사전증여재산은 증여받는 시점에 물론 증여세를 부담하지만 다시 상속재산에 가산되게 되면 증여당시 세율보다 높은 상속세율이 적용되는 경우에는 추가로 상속세를 물게 된다. 만일 상속재산에 가산되는 경우에는 세율차이로 상속세를 추가로 부담하는 경우도 있지만 현행 세법상 사전증여재산에 대하여는 각종 상속공제를 배제하고 있으므로 상속세를 훨씬 많이 부담하는 경우가 발생될 수 있다.

그러므로 미리 사전증여를 하는 것이 유리한지 또는 상속을 받는 것이 유리한지 여부를 피상속인의 재산규모, 연령 및 건강상태 등을 고려하여 결정해야 한다.

특히, 꼬마빌딩이나 고가주택 등 부동산에 대하여 납세자들이 기준시가로 증여세 또는 상속세 신고한 것에 대하여 일정금액 이상에 해당하는 것에 대하여는 국세청이 증여세와 상속세를 결정하는 과정에서 직접 감정평가를 의뢰하여 감정하여 추징을 하고 있으므로 이를 피할 수 있는 방법등을 모색하는 것도 최근에 가장 중요한 절세전략 중의 하나이다.

또한, 최근 정부의 보유세 과세 강화정책으로 다주택자의 종합부동산세를 피하는 방법으로 사전증여를 활용하는 방법을 모색하는 것도 최근에 가장 중요한 절세전략 중의 하나이다.

이외에도 피상속인이 가업을 영위하고 있는 경우에는 이러한 가업을 미리 물려주는 것이 좋은지 아니면 상속으로 물려주는 것이 좋은지 여부도 검토해야 한다. 상속으로 물려주고자 하는 경우에는 세법이 정한 가업상속공제 사전요건이 모두 충족될 수 있도록 미리 대비하여야 한다.

▌상황변화에 따른 세금계획의 수정

당초의 세금계획은 그 당시의 상황에 맞춰 수립된 것으로 시간이 지나면서 상속재산의 변동, 세법개정, 피상속인의 의중 변화 등 상황이 변하게 된다.

따라서, 상황변화에 따라 세금계획도 수정하여야 한다.

▌납세자금 대책

상속세는 과세미달자가 대부분이지만 최근 부동산가격의 상승으로 상속세를 납부하는 납세자가 증가 추세에 있으며, 상속세가 과세되는 경우 수억, 수십억 등 고액 납세자가 많이 발생한다. 그러므로 납세자금 대책을 마련해 놓지 않으면 상속재산을 처분해야 하거나 공매를 당하는 상황이 발생할 수 있다. 그러므로 피상속인을 피보험자로 하여 종신보험 등에 들어 놓는다든지 사전증여 등으로 세금을 납부할 수 있는 능력을 키워 놓는다든지 아니면 연부연납 또는 물납을 하도록 할 것인지, 비상장주식을 보유하고 있는 경우에는 해당 주식의 소각 등 납세자금 대책이 검토 되어야 한다.

이와 같이 상속세 세금계획은 검토해야 할 사항도 많고 절세효과를 따져 보는 것도 매우 복잡하다. 상속세 세금계획은 단시일 내에 시행할 수 있는 것만으로는 효과가 크지 않으며, 최고 30년 이상(가업상속공제 최고 600억원을 적용받기 위해서는 가업영위기간 등 가업상속공제 사전요건이 최장 30년 이상은 되어야 하기 때문이다)의 장기간에 걸쳐 시행해야 효과가 크므로 하루라도 빨리 계획을 수립하여 실행하는 것이 좋다.

02 사망신고 전에 상속세 절세방법이 있을까?

▎사망신고

　사람이 사망하면 가족관계의 등록 등에 관한 법률 제84조 제1항에 따라 사람(피상속인)의 사망사실을 안 날부터 1개월 이내에 진단서 또는 검안서를 첨부하여 피상속인의 본적지 또는 신고인의 주소지 등 관할 시(구)·읍·면사무소에 방문하여 사망신고를 하여야 한다. 신고기한 이내에 신고를 하지 못한 경우에는 5만원의 과태료가 부과된다.

▎사망신고 전에 상속세 절세방법이 있을까?

　그런데 의외로 많은 상속인들이 피상속인이 사망한 후 사망신고를 하기 전에 피상속인이 남긴 재산에 대해 상속세 절세를 위하여 할 수 있는 일이 무엇인지 많이 물어본다. 그러나 한마디로 답을 드린다면 피상속인이 이미 사망한 경우로서 사망신고를 하기 전에 상속세 절세를 위하여 할 수 있는 일은 아무것도 없다는 것이다.

　이유는 상속세는 피상속인의 사망을 원인으로 하여 재산을 상속받았거나 또는 유증·사인증여에 의하여 취득한 재산을 과세물건으로 하여 그 취득자(상속인 또는 수유자)에게 과세하는 조세이고, 또한 상속세가 과세되는 대상재산도 사망일(상속개시일) 기준으로 피상속인에게 귀속되는 금전으로 환산할 수 있는 경제적 가치가 있는 모든 물건과 재산적 가치가 있는 법률상 또는 사실상의 모든 권리를 그 대상으로 하고 있기 때문이다.

한편, 피상속인에 대한 사망 신고할 때 대개는 각종 상속재산을 확인하기 위하여 '안심 상속 원스톱 서비스'를 함께 신청하는 경우가 많다. 이 서비스를 신청하기 전에 주의 깊게 체크해야 할 것 중 하나가 바로 이 서비스를 신청하게 되면 피상속인의 금융재산 인출거래가 정지된다는 것이다. 물론 금융재산에 대하여 공동상속인간의 협의분할에 의하여 상속절차를 밟은 후에는 정식으로 인출이 가능하지만 협의분할 전에 지급해야할 대출이자 또는 카드대금 등의 인출이 되지 않기 때문에 연체 등으로 불이익을 받을 수 있다는 것이다.

또한, 간혹 상속인들은 상속재산에 대하여 단순승인 상속을 받을 것인지 또는 한정승인 상속을 할 것인지 또는 상속포기를 할 것인지 여부에 대하여 결정이 되지 않은 상태에서 피상속인의 예금을 인출하는 경우가 있다. 그런데 전체 상속재산이 파악되지 않은 상태에서 이러한 인출은 주의해야 한다. 즉, 피상속인의 금융재산을 인출하는 행동은 단순승인 상속으로 인정될 수가 있다는 것이다. 이 경우 피상속인의 상속재산보다 채무가 더 많다면 해당 채무를 상속인이 다 갚아야 하는 상황이 발생할 수가 있다.

주의사항

따라서 피상속인의 사망일부터 사망신고일까지 상속세 절세를 위하여 할 수 있는 일은 없지만 '안심 상속 원스톱 서비스'를 신청하여 피상속인의 재산현황을 파악한 후 예금인출 등 재산 상속여부를 판단하는 것이 혹시라도 상기와 같이 생길 수 있는 문제를 예방할 수 있다.

03 상속인이 채무초과 상태인 경우 상속포기 해야 사해행위취소권 행사의 대상이 되지 않는다.

> **사례**
>
> 홍길동은 사업실패로 현재 수십억의 빚을 진 채무초과 상태에서 10억원 상당 재산을 가진 부친이 사망하여 다른 공동상속인과 재산상속을 받아야 하는 상황이 발생되었다.
> 만약, 홍길동이 재산을 상속받게 되면 채권자들은 해당 재산에 대하여 강제집행을 통하여 빚을 받아 갈 것이므로 재산상속을 원하지 않고 있다.
>
> 이 경우 홍길동은 상속포기를 하는 것이 나은지?
> 아니면 공동상속인간의 협의분할에 의한 상속지분 포기가 나은지?

▍사해행위란

사해행위(詐害行爲)란 채무자가 채권자에게 채무를 갚지 않기 위해 채무자가 그 소유재산을 제3자에게 허위로 이전하거나 제3자와 채권·채무가 있는 것처럼 허위 계약 등을 하는 행위를 말한다. 사해행위취소소송은 민법 제406조의 채권자 취소권에 근거하여 채무자가 채권자를 해함을 알고 재산권을 목적으로 한 법률행위를 한 때에는 채권자는 법률행위를 취소하고 원상회복을 법원에 청구하는 소송을 말한다.

▍상속재산 분할협의란

상속재산의 분할협의란 유언장 없이 상속이 개시되어 공동상속인 사이에 잠정적 공유가 된 상속재산에 대하여 그 전부 또는 일부를 각 상속인의 단독소유로 하거나 새로운 공유관계로 이행시킴으로써 상속재산의 귀속을 확정시키는 것을 말하는 것으로 그 성질상 재산권을 목적으로 하는 법률행위에 해당하므로 사해행위취소권 행사의 대상이 될 수 있다(대법원 2001.02.09., 선고, 2000다51797 판결 참조). 그러므로 이미 채무초과 상태에 있는 채무자가 상속재산의 협의분할을 하면서 자신의 상속분에 관한 권리를 포기함으로써 일반 채권자에 대한 공동담보가 감소된 경우에는 원칙적으로 채권자에 대한 사해행위에 해당하는 것이다(대법 2007다29119, 2007.07.26.).

예를 들면, 채무자가 자기의 유일한 재산인 부동산을 매각하여 소비하기 쉬운 금전으로 바꾸거나 타인에게 무상으로 이전하여 주는 행위는 특별한 사정이 없는 한 채권자에 대하여 사해행위가 될 수 있다.

상기 사례의 경우에도 빚이 많아 채무초과 상태에 있는 홍길동이 부친의 사망으로 상속이 개시된 경우로서 공동상속인간의 협의분할에 의하여 본인의 상속지분에 관한 권리를 포기하는 경우에는 채권자들로부터 사해행위취소권 행사의 대상이 될 수 있다.

그러나 만일, 상속개시 있음을 안날(상속개시의 원인이 되는 사실의 발생을 알고 이로써 상속인이 되었음을 안 날을 말한다)로부터 3개월 이내에 관할가정법원에 상속포기의 신청을 하는 경우에는 사해행위취소권 행사의 대상이 되지 않는다. 홍길동이 상속을 포기한 경우에는 민법상 처음부터 상속인이 아니었던 것으로 보며, 홍길동의 상속지분은 다른 상속인의 상속분 비율로 각 상속인에게 귀속된다.

주의사항

따라서 채무초과상태에 있는 사람이 부모님의 사망 등으로 재산을 상속받아야 하는 상황인 경우로서 상속재산 중 본인의 지분을 지키기 위하여 반드시 상속개시 있음을 안날로부터 3개월 이내에 관할 가정법원에 상속포기의 신청을 해야 한다. 이 경우 본인의 지분은 다른 상속인 또는 동순위 상속인이 모두 포기하여 후순위 상속인이 상속을 받을 수 있도록 할 수 있기 때문이다.

04 상속재산보다 상속채무가 더 많은 경우에는 상속포기를 해야 패가망신하지 않는다.

▌상속이란?

상속이라 함은 자연인의 사망으로 그 자연인에게 속해 있던 모든 권리·의무가 상속인에게 포괄적으로 승계되는 것을 말한다. 여기서 사망한 '자연인'을 피상속인이라 하며, '권리'란 부동산, 예금 등 적극적인 상속재산을 의미하고, '의무'란 채무, 부담 등 소극적인 상속재산을 의미한다.

▌상속순위

또한 '상속인'에 대하여 민법에서는 상속순위를 정하고 있는데, 1순위 상속인으로는 직계비속(촌수가 다른 직계비속이 2인 이상인 경우 촌수가 가까운 사람이 상속인이 된다)과 배우자가 되며, 직계비속이 없는 경우에는 직계존속과 배우자가 2순위로 상속인이 된다. 직계비속과 직계존속이 모두 없고 배우자만 있는 경우에는 배우자가 단독으로 상속인이 된다. 직계비속과 직계존속, 배우자 모두 없는 경우에는 3순위로 형제자매가 상속인이 되며, 3순위까지의 상속인이 없는 경우에는 4촌이내 방계혈족이 4순위로 상속인이 된다. 상속인이 될 위치에 있는 직계비속과 형제자매가 피상속인보다 먼저 사망한 경우에는 그 사망한 사람의 직계비속과 배우자가 그 사망한 사람의 상속순위에 갈음하여 상속인(대습상속인)이 된다.

상속재산 보다 상속채무가 더 많은 경우 상속포기

우리 민법은 강제상속이 아닌 임의상속 제도를 시행하고 있으므로 상속이 개시되는 경우 상속인 입장에서 무조건 상속을 받아야만 하는 것은 아니다. 피상속인이 남긴 상속재산이 상속채무보다 더 많은 경우에는 단순승인을 하여 상속을 받는 것이 좋다.

하지만 피상속인이 남긴 채무가 더 많은 경우에는 상속개시가 있음을 안날(상속개시의 원인이 되는 사실의 발생을 알고 이로써 상속인이 되었음을 안 날을 말한다)로부터 3개월 이내에 관할가정법원에 가서 상속포기를 하여야 피상속인의 채무가 상속되지 않아 상속인이 불이익을 받지 않는다. 상속인이 상속포기를 한 경우에는 상속개시일(사망일)로부터 소급하여 상속인이 아니었던 효력이 발생하여 피상속인의 채무가 상속되지 않지만 기한내에 상속포기를 하지 않아 단순승인 상속이 된 경우에는 피상속인의 권리·의무가 아무런 제한없이 상속인에게 그대로 승계되기 때문에 상속받은 재산으로 변제할 수 없는 채무도 고스란히 상속인의 고유재산으로 변제하지 않으면 안 된다.

부모 등 피상속인이 사망한 경우에는 상속인 위치에 있는 사람은 피상속인이 남긴 상속재산과 채무가 얼마나 되는지, 본인이 상속인에 해당하는지, 상속인에 해당한다면 상속을 받을 것인지 아니면 상속포기를 할 것인지 여부를 제일 먼저 판단하여야 한다.

상속포기의 신청기한을 놓쳐 버려 막대한 피상속인의 채무를 물려받은 경우에는 자칫 패가망신할 수 있기 때문이다.

05 한정승인 상속을 할 때에는 양도소득세를 고려해야 불이익이 없다.

▍상속재산 보다 상속채무가 더 많은지 판단되지 않을 때에는 한정승인 상속

피상속인의 사망으로 상속이 개시된 경우로서 피상속인이 부동산, 예금 등 적극적인 상속재산과 채무, 의무 등 소극적인 상속재산 중 어떤 재산을 더 많이 남겼는지 여부에 대하여 상속인들은 판단이 서지 않는 경우가 있을 수 있다. 또는 채무 등 소극적인 상속재산이 더 많은 경우에는 후순위 상속인 전원이 상속포기 해야 하는 번거로움이 있다. 이런 경우에는 일반적으로 상속개시가 있음을 안날(상속개시의 원인이 되는 사실의 발생을 알고 이로써 상속인이 되었음을 안 날을 말한다)로부터 3개월 이내에 관할 가정법원에 가서 한정승인 신청을 하게 된다. 한정승인 상속을 하게 되면 상속인은 상속으로 인하여 취득할 재산의 한도 범위 내에서만 피상속인의 채무와 유증을 변제하면 되므로 상속으로 인한 불이익은 없다.

▍미성년자가 단순승인 후 성년이 된 후 한정승인 가능함

미성년자인 상속인이 상속채무가 상속재산을 초과하는 상속을 성년이 되기 전에 단순승인한 경우에는 성년이 된 후 그 상속의 상속채무 초과 사실을 안 날부터 3개월 내에 한정승인을 할 수 있다(민법 §1019④).

▍한정승인 상속할 때에는 양도소득세도 고려해야 한다.

하지만 한정승인 신청을 하기 전에 상속재산 중 부동산 등 양도소득세 과세대상 재산이 있는 경우에는 양도소득세까지 고려해야 불이익이 없다.

> **사례**
> - 피상속인 "갑"은 상속재산으로 아파트 4억원, 부채 6억원을 남겼다.
> - 상속인 "을"은 상속채무가 상속재산보다 더 많은 경우에는 상속세 부담이 없다는 말을 듣고 관할가정법원에 한정승인 신청을 하여 한정승인을 받았다.
> - 피상속인의 채권자인 은행은 채권을 회수하기 위하여 아파트를 상속인 "을"의 명의로 대위등기를 한 후 임의경매를 진행하였고 5억원에 경락되어 경락대금은 모두 채권자인 은행에 배분되었다.
> - 관할세무서는 상속재산보다 상속채무가 더 많으므로 상속세는 과세하지 않았지만 상속인 "을"에게 경락된 아파트에 대하여 양도차익(5억원-4억원)이 발생하였다며 가산세를 포함하여 2천만원의 양도소득세 고지서를 발부하였다.

이에 대해 상속인 "을"은 상속으로 한푼도 손에 쥔 게 없는데 양도소득세 과세는 부당하다며 불복을 제기하였으나 대법원은 "한정승인 상속인들이 상속받은 부동산이 임의경매절차에 따라 강제 매각된 후 매각대금이 상속채권자들에게 배당되어 상속인들에게 전혀 배당되지 않았다 하더라도 상속채무의 소멸이라는 경제적 효과를 얻었으므로 임의경매에 의한 부동산의 매각에 대하여 상속인들에게 양도소득세를 부과한 것은 적법하다"라고 판결(대법 2010두13630, 2012.09.13.)하였다.

상기 사례의 경우 상속인이 만일 상속포기를 하였다면 내지 않아도 될 세금을 한정승인을 함으로 인하여 부담하게 된 것이므로 한정승인 상속을 할 때에는 양도소득세까지 고려해야 불이익이 없다.

다만, 채무자 회생 및 파산에 관한 법률 제299조 제1항에 의하여 상속재산에 대하여 상속채권자, 유증을 받은 자, 상속인, 상속재산관리인 및 유언집행자는 파산신청을 할 수 있고, 파산선고에 의한 처분으로 발생한 양도소득은 소득세법 제89조제1항제1호에 의하여 비과세 되므로 한정승인 상속시 이를 고려하여 한정승인을 받도록 해야 한다.

06 알짜배기 재산은 부모님 생전에 미리 증여받아야 유류분으로 반환하지 않을 수 있다.

▌유류분이란

피상속인이 본인 소유 재산이라 하여 상속인 또는 공동상속인 중 특정 상속인의 생계 등에 대한 배려 없이 사회에 전부 기부하거나 또는 공동 상속인 중 특정 상속인에게만 증여 또는 유증 등을 하는 경우 유증 등에서 배제된 상속인 또는 특정상속인이 소송 등을 통하여 최소한 차지할 수 있는 상속분을 유류분이라 한다.

▌유류분권리자 및 유류분 부족액의 계산

유류분권리를 가지는 사람은 민법 제1112조 제1호부터 제3호까지에 의하여 피상속인의 직계비속·배우자·직계존속이며, 유류분 비율은 배우자와 직계비속은 법정상속분의 2분의 1이 되고, 직계존속은 법정상속분의 3분의 1이 된다.

다만, 헌법재판소가 피상속인을 부양하지 않거나 학대 등을 한 경우 예외적으로 유류분을 제한하는 유류분상실사유를 별도로 규정하지 아니한 동 민법규정이 헌법에 합치되지 아니하므로 2025.12.31.까지 입법자가 개정할 때까지만 적용할 수 있다고 판결(2020헌가4등, 2024.04.25.)한 바 있다.

상기에서 법정상속분이란 동순위 상속인이 2인 이상인 경우에는 그 상속분은 균분으로 하며, 피상속인의 배우자의 상속분은 직계비속과 공동으로 상속하는 때에는 직계비속의 상속분의 5할을 가산하고, 직계존속과 공동으로 상속하는 때에는 직계존속의 상속분의 5할을 가산한다.

유류분을 침해당한 유류분 권리자의 유류분 부족액은 아래 산식과 같이 계산한다.

> ※ 유류분 부족액=[유류분 산정의 기초가 되는 재산(A)×당해 유류분권리자의 유류분 비율(B)]-당해 유류분권리자의 특별수익액(C)-당해 유류분권리자의 순상속분액(D)
> A=적극적인 상속재산+증여재산-상속채무액
> C=당해 유류분권리자의 수증액+수유액
> D=당해 유류분권리자가 상속에 의해 얻는 재산액-상속채무 부담액

상기 산식에 따른 유류분 부족액을 계산할 때, 증여재산은 상속개시전의 1년간에 행한 것에 한한다. 다만, 당사자 쌍방이 유류분 권리자에게 손해를 가할 것을 알고 증여를 한 때에는 1년 전에 한 증여재산도 포함된다(민법 §1113, §1114).

이 때 공동상속인 중에 피상속인으로부터 재산의 생전 증여에 의하여 특별수익을 한 자가 있는 경우에는 민법 제1114조의 규정은 그 적용이 배제되므로 그 증여는 상속개시 1년 이전의 것인지 여부 또는 당사자 쌍방이 손해를 가할 것을 알고서 하였는지 여부에 관계없이 유류분 산정을 위한 기초재산에 산입된다(대법 1996.02.09.선고 95다17885 판결).

그러나 공동상속인이 아닌 제3자에 대한 증여는 원칙적으로 상속개시전의 1년간에 행한 것에 한하여 유류분 반환청구를 할 수 있고, 다만, 당사자 쌍방이 증여 당시에 유류분권리자에 손해를 가할 것을 알고 증여를 한 때에는 상속개시 1년 전에 한 것에 대하여도 유류분 반환청구가 허용된다(대법원 2012.05.24. 선고 2010다50809 판결).

유류분 반환방법

유류분 권리자가 피상속인의 증여 및 유증으로 인하여 그 유류분에 부족이 생긴 때에는 부족한 한도에서 그 재산의 반환을 청구할 수 있다. 증여 및 유증을 받은 자가 수인인 때에는 각자가 얻은 유증가액의 비례로 반환하여야 한다(민법 §1115). 반환할 때에 유류분의 반환청구를 받게 되는 증여·유증이 복수인 경우에는 유류분반환청구는 제1차적으로 유증(사인증여)을 받은 자를 상대로 유류분침해액의 반환을 구하여야 하고, 그 이후에도 여전히 유류분침해액이 남아 있는 경우에 한하여 증여를 받은 자에 대하여 그 부족분을 청구할 수 있다(민법 §1116). 이 경우 증여에 대하여는 유증을 반환받은 후가 아니면 이것을 청구할 수 없으므로 유증을 반환받은 후에 증여에 대하여 반환청구를 할 수 있다.

절세전략

따라서 부모님이 생전에 재산을 물려줄 의사가 있고 이를 물려받고자 하는 경우에는 알짜배기 재산은 생전에 미리 물려받고 상대적으로 허접한 재산은 남겨놓아 유류분을 방어하는 수단으로 활용할 수 있다.

또한 상속인이 아닌 사람(손자, 며느리, 사위 등)을 통하여 증여당시 기준으로 유류분을 침해하지 않는 범위 내에서 미리 증여받는 것이 유류분 기초재산에 포함되지 않으므로 결과적으로 유류분으로 반환하지 않아도 되므로 유리하다.

07 유류분을 포기하는 대가로 현금 등으로 정산하는 경우 양도소득세가 추가로 부과될 수 있다.

▎의의

유증 또는 증여 등에 의하여 유류분을 침해당한 유류분 권리자가 유류분을 침해한 사람을 상대로 유류분반환청구권을 행사 할 때 반드시 소송에 의한 방법으로 할 필요는 없고, 의사표시만으로도 가능하다(대법 2000다8878, 2002.04.26.). 유류분은 민법으로 정하고 있기 때문에 유류분에 대한 반환 소송 등이 제기된 경우에는 유류분을 침해한 사람은 민법에 따른 유류분 부족액 범위내에서 반환할 수 밖에 없다.

소송 등에 의하여 유류분을 반환받게 되는 경우 원칙은 유증·사인증여재산 또는 증여재산 중 유류분에 상당하는 원물재산 그대로 반환을 받아야 하지만 대부분은 유류분을 반환하는 과정에서 당사자간의 감정의 골이 깊어지고 또한 향후 재산권 행사 등의 어려움 등으로 인하여 현금으로 청산하거나 현금이 없는 경우 다른 재산과 교환하는 경우가 많다.

▎유류분 반환시 과세문제

이처럼 유류분으로 재산을 반환하는 과정에서 여러 가지 과세문제가 발생할 수 있다. 아래 사례를 중심으로 과세문제에 대하여 살펴보면 다음과 같다.

사례

> **사례**
> - A는 전재산인 부동산(증여당시 증여재산 평가액 10억원, 상속당시 상속재산 평가액 15억원, 유류분청구소송시 평가액은 20억원이라 가정함)을 아들 B에게 모두 생전에 증여를 하였다.
> - 이에 딸인 C는 A의 사후 아들 B를 상대로 유류분 소송을 제기하였고 B는 유류분(유류분 비율은 1/4임)에 상당하는 5억원을 C에게 현금으로 지급하였다.

첫째, B가 A로부터 생전에 증여받은 재산중 일부를 유류분 권리자인 C에게 유류분으로 반환하였으므로 그 유류분으로 반환한 1/4에 상당하는 재산에 대한 증여세를 관할세무서에 경정 등 청구를 하여 환급을 받아야 한다.

둘째, 유류분으로 반환받은 C는 그 반환받은 재산에 대하여 상속세 납부의무와 양도소득세 납부의무가 있다. 즉. 상속당시 평가액인 3.75억원(15억원×1/4)에 대한 상속세 납부의무가 있다. 또한 3.75억원으로 평가받은 지분에 대하여 5억원으로 현금청산 하였으므로 5억원과 3.75억원 차액에 대하여 양도소득세 납부의무도 있다.

셋째, 조세심판원은 "양도소득세 과세대상 재산에 대하여 유류분청구에 의하여 유류분반환의무자가 유류분권리자에게 현금으로 반환할 때 시가보다 저가로 반환하는 경우에는 부당행위계산 규정이 적용되어 시가를 양도가액으로 하여 유류분권리자에게 양도소득세가 과세된다"라고 결정한 바 있다(조심 2013부1495, 2013.06.27.). 그러므로 만일 C가 유류분에 상당하는 가액이 5억원임에도 불구하고 3억원에 현금을 수령하는 것으로 합의가 되었다면 소득세법 제101조에 따른 부당행위계산 규정이 적용되어 C는 유류분을 5억원에 양도한 것으로 보아 양소득세를 계산하게 된다.

 따라서, 유류분 소송 등 과정에서 유류분을 반환하게 되는 경우에는 증여세 또는 상속세, 양도소득세 과세문제가 발생할 수 있으므로 이를 반드시 확인하여야 한다.

08 감정평가액으로 유류분청구 소송을 하는 경우 그 감정평가액으로 상속세가 과세될 수 있다.

▌감정가액으로 유류분 청구

유류분을 청구할 때 유류분을 침해당한 유류분 권리자는 유류분 부족액을 많이 산정하여야만 유류분으로 돌려받을 금액도 더 커진다. 그러므로 유류분 청구를 할 때에는 대부분 '유류분 산정의 기초가 되는 재산'을 모두 감정평가를 하게 된다. 이러한 감정가액이 향후 상속세에 어떻게 영향을 주는지를 생각해 보아야 한다.

▌상속세 납세의무

'유류분 산정의 기초가 되는 재산'이란 적극적인 상속재산과 증여재산을 합한 가액에서 상속채무액을 뺀 금액을 말한다. 증여재산에 대하여 유류분으로 반환받은 경우에는 유류분을 반환한 사람은 경정청구를 통하여 증여세를 환급받을 수 있지만 반면 유류분을 반환받은 사람은 피상속인으로부터 상속개시일에 상속받은 것으로 보아 상속세를 부담하게 된다.

▌감정가액은 상속재산의 시가에 해당

상속세가 부과되는 재산의 가액은 시가에 의하면, 시가에 해당하는 가액이 없는 경우에 한하여 기준시가등 보충적인 방법으로 평가하게 된다. 이 경우 상속재산에 대하여 2개 이상의 감정가액의 평균액이 있는 경우 시가에 해당하며, 기준시가 10억원 이하는 1개의 감정가액도 시가에 해당하게 된다. 한편 2019.02.12.부터 법정결정기한 이내에 감정가액의 평균액이 있는 경우 평가심의위원회의 자문을 거쳐 시가로 인정되는 가액에 포함시킬 수 있다.

더구나 기획재정부는 "기준시가 10억원 이상인 부동산에 대하여 평가기간 밖 1개의 감정가액과 평가기간 내 1개의 감정가액이 존재할 경우 평가심의위원회 심의를 거쳐 2개의 감정가액의 평균액을 시가로 인정이 가능하다"라고 해석(기획재정부 재산세제과-816, 2022.07.25.)한 바가 있다.

사례

> **사례**
> - 갑은 2024.01.05.에 사망하면서 단독주택(기준시가 9억원, 감정예상가액 20억원) 등 상속재산을 모두 자녀 A에게 유증함.
> - 이외에 빌딩(증여당시 기준시가 20억원, 현재 감정예상가액 100억원)을 2010년도에 A에게 증여한 사실이 있음.
> - 이에 다른 자녀 B는 A를 상대로 유류분 청구소송을 제기하였고 유류분을 산정할 때 상기 감정예상가액으로 감정평가를 실시하여 유류분 청구를 하고자 함.
> - 상속인은 자녀 A와 B뿐임.

상기 사례의 경우 감정평가액으로 자녀 B가 유류분을 청구할 경우 그 감정가액이 상속세에 어떻게 영향을 주는지를 생각해야 한다.

상속세 과세방법

유류분을 침해한 사람은 유류분을 반환할 때 유증이나 사인증여재산에서 먼저 반환하고 여전히 부족분이 있는 경우 증여재산에서 반환한다.

그러므로 자녀 B의 유류분 비율은 1/4이 되므로 시가 기준 30억원이 되며, 유류분으로 반환받을 수 있는 재산은 먼저 20억원인 단독주택을 반환받고 부족분은 생전에 증여한 재산인 빌딩에서 10억원을 반환받을 수 있다.

그렇다면 자녀 B는 세법상 인정되는 감정평가액으로 유류분을 청구한 경우에는 단독주택 20억원과 빌딩 10억원 합하여 30억원에 대하여 상속세를 납부할 의무가 있다. 반면 A는 유류분으로 반환한 10억원(1/10 지분)에 상당하는 증여세에 대하여 경정청구를 하여 증여세를 환급받아야 한다.

▌절세전략

상기 사례의 경우 만일 유류분 청구소송이 없었다면 기준시가 9억원을 기준으로 약 7천만원 정도의 상속세를 납부할 수 있음에도 불구하고 세법상 인정되는 감정평가액으로 유류분 청구를 함으로 인하여 30억원에 대하여 약 8억원 상당의 상속세를 부담하게 된다.

그러므로 유류분 청구를 할 때에는 감정가액이 상속세에 영향을 미친다는 것을 쌍방이 알고 이에 대응하는 전략이 필요하다.

09 부양의무를 중대하게 위반한 부모는 자녀의 재산을 상속받지 못한다

▌의의

부양의무를 중대하게 위반한 부모가 자녀의 재산을 상속받지 못하도록 하는 상속권 상실제도(일명 "구하라법")가 도입되었으며, 2026.01.01.부터 시행되며, 위헌 결정일인 2024.04.25. 이후 상속이 개시되는 경우에도 확대 적용된다.

이 제도는 부양의무를 성실하게 이행한 유족들이 상속재산을 온전히 물려받도록 하기 위함이다.

▌피상속인의 유언으로 상속권 상실 청구

피상속인은 상속인이 될 사람이 피상속인의 직계존속으로서 다음의 어느 하나에 해당하는 경우에는 민법 제1068조에 따른 공정증서에 의한 유언으로 상속권 상실의 의사를 표시할 수 있다. 이 경우 유언집행자는 가정법원에 그 사람의 상속권 상실을 청구하여야 한다. 또한 피상속인의 유언에 따라 상속권 상실의 대상이 될 사람은 유언집행자가 되지 못한다 (민법 §1004조의2 ①, ②).

① 피상속인에 대한 부양의무(미성년자에 대한 부양의무로 한정한다)를 중대하게 위반한 경우
② 피상속인 또는 그 배우자나 피상속인의 직계비속에게 중대한 범죄행위(민법 제1004조의 상속인의 결격사유인 경우는 제외한다)를 하거나 그 밖에 심히 부당한 대우를 한 경우

▍피상속인의 유언이 없는 경우 공동상속인이 청구

피상속인의 상속권 상실 청구에 대한 유언이 없었던 경우에는 공동상속인은 피상속인의 직계존속으로서 상기 사유가 있는 사람이 상속인이 되었음을 안 날부터 6개월 이내에 가정법원에 그 사람의 상속권 상실을 청구할 수 있다(민법 §1004조의2 ③).

▍피상속인의 유언과 공동상속인이 없는 경우 상속인이 될 사람

피상속인의 상속권 상실 청구에 대한 유언이 없었거나 또는 청구를 할 수 있는 공동상속인이 없거나 모든 공동상속인에게 상기 사유가 있는 경우에는 상속권 상실 선고의 확정에 의하여 상속인이 될 사람이 이를 청구할 수 있다(민법 §1004조의2 ④).

▍가정법원의 상속권 상실 선고

가정법원은 상속권 상실을 청구하는 원인이 된 사유의 경위와 정도, 상속인과 피상속인의 관계, 상속재산의 규모와 형성 과정 및 그 밖의 사정을 종합적으로 고려하여 피상속인이 유언으로 청구한 상속권 상실 청구, 공동상속인이 청구한 상속권 상실청구 또는 피상속인의 유언과 공동상속인이 없는 경우로서 상속인이 될 사람이 청구한 상속권 상실 청구를 인용하거나 기각할 수 있다(민법 §1004조의2 ⑤).

▍상속권 상실 선고의 효력

상속개시 후에 상속권 상실의 선고가 확정된 경우 그 선고를 받은 사람은 상속이 개시된 때에 소급하여 상속권을 상실한다. 다만, 이로써 해당 선고가 확정되기 전에 취득한 제3자의 권리를 해치지 못한다(민법 §1004조의2 ⑥).

II

상속세 분야

01 고액자산가는 생전에 미리 일부 증여하는 것이 상속세를 절세 할 수 있다.

상속세 절세왕도는 사전에 세금계획(Tax Planning)을 세워 미리 대비하는 것이다. 이러한 일환에서 사전증여는 단연코 필요하다.

우리나라의 상속세 과세방식은 유산과세형 방식을 채택하고 있고, 또한 상속세율도 10%부터 50%까지 5단계 초과누진세율구조로 되어 있다. 유산과세형 방식이란 피상속인을 기준으로 피상속인이 남긴 유산총액을 과세대상으로 하여 누진세율을 적용하여 상속세를 계산하고, 그 계산된 상속세액을 공동상속인이 상속받은 재산비율에 따라 나누어 내는 방법이다. 그러므로 고액자산가의 경우 생전에 사전증여 없이 모두 상속으로 재산을 물려주는 경우에는 높은 세율로 상속세를 부과 받을 수 있으므로 생전에 미리 일부 재산을 증여하는 것이 상속세를 절세하는 방법이 된다.

현재 우리나라도 상속세 과세방식을 취득과세형으로 변경하는 방안이 검토 중에 있어 조만간에 시행될 것으로 예상된다.

▌10년 또는 5년 이내 상속인 또는 상속인이 아닌 자에게 사전 증여한 재산 상속재산에 합산과세

다만, 고율의 상속세 부담을 회피하려는 사전증여를 방지할 목적으로 생전에 증여한 경우에도 일정기간 이내의 사전증여는 다시 상속재산가액에 합산되어 추가로 상속세가 과세된다. 즉, 상속인(상속개시 당시를 기준으로 판단)에게 10년 이내에 증여한 재산과 상속인이 아닌 사람에게 5년 이내에 증여한 재산과 증여세 과세특례를 적용받은 창업자금 및 가업승계 주식은 다시 상속재산가액에 가산되고, 증여당시 증여세 산출세액 상당액은 상속세산출세액에서 빼 준다.

> **사례**
> - 甲 회장님께서 사망하면서 상속재산을 500억원 남김.
> - 상속개시전에 미리 상속인 등에게 사전증여한 재산은 170억원, 증여세 납부세액은 57억원임.

상기 사례의 경우 사전증여한 날로부터 10년이 경과한 후에 상속이 개시된 경우에는 상속재산에 합산되지 않는다. 즉, 추가 납부할 상속세는 없게 된다. 하지만 만일 사전증여한 날로부터 10년 이내에 상속이 개시된 경우에는 사전증여재산은 다시 상속재산에 합산되고 또한 추가로 부담할 상속세가 약 30억원 정도가 되었다. 그러므로 상속세를 절세하기 위하여 사전증여를 하고자 한다면 서둘러 최소한 10년(5년)전에 해야 한다는 것을 알 수 있다.

사전증여할 때 절세설계 방향

사전증여를 해야 한다면 어떠한 재산을 먼저 사전증여 해야 하는지도 매우 중요한데 아래 사항을 고려하여 사전증여를 하는 것이 상속세 절세효과 등 면에서 유리하다.

① 수익률이 높은 임대부동산부터 먼저 증여한다. 임대수익을 수증자에게 미리 귀속시켜 임대수익에 대한 상속세를 절세할 수 있고 또한 임대소득에 대한 소득세도 추가 절세 할 수 있기 때문이다.

② 임대부동산 중 일부는 소액으로 분할하여 증여를 받고 일부는 상속을 받는 방법으로 국세청의 감정평가를 피한다. 즉, 2019.2.12. 이후 증여분부터 일정금액 이상의 꼬마빌딩이나 나대지, 초고가주택에

대하여는 법정결정기한 동안 국세청이 감정해서 증여세 또는 상속세를 과세할 수 있으므로 사전 분할증여와 상속으로 분산하여 물려받는 것이 국세청으로부터 감정평가를 당할 확률을 낮출 수 있다.

③ 기준시가와 실거래가액의 차액이 많은 재산 중 기준시가로 과세되는 재산부터 먼저 증여한다. 향후 증여받은 재산을 처분하는 경우 수증자에게 귀속되는 재산이 많아지기 때문이다.

④ 증여자의 생존예상기간에 따라 상속인 또는 상속인이 아닌 사람에게 증여할지 여부를 판단해야 한다.

⑤ 종합부동산세 과세대상인 재산 또는 양도소득세 중과세 대상 재산을 먼저 증여받는다. 부모가 2주택 이상자인 경우 최근 가장 절세전략중의 하나가 종합부동산세 부담을 감소시키는 방안과 다주택자 양도소득세 중과세(2026.05.09.까지 한시적으로 유예)를 피하는 방안이다. 특히 종합부동산세는 보유세이므로 향후 양도 또는 상속시에도 공제혜택이 전혀 없으므로 차라리 증여를 하는 것이 좋을 수 있다.

⑥ 사전증여를 하고자 할 때는 상속세 부담 없이 상속받을 수 있는 상속공제금액 상당액만큼은 상속재산으로 남겨놓아야 한다.

⑦ 상속인간 유류분 소송이 예상되는 경우 알짜배기 부동산은 미리 증여받도록 한다. 증여재산은 유증 또는 사인증여재산보다 유류분 반환시 후순위 재산이기 때문이다.

⑧ 10년 단위로 적용되는 증여재산공제 및 합산과세 제도를 최대한 활용하여 매 10년 단위로 증여하는 것을 최대한 활용한다.

⑨ 부담부증여를 최대한 활용한다. 부담부증여분에 대한 양도소득세를 증여자가 부담하기 때문에 증여세 감소 효과가 있고 또한 향후 유류분 소송이 제기될 경우 부담부증여분은 유류분청구 기초재산에서 제외되기 때문이다. 다만, 양도소득세 중과대상 재산인 경우

에는 부담부증여 여부는 신중을 기해야 한다.
⑩ 사전증여규모는 상속세율보다 낮은 세율로 적용될 수 있는 규모로 하는 것이 바람직하다. 그러나 이 경우에도 정부의 공시지가 현실화 정책에 따라 매년 공시가격이 오르는 시점에서는 공시지가 상승분에 대한 상속세 절세효과가 있고, 또한 소액으로 분할하여 증여를 하는 경우 감정평가를 피할 수 있으므로 최고 증여세율이 적용된다 하더라도 사전증여를 하는 것이 유리할 수도 있다.

02 상속인 및 직계비속이 아닌 자가 주주인 영리법인에 유증하면 상속세를 절세한다.

▎상속세율보다 법인세율이 낮음

현재 상속세및증여세법상 상속세율은 과세표준 구간에 따라 10%~50%이며, 과세표준이 30억원을 초과하게 되면 무려 50%의 최고세율이 적용되어 상속증여 받은 재산의 절반을 세금으로 납부해야 한다. 반면 법인세율은 9%~24%로서 법인세 과세표준이 3천억원을 초과해야 최고세율인 24%가 적용된다. 이와 같이 현재 법인세율은 상속증여세율의 절반에도 미치지 못하고 있다. 물론 법인이 향후 배당 등을 할 때 배당소득세 등을 부담해야 하지만 말이다.

▎영리법인에 유증·사인 증여한 경우 그 영리법인의 주주에게 상속세 과세

피상속인이 상속재산을 영리법인에 유증·사인증여한 경우 그 영리법인이 납부할 상속세를 면제한다. 영리법인이 유증받은 재산에 대하여 자산수증이익으로 법인세가 과세되기 때문이다.

하지만, 그 영리법인의 주주 또는 출자자 중 상속인과 그 직계비속이 있는 경우에는 다음과 같이 계산된 지분상당액의 상속세를 그 상속인 및 직계비속이 납부할 의무가 있다(상증법 §3의2②).

> (영리법인에게 면제된 상속세－영리법인이 받았거나 받을 상속재산의 10%)
> × 상속인 및 그 직계비속 주식 등의 비율

> **사례**
>
> **사실관계**
> - 甲은 현재 85세이며 수백억원대 재산을 소유한 대자산가임.
> - 甲은 상속세에 대비하여 며느리(60대)와 사위(60대)를 주주로 하여 설립후 5년이상된 乙법인을 인수하고 乙법인에 임대부동산 50억원을 유증함.
> - 이후 甲의 사망으로 乙법인은 유증받은 50억원에 대한 법인세 10.76억원을 납부하였으나 乙법인에 배분된 상속세 22.5억원은 면제받음.

상기 사례의 경우 甲의 며느리와 사위에 대한 추가적인 상속세 및 증여세 과세문제는 없으므로 약 11.7억원을 절세하였다. 이후 며느리 또는 사위의 사망시 그의 자녀들 즉, 甲의 손자들에게 乙법인의 주식 등이 결과적으로 상속이 되는 효과가 있다.

절세전략

영리법인의 주주를 배우자나 직계비속이 아닌 며느리 또는 사위 등으로 하여 영리법인을 인수한 후 그 영리법인에 상속재산 중 일부를 유증 또는 사인증여하는 경우에는 그 영리법인이 유증 등을 받은 재산에 대한 상속세 상당액은 면제가 되고 법인세만 부담하게 되므로 결과적으로 법인세율과 상속세율의 차이만큼 상속당시 당장 절세 혜택을 얻을 수 있다.

그러나 향후 법인의 자산을 처분 등을 통하여 배당을 하는 경우에는 배당소득에 대한 소득세를 부담해야 하므로 총 세부담면에서 본다면 결코 절세가 되는 것은 아니다. 하지만 대재산가의 경우 그 많은 재산중에 사위 또는 며느리에게 실제 물려주기를 원하는 경우도 있으므로 이를 활용하면 우선 소나기처럼 쏟아지는 세부담을 당장 피할 수 있는 방법은 될 수 있다.

03 배우자 상속공제와 상속세의 연대납세의무 제도를 이용하면 자녀들은 상속세 부담 없이 상속받을 수가 있다.

> **사례**
> - 김자산씨가 사망하였으며, 상속재산으로 부동산 및 예금 등 45억원과 임대보증금 등 부채 5억원을 남겼으며, 상속인으로 배우자와 자녀 2명이 있다.
> - 8억원 상당액의 상속세가 부과될 것으로 예상되자 배우자와 자녀들은 상속재산에 대하여 협의분할하면서 배우자는 10억원을 상속받고 나머지 재산은 모두 자녀들이 상속받기로 하고 상속세 8억원은 배우자가 모두 납부하기로 하였다.

상기 사례의 경우 자녀들은 상속세를 한푼도 내지 않고 30억원 상당의 재산을 상속을 받았는데 자녀들에게 추가적인 과세문제가 발생할까요?

결론부터 말하면 추가적인 과세문제는 발생하지 않는다.

▌배우자 상속공제

상속세를 계산할 때 상속인으로 배우자가 있고 그 배우자가 실제 상속받은 재산이 있는 경우에는 다음과 같은 금액을 배우자 상속공제액으로 적용받을 수 있다(상증법 §19).

> 배우자의 상속공제액 : max[min(①,②,③), 5억원]
> ① 배우자가 실제 상속받은 금액
> ② [상속재산가액* × 배우자의 법정상속지분] - 배우자에게 10년 이내에 증여한 재산에 대한 과세표준
> ③ 30억원
> * 상속재산가액 = 총상속재산 + 상속인의 사전증여재산 - 상속인이 아닌 자가 유증받은 재산 - 비과세 상속재산 - 공과금·채무 - 불산입 상속재산(공익법인출연, 공익신탁재산)

▌상속세에 대한 상속인 및 수유자의 연대납세의무

한편, 상속세및증여세법에 의하여 부과되는 상속세에 대하여는 상속인 또는 수유자는 상속재산(상속재산에 가산하는 증여재산 중 상속인이나 수유자가 받은 증여재산을 포함한다) 중 각자가 받았거나 받을 재산을 기준으로 계산한 금액을 상속세로 납부할 의무가 있으며, 각자가 받았거나 받을 재산을 한도로 연대하여 납부할 의무가 있다(상증법 §3의2). 이 경우 '각자가 받았거나 받을 재산'에 사전증여재산을 가산하였다면 그에 상응하여 부과되거나 납부할 증여세액을 공제하여야 한다(대법 2016두1110, 2018.11.29.).

> 각 상속인 및 수유자별 연대납세의무 한도
> 　　　상속인 및 수유자별 상속받은 재산가액
> (+) 상속인 및 수유자별 사전증여받은 재산가액
> (-) 상속인 및 수유자별 승계한 부채
> (-) 상속인 및 수유자별 상속세 상당액
> (-) 상속인 및 수유자별 증여세 상당액
> (=) 각 상속인 및 수유자의 연대납세의무의 범위

연대납세의무자로서 납부하는 다른 상속인의 상속세에 대한 증여세 면제

연대납세의무자로서 각자가 받았거나 받을 상속재산의 한도내에서 다른 상속인이 납부해야 할 상속세를 대신 납부한 경우에도 증여세는 부과되지 않는다(상속증여-2248, 2020.02.06.).

절세전략

따라서 상기 사례와 같이 상속인으로 배우자가 있는 경우에는 공동상속인간에 상속재산에 대하여 협의분할하면서 상속세및증여세법에 따라 계산한 상속세 상당액만큼 배우자가 상속을 받도록 하여 배우자상속공제를 적용받고 그 배우자가 상속세를 모두 납부하게 하면, 다른 상속인들은 상속세 부담없이 재산을 상속받을 수가 있게 된다.

또한 그 배우자의 사망으로 재상속이 개시되어도 그 배우자가 납부한 상속세만큼은 재상속이 되지 않으므로 재상속에 따른 상속세도 추가적으로 절세할 수가 있다.

이 경우 공동상속간에 작성된 재산분할 협의서는 상속세 신고시 첨부서류로 관할세무서에 제출하는 것이 좋다.

04 상속개시일 현재 매매계약 이행중인 재산과 상속개시일 이후 6월 이내에 매매계약이 체결된 재산은 양도소득세가 없다.

▍매매계약이행 중인 재산

상속개시 전 피상속인이 소유한 재산에 대하여 양도계약을 체결하고 잔금을 영수하기 전에 사망한 경우 이를 매매계약 이행중인 재산이라 한다. 이 경우 상속세가 과세되는 재산의 가액은 양도대금 전액(양도대금이 불분명한 경우에는 해당 재산을 상속세및증여세법 제60조 내지 제66조의 규정에 의하여 평가한 가액으로 함)에서 상속개시전에 영수한 계약금과 중도금을 차감한 잔액으로 한다.

다만, 계약금과 중도금을 상속개시전 2년 이내에 수령한 경우에는 상속개시 전 처분재산에 해당하게 되고 다른 부동산 및 부동산에 대한 권리의 처분가액과 합하여 1년 이내 2억원 또는 2년 이내에 5억원 이상인 경우로서 그 사용처를 소명하지 못하는 경우에는 그 미소명 금액에서 그 처분재산의 20%와 2억원 중 적은 금액을 차감한 가액이 상속인에게 상속된 것으로 추정되어 상속재산의 가액에 가산하게 된다(상증법 §⑮1).

피상속인이 잔금청산 전에 사망한 경우에도 잔금청산 전에 이미 소유권이전등기 또는 명의개서 등이 먼저 경료된 경우에는 양도시기가 이미 도래하여 양도소득세에 대한 납세의무가 있으나, 소유권이전등기가 경료되지 않고 상속개시 후에 상속인들이 잔금을 수령한 경우에는 상속인들이 부동산을 상속받아 양도한 것으로 본다. 이 경우에는 취득가액과 양도가액이 동일하여 양도차익이 발생하지 않으므로 상속인들은 양도소득세를 부담하지 않아도 된다(재산-1650, 2008.7.14.).

▌상속개시일 이후 6월 이내에 매매계약이 체결된 재산

상속받은 재산을 상속개시일로부터 6월 이내에 불특정다수인간에 자유로운 거래에 의하여 매매계약을 체결하고 양도한 경우에는 그 매매가액은 상속세및증여세법 시행령 제49조 제1항 제1호에 따라 상속재산의 시가에 해당한다. 하지만 이러한 매매가액을 포함하여 상속세및증여세법 시행령 제49조에서 규정한 시가에 해당하는 가액이 없는 경우 부동산의 경우 개별공시지가 등 기준시가로 상속재산을 평가하게 된다.

한편, 상속받은 재산을 양도하여 실거래가액으로 양도차익을 산정할 때 상기와 같이 상속세및증여세법에 따라 평가한 가액이 취득가액이 된다(소득령 §163⑨).

그러므로 상속받은 재산을 상속개시일로부터 6월 이내에 매매계약을 체결하여 양도한 경우에는 그 양도가액이 상속재산의 시가에 해당하여 상속재산가액이 되는 바, 양도가액과 취득가액이 동일하여 양도차익이 발생하지 아니하여 양도소득세가 과세되지 않는다. 다만, 이 경우 그 양도가액이 상속재산의 시가에 해당함으로 인하여 상속세를 더 부담해야 하는 경우가 발생할 수 있다.

▌상속세 신고기한 다음날부터 9월 이내에 매매가액 등 시가가 있는 경우

상속받은 재산에 대하여 상속세 법정결정기한 즉, 상속세 신고기한 다음날부터 9월 이내의 매매가액, 감정가액의 평균액, 수용·경매·공매가액이 있는 경우에도 시간의 경과 및 주위환경의 변화 등을 고려하여 가격변동의 특별한 사정이 없는 경우에는 평가심의위원회의 심의를 거쳐 시가에 포함시킬 수 있다. 이러한 재산을 향후 양도하는 경우에는 이 시가로 인정된 가액이 취득가액이 된다.

상속세 신고기한 다음날부터 9월이 경과한 후에 양도한 경우 취득가액

반면, 상속받은 재산에 대하여 시가에 해당하는 가액이 없어 개별공시지가 등 기준시가로 평가된 재산을 상속세 법정 신고기한 다음날부터 9개월이 경과한 후에 매매계약을 체결하고 양도한 경우에는 취득가액은 기준시가가 되고 양도가액은 실거래가액인 양도가액이 되어 많은 양도차익이 발생하고 해당 재산이 양도소득세 중과세 적용 대상에 해당하는 경우에는 굉장히 많은 양도소득세를 부담해야 할 수도 있다.

> **사례**
>
> 사실관계
> - 재산소유자 갑 : 75세, 현재 암투병으로 3개월정도 생존할 것으로 예상
> - 소유재산(유일한 재산) : 단독주택[세법상 시가는 없으며 기준시가는 20억원이며, 매도하면 30억원을 받을 수 있음. 10년 이상 거주한 1세대 1주택자임]
> - 2002년도 남편으로부터 상속받은 주택으로 상속당시 상속재산가액은 7억원 (취득세 등 필요경비 0.1억원)임.
> - 현재 단독주택을 매수하고자 하는 자가 있음.
> - 자녀 을은 병원비 등으로 상기 재산을 양도할까 망설이고 있음.
>
> 가장 절세할 수 있는 방법은?

세부담 비교

방안 1 상속개시 전에 양도하는 경우

● 양도소득세 부담액
- 양도차익 : 22.9억원 = 30억원 − 7억원 − 0.1억원
- 과세대상 양도차익 :
  13.74억원 = 22.9억원 × [(30억원 − 12억원)/30억원]
- 장기보유특별공제 : 13.74억원 × 80% = 10.992억원

- 과세표준 : 272,300,000원 =
  1,374,000,000 − 1,099,200,000 − 2,500,000
- 산출세액 : 83,534,000원 =
  37,060,000 + (272,300,000 − 150,000,000) × 38%
- 지방소득세 : 8,353,400원
- 합계액 : 91,887,400원

◉ 상속세 부담액

- 상속세 과세표준 : 2,198,112,600 =
  30억원 − 0.1억원[주1] − 7억원[주2] − 91,887,400원[주3]
- 상속세 산출세액 : 719,245,040원
- 상속세 부담세액 : 719,245,040 − 21,577,351[주4] = 697,667,688원

주1 : 장례비용
주2 : 매각대금을 금융재산으로 보유할 경우 금융재산상속공제 2억원과 일괄공제 5억원을 합한 금액
주3 : 양도소득세를 납부한 경우 그 만큼 상속재산이 감소되고, 납부하지 않은 경우 공과금으로 공제됨
주4 : 상속세 신고기한 이내에 신고한 경우 신고세액공제 3% 적용

방안 2 상속개시 후 6개월 이내에 양도하는 경우

◉ 양도소득세 부담액 없음 : 양도가액과 취득가액이 동일함.

◉ 상속세 부담액

- 상속세 과세표준 : (30억원 − 1,000만원 − 5억원) = 24.9억원
- 상속세 산출세액 : 836,000,000원
- 상속세 부담세액 : 836,000,000 − 25,080,000 = 810,920,000원

방안 3 상속개시 전에 매매계약을 체결하고 상속개시후에 소유권이전등기 및 잔금을 수령하는 경우

- 양도소득세 부담액 없음 : 양도가액과 취득가액이 동일함
- 상속세 부담액

  상속개시전에 매매계약을 체결한 후에 계약금 및 중도금만 수령하고 잔금은 상속개시 후에 수령하기로 약정하는 경우로서 상속개시 전에 수령한 계약금 및 중도금을 금융기관에 예금한 경우에는 상기의 (방안 2)에 비하여 금융재산 상속공제(순금융재산가액의 20%, 2억원 한도)를 추가로 공제받을 수 있다.

  또한, 피상속인의 병원비 등으로 지출함으로 인하여 상속재산가액이 감소되는 효과도 덤으로 누릴 수 있다.

방안 4 상속을 받은 후 법정결정기한 후에 양도하는 경우

- 상속세 부담액
  - 상속세 과세표준 : (20억원 - 0.1억원 - 5억원) = 14.9억원
  - 상속세 산출세액 : 436,000,000원
  - 상속세 부담세액 : 436,000,000 - 13,080,000 = 422,920,000원
- 양도소득세 부담액
  - 양도차익 : 9.7억원=30억원-20억원-0.3억원[주1]

    주1 : 취득세를 0.3억원으로 가정함.
  - 과세표준 : 9.675억원=9.7억원-250만원
  - 산출세액 :

    370,410,000원=1억7,406만원+(9.675억원-5억원)×42%
  - 지방소득세 : 37,041,000원
  - 합계액 : 407,451,000원

    ☞ 2명이 공동 상속받아 양도시 양도소득세 등 부담액 : 367,532,000원
    ☞ 3명이 공동 상속받아 양도시 양도소득세 등 부담액 : 337,897,999원

절세방안

상기 사례의 경우에는 가장 절세할 수 있는 방법은 방안 3이지만 상속재산의 규모, 부동산의 종류, 1세대 1주택 비과세 대상 여부, 취득시기 및 취득가액, 상속세및증여세법상 시가 여부, 상속인의 수, 피상속인의 배우자 존재 여부 등 구체적인 상황에 따라 각 방안별로 세부담은 충분히 달라질 수 있다.

상속받은 재산을 가까운 시일내에 처분할 계획이 있는 경우로서 상속재산이 상속공제액 이하에 해당하여 상속세부담이 없는 경우에는 매매를 서둘러 가급적이면 상속재산을 상속개시일로부터 6개월 이내에 매매계약을 체결하여 양도하는 것이 세부담면에서 유리할 수 있다.

그러나 일반적으로 기준시가 대비 시세가 높은 부동산은 소유자의 사망시점에 임박하여 처분하는 것은 바람직하지 않는다. 이유는 처분하지 않고 사망한 경우에는 기준시가로 상속세가 과세될 수 있는 것을 사망 전에 처분하게 되는 경우에는 일단 매매가액을 기준으로 양도소득세를 부담해야 하고 또한 시가가 실현되었으므로 양도소득세를 납부하고 남은 금액에 대하여 또다시 상속세를 납부해야 하기 때문이다.

따라서, 상속받은 재산이 상속공제액을 초과하여 납부할 상속세가 발생하는 경우에는 상속인들은 해당 상속재산을 상속개시일로부터 6월 이내에 매매계약을 체결하는 것이 유리한지 아니면 상속세 법정 신고기한 다음날부터 9개월이 경과한 후에 매매계약을 체결하는 것이 나은지, 국세청 감정평가대상 자산은 아닌지 여부 등 상속세 및 양도소득세 부담을 비교하여 판단하여야 한다.

05 특별조치법에 의하여 증여등기한 부동산의 경우, 상속재산인지 증여재산인지 여부를 잘 판단하여야 한다.

특별조치법

"부동산소유권이전등기 등에 관한 특별조치법(이하 "특별조치법"이라 함)"이란 부동산등기법에 따라 등기하여야 할 부동산으로서 소유권보존등기가 되어 있지 않거나 등기부등본의 기재가 실제 권리관계와 일치하지 않는 부동산을 용이한 절차에 의하여 등기할 수 있게 함을 목적으로 한 법률이다. 그 동안 정부가 필요할 때마다 제정·공포하여 1978년(시행기간 6년), 1993년(시행기간 2년), 2006년(시행기간 2년) 3차례 이미 시행한 바 있었다.

최근 2020.02.04. 법률 제16913호로 또 다시 제정되어 2020.08.05.부터 2022.08.05.까지 시행되었으며, 동 법률은 일정한 지역에 소재하는 부동산으로 1995년 6월 30일 이전에 매매·증여·교환 등 법률 행위로 사실상 양도된 부동산, 상속받은 부동산, 소유권보존등기가 되어 있지 않아 등기부상의 기재내용과 실제 권리관계가 일치하지 않는 부동산을 그 대상으로 하고 있다.

증여세 또는 상속세 과세 방법

증조부모 또는 조부모, 부모님 명의의 부동산을 자녀 또는 손자명의로 특별조치법에 의하여 증여등기한 경우에도 사실관계를 확인하여 보면 사실상 증조부모 또는 조부모, 부모님과의 생전에 적법한 증여계약에 의한 증여가 아닌 경우가 대부분이고 사실상 상속세 과세대상인 재산도 많다.

특별조치법에 의하여 증여 등기한 재산이 상속세 과세대상인지 아니면 증여세 과세대상인지 여부를 판단하는 것은 이에 따라 상속세 또는 증여세를 부과하는 것도 중요한 문제이지만 해당 재산을 양도하는 경우 취득시기를 언제로 볼 것인지, 상속받은 재산으로 보아 중과세 적용 대상에서 제외되는지 여부 등 양도소득세 관련 제반문제가 발생하므로 매우 중요하다.

특별조치법에 의하여 증여등기된 재산인 경우에도 그 등기원인과 상관없이 사실상 증여세 과세대상인 경우 증여세가 과세되고, 상속세 과세대상인 경우에는 상속세가 과세되는 것으로 현재까지 생산된 예규를 종합하여 그 과세내용을 요약하면 다음과 같다.

명의 변경	사망여부	세목	증여자	납세의무성립일
부 → 자녀	부 생존	증여세	부	증여등기접수일
부 → 자녀	부 사망	상속세	-	부의 사망일(상속인간 증여세 문제 없음)
조부 → 손자	조부 생존	증여세	조부	증여등기접수일
조부 → 손자	조부사망, 부 생존	증여세	부를 포함한 조부의 상속인	증여등기접수일
조부 → 손자	부가 조부보다 먼저 사망한 경우	상속세	-	조부의 사망일
조부 → 손자	조부와 부가 순차로 사망	상속세	-	• 조부의 사망일 • 조부의 재산중 부의 지분은 부의 사망시 부의 상속재산에 포함
조부 → 손자	조부와 부가 순차로 사망	증여세	부친을 제외한 조부의 다른 상속인	증여등기접수일(부의 지분을 제외한 나머지 지분)

증조부→증손자	증조부, 조부, 부가 순차로 사망한 경우	상속세	-	1959.12.31.이전에 증조부, 조부, 부가 순차로 사망시 : 장자상속법에 의하여 증조부, 조부, 부에게 순차로 상속된 것으로 봄.

☞ 부동산명의자가 증조모, 조모, 모인 경우에도 상기의 증조부, 조부, 부인 경우와 동일하게 적용됨.
☞ 관련예규 : 서면4팀-1713(2007.05.25.), 서면4팀-3252(2007.11.09.),
　　　　　　재삼46014-100 (1997.01.20.), 서면4팀-2480(2007.08.21.), 서면4팀-1222(2007.04.13.)

▌절세전략

특별조치법에 따라 증여등기한 부동산이 상속재산인지 또는 증여재산인지 여부를 판단하는 것은 상당히 중요하며, 동 법에 따라서 등기한 자산에 해당하는지 여부는 부동산 등기부등본상의 권리자란에 '법률 제16913호' 등으로 표기된 것으로 알 수 있다.

상속세 과세대상에 해당하는 부동산을 양도한 경우 그 취득시기는 상속개시일이 되며, 또한 양도시기에 따라 중과세 적용이 되지 않는 등 상속재산에 대한 여러 가지 양도소득세 특례를 적용받을 수 있기 때문이다. 그러나 증여세 과세대상에 해당하는 재산을 양도한 경우 그 취득시기는 증여등기 접수일이 된다.

06 상속재산 중에 금양임야와 묘토가 있는 경우 협의분할을 통하여 제사주재자를 정하고 그가 상속받도록 하라.

　상속세가 과세되는 재산에는 피상속인에게 귀속되는 재산으로서 금전으로 환가할 수 있는 경제적 가치가 있는 모든 물건과 재산적 가치가 있는 법률상 또는 사실상의 모든 권리가 포함된다.

　그러나 사회정책적 목적 등에 따라 일정재산의 경우 상속세를 비과세한다.

　상속재산 중에 선산이나 조상들의 묘지에 인접한 농지가 포함되어 있는 경우로서 일정한 요건을 충족하는 금양임야와 묘토인 농지에 대하여는 상속세가 과세되지 않는다. 다만, 금양임야와 묘토인 농지의 재산가액 합계액이 2억원을 초과하는 경우에는 2억원까지만 비과세한다(상증법 §12).

▍상속세 비과세되는 금양임야

　금양임야란 묘지를 보호하기 위하여 벌목을 금지하고 나무를 기르는 임야를 말하는 것으로서, 다음과 같은 요건을 충족하여야 한다.

① 피상속인이 제사를 모시고 있던 선조의 분묘(무덤)에 속하여 있는 임야이어야 하며,

② 제사를 주재하는 자에게 상속되어야 하며,

☞ 제사주재자는 우선적으로 망인의 공동상속인들 사이의 협의에 의해 정하되, 공동상속인들 사이에 협의가 이루어지지 않는 경우에는 제사주재자의 지위를 인정할 수 없는 특별한 사정이 있지 않는 한 피상속인의 직계비속 중 남녀, 적서를 불문하고 최근친의 연장자가 제사주재자로 우선한다고 보는 것이 가장 조리에 부합한다(대법원 2023.05.11. 선고 2018다248626).

③ 제사를 주재하는 상속인(공동으로 제사를 주재하는 경우에는 그 공동상속인 전체)이 상속받은 면적을 기준으로 9,900㎡까지만 비과세된다.

▎상속세 비과세되는 묘토인 농지

"묘토인 농지"라 함은 피상속인이 제사를 주재하고 있는 선조의 분묘와 인접한 거리에 있는 것으로서 상속개시일 현재 분묘관리 및 제사의 비용에 충당되는 재원으로 사용하는 농지를 말하며, 다음과 같은 요건을 충족하여야 한다.

① 피상속인이 제사를 주재하고 있는 선조의 분묘와 인접한 거리에 있는 것으로서 상속개시일 현재 분묘관리 및 제사의 비용에 충당되는 재원으로 사용하는 농지이어야 하고
② 제사를 주재하는 자에게 상속되어야 하며,
③ 제사를 주재하는 상속인을 기준으로 1,980㎡까지만 비과세된다.

금양임야와 묘토인 농지의 가액을 합하여 2억원을 한도로 상속세가 비과세된다.

▎절세전략

선산이 있는 집안의 종손 등이 해당 선산을 상속받을 경우에는 상속세가 비과세되는 금양임야와 묘토에 해당되는 경우가 있을 수 있다. 특히 선산이 대도시 주변에 있는 경우에는 최대 2억원까지 비과세 받을 수 있다.
따라서 상속재산에 조상의 무덤이 있는 선산이 포함되어 있는 경우에는 최소한 비과세 대상 면적만이라도 공동상속인간의 협의분할에 의하여 제사를 주재하는 자를 선정하고 그 제사를 주재하는 자에게 상속을 해두어 세금을 절감하도록 하는 것이 좋다.

07 피상속인이 며느리에게 사전증여하고, 그 며느리는 아들에게 증여하면 5년을 벌 수 있다.

상속재산의 가액이 상속공제액보다 커서 상속세 부담이 클 것으로 예상되면 짧게는 5년 길게는 10년 이상의 기간 동안 사전증여 등을 통해 상속세에 대한 절세계획을 세워야 한다.

상속개시 전 10년 이내에 상속인에게 증여한 재산과 상속개시 전 5년 이내에 상속인이 아닌 자에게 증여한 재산은 증여자의 사망시 다시 상속재산의 가액에 가산하므로 사전에 미리 증여한다 해도 절세의 효과가 없을 수 있으므로 사전에 증여할 때에는 이를 충분히 검토하고, 증여 여부를 결정하여야 한다.

증여자의 건강상태 등으로 보아 10년 이상 생존할 것으로 판단되면, 사전에 미리 상속인들에게 분산하여 증여하는 것도 좋으며, 5년 이상 10년 미만의 기간 동안 생존할 것으로 판단되면 며느리나 사위, 손자 등 상속인이 아닌 자에게 사전증여하는 것도 좋다.

그러나 만일 5년 이상을 생존할 가능성이 없는 경우에는 사전증여를 하지 말고 상속을 받는 것이 오히려 세부담면에서 유리할 수 있다.

만일 아들에게 사전증여하고 하고 싶으나 10년간 합산되므로 며느리에게 증여하고 며느리는 증여를 받았다가 다시 아들에게 증여하는 경우에는 5년을 벌 수 있다. 즉, 6억원 이하 재산의 경우에는 며느리에게 사전증여 한 후 다시 며느리가 그 증여받은 재산을 아들에게 증여하는 경우에는 며느리가 증여받을 때에만 증여세를 부담하면 된다.

며느리가 증여받은 날로부터 5년이 지난 후에 증여자가 사망한 경우에는 해당 증여재산은 상속재산에 합산되지 않으므로 5년을 벌 수 있는 것이다. 부동산가격이 상승하는 시기에는 상속개시 전에 미리 현금을 사전증여하고 그 사전증여재산으로 부동산을 취득하는 경우에는 시가 상승분에 대한 상속세까지 덤으로 절세를 할 수 있는 것이다.

08 토지소유자와 건물소유자가 다른 경우 임대보증금의 귀속자를 잘 판단해야 한다.

▌채무로 공제되는 임대보증금 판단

피상속인이 부동산 임대업을 영위하다가 사망한 경우로서 상속세를 계산할 때 해당 재산에 대하여 사실상 임대차계약이 체결된 경우에는 부채로 공제되는 임대보증금의 귀속은 다음과 같이 판단한다(상증통 §14-0…3 ⑤).

① 토지·건물의 소유자가 동일한 경우	토지·건물의 소유자가 동일한 경우에는 토지·건물 각각에 대한 임대보증금은 전체 임대보증금을 토지·건물의 평가액(상속세및증여세법 제61조 제5항의 규정에 의한 평가액을 말한다)으로 안분계산한다. 즉, 피상속인 채무로 모두 공제 가능하다.
② 토지·건물의 소유자가 다른 경우	토지·건물의 소유자가 다른 경우에는 실지 임대차계약내용에 따라 임대보증금의 귀속을 판정하며 건물의 소유자만이 임대차계약을 체결한 경우에 있어서 해당 임대보증금은 건물의 소유자에게 귀속되는 것으로 한다.

피상속인과 상속인 등 타인이 토지와 건물을 각각 소유하여 토지와 건물의 소유자가 다른 경우로서 해당 재산에 임대차계약이 체결되어 있는 경우 상속재산의 가액에서 공제되는 임대보증금에 해당되는지 여부를 판단할 때 의외로 많은 분들이 기준시가로 안분하는 것으로 알고 있다.

그러나 무조건 기준시가로 안분하는 것이 아니라 상기 통칙과 같이 실지 임대차계약 내용에 따라 임대보증금의 귀속을 판정하고, 건물의 소유자만이 임대차계약을 체결한 경우에 있어서 해당 임대보증금은 건물의 소유자에게 귀속되는 것으로 한다.

즉, 만일 피상속인이 건물만 소유하고 있고 임대차계약서상 임대차계약의 당사자가 피상속인 단독인 경우에는 임대보증금 전부를 부채로서 공제받을 수 있다. 그러나, 반대로 만일 피상속인이 토지만을 소유한 자로서 임대차계약의 당사자에 해당하지 않는 경우에는 임대보증금을 부채로써 전혀 공제받을 수 없다.

> **사례**
>
> - 母 : 서울 소재 토지(9.5억원)와 겸용주택건물(1.5억원) 소유
> - 임대현황 : 임대보증금 4.3억원, 임대료 월 670만원임.
> - 母는 자녀 2명에게 토지만 각각 35%씩 지분 증여한 후 자녀들과 토지에 대한 임대차계약을 체결한 후 임대료를 각각 2백만원을 지급하기로 하였으며 母는 종전과 동일하게 제3자에 대한 임대사업을 영위함.

母가 사망할 때 임대보증금 4.3억원이 부채로 공제가능할까요?

절세전략

상기 사례의 경우 당연히 보증금 4.3억원은 부채로 공제가능하므로 母의 사망시 상속세를 절세할 수 있다. 다른 한편으로 다주택자에 대한 양도소득세 중과제도가 시행되고 있기 때문에 주택에 상당하는 건물을 자녀들이 증여를 받지 않음으로 인하여 본인이 보유한 1 거주주택에 대하여 양도소득세 비과세 혜택을 받을 수 있으며 또는 2주택 이상자에 해당하는 경우에는 양도소득세 중과세도 피할 수 있어 덤으로 절세가 된다.

다만, 주택의 부수토지를 상속받은 경우에도 그 부수토지는 종합부동산세 및 취득세 과세시 주택에 해당하므로 세율적용 시 주택수에 포함된다.

09. 피상속인이 긴 투병 생활을 하다 사망한 경우 병원비·간병비를 상속인들 고유의 재산으로 납부하지 마라1).

피상속인이 큰 병에 걸렸거나 장기간 입원한 경우에는 병원비 및 간병비 등이 상당히 많은 금액이 소요된다. 이런 경우 대다수의 자녀들은 피상속인 명의의 예금잔액이 있다 하더라도 부모님 생전의 마지막 효도라는 생각에 자녀들의 통장에서 돈을 인출하거나 또는 자녀의 신용카드로 병원비로 납부하는 경향이 있는데, 이는 상속세 측면에서는 오히려 안 내도 될 세금을 내는 결과가 된다.

피상속인의 재산으로 병원비 등을 납부하면 그만큼 상속재산이 감소하므로 감소한 분에 대하여 세율을 곱한 만큼 상속세를 적게 낼 수 있지만 자녀들의 재산으로 병원비를 납부하면 피상속인의 상속재산은 변동없고 게다가 그 병원비는 채무로도 공제되지 않기 때문에 세금을 더 내는 결과가 된다.

만일, 피상속인이 사망할 때까지 병원비 등을 납부하지 않았다고 가정하는 경우 그 병원비 등은 궁극적으로 피상속인이 부담할 몫이고 결국은 상속인들이 승계하여 상속재산 등으로 납부해야 하므로 채무로서 공제받을 수 있다.

가령 피상속인이 중병으로 장기간 입원하여 병원비가 5천만원이 나온 경우 자녀들의 재산으로 병원비를 전액 납부하였다면 한푼도 공제받지 못한다.

---

1) 국세청, "2008 세금절약 가이드Ⅱ"일부 수정

그러나 피상속인의 재산으로 납부하거나 돌아가시고 난 후에 상속재산으로 납부하면 5,000만원을 공제받을 수 있으므로 그에 대한 상속세 만큼을 절세할 수 있다. 절세 받을 수 있는 금액은 과세표준의 크기에 따라 병원비 납부액의 10% ~ 50%이다.

만일 피상속인이 현금이 없어 자녀가 납부해야 하는 상황이라면 미리 피상속인과 금전소비대차계약서를 작성하고 자녀가 병원비상당액을 피상속인에게 대여하는 형식으로 한다면 그 병원비상당액은 채무로 공제 가능하다.

상담을 하다보면 상속인들이 실지로 병원비를 부담한 경우 그 병원비가 상속재산의 가액에서 공제가 되는지 여부에 대하여 질문을 종종 한다. 상속개시전에 이미 상속인들이 완납한 경우에는 공제가 되지 않는다고 상담하면 효도한 자식은 상속세 혜택은 없다며 무슨 법이 이러냐고 종종 화를 낸다.

그러나 그때는 이미 늦었으므로 부모님에게 효도를 하려고 했다가 안 내도 될 세금을 내는 일이 없도록 병원비를 납부할 때도 상속세를 절세할 수 있는 방법이 무엇인지 생각해야 한다.

10 6월 1일 이후에 상속이 개시된 경우 재산세와 종합부동산세를 공과금으로 공제하는 것을 잊지 마라.

　상속재산에서 차감하는 공과금은 상속개시일 현재 피상속인에게 납세의무가 성립된 것으로서 상속인에게 승계된 공과금이나 또는 피상속인이 납부해야 할 공과금으로서 납부되지 아니한 금액은 상속재산의 가액에서 차감한다. 다만, 상속개시일 이후에 상속인의 귀책사유로 납부 또는 납부할 가산세, 가산금, 강제징수비, 벌금 등은 포함되지 않는다(상증법 §14).

　재산세와 종합부동산세의 과세기준일은 6월 1일이며 재산세는 7월과 9월에 각각 재산세고지서가 발부되고 종합부동산세는 11월(12.15. 납부기한)에 발부된다.

　그래서 간혹 6월 1일 이후 재산세 및 종합부동산세가 고지되기전에 피상속인이 사망한 경우에는 재산세와 종합부동산을 공과금으로 공제하는 것을 잊어버리거나 빠뜨리는 경우가 종종 있다.

　반드시 챙겨서 상속세를 절감하도록 하여야 한다.

11. 상속재산에 합산되지 않는 증여재산은 생전에 가급적 증여하라.

▌피상속인이 일정기간 이내에 증여한 재산은 상속세 합산과세

상속세 과세가액에 가산하는 증여재산가액은 수증자가 상속인 또는 상속인이 아닌 경우로 구분하여 적용한다. 원칙적으로 수증자가 상속인에 해당하는 경우에는 상속개시일 전 10년 이내에 피상속인이 증여한 재산가액을 상속세 과세가액에 가산하고, 수증자가 상속인이 아닌 경우에는 상속개시일 전 5년 이내에 피상속인이 증여한 재산가액을 가산한다(상증법 §13).

▌상속세 합산과세 배제 증여재산

그러나 피상속인이 상속개시전 10년 또는 5년 이내에 증여한 재산이라 하여 모두 상속재산에 합산하는 것은 아니다. 즉, 다음의 증여재산은 상속개시전 10년 또는 5년 이내에 증여한 재산이라 하여도 합산하지 않는다(상증법 §13③).

① 조세특례제한법 제71조에 따른 증여세가 감면된 영농자녀가 증여받은 농지 등의 가액
② 상속세및증여세법 제46조에 따른 비과세 증여재산
　• 내국법인의 종업원으로서 우리사주조합에 가입한 자가 해당 법인의 주식을 우리사주조합을 통하여 취득한 경우로서 그 조합원이 소액주주의 기준에 해당하는 경우 그 주식의 취득가액과 시가의 차액으로 인하여 받은 이익에 상당하는 가액
　• 정당법에 따른 정당이 증여받은 재산의 가액

- 사내근로복지기금이나 우리사주조합, 공동근로복지기금 및 근로복지진흥기금이 증여받은 재산의 가액
- 사회통념상 인정되는 이재구호금품, 치료비, 피부양자의 생활비, 교육비, 학자금 또는 장학금 기타 이와 유사한 금품, 기념품·축하금·부의금 기타 이와 유사한 금품으로서 통상 필요하다고 인정되는 금품, 혼수용품으로서 통상 필요하다고 인정되는 금품 등, 불우한 자를 돕기 위하여 언론기관을 통하여 증여한 금품
- 신용보증기금, 기술신용보증기금, 신용보증재단, 전국신용보증재단연합회, 예금보험기금, 예금보험기금채권상환기금, 주택금융신용보증기금
- 국가, 지방자치단체 또는 공공단체가 증여받은 재산의 가액
- 장애인복지법 제32조에 따라 등록한 장애인 및 국가유공자 등 예우 및 지원에 관한 법률 제6조에 따라 등록한 상이자인 장애인을 보험금 수령인으로 하는 보험금(연간 4천만원을 한도)

③ 공익법인 등이 출연받은 재산으로 증여세 과세가액 불산입된 재산
④ 공익신탁재산에 대한 증여세 과세가액 불산입재산
⑤ 장애인이 증여받은 재산으로 증여세 과세가액 불산입재산
⑥ 합산배제증여재산
  - 전환사채등에 의하여 주식으로의 전환·교환 또는 주식의 인수를 하거나 전환사채등을 양도함으로써 얻은 이익
  - 주식 또는 출자지분의 상장 등에 따른 이익
  - 합병에 따른 상장 등 이익의 증여
  - 특수관계법인과의 거래를 통한 이익의 증여의제
  - 타인의 기여에 의하여 증가한 재산가치증가분
  - 특수관계법인으로부터 제공받은 사업기회로 발생한 이익의 증여의제
  - 명의신탁재산의 증여의제

• 재산 취득자금 등의 증여 추정

그러나, 반대로 증여세 과세특례가 적용된 창업자금과 증여세 과세특례가 적용된 가업승계한 주식가액은 증여받은 날로부터 상속개시일까지의 기간에 상관없이 항상 상속세과세가액에 가산한다.

❙ 절세전략

상기와 같이 증여자가 10년(5년) 이내 사망해도 상속재산에 합산되지 않으면서 사실상 상속인 등에게 생전에 증여할 수 있는 재산은 가급적 생전에 많이 이용하는 것이 누진세율 구조하의 상속세를 절세 할 수 있다.

12 재산소유자의 사망일에 임박해서는 가급적 재산을 처분하지 않는 것이 좋다.

재산소유자가 사망하기 전에 그 재산 소유자가 소유한 재산을 처분하게 되면 세법상 다음과 같은 불이익을 받게 된다.

▌상속개시일 전 처분재산이 일정금액 이상이 되는 경우 처분재산의 용도를 밝혀야 하며, 용도를 밝히지 못하면 상속인들이 상속받은 재산으로 추정하여 상속세가 과세된다.

상속개시일 전 1년 이내에 재산종류별[(현금·예금·유가증권), (부동산·부동산에 관한 권리), 기타재산]로 처분한 재산가액이 2억원 이상이거나 2년 이내의 처분가액이 5억원 이상인 경우로서, 처분금액의 사용용도가 객관적으로 명백하지 아니한 경우에는 사용처를 소명하지 못한 금액에서 처분재산가액의 20% 상당액과 2억원 중 적은 금액을 차감한 금액을 상속재산으로 추정하여 상속세를 과세한다(상증법 §15).

그러나 부득이 재산소유자의 사망일에 임박해서 재산을 처분해야 하는 상황인 경우에는 처분재산에 대한 사용처에 대한 증빙을 반드시 확보해 두어야 한다.

▌양도소득세 부담이 늘어난다.

재산소유자가 사망한 후에 상속인들이 상속받은 부동산을 양도하게 되면 상속인이 상속개시일에 취득한 것으로 보므로 보유기간이 짧아 양도소득세가 아예 없거나 적게 나올 수 있지만, 상속개시일 전에 양도하게 되면 피상속인이 양도소득세를 부담하여야 하며, 또한 피상속인의 보유기간이 긴 경우에는 양도소득세가 많이 나올 수 있다.

예를 들어 피상속인이 10년 전에 취득한 부동산을 상속개시전에 팔게 되면 10년 동안 보유한 분에 대한 양도소득세를 내야 하지만, 상속을 받고 나서 1년 후에 양도하게 되면 1년 동안의 기간에 대한 양도소득세만 내면 되므로 양도소득세 부담이 훨씬 줄어든다.

▌절세전략

재산소유자의 사망일이 임박한 경우로서 사망일전에 재산을 처분하는 경우에는 양도소득세와 상속세를 모두 부담하는 경우가 발생될 수 있지만, 상속개시일 후에 처분하는 경우로서 상속개시일로부터 6개월 이내에 매매계약을 체결하고 처분하는 경우에는 양도소득세 부담은 없다. 하지만 상속세 법정신고기한 다음날부터 9개월이 지난 후에 처분하는 경우에는 상속세와 양도소득세 모두 부담할 수 있으나 양도소득세는 상속인들의 보유기간이 짧으므로 상대적으로 상속개시 전에 처분하는 것에 비하여 적게 부담할 수 있다.

그리고, 사망에 임박해서 기준시가로 상속세를 과세 받을 수 있는 재산은 처분하지 않는 것이 좋다. 왜냐하면 통상적으로 기준시가는 시세에 비하여 상당히 낮은 가액인데 처분하는 순간 그 재산은 처분한 가액에서 공과금 등을 차감한 전액에 대하여 상속세가 부과될 수 있기 때문이다.

따라서, 재산을 어느 시점에 처분하는 것이 가장 절세할 수 있는지 여부는 상속세와 양도소득세 부담을 모두 고려하여 판단하여야 한다.

13. 상속재산을 공익법인에게 출연하고자 하는 경우에는 신고기한 이내에 공익법인 명의로 반드시 등기 등을 하여야 상속세가 면제된다.

요즈음 기부문화의 활성화로 인하여 평생 모은 재산을 자식에게 전부 물려주기보다는 일부 재산을 사회에 환원하고자 하는 뜻을 가진 분들이 의외로 많다. 이 경우 사회에 환원할 때 이왕이면 장학재단 등 공익법인에 기부하면 뜻도 이루고 상속세 면제 혜택도 얻을 수 있어 좋다.

상속재산의 출연은 피상속인의 유언이나 사인증여 또는 상속인의 상속 후 출연이 이행되는데 이러한 경우 세금문제는 어떻게 될까?

▌공익법인에 출연한 재산에 대한 상속세과세가액 불산입

상속세및증여세법 제16조에서는 "피상속인 또는 상속인이 종교·자선·학술 기타 공익을 목적으로 하는 사업을 영위하는 자(공익법인 등)에게 출연한 재산의 가액에 대하여는 신고기한이내에 출연한 경우에 한하여 상속세과세가액에 산입하지 아니한다"라고 규정하고 있다.

다만, "재산의 출연에 있어서 법령상 또는 행정상의 사유로 출연재산의 소유권의 이전이 지연되는 경우와 "상속받은 재산을 출연하여 공익법인 등을 설립하는 경우로서 법령상 또는 행정상의 사유로 공익법인 등의 설립허가 등이 지연되는 경우"에는 부득이한 사유가 있는 경우에 해당하여 그 사유가 없어진 날이 속하는 달의 말일부터 6월 이내에 출연하여야 한다.

또한, 상속세 과세가액에 불산입되기 위해서는 반드시 상속인 전원 합의에 의한 출연이 되어야 하고, 또한 상속인이 출연한 공익법인 등의 이

사현원의 5분의 1을 초과하여 이사가 되어서는 안 되며, 이사의 선임 기타 사업운영에 관한 중요사항을 결정한 권한을 가지지 않아야 한다.

▌공익법인의 범위

① 종교의 보급 기타 교화에 현저히 기여하는 사업
② 초·중등교육법 및 고등교육법에 의한 학교, 유아교육법에 따른 유치원을 설립·경영하는 사업
③ 사회복지사업법에 따른 사회복지법인이 운영하는 사업
④ 의료법 또는 정신보건법에 따른 의료법인 또는 정신의료법인이 운영하는 사업
⑤ 법인세법 제24조제2항제1호에 해당하는 기부금을 받는 자가 해당 기부금으로 운영하는 사업
⑥ 법인세법시행령 제39조제1항제1호 각목에 따른 공익법인 등
⑦ 소득세법시행령 제80조제1항제5호에 따른 공익단체
⑧ 법인세법시행령 제39조제1항제2호 다목에 따른 공익법인 등

▌공익법인에 대한 주식출연시 일정비율 초과분에 대한 상속세 과세

공익법인에 내국법인의 의결권 있는 주식을 출연하는 경우에는 일반 공익법인은 10%, 의결권행사 제한 등 일정 요건 갖춘 경우 20% 초과분에 대하여 상속세가 과세된다. 다만, 상호출자제한기업집단과 특수관계에 있는 공익법인 및 상속세및증여세법 제48조제11항 각호의 요건을 갖추지 못한 공익법인은 5% 초과분에 대하여 상속세가 과세된다. 하지만 그 이하의 비율에 해당하는 주식등을 출연하는 경우에는 상속세가 면제된다.

▌공익법인에 대한 사후관리

한편, 정부에서는 공익법인에 대한 조세지원이 탈세수단이나 조세회피수단으로 악용될 소지를 없애고 공익사업이 본래의 목적대로 충실히 수행되고 있는지 여부를 확인하기 위하여 출연받은 재산을 3년 이내에 직접 공익목적사업에 사용해야 하는 등 상속세및증여세법 제48조 등에 따른 사후관리규정을 두어 철저히 사후관리를 하고 있다. 사후관리 위반에 해당하게 되는 경우에는 상속·증여세 또는 가산세가 추징이 된다.

▌절세전략

공익법인에 재산을 출연하고자 한다면 상속세 과세가액 불산입 요건과 주식출연에 대한 제한규정, 사후관리규정을 반드시 숙지한 후 그 요건에 따라 출연이 이행되고, 사후관리의무를 지켜야 세금이 면제된다. 상속세 과세가액 불산입 요건이 충족하지 않는 경우에는 좋은 일을 하고도 상속세는 상속세대로 물어야 한다.

따라서 공익법인에 재산을 출연할 때에는 상속세 과세가액 불산입 요건을 충분히 검토한 후 그 요건에 맞추어 출연해야 한다. 공연히 상속세를 줄여보겠다고 공익법인에 출연하는 것으로 위장하였다가는 나중에 가산세까지 붙여서 세금을 추징당할 수 있으니 말이다.

소소하게 상속재산 중 공익법인 출연재산으로 활용할 수 있는 사례는 사찰에 지급하는 49재(四十九齋) 비용이 있다.

14. 상속인으로 미성년자, 장애인이 있는 경우에는 일괄공제 대신 그 밖의 인적공제를 적용받는 것이 유리할 수 있다.

▌기초공제와 그 밖의 인적공제 적용

거주자의 사망으로 인하여 상속이 개시되는 경우로서 상속인이 상속받은 재산에 대하여는 기초공제 2억원을 적용받을 수 있으며, 또한 다음과 같이 그 밖의 인적공제도 적용받을 수 있다.

구분	대상요건	공제액
자녀 공제	자녀(제한 없음)	1인당 5천만원 (인원수 제한 없음)
미성년자(태아포함) 공제	상속인(배우자 제외) 및 동거가족 중 19세미만	19세까지 잔여연수 × 1,000만원 (인원수 제한없음)
연로자 공제	상속인(배우자 제외) 및 동거가족 중 65세 이상	5천만원(남·여 모두 65세 이상)
장애인 공제	상속인 및 동거가족 중 장애인	통계청장이 고시한 기대여명 × 1,000만원

▌일괄공제 적용 선택

또한 상속세및증여세법 제21조에 따라서 상기의 기초공제 2억원 및 그 밖의 인적공제를 합친 금액과 일괄공제 5억원을 비교하여 큰 금액으로 선택하여 공제받을 수 있다(상증법 §21).

다음 ①, ② 중 큰 금액을 선택하여 공제가능 함.
① 기초공제(2억원)+그 밖의 인적공제 합친 금액
② 5억원(일괄공제)

■ 상속세 신고기한 이내에 무신고하거나 기한 후 신고를 하지 않는 경우에는 무조건 일괄공제 5억원만 적용

그러나 상속세 과세표준 신고기한 이내에 상속세 신고를 하지 않거나 기한 후 신고를 하지 않은 경우에는 기초공제 및 그 밖의 인적공제의 적용을 배제하고 일괄공제 5억원만 적용가능하다.

■ 절세전략

그러므로 상속인으로 미성년자 또는 장애인이 있어 그 밖의 인적공제와 기초공제 2억원을 합한 금액으로 적용받는 것이 더 유리한 경우에는 반드시 상속세 법정 신고기한 이내 또는 세무서 등의 상속세 결정전에 기한후 신고를 하면서 그 밖의 인적공제와 기초공제 2억원을 합한 가액으로 상속공제 신고를 하여야 한다.

통계청장이 승인한 기대여명표

연령	전체	남자	여자	연령	전체	남자	여자	연령	전체	남자	여자
0세	83.49	80.57	86.42	34세	50.24	47.40	53.07	68세	18.89	16.80	20.81
1세	82.70	79.79	85.61	35세	49.27	46.44	52.09	69세	18.05	16.01	19.91
2세	81.71	78.80	84.62	36세	48.30	45.47	51.12	70세	17.22	15.23	19.01
3세	80.72	77.82	83.63	37세	47.34	44.51	50.15	71세	16.40	14.47	18.13
4세	79.73	76.82	82.64	38세	46.37	43.55	49.17	72세	15.59	13.72	17.25
5세	78.74	75.83	81.65	39세	45.41	42.60	48.20	73세	14.80	12.98	16.39
6세	77.75	74.84	80.66	40세	44.45	41.64	47.23	74세	14.02	12.26	15.54
7세	76.76	73.85	79.66	41세	43.49	40.69	46.27	75세	13.25	11.55	14.70
8세	75.76	72.85	78.67	42세	42.53	39.74	45.30	76세	12.49	10.86	13.86
9세	74.76	71.86	77.67	43세	41.58	38.80	44.34	77세	11.75	10.17	13.05
10세	73.77	70.86	76.68	44세	40.63	37.85	43.38	78세	11.02	9.51	12.25
11세	72.77	69.86	75.68	45세	39.68	36.91	42.41	79세	10.32	8.87	11.48
12세	71.78	68.87	74.69	46세	38.73	35.98	41.45	80세	9.66	8.26	10.74
13세	70.79	67.88	73.70	47세	37.78	35.04	40.50	81세	9.02	7.69	10.03
14세	69.80	66.88	72.71	48세	36.84	34.11	39.54	82세	8.42	7.15	9.35
15세	68.81	65.90	71.72	49세	35.90	33.19	38.59	83세	7.84	6.64	8.70
16세	67.82	64.91	70.73	50세	34.97	32.27	37.63	84세	7.30	6.17	8.08
17세	66.83	63.92	69.74	51세	34.04	31.36	36.68	85세	6.78	5.72	7.49
18세	65.85	62.94	68.76	52세	33.11	30.45	35.73	86세	6.30	5.29	6.94
19세	64.87	61.96	67.77	53세	32.19	29.55	34.78	87세	5.85	4.90	6.42
20세	63.89	60.98	66.79	54세	31.27	28.65	33.83	88세	5.42	4.53	5.93
21세	62.91	60.00	65.81	55세	30.36	27.76	32.89	89세	5.02	4.19	5.47
22세	61.93	59.03	64.82	56세	29.45	26.88	31.95	90세	4.65	3.88	5.05
23세	60.95	58.05	63.84	57세	28.54	26.00	31.01	91세	4.31	3.59	4.66
24세	59.97	57.08	62.86	58세	27.64	25.14	30.07	92세	4.00	3.32	4.30
25세	59.00	56.11	61.88	59세	26.75	24.27	29.13	93세	3.70	3.07	3.96
26세	58.02	55.14	60.90	60세	25.85	23.42	28.19	94세	3.43	2.85	3.66
27세	57.05	54.17	59.92	61세	24.96	22.56	27.26	95세	3.19	2.64	3.38
28세	56.07	53.20	58.94	62세	24.08	21.72	26.33	96세	2.96	2.45	3.12
29세	55.10	52.23	57.96	63세	23.20	20.88	25.40	97세	2.75	2.28	2.89
30세	54.13	51.27	56.98	64세	22.33	20.05	24.48	98세	2.56	2.12	2.68
31세	53.16	50.30	56.00	65세	21.46	19.22	23.55	99세	2.39	1.97	2.49
32세	52.19	49.34	55.02	66세	20.59	18.41	22.63	100세 이상	2.24	1.84	2.32
33세	51.21	48.37	54.05	67세	19.74	17.60	21.72				

※ 자료출처 : 국가통계포털(https://kosis.kr) 〉 통계목록 〉 주제별통계 〉 보건 〉 생명표 〉완전생명표(1세별)

15. 금융재산 상속공제는 금융재산가액에서 금융채무를 공제한 순금융재산가액을 기준으로 공제한다.

금융재산 상속공제

거주자의 사망으로 상속이 개시되는 경우로서 상속개시일 현재 상속재산가액 중 순금융재산이 있는 경우에는 금융재산상속공제를 적용받을 수 있다.

금융재산상속공제는 금융회사 등에서 대출을 받은 후 그 금액으로 주식(최대주주 주식에 해당하는 경우 제외)을 취득하여 보유하고 있거나 또는 예금 등 금융재산으로 보유 중에 상속이 개시된 경우 그 대출금은 전액 채무공제 받고, 주식·예금 등은 금융재산으로서 금융재산가액의 20%를 공제받게 되어 이중으로 공제되는 문제가 있어 금융재산에서 금융부채를 차감한 순금융재산의 가액에 대하여 공제를 한다. 이 때 공제되는 금액은 다음과 같이 순금융재산의 가액을 기준으로 2천만원 이하인 경우와 2천원을 초과하는 경우로 구분하여 공제한다.

> **금융재산 상속공제액**
> ① 순금융재산가액이 2천만원을 초과하는 경우
>   Min[ⓐ max(순금융재산가액의 20%, 2천만원), ⓑ 2억원]
> ② 순금융재산가액이 2천만원 이하인 경우
>   해당 순금융재산의 가액
>   * 순금융재산가액 = 금융재산가액 - 금융채무액

다만, 금융회사 등이 아닌 곳으로부터 대출을 받은 경우에는 그 대출금은 금융재산가액에서 차감되지 않는다.

차명 금융재산에 대한 금융재산 상속공제 적용배제

상속세및증여세법 제67조에 따른 상속세 과세표준 신고기한까지 신고하지 아니한 타인 명의의 금융재산은 금융재산 상속공제대상에서 제외된다.

> **사례**
> - "갑"은 암투병 중으로 생존예상기간은 6개월 미만임.
> - "갑"이 대표로 있는 "을법인"으로부터 10억원을 적정이자율로 대출받아 예금함.
>
> "갑"이 사망한 후 상속세 계산할 때 상속재산가액에서 공제할 금액은?

상기 사례의 경우 "갑"의 상속인들은 상속세를 계산할 때 채무 10억원을 상속재산가액에서 차감할 수 있으며, 또한 금융재산 상속공제로 2억원을 추가로 적용받을 수 있다.

절세전략

상기 사례와 같이 피상속인이 상속개시전에 금융회사 등이 아닌 자로부터 금전을 차입하여 금융회사 등에 예금 등을 하는 경우에는 채무로 공제받음과 동시에 금융재산 상속공제를 추가로 최고 2억원을 한도로 적용받을 수 있으므로 이를 적절하게 활용하는 것도 절세의 방법이다.

16 부모님을 10년 이상 동거봉양하면 상속세를 절세할 수 있다.

부동산 가격상승 및 실거래가 신고 등으로 인하여 1세대 1주택 실수요자에 대한 상속세 부담이 증가한 점을 감안하여 상속세 부담을 완화할 필요가 있어 동거주택 상속공제제도를 도입하여 시행하고 있다. 즉, 거주자의 사망으로 상속이 개시되는 경우로서 피상속인과 상속인(배우자 제외)이 상속개시일부터 소급하여 10년 이상 1세대 1주택을 유지하면서 하나의 주택에 동거한 경우에는 6억원의 한도 내에서 상속주택가액의 100%를 상속세과세가액에서 공제한다. 하지만 이러한 동거주택 상속공제는 일정한 요건을 갖춘 경우에 한하여 공제받을 수 있다(상증법 §23조의2 ①).

사례

- 갑 소유 총재산 : 100억원
- 갑 소유 성북동 소재 주택 : 30억원
- 취득일자 : 1994년도
- 주택취득일부터 해당 주택에서 배우자 을 및 장남 병이 함께 거주하고 있음.

동거주택 상속공제 요건

동거주택 상속공제는 다음의 요건을 모두 갖춘 경우에는 상속주택가액(소득세법 제89조 제1항 제3호에 따른 주택부수토지의 가액을 포함하되, 상속개시일 현재 해당 주택 및 주택부수토지에 담보된 피상속인의 채무액을 뺀 가액을 말한다)의 100분의 100에 상당하는 금액을 상속세 과세가액에서 공제한다. 다만, 그 공제할 금액은 6억원을 한도로 한다.

① 피상속인과 상속인(직계비속 및 민법 제1003조 제2항에 따라 상속인이 된 그 직계비속의 배우자인 경우로 한정한다)이 상속개시일부터 소급하여 10년 이상(상속인이 미성년자인 기간은 제외한다) 계속하여 하나의 주택에서 동거하여야 한다.

② 피상속인과 상속인이 상속개시일부터 소급하여 10년 이상 계속하여 1세대를 구성하면서 소득세법 제88조 제6호에 따른 1세대가 1주택(소득세법 제89조 제1항 제3호에 따른 고가주택을 포함한다)을 소유한 경우에 해당하여야 하며, 이 경우 무주택인 기간이 있는 경우에는 해당 기간은 1세대 1주택에 해당하는 기간에 포함한다.

③ 상속개시일 현재 무주택자이거나 피상속인과 공동으로 1세대 1주택을 보유한 자로서 피상속인과 동거한 상속인이 상속받은 주택일 것.

일시적 2주택의 동거주택 상속공제

동거주택 판정기간(10년)동안 1세대가 다음의 어느 하나에 해당하여 2주택 이상을 소유한 경우에도 1세대가 1주택을 소유한 것으로 보아 적용한다(상증령 §20조의2 ①). 이 경우에 동거주택 상속공제의 적용은 상속개시일 현재 피상속인과 상속인이 동거하는 주택을 동거주택으로 본다(상증령 §20조의2 ③).

① 피상속인이 다른 주택을 취득(자기가 건설하여 취득한 경우를 포함한다)하여 일시적으로 2주택을 소유한 경우. 다만, 다른 주택을 취득한 날부터 2년 이내에 종전의 주택을 양도하고 이사하는 경우만 해당한다.

② 상속인이 상속개시일 이전에 1주택을 소유한 자와 혼인한 경우. 다만, 혼인한 날부터 5년 이내에 상속인의 배우자가 소유한 주택을 양도한 경우만 해당한다.

③ 피상속인이 문화재보호법 제47조 제1항에 따른 등록문화재에 해당하는 주택을 소유한 경우
④ 피상속인이 소득세법 시행령 제155조 제7항 제2호에 따른 이농주택을 소유한 경우
⑤ 피상속인이 소득세법 시행령 제155조 제7항 제3호에 따른 귀농주택을 소유한 경우
⑥ 1주택을 보유하고 1세대를 구성하는 자가 상속개시일 이전에 60세 이상의 직계존속을 동거봉양하기 위하여 세대를 합쳐 일시적으로 1세대가 2주택을 보유한 경우. 다만, 세대를 합친 날부터 5년 이내에 피상속인 외의 자가 보유한 주택을 양도한 경우만 해당한다.
⑦ 피상속인이 상속개시일 이전에 1주택을 소유한 자와 혼인함으로써 일시적으로 1세대가 2주택을 보유한 경우. 다만, 혼인한 날부터 5년 이내에 피상속인의 배우자가 소유한 주택을 양도한 경우만 해당한다.
⑧ 피상속인, 상속인 또는 상속인의 배우자가 피상속인의 사망 전에 발생된 제3자로부터의 상속으로 인하여 여러 사람이 공동으로 소유하는 주택을 소유한 경우. 다만, 피상속인 또는 상속인이 해당 주택의 공동소유자 중 가장 큰 상속지분을 소유한 경우(상속지분이 가장 큰 공동 소유자가 2명 이상인 경우에는 그 2명 이상의 사람 중 다음의 순서에 따라 해당 각 목에 해당하는 사람이 가장 큰 상속지분을 소유한 것으로 본다)는 제외한다.
　ⓐ 해당 주택에 거주하는 자
　ⓑ 최연장자

▌상속개시일부터 소급하여 10년 이상 하나의 주택에서 동거할 것의 의미

　동거주택 상속공제 요건중 "피상속인과 상속인이 상속개시일부터 소급하여 10년 이상 하나의 주택에서 동거할 것"을 요건으로 하고 있다. 기획재정부는 "소득세법상 1세대1주택 요건을 유지하면서 10년 이상 동거하는 경우 10년 이상 하나의 주택에서 동거에 해당"한다고 해석(재재산-669, 2011.08.19.)하였다.

▌절세전략

　상기 사례의 경우 갑이 사망하기 전에 미리 준비를 하여 성북동 소재 주택에 가급적 직계비속인 상속인과 10년간 함께 거주하도록 하고 또한 갑이 사망한 경우에는 협의분할을 통하여 상속인 중 피상속인과 동거한 무주택자이거나 피상속인과 공동으로 1세대 1주택을 보유한 상속인에게 상속이 되도록 하는 경우에는 순 상속주택가액의 100%(한도 6억원)를 상속세 과세가액에서 공제받을 수 있으므로 상속세를 절세할 수 있다.

17. 상속개시일 현재 가업상속이 되는 법인의 사업용자산비율을 높여야 상속세를 절세할 수 있다.

▌가업상속 공제액

거주자의 사망으로 상속이 개시되는 경우로서 중소기업 또는 중견기업(직전 3개 사업연도의 매출액의 평균금액이 5천억원 이상인 기업과 가업승계인이 상속세 납부능력이 있는 경우에는 가업상속공제 배제됨)으로서 피상속인이 10년 이상 계속하여 경영한 기업을 상속받은 경우에는 다음 금액 중 적은 금액을 상속세과세가액에서 공제한다(상증법 §18②).

① 가업상속 재산가액에 상당하는 금액
② 300억원. 다만, 피상속인이 20년 이상 계속하여 경영한 경우에는 400억원, 피상속인이 30년 이상 계속하여 경영한 경우에는 600억원을 한도로 한다.

▌법인기업의 가업상속시 공제대상 가업상속재산가액

법인기업 가업상속의 경우 가업상속공제 대상이 되는 가업상속재산가액은 가업에 해당하는 법인의 주식 등의 가액에 그 법인의 총자산가액 중 상속개시일 현재 사업무관자산을 제외한 자산가액이 차지하는 비율, 즉 사업용자산비율을 곱하여 계산한 금액에 상당하는 주식의 가액이 된다.

> 법인기업 상속시 가업재산가액
> 주식 등 가액×(1 - 법인의 총자산가액중 사업무관자산이 차지하는 비율)

┃ 사업무관자산

  법인의 총자산가액 중 다음에 해당하는 자산은 사업무관자산에 해당한다. 법인의 총자산가액 및 사업무관자산은 상속개시일 현재 상속세및증여세법 제60조부터 제66조에 따라 평가한 가액을 말하며, 사업무관자산 해당여부도 상속개시일 현재를 기준으로 판단한다.

  ① 법인세법 제55조의2에 해당하는 비사업용토지 등
  ② 법인세법 시행령 제49조(업무와 관련이 없는 자산의 범위 등)에 해당하는 자산 및 타인에게 임대하고 있는 부동산(지상권 및 부동산임차권 등 부동산에 관한 권리를 포함한다)
    다만, 해당 법인이 소유한 주택(국민주택규모 이하인 주택 또는 상속개시일 현재 기준시가가 6억원 이하인 주택으로 한정한다)으로서 해당 법인의 임원원(1% 이상 대주주 등 제외)에게 5년 이상 계속하여 무상으로 임대하고 있는 주택은 사업무관자산에 해당되지 않는다.
  ③ 법인세법 시행령 제61조 제1항 제2호에 해당하는 자산(대여금)
    다만, 대주주가 아닌 임직원 본인 또는 자녀의 학자금이나 기준시가 6억원 이하의 주택전세금을 대여한 경우는 제외한다.
  ④ 과다보유현금[상속개시일 직전 5개 사업연도 말 평균 현금(요구불예금 및 취득일부터 만기가 3개월 이내인 금융상품을 포함한다)보유액의 100분의 200을 초과하는 것을 말한다]
  ⑤ 법인의 영업활동과 직접 관련이 없이 보유하고 있는 주식, 채권 및 금융상품(④에 해당하는 것은 제외한다)

┃ 절세전략

  상기에서 살펴본 바와 같이 사업무관자산 해당여부는 상속개시일 현재를 기준으로 판단한다. 국세청은 해당 법인이 소유한 자기주식, 투자유가증권, 장기금융상품 등은 기본적으로 사업무관자산으로 간주하고 있다. 물론 투자유가증권 또는 지분법적용 주식이라 하더라 해도 해당 법인의 제품 생산활동, 상품·용역의 구매 및 판매활동 등 영업활동과 직접 관련이 있다는 사실을 입증하면 사업용자산에 해당된다(대법원 2021두52389, 2021.12.30.).

그러므로 상속이 임박하거나 또는 가업승계에 대한 증여세 과세특례를 적용받고자 하는 경우에는 해당 법인의 사업용자산 비율을 최대한 높여야 상속세 및 증여세를 절세할 수 있다.

즉, 사업무관자산은 사업용자산으로 변경하고, 각종 회원권은 임직원들의 복지차원에서 이용하는 사실을 입증할 수 있도록 홈페이지 공지사항 및 내부결재자료 등을 준비하고, 대여금은 회수하고, 금융자산이 많은 경우 사업확장 등 금융자산의 사용계획을 미리 세워서 사업용 자산임을 준비하고, 임대부동산은 가능한 한 임대차계약을 해지하거나 임대차계약의 면적을 최소화하고, 5년간 현금보유액의 평균액을 증가시키는 등 사업용 자산비율을 높여야 가업상속공제액도 덩달아 높아져서 상속세를 절세할 수 있다.

다만, 상속개시 후에 새로이 일정 비율(상속개시일로부터 5년 이내 40%) 이상을 임대하는 경우에는 가업상속공제가 추징됨을 유의해야 한다.

18. 차명주식이 있는 경우 실제소유자 사망시점에 상속인 명의로 환원해야 가업상속공제 적용 및 2차 명의신탁에 따른 증여세 과세문제가 없게 된다.

　법인기업을 경영하시는 분들 중에는 여러 가지 사유로 차명주식을 상당부분 소유하고 있는 경우가 많다. 주식에 있어 실제소유자와 명의자가 다른 것을 명의신탁주식 또는 차명주식이라고 한다. 이러한 차명주식이 현재시점에 주식가액이 높아져 환원하는 것에 대하여 많은 고민을 하고 있다. 여기서 환원하는 방법과 환원하지 않는 경우 문제점을 살펴보고자 한다.

▎명의신탁주식 실제소유자 확인제도 이용한 환원

　2001년 7월 23일 이전에는 상법 규정에 따라 발기인이 3명(1996년 9월 30일 이전은 7명) 이상일 경우에만 법인설립이 허용되어 부득이하게 친인척, 지인 등 다른 사람을 주주로 등재하는 명의신탁 사례가 많았다. 이처럼 명의신탁한 주식을 실제소유자에게 환원하는 경우 관련 증빙을 제대로 갖추지 못해 이를 입증하는 데 많은 불편과 어려움을 겪고 있다.

　국세청은 이러한 사정을 고려하여, 일정한 요건을 갖추면 세무조사 등 종전의 복잡하고 까다로운 확인절차 없이 통일된 기준에 따라 납세자가 제출한 증빙서류와 국세청 내부자료 등을 활용하여 간소화된 절차에 따라 실제소유자를 확인해 줌으로써 납세자의 입증부담을 덜어주고 원활한 가업승계와 안정적인 기업경영 및 성장을 지원하기 위해 명의신탁주식 실제소유자 확인제도를 시행하고 있다.

＊ 구체적인 환원절차 등은 국세청홈페이지 〉성실신고지원 〉 명의신탁주 실소유자 확인 안내 〉를 참조하기 바란다.

II. 상속세 분야 • 91

하지만 명의신탁주식 실제소유자 확인신청 대상자 요건이 까다로워 그 대상이 되는 자가 많지 않아 그 실효성도 높지가 않다.

즉, 이미 오래전에 명의신탁한 주식에 대하여 이미 십수년 또는 수십년이 지난 시점에는 다른 사람명의로 여러 가지 사정에 의하여 새로운 명의신탁이 되었기 때문이다.

▎피상속인이 명의신탁한 주식도 가업상속공제 대상이 되는 주식에 해당함.

피상속인이 오래전에 제3자 명의로 명의신탁한 주식도 상속재산에 포함되어 상속세 과세대상에 해당한다. 이 경우 피상속인이 보유한 동일한 법인의 주식이 상속세및증여세법 제18조의2에 따른 가업상속공제 대상이 되는 경우에는 피상속인이 제3자 명의로 명의신탁한 주식도 가업상속공제 대상이 된다.

다만, 국세청은 "피상속인이 보유한 차명주식을 상속세 과세표준 신고시 상속재산에 포함하지 아니하고 신고함으로써 상속인 1명이 상속세 과세표준 신고기한까지 해당 가업의 전부를 상속받지 아니한 경우에는 가업상속공제를 적용하지 않는다"라고 해석(법규-909, 2014.8.22.)한 사실이 있다.

2016.2.5. 이후부터는 공동상속도 가능하게 되었지만 차명주식에 대하여 상속세 신고시 누락 신고하고 또한 협의분할이 되지 않은 경우까지 가업상속공제 적용 여부에 대하여는 새로운 해석이 필요하다. 조세심판원은 최근 「고의적으로 신고누락한 명의신탁 주식까지 공제대상으로 인정할 경우 납세자들의 성실신고 가능성이 낮아지고, 대다수 성실하게 신고하는 납세자와 형평이 맞지 아니한 점, 조세법률주의에 따라 공제·감면 등 규정을 해석함에 있어 그 요건 등은 엄격하게 적용할 필요가 있어 보이는 점 등에 비추어 피상속인의 명의신탁 재산인 쟁점주식의 상속에 대하여는 가업상속공제 요건이 충족되지 아니한 것으로 보아 피상속인

명의의 쟁점주식에 대하여 가업상속공제를 부인한 이 건 처분은 달리 잘못이 없는 것으로 판단된다」라고 결정(조심 2020구0841, 2020.10. 28.)한 바 있다.

▌피상속인이 조세회피목적으로 명의신탁한 주식에 대하여 증여세 과세

한편, 피상속인이 조세를 회피할 목적으로 제3자 명의로 명의신탁한 주식에 대하여 상속세및증여세법 제45조의 2에 따라 국세기본법 제14조에도 불구하고 그 제3자 명의로 명의개서한 날을 증여의제 시기로 하여 증여세가 과세된다. 다만, 조세회피목적 없이 명의신탁하거나 또는 증여세 부과제척기간이 만료된 경우에는 증여세가 과세되지 않는다.

▌피상속인이 명의신탁한 주식을 상속인 명의로 장기간 명의개서하지 않은 경우 2차 명의신탁에 따른 증여세 과세

피상속인이 조세를 회피할 목적으로 생전에 제3자 명의로 명의신탁한 주식을 사망 후 상속인이 상속개시일이 속하는 연도의 다음연도말까지 상속인 명의로 장기간 명의개서를 하지 않는 경우에도 상속개시일이 속하는 연도의 다음연도 말일의 다음날에 새로이 명의신탁한 것으로 보아 상속세및증여세법 제45조의2 제1항 괄호규정에 의하여 증여세가 과세된다. 다만, 조세회피목적이 없거나 상속세 신고시 상속재산에 포함하여 신고한 경우에는 그러하지 않는다(기획재정부 재산세제과-880, 2019.12.27.).

▌절세전략

피상속인이 생전에 제3자 명의로 명의신탁한 주식을 사망 후 상속인 명의로 장기간 명의개서하지 않은 경우에는 2차 명의신탁에 따른 증여세 과세문제가 발생된다. 그러므로 피상속인이 명의신탁한 주식에 대하여 생전에 명의신탁주식 실제소유자 확인제도 등을 이용하여 환원해야 하지만 그 대상에도 해당되지 않아 생전에 환원하지 못한 경우에는 피상속인의 사망으로 상속시점에 환원하면서 상속재산에 포함하여 신고하는 것도 절세전략이 된다.

상속세 계산시 피상속인이 명의신탁한 주식도 다른 가업상속공제 요건이 모두 충족되는 경우에는 가업상속공제를 적용받을 수 있고 또한, 2차 명의신탁에 따른 증여세를 피할 수 있기 때문이다.

물론 피상속인이 제3자 명의로 명의신탁한 사실에 대한 입증은 주식인수대금 및 증자대금을 피상속인이 부담한 사실, 수탁자에게 지급된 배당금이 피상속인에게 리턴 된 사실, 법원판결문 등으로 상속인이 입증할 책임이 있다.

또한 당초 명의신탁 시점의 증여세에 대한 부과제척기간이 경과하지 아니한 경우에는 증여세 과세여부도 검토해야 한다. 이 경우 수탁자에게 증여세가 과세되는 경우에도 그 증여세는 피상속인의 상속세 계산시 공과금으로 공제 가능하다(서면4팀-1474, 2004.09.20.).

19. 손자 등 선순위 상속인이 아닌 자에게 유증 등을 하는 경우에는 각종 상속공제를 적용받지 못한다.

거주자의 사망으로 인하여 상속이 개시되는 경우에 기초공제·배우자 상속공제·그 밖의 인적공제·일괄공제·금융재산 상속공제 및 재해손실공제·동거주택상속공제등 각종 상속공제를 상속세 과세가액에서 공제받을 수 있다. 이 때 공제되는 금액은 상속인이 아닌 자에게 유증한 경우 등을 감안하여 그 공제의 범위를 제한하고 있다.

▌상속공제 종합한도

각종 상속공제의 종합한도액은 다음과 같이 계산한다.

상속공제 종합한도액

상속세 과세가액
-) 선순위 상속인이 아닌 사람에게 유증, 사인증여, 증여채무 이행 중 재산
-) 선순위 상속인의 상속포기로 그 다음 순위의 상속인이 상속받은 재산의 가액
-) 증여재산가액(증여재산공제 및 재해손실공제액을 뺀 후 의 금액)[주1]
=) 상속공제 종합한도액

주1: 2016.1.1.이후 상속분부터 상속세 과세가액이 5억원을 초과하는 경우에 한하여 차감한다.

선순위 상속인이 아닌 자가 유증 등에 의하여 상속받은 재산에 대하여는 각종 상속공제가 적용되지 아니하고 또한 그 선순위 상속인이 아닌 자가 손자인 경우에는 그 손자가 상속받은 재산에 대하여는 할증과세 30%(그 손자가 미성년자에 해당하고 상속받은 재산가액이 20억원을 초

과하는 경우에는 40%)까지 적용된다. 그러므로 손자나 며느리, 사위 등 선순위 상속인이 아닌 자에게 유증이나 사인증여를 할 때에는 신중히 판단을 하여야 한다.

> **사례 1**
>
> 사실관계
> - 조부의 유일한 상속재산인 시가 5억원인 아파트를 손자(대습상속인 아님)에게 유증함.
> - 상속인으로 배우자 및 자녀 2 있음.
>
> 상속세 계산
> - 상속세 과세가액 : 5억원
> - 상속공제 : 0원
> - 상속세 과세표준 : 5억원
> - 상속세 산출세액 : 5억원×20% − 1천만원* = 90,000,000원
>   * 누진공제액
> - 할증세액 : 27,000,000원
> - 상속세산출세액 합계액 : 117,000,000원

상기 사례 1의 경우 상속공제 한도액이 상속세 과세가액 5억원에서 손자에게 유증한 재산가액 5억원을 차감한 "0"원 이므로 배우자 상속공제 5억원과 일괄공제 5억원 등 각종 상속공제를 전혀 적용받을 수 없다.

> **사례 2**
>
> **사실관계**
> - 총상속재산가액 : 17억원
> - 상속세 과세가액 : 15억원
> - 상속인으로 배우자 및 자녀 2 있음.
> - 상속재산중 시가 5억원인 아파트를 손자에게 유증함.
>
> **상속세 계산**
> - 상속세 과세가액 : 15억원
> - 상속공제 : 10억원(일괄공제 5억원과 배우자 상속공제 5억원)
> - 상속세 과세표준 : 5억원
> - 상속세 산출세액 : 5억원×20% − 1천만원* = 90,000,000원
>   * 누진공제액
> - 할증세액 : 90,000,000×(5억원/15억원)×30% = 9,000,000원
> - 상속세산출세액 합계액 : 99,000,000원

상기 사례 2의 경우 상속공제 한도액이 상속세 과세가액 15억원에서 손자에게 유증한 재산가액 5억원을 차감한 10억원이므로 그 범위내에서 배우자 상속공제 5억원과 일괄공제 5억원을 모두 공제받을 수 있다.

절세전략

선순위 상속인이 아닌 자에게 유증 또는 사인증여 등을 한 재산에 대하여는 각종 상속공제가 적용되지 않는다. 하지만 상기 사례에서 보듯이 손자 등 선순위 상속인이 아닌 자에게 유증 등을 하였다하여 무조건 상속공제 한도가 적용되는 것은 아니므로 선순위 상속인이 상속받아서 손자 등 선순위 상속인이 아닌 자에게 증여할 때의 증여세와 취득세 등 지방세 등을 비교하여 상속공제 한도액 범위내에서 적절하게 유증 등을 하

는 것도 절세의 한 방법이다.

다만, 2016.01.01. 이후 상속분부터 피상속인의 자녀를 제외한 직계비속이면서 미성년자에 해당하는 상속인 또는 수유자가 받았거나 받을 상속재산의 가액이 20억원을 초과하는 경우에는 무려 40%가 할증됨을 유의해야 한다.

20 지주회사의 주식등 비율을 80% 미만으로 낮추어서 상속세를 절세해라

주식 등 비율이 80% 이상인 비상장법인의 주식은 순자산가치로만 평가

법인의 자산총액 중 주식 등의 가액의 합계액이 차지하는 비율이 80% 이상인 비상장법인(시가가 없는 경우)의 주식 등에 대해서도 순자산가치로 평가한다(상증령 §54④4). 여기서 법인의 '자산총액' 및 '주식 등의 가액'은 상속세및증여세법 제60조 내지 제66조에 따라 평가한 가액으로 한다(기획재정부 재산세제과-943, 2020.10.27.).

사례

사례

사실관계
- 갑은 A그룹의 회장으로서 그룹내 지주회사의 지분 50%(비상장법인으로 시가가 없음)를 소유하고 있으며, 해당 지주회사는 자회사의 주식만 보유하고 있으므로 해당 지주회사의 지분 평가는 순자산가치로만 평가해야 함.
- 갑은 현금성 자산도 약 500억원을 보유하고 있음.

절세전략

기업의 지분구조가 지주회사와 자회사 형식으로 구성되어 있고 지주회사는 자회사로부터 수령하는 배당으로 사업을 영위하는 경우에는 그 지주회사는 보유한 자산가액에 비하여 일반적으로 영업이익이 매우 낮다. 그러므로 상기 사례처럼 이러한 지주회사 지분을 소유한 그룹의 회장이 사망하여 상속이 개시된 경우 그 지주회사 지분은 대개 자산총액

중 주식 등 가액이 80% 이상에 해당하여 순자산가치로만 평가해야 되는 경우가 발생된다.

그러나 만일 지주회사의 자산총액 중 주식 등 가액 비율이 80% 미만에 해당하게 되는 경우에는 1주당 순손익가치와 1주당 순자산가치를 각각 2와 3 또는 3와 2의 비율로 가중평균한 가액과 1주당 순자산가치의 80%중 큰 금액으로 평가하게 된다. 즉, 지주회사의 지분을 1주당 순자산가치로만 평가하지 않고 가중평균한 가액과 1주당 순자산가치의 80% 중 큰 금액으로 평가하는 경우에는 1주당 순자산가치로만 평가하는 경우와 비교할 때 최소한 20% 정도는 주식가치를 낮출 수 있다는 의미이다.

그렇다면 상기 사례의 경우 만일 그룹의 회장인 갑이 보유한 현금성 자산을 지주회사에 대여하여 지주회사의 주식 등 비율이 80% 미만으로 떨어진다면 갑의 지주회사 지분가치를 낮추게 되고 결과적으로 갑의 사망시 상속세 부담을 낮춰 상속세를 절세할 수 있게 된다.
그러나 이 경우 갑의 현금성 자산을 지주회사에 대여 등을 할 때 특정법인과의 거래를 통한 이익의 증여의제 등 지주회사의 다른 주주에 대한 증여세 과세문제 등까지 고려하여 실행해야 한다.

21 5억원을 초과하여 배우자상속공제를 적용받기 위해서는 반드시 배우자상속재산분할기한까지 협의분할에 의한 등기 등을 하여야 한다.

▎배우자 상속공제액

피상속인의 사망으로 상속이 개시되어 상속세를 계산할 때에 배우자가 실제 상속받은 금액이 있는 경우에는 그 금액은 상속세및증여세법 제19조(배우자 상속공제)에 의하여 상속세 과세가액에서 공제한다. 이 배우자 상속공제액은 ① 배우자가 실제 상속받은 금액, ② 배우자의 법정상속분-가산한 증여재산 중 배우자 수증분의 증여세 과세표준, ③ 30억원 중에서 가장 적은 금액이 된다. 이 경우 ①, ②, ③ 중 가장 적은 금액이 5억원 이하에 해당하거나 또는 배우자가 실제 상속받은 금액이 없는 경우에도 5억원은 적용받을 수 있다.

▎배우자 상속재산 분할

그런데, 배우자 상속공제액을 5억원을 초과하여 공제받기 위해서는 배우자가 실제 상속받은 금액을 상속세 과세표준 신고기한의 다음날부터 9월이 되는 날(배우자상속재산분할기한이라 한다)까지 상속재산을 분할한 경우에 한하여 적용한다. 다만, 배우자상속분을 분할하지 못하는 사실을 관할세무서장이 인정하는 부득이한 사유(상속인 등이 상속재산에 대하여 상속회복청구의 소를 제기하거나 상속재산 분할의 심판을 청구한 경우 또는 상속인이 확정되지 아니하는 부득이한 사유 등으로 배우자상속분을 분할하지 못하는 사실을 관할세무서장이 인정하는 경우)가 있고 또한 그 부득이한 사유를 배우자상속재산분할기한까지 상속재산미분할신고서로 납세지 관할세무서장에게 신고하는 경우에는 또다시 배우자상속재산분할기한이 6개월이 연장 된다. 여기서 '분할'이란 유언장이 없는 경우에는 공동상속인간의 민법에 따른 협의분할 등을 통하여 배우자 상속분을 확정하여 배우자 상속재산분할기한까지 배우자 명의로 등기·등록·명의개서 등을 하거나 동산의 경우 배우자가 점유하는 등으로 배우자가 실제 상속받은 재산임이 확인되어야 한다(재산-374, 2011.08.03.).

최근 대법원은 "상속인 중 1인이 상속인 전부를 위하여 상속을 증명하는 서면을 첨부하여 법정상속분으로 상속을 원인으로 한 등기를 신청할 수 있으므로 상속을 원인으로 한 등기가 마쳐졌다고 하여 그 등기 내용대로의 상속재산분할협의가 이루어졌다고 인정할 수 없다"라고 판시(대법 2018다219451, 2018.05.15.)한 바 있다.

절세전략

상속개시일 현재 상속인으로 배우자가 있는 경우로서 5억원을 초과하여 배우자 상속공제를 적용받기 위해서는 반드시 배우자상속재산분할기한까지 공동상속인간의 협의에 의한 분할 등 민법에 따른 상속재산분할에 의하여 배우자 상속분을 확정하여 배우자 명의로 등기 등을 완료하여야 5억원을 초과하여 공제받을 수 있음을 유의해야 한다. 또한 부득이한 사유로 인하여 배우자상속재산분할기한까지 배우자의 상속재산을 분할할 수 없는 경우에도 배우자상속재산분할기한까지 납세지 관할세무서장에게 상속재산미분할신고서를 반드시 제출하여야 함을 유의해야 한다.

22 상속재산의 가액이 상속공제액 이하에 해당하여도 상속세를 신고하라.

▌상속받은 재산을 양도할 때 취득가액

거주자(국내에 주소를 두거나 183일 이상 거소를 둔 자를 말함)의 사망으로 상속이 개시되는 경우로서 상속세를 계산할 때 상속인으로 배우자와 자녀가 있고 그들이 상속받은 경우에 한하여 가장 기본적으로 배우자 상속공제 5억원과 일괄공제 5억원 합계액 10억원을, 자녀만 있는 경우에는 일괄공제 5억원을 상속세 과세가액에서 공제받을 수 있으므로 해당 공제액에 미달하는 재산을 상속받은 경우 상속세부담이 없다.

일반적으로 상속받은 재산가액이 상속공제액에 미달하여 부담할 상속세가 없는 경우에는 신고서 작성의 어려움, 신고대행 수수료 등 여러 가지 문제로 인하여 상속세를 신고하지 않는 경우가 대부분이다. 그러나 상속받은 재산을 양도하는 경우로서 양도차익을 산정할 때 취득가액은 상속개시당시 평가한 가액이 된다. 즉, 시가로 평가하여 상속세가 과세되는 경우에는 그 시가가 취득가액이 되고 시가가 없어 기준시가로 평가된 경우에는 기준시가가 곧 취득가액이 된다.

과세관청은 상속재산의 가액이 상속공제액에 미달하는 무신고자에 대하여는 상속세를 결정하는 과정에서 매매사례가액 등 명백한 시가가 있는 경우를 제외하고는 적극적으로 시가를 확인하여 결정하지는 아니한다.
그러나 문제점은 이후 상속받은 재산을 양도하여 실지거래가액으로 양도소득세를 계산할 때에 그 결정된 상속재산의 가액이 취득가액이 된다는 점이다. 즉, 1985.01.01. 이전에 상속받은 재산을 양도하는 경우에는 취득가액을 기준시가로 환산할 수 있으나, 1985.01.01. 이후에 상속받은 재산의 경우에는 상속개시당시 상속세및증여세법 제60조 내지 제66조의 규정에 의하여 평가한 가액(소득령§163⑨)이 취득가액이 된다.

1세대 2주택 이상자(2026.05.09.까지 한시적 양도소득세 중과세 유예) 또는 비사업용 토지에 대한 양도소득세 중과세 제도가 시행되고 있는 현재 시점에 만일 상속받은 재산이 상속세 결정당시에 기준시가로 평가되었다가 양도한 경우에는 상속개시당시의 기준시가와 실제로 양도되는 가액의 차액이 모두 양도차익으로 흡수되어 굉장히 많은 양도소득세를 부담하게 되는 결과가 초래될 수 있다.

절세전략

그러므로 상속재산이 상속공제액 이하에 해당하여 비록 납부할 상속세가 없는 경우에도 상속재산에 대하여 상속세및증여세법 시행령 제49조에서 규정하는 시가가 있는 경우에는 이를 입증하는 서류를 첨부하여 신고하여 상속재산이 시가로 평가되어 결정되도록 하는 것이 양도소득세를 절세하는 것이다.

한편, 2004.01.01. 이후 상속받은 재산을 평가할 때 상속개시일 전후 6월 이내에 해당 재산에 대한 매매가액 등 뿐만 아니라 평가대상 재산과 면적·위치·용도·종목 등이 동일하거나 유사한 다른 재산에 대한 매매사례가액 등도 시가로 인정하고 있다.

또한 2005.01.01. 이후 상속분부터 상속개시일전 6월을 경과하고 상속개시일 전 2년 이내의 기간 중에 매매가액 등이 있거나 또는 2019.02.12. 이후 상속분부터 법정 상속세 신고기한 다음날부터 9개월 이내에 매매가액 등이 있는 경우에도 상속개시일부터 매매가액 등이 결정되는 계약일 등 까지의 기간 중에 가격변동의 특별한 사정이 없다고 인정되는 때에 해당매매가액 등은 상속세및증여세법 시행령 제49조의2에 따른 재산평가심의위원회의 자문을 거쳐 시가로 인정되는 가액에 포함시킬 수 있다.

상속받은 재산 자체에 대한 매매가액, 감정가액의 평균액 등 시가에 해당하는 가액이 있는 경우에는 언제든지 그 시가를 입증할 수 있으나, 특히 평가대상 재산과 면적·위치·용도·종목 등이 동일하거나 유사한 다른 재산에 대한 매매사례가액 등 시가가 있거나 상속개시일 전 6월을 경과하고 상속개시일 전 2년 이내의 기간 중에 매매가액 등이 있는 경우에는 이러한 시가를 양도시점에 확인하기가 어렵다. 또한, 상속개시일로부터 오랜 시간이 흘렀거나 부과제척기간이 지난 경우에는 설령 상속개시 당시의 시가에 해당하는 가액을 입증하여도 부과제척기간의 경과 등 이유로 세무서가 이를 받아주지 않을 가능성이 높다. 그러므로 상속세를 미리 신고하면서 시가를 확인하여 이러한 시가로 상속세를 신고하는 것이 양도소득세를 절세하는 방법이다.

절세사례

> **사례**
> - 갑의 유일한 상속재산 : 단독주택 1채(개별주택가격 5억원)
> - 양도시 12억원 이상을 받을 수 있을 것으로 예상됨.
> - 상속세 신고기한내 상속세를 신고하지 않음.

상속재산에 대하여 매매사례가액이 없는 토지 또는 단독주택 등의 경우에는 2이상의 감정평가기관(기준시가 10억원 이하인 재산의 경우 1개의 감정기관으로부터 감정평가를 받아도 시가로 인정된다)으로부터 감정평가를 받아서 그 감정가액의 평균액으로 상속세 신고기한 이내에 상속세를 신고하는 것도 좋은 방법이다.

만일 상기 사례처럼 상속세 법정신고기한(상속개시일이 속하는 달의 말일부터 6개월)까지 감정평가를 하여 신고를 하지 못한 경우에도 상속세 법정결정기한(상속세 법정신고기한 다음날부터 9개월)까지 감정평가를 하여 각 지방청에 설치되어 있는 재산평가심의위원회의 자문을 거쳐서 시가로 인정받아 기한후 신고를 할 수 있다. 물론 이 경우 가격변동 및 주위환경의 변화가 없다는 등을 상속인이 입증하고 평가심의위원회가 이를 시가로 인정해야 한다는 부담감은 있다.

그런데 상속세 법정 신고기한 이내 신고 또는 기한후 신고도 하지 않고 양도하는 시점에서야 비로소 소급하여 감정을 받아서 취득가액으로 인정해달라고 하여도 소급감정가액에 해당하므로 국세청은 이를 상속재산의 시가로 인정하지 않고 있다(재산세과-171, 2011.04.01. 등 다수). 그러므로 취득가액으로도 인정받을 수 없게 된다.

감정을 받는 시점에 감정평가로 인한 수수료 부담이 있으나, 감정가액을 시가로 인정받음으로 인하여 이후 양도시 양도소득세를 더 크게 절세할 수 있는 경우에는 적극적으로 감정을 받아서 신고하는 것이 절세방법이다.

▌상속세 신고기한 이내에 무신고한 경우에는 기한 후 신고도 가능

상속세 신고기한은 상속개시일이 속하는 달의 말일부터 6개월 이내이며, 신고기한 이내에 무신고한 경우에는 국세기본법에 의한 기한후 신고가 가능하다. 납부할 상속세가 없는 경우에도 국세기본법에 의한 기한후 신고가 가능하게 되었다.

그러므로 만일 상속공제액 이하에 해당하는 상속재산을 상속받아서 상속세 신고기한 이내에 무신고한 경우에는 과세관청에서 상속세를 결정하기전까지 국세기본법에 따른 기한후 신고를 통하여 매매사례가액 등 시가로 신고할 수 있다.

23 재산을 상속받는 것이 유리한지 생전에 증여받는 것이 유리한지?

사례

> **사례**
>
> • 연로하신 아버지가 주택 등 부동산 7억원과 예금 1억원을 보유하고 있음.
>
> 이것을 함께 살고 있는 아들이 물려받고 싶은데 증여가 나은지?
> 아버지 사망 후 상속받는 것이 나은지?

　연로하신 부모님의 재산을 생전에 증여받는 것이 유리할 것인지 아니면 돌아가신 후에 상속을 받는 것이 유리할 것인지 여부에 대하여 많이 궁금해 한다. 하지만 이에 대하여 일률적으로 답변하기는 어렵다. 각 사안마다 다른 것으로 부모님의 건강상태, 상속인이 될 사람들의 구성 및 상속인간의 이해관계 등을 고려하여 종합적으로 판단하여야 한다.

　단순히 세금면에서만 본다면 상속세율과 증여세율이 10% ~ 50%로 동일하기 때문에 비교적 각종 공제액이 큰 상속으로 재산을 물려받는 것이 유리하다. 즉, 생전에 증여를 받게 되는 경우 증여재산공제는 겨우 5천만원(미성년자인 경우 2,000만원)에 불과하지만 사망하여 상속을 받게 되는 경우에는 일괄공제 5억원과 상속인으로 배우자가 있는 경우에는 추가로 배우자상속공제 5억원은 기본적으로 적용(민법상 선순위 상속인이 상속받는 경우에 한함)받을 수 있기 때문이다.

　상기 사례의 경우 자녀 "을"이 생전에 증여받을 경우 부담할 증여세는 약 1억6천여만원이 된다.

하지만 아버지가 사망한 후에 공동상속인간의 협의분할 상속에 의하여 자녀 "을"이 모두 상속을 받게 되는 경우에도 일괄공제 5억원, 배우자 상속공제(어머니 생존시) 5억원, 금융재산상속공제 2천만원(1억원×20%)을 각각 공제받을 수 있다. 따라서 이 경우에는 상속재산가액이 상속공제액에 미달하므로 부담할 상속세가 없게 된다. 만일 어머니가 생존하고 있지 않다면 배우자 상속공제를 적용받지 못하므로 4천4백여만원의 상속세만 부담하면 된다.

또한, 공동상속인들이 최초로 협의분할 상속하면서 특정상속인이 본인의 법정지분을 초과하여 상속재산을 취득하여도 증여세 과세문제도 발생하지 않는다.

▍절세전략

그러므로 상기 사례의 경우 공동상속인이 될 사람간의 다툼이 없다면 상속으로 재산을 물려받는 경우가 세부담면에서 훨씬 유리하다.
그러나 만일 상속재산가액이 상속공제액을 초과하여 상속세를 부담할 것으로 예상되는 경우에는 장기적인 절세계획을 세워서 생전에 분산하여 적절하게 증여하는 것도 절세의 방법이다. 즉 증여자인 아버지가 앞으로 10년 이상 생존할 수 있다고 판단되면, 미리 분산하여 증여하여 상속재산에 합산되는 것을 방지하는 것도 상속세를 절세하는 방법이다.

현재 상속세율 인하 및 각종 상속공제금액을 상향하는 세법개정에 대한 논의가 진행되고 있으므로 개정사항을 지켜보면서 사전증여 또는 상속, 사전증여 규모 등을 결정하는 것도 좋다.

24. 가업을 상속으로 물려주고자 하는 경우에는 가업상속 공제제도를 이용하여 상속세를 절세하라.

▌가업상속공제 제도란?

가업상속공제라 함은 기술·경영노하우의 효율적인 활용 및 전수 등 기업의 원활한 가업승계를 지원하기 위하여 피상속인이 생전에 10년 이상 경영하던 기업을 일정한 요건을 갖춘 상속인이 승계한 경우에는 피상속인의 가업영위기간에 따라 최고 300억원 ~ 600억원까지 상속세과세가액에서 공제하여 가업승계에 따른 상속세 부담을 크게 경감시켜주는 제도를 말한다.

▌가업상속공제액

가업상속공제액은 다음 ①,② 중 적은 금액을 상속세과세가액에서 공제한다(상증법 §18).

① 가업상속 재산가액에 상당하는 금액
② 300억원. 다만, 피상속인이 20년 이상 계속하여 경영한 경우에는 400억원, 피상속인이 30년 이상 계속하여 경영한 경우에는 600억원을 한도로 한다.

▌가업상속재산가액

개인기업의 경우

상속재산 중 가업에 직접 사용되는 토지(비사업용토지 제외), 건축물, 기계장치 등 사업용 자산의 가액에서 해당 자산에 담보된 채무액을 뺀 가액을 말한다.

법인기업의 경우

> 주식등 가액×(1 - 법인의 총자산중 사업무관자산이 차지하는 비율)

생전에 주식을 가업승계 목적으로 증여받아 증여세 과세특례가 적용된 주식도 증여일부터 상속개시일까지의 기간이 10년 이내인지 여부와 무관하게 상속재산에 가산하여 상속세로 정산할 때 가업상속공제를 적용받을 수 있다.

법인의 사업무관자산

법인의 총자산가액 중 다음에 해당하는 자산은 사업무관자산에 해당한다. 법인의 총자산가액 및 사업무관자산은 상속개시일 현재 상속세및증여세법 제60조부터 제66조에 따라 평가한 가액을 말하며, 사업무관자산 해당여부도 상속개시일 현재를 기준으로 판단한다.

① 법인세법 제55조의2에 해당하는 비사업용토지 등
② 법인세법 시행령 제49조(업무와 관련이 없는 자산의 범위 등)에 해당하는 자산 및 타인에게 임대하고 있는 부동산(지상권 및 부동산임차권 등 부동산에 관한 권리를 포함한다)
　다만, 해당 법인이 소유한 주택(국민주택규모 이하인 주택 또는 상속개시일 현재 기준시가가 6억원 이하인 주택으로 한정한다)으로서 해당 법인의 임원원(1%이상 대주주 등 제외)에게 5년 이상 계속하여 무상으로 임대하고 있는 주택은 사업무관자산에 해당되지 않는다.
③ 법인세법 시행령 제61조 제1항 제2호에 해당하는 자산(대여금)
　다만, 대주주가 아닌 임직원 본인 또는 자녀의 학자금이나 기준시가 6억원 이하의 주택전세금을 대여한 경우는 제외한다.
④ 과다보유현금[상속개시일 직전 5개 사업연도 말 평균 현금(요구불

예금 및 취득일부터 만기가 3개월 이내인 금융상품을 포함한다)보유액의 100분의 200을 초과하는 것을 말한다]

⑤ 법인의 영업활동과 직접 관련이 없이 보유하고 있는 주식, 채권 및 금융상품(④에 해당하는 것은 제외한다)

가업상속공제 적용요건

중소기업일 것

가업상속공제가 적용되는 중소기업이란 상속개시일이 속하는 소득세 과세기간 또는 법인세 사업연도의 직전 소득세 과세기간 또는 법인세 사업연도 말 현재 다음의 요건을 모두 갖춘 중소기업을 말한다.

① 상속세및증여세법 시행령 별표에 따른 업종을 주된 사업으로 영위할 것
② 조세특례제한법 시행령 제2조제1항제1호 및 제3호의 요건을 충족할 것
③ 자산총액이 5천억원 미만일 것

중견기업도 가업해당

가업상속공제가 적용되는 중견기업은 상속개시일이 속하는 소득세 과세기간 또는 법인세 사업연도의 직전 소득세 과세기간 또는 법인세 사업연도 말 현재 다음의 요건을 모두 갖춘 중견기업을 말한다(상증령 §15②).

① 상속세및증여세법 시행령 별표에 따른 업종을 주된 사업으로 영위할 것.
② 조세특례제한법 시행령 제9조제4항제1호 및 제3호의 요건을 충족할 것.
③ 상속개시일 직전 3개 법인세 사업연도의 매출액의 평균금액이 5천억원 미만인 기업일 것.

다만, 중견기업의 경우 가업상속인의 상속세 납부능력을 고려하여 가업상속인이 상속받거나 받을 가업상속재산 외에 받거나 받을 상속재산가액이 해당 가업상속인이 가업상속공제를 받지 않았을 경우에 납부할 의무가 있는 상속세액에 2를 곱한 금액을 초과하는 경우에는 가업상속

공제를 적용받을 수 없다.

법인기업 상속시 최대주주 등 요건

가업상속공제 대상이 되는 가업에는 피상속인이 법인의 최대주주 또는 최대출자자인 경우로서 그와 특수관계에 있는 자의 주식 등을 합하여 발행주식총수 등의 40%(상장법인의 경우에는 20%)이상을 10년 이상 계속하여 보유하고 있는 경우를 포함한다.

☞ 10년 이상 계속하여 경영한 가업 판단시 개인사업자로서 영위하던 가업을 동일한 업종의 법인으로 전환하여 피상속인이 법인 설립일 이후 계속하여 해당 법인의 최대주주등에 해당하는 경우에는 개인사업자로서 가업을 영위한 기간을 포함하여 계산한다.
☞ "최대주주나 최대출자자"는 주주 1인과 특수관계에 있는 자가 보유한 해당 법인 발행주식총수의 합계가 가장 많은 경우의 해당 주주를 말한다.

피상속인 요건

피상속인이 거주자로서 10년 이상 가업을 영위하여야 하며, 다음의 어느 하나에 해당하는 기간을 대표이사 또는 대표자로 재직하여야 한다.

① 가업의 영위기간 중 100분의 50 이상의 기간
② 10년 이상의 기간(상속인이 피상속인의 대표이사직을 승계하여 상속개시일까지 계속 재직한 경우로 한정한다)
③ 상속개시일부터 소급하여 10년 중 5년 이상의 기간

상속인 요건

다음의 요건을 모두 충족한 상속인이어야 한다. 이 경우 가업상속공제 대상 자산은 상속인이 상속받고 그 상속인의 배우자가 다음의 요건을 모두 갖춘 경우에도 상속인이 그 요건을 갖춘 것으로 보아 가업상속공제규정을 적용한다.

① 상속개시일 현재 18세 이상일 것
② 상속개시일전에 2년 이상 직접 가업에 종사할 것. 다만, 피상속인이 65세 이전에 사망하거나 천재지변, 인재 등 부득이한 사유로 사

망하는 경우에는 그러하지 아니한다.
③ 상속세 과세표준 신고기한까지 임원으로 취임하고, 신고기한부터 2년 이내에 대표자(법인기업의 경우 대표이사)로 취임한 경우

조세포탈 또는 회계부정 행위로 징역형 또는 벌금형을 선고받은 경우 가업상속 공제 배제

상속개시일 전 10년 이내 또는 상속개시일부터 5년 이내의 기간 중 피상속인 또는 상속인이 가업의 경영과 관련하여 조세포탈 또는 회계부정 행위로 징역형 또는 벌금형을 선고받고 그 형이 확정된 경우에는 가업상속공제 적용이 배제가 된다.

▌가업상속공제 후 5년간 사후관리

가업상속공제가 적용된 기업은 상속개시일부터 5년동안 정규직근로자 수의 전체평균 또는 총급여액의 전체 평균이 기준고용인원 또는 기준총급여액의 90%에 모두 미달하는 경우 상속세가 추징된다(상증법 §18⑤1).

또한 가업상속공제를 받은 상속인이 상속개시일부터 5년 이내에 정당한 사유없이 해당 가업용 자산의 40%이상을 처분(임대 포함)하거나, 해당 상속인이 가업에 종사하지 아니하거나, 주식등을 상속받은 상속인의 지분이 감소된 경우에는 공제받은 금액을 상속개시 당시의 상속세과세가액에 산입하여 상속세를 부과한다. 다만, 정당한 사유가 있는 경우에는 상속세가 추징되지 아니한다.

▌사후관리 위반으로 상속세 추징시 이자상당액과 함께 자진신고납부

사후관리 위반에 따라 상속세 추징시 이자상당액(현재 3.1%)을 가산하여 상속세가 부과되며, 사후관리 위반사유 발생일이 속하는 달의 말일부터 6개월 이내에 자진 신고 및 납부할 수 있다.

가업상속공제가 적용된 재산의 양도시 이월과세 적용

가업상속공제가 적용된 자산의 양도차익을 계산할 때 양도가액에서 공제할 취득가액은 다음 ①, ②의 금액을 합한 금액으로 한다.

> ① 피상속인의 취득가액×해당 자산가액 중 가업상속공제적용률
> ② 상속개시일 현재 해당 자산가액×(1−가업상속공제적용률)
> ☞ 가업상속공제적용률=가업상속공제금액÷가업상속재산가액

가업승계에 대한 가업상속공제·증여세 특례적용시 절세효과

> **사례**
>
> - 갑의 유일한 재산현황
>   - 중소기업주식 : 250,000주(법인의 자산중 사업용 자산비율은 100%로 가정함)
>   - 갑은 법인을 설립하여 30년 이상 최대주주로서 가업영위
> - 갑의 가업승계 주식증여 계획
>   - 자녀 을에게 증여(증여주식 : 60,000주, @50,000)
>   - 갑이 소유한 주식을 자녀 을에게 증여할 때 가업승계에 따른 증여세 과세특례 요건을 모두 충족한 것으로 가정
> - 갑의 사망시 상속현황
>   - 상속주식 : 190,000주(@100,000)
>   - 갑의 상속인 : 자녀 을, 병(자녀 을은 2년 이상 갑과 함께 가업에 종사함)
>   - 갑이 주식 60,000주를 자녀 을에게 증여한 후에 갑과 을이 공동대표이사 체제로 하여 상속개시일까지 계속하여 가업에 종사하고, 을이 갑의 나머지 주식 190,000주도 모두 상속받는 것으로 가정함.

상기 사례를 기준으로 가업승계에 대한 증여세 과세특례 및 가업상속공제를 적용받은 경우와 적용받지 못한 경우 절세효과를 살펴보면 다음과 같다.

구분	가업승계에 대한 요건 충족시	가업승계에 대한 요건 미충족시	차액
증여시	• 증여세산출세액 : (30억원 − 10억원) × 10% = 2억원 • 신고세액공제 : 0원 • 자진납부세액 : 2억원	• 증여세산출세액 : (30억원 − 0.5억원) × 40% − 1.6억원 = 10.2억원 • 신고세액공제 : 0.306억원 • 자진납부세액 : 9.894억원	7.894 억원
상속시	• 가업상속재산가액 : 190억원 + 30억원 = 220억원 • 가업상속공제액 : 220억원 (min① 220억원 ②600억원) • 상속세 과세표준 : 0원	• 산출세액 : (220억원 − 5억원) × 50% − 4.6억원 = 102.9억원 • 증여세액공제 : 10.2억원 • 신고세액공제 : 2.781억원 • 자진납부세액 : 89.919억원	89.919 억원
사전 증여 없이 모두 상속시	• 가업상속재산가액 : 250억원 *250,000 × @100,000 = 250억원 • 가업상속공제액 : 220억원 (min① 220억원 ②600억원) • 상속세 과세표준 : 0원	• 상속재산가액 : 250억원 • 가업상속공제액 : 0원 • 산출세액:(250억원 − 5억원) × 50% − 4.6억원 = 117.9억원 • 신고세액공제 : 3.537억원 • 자진납부세액 : 114.363억원	114.363 억원

　상기 사례에서 살펴본 바와 같이 갑이 소유한 주식(250,000주)이 중소기업 주식에 해당하여 가업승계에 따른 증여세 및 가업상속공제를 모두 적용받을 경우에는 엄청난 절세효과가 있는 것을 알 수 있다. 상기 사례의 경우 어디까지나 증여시점보다 상속개시시점에 주식의 가치가 증가한 것을 가정한 경우이므로 성장하고 있는 기업으로서 주식가치가 계속하여 증가하는 기업의 경우에는 사전상속 제도를 활용하게 되면 절세효과가 더욱 커진다.

　그러나 주식가치가 현재보다 하락할 것으로 예상이 된다면, 사전증여보다 모두 상속을 하여 가업상속공제규정을 적용받는 것이 더 절세가 될 것이다. 또한 주식가치가 계속하여 증가한다는 가정 하에서는 사전증여를 전혀 하지 아니하고 또한, 가업승계에 따른 각종 상속·증여세 과세특례도 적용받지 아니하는 경우가 세부담이 가장 큰 것을 알 수 있다.

그러므로 절세효과를 극대화하기 위해서는 어느 시점에 어느 정도의 재산을 사전증여하고 또한, 상속을 할 것인지 여부를 잘 판단하여야 한다.

25. 상속포기하거나 한정승인 상속한 자녀가 보험금을 수령한 경우 국세에 대한 납세의무가 승계되고, 상속세가 과세된다.

▌사례

아버지(갑)은 사업실패 후에 체납된 국세와 금융기관 채무 등 빚만 남기고 사망하여 자녀들은 아버지의 상속재산보다 부채가 더 많아 모두 가정법원에 가서 상속포기신청을 하였다.

> 이후 아버지가 사망 전에 종신보험에 가입한 사실이 확인되어 보험회사로부터 보험금을 수령하고자 하는 경우 그 보험금을 수령해도 문제가 없는지?

▌보험금은 민법상 상속재산에는 해당되지 않음

대법원 판례는 "아버지가 자녀를 수익자로 하여 종신보험에 가입하고 아버지의 사망으로 보험회사가 자녀들에게 보험금을 지급하는 경우 그 보험금은 민법상 아버지의 상속재산에 해당되지 않는다"고 판시(대법 2001.12.24. 2001다65755)하고 있다. 또한 보험수익자가 지정되지 않은 상해보험금의 경우도 마찬가지로 "보험수익자의 지정에 관한 상법 제733조는 상법 제739조에 의하여 상해보험에도 준용되므로, 결국 상해의 결과로 사망한 때에 사망보험금이 지급되는 상해보험에 있어서 보험수익자가 지정되지 않아 위 법률규정에 의하여 피보험자의 상속인이 보험수익자가 되는 경우에도 보험수익자인 상속인의 보험금청구권은 상속재산이 아니라 상속인의 고유재산으로 보아야 한다"라고 판시(대법 2004.07.09. 2003다29463)하고 있다.

▌상속인이 상속 포기한 경우에도 보험금은 수령 가능함

상기 사례의 경우 아버지와 보험회사간의 보험계약에 따라 수익자인 자녀들이 원시취득하는 재산 즉, 자녀의 고유재산에 해당하므로 민법상 상속재산에 해당되지 않는다는 것이다. 그래서 자녀들이 민법에 따라 상속포기를 한 경우에도 보험금을 수령할 수 있고, 아버지에 대한 일반적인 채권자들은 자녀들이 수령한 보험금에 대하여 강제집행을 할 수 없다.

▌피상속인이 국세를 체납한 경우 상속인이 해당 국세를 승계해야 함

그러나 자녀들이 상속포기를 한 경우로서 보험금을 수령한 경우에도 아버지가 체납한 국세에 대한 납세의무는 승계된다.

2025.1.1.상속개시분 부터 국세에 대한 납세의무 승계를 피하면서 재산을 상속받기 위하여 피상속인이 상속인을 수익자로 하는 보험계약을 체결하고 피상속인의 사망으로 상속인이 보험금(상속세 및 증여세법 제8조에 따른 보험금을 말한다)을 받은 경우에도 다음의 구분에 따른 금액을 상속인이 상속받은 재산으로 보아 해당 국세에 대한 납세의무를 승계한다(국기법 §24②).

① 민법 제1019조 제1항에 따라 상속을 한정승인 또는 포기한 상속인이 보험금을 받은 경우: 상속인이 받은 보험금 전액
② 피상속인이 국세 또는 강제징수비를 체납한 상태에서 해당 보험의 보험료를 납입한 경우로서 상속인(민법 제1019조 제1항에 따라 상속을 한정승인 또는 포기한 상속인은 제외한다)이 보험금을 받은 경우: 다음의 계산식에 따라 계산한 금액

> 상속받은 재산으로 보는 보험금 = A × B / C
> A: 상속인이 받은 보험금
> B: 피상속인이 최초로 보험료를 납입한 날부터 마지막으로 보험료를 납입한 날까지의 기간 중 국세를 체납한 일수
> C: 피상속인이 최초로 보험료를 납입한 날부터 마지막으로 보험료를 납입한 날까지의 일수

▎상속인이 수령한 보험금은 상속세 과세됨

 피상속인의 사망으로 인하여 수령하는 생명보험 또는 손해보험의 보험금으로서 피상속인이 보험료 불입자인 보험계약에 의하여 받는 것은 민법상 상속재산은 아니지만 상속세및증여세법 제8조에서 상속재산으로 간주하고 있으므로 상기 사례의 경우 자녀들이 수령한 보험금은 아버지의 상속재산에 포함되어 상속세가 과세된다.

 상속세를 계산할 때에 상속인인 자녀들이 보험금을 수령하게 되는 경우에는 일괄공제 5억원을 받을 수 있고, 또한 피상속인의 배우자가 생존하고 있는 경우에는 배우자 상속공제 5억원을 추가로 받을 수 있으며, 보험금은 금융재산으로서 순금융재산의 범위 내에서 금융재산상속공제도 가능하다. 물론 보험금이 이와 같은 상속공제 합계액에 미달하는 경우에는 부담할 상속세도 없게 된다. 또한 상속세를 계산할 때 자녀들이 상속포기를 하여 아버지의 금융채무를 승계하지 않았으므로 그 채무는 상속재산에서 공제가 되지 않지만 자녀들이 납세의무 승계한 국세체납액은 공과금으로 공제가능하다.

▎절세전략

 따라서 2025.01.01. 이후 상속개시분부터 고액의 국세를 체납한 부모

가 보험계약을 체결하고 그 부모의 사망으로 자녀등 상속인이 상속포기하거나 한정승인 상속을 한 후 보험금을 수령하게 되는 경우에는 상속인들은 체납된 국세에 대한 납세의무를 승계해야 한다. 또한 수령한 보험금에 대하여 상속세도 부담해야 한다.

그러므로 보험금을 수령해야 할지 여부를 체납된 국세의 부담과 상속세 등을 고려하여 판단하여야 한다.

26. 가업상속공제 및 가업승계 특례 적용시 가업에 해당하는 법인이 보유 중인 자회사 주식은 사업용자산에 해당될 수 있다.

▌가업에 대한 증여세 과세특례 및 가업상속공제

법인세법을 적용받는 가업(법인기업)을 생전에 증여받는 경우에는 조세특례제한법 제30조의6에 따른 가업승계에 대한 증여세 과세특례를 적용받을 수 있다. 또는 해당 가업을 상속을 받는 경우에는 상속세및증여세법 제18조의2에 따른 가업상속공제를 적용받을 수 있다.

상기에서 가업이라 함은 증여일 또는 상속개시일이 속하는 사업연도 직전 사업연도 말 현재 일정한 요건을 충족하는 중소기업 또는 중견기업으로서 증여자 또는 피상속인이 10년 이상 계속하여 최대주주(비상장기업은 특수관계자 지분율 합하여 40%, 상장법인은 20% 이상 10년간 계속하여 보유해야 함)로서 경영한 기업을 말한다.

▌가업재산의 범위

증여세 과세특례가 적용되는 증여재산 또는 가업상속공제 대상이 되는 상속재산은 가업에 해당하는 법인의 주식 또는 출자지분(이하 주식 등이라 한다)을 말한다.

이 경우 주식 등은 해당 주식등의 가액에 그 법인의 총자산가액 중 증여일 또는 상속개시일 현재 다음의 어느 하나에 해당하는 자산(사업무관자산)을 제외한 자산가액이 그 법인의 총자산가액에서 차지하는 비율을 곱하여 계산한 금액에 해당하는 것을 말한다(상증령 §15⑤).

① 법인세법 제55조의2에 해당하는 비사업용토지 등
② 법인세법 시행령 제49조(업무와 관련이 없는 자산의 범위 등)에 해당하는 자산 및 타인에게 임대하고 있는 부동산(지상권 및 부동산임차권 등 부동산에 관한 권리를 포함한다)
다만, 해당 법인이 소유한 주택(국민주택규모 이하인 주택 또는 상속개시일 현재 기준시가가 6억원 이하인 주택으로 한정한다)으로서 해당 법인의 임원원(1%이상 대주주 등 제외)에게 5년 이상 계속하여 무상으로 임대하고 있는 주택은 사업무관자산에 해당되지 않는다.
③ 법인세법 시행령 제61조 제1항 제2호에 해당하는 자산(대여금)
다만, 대주주가 아닌 임직원 본인 또는 자녀의 학자금이나 기준시가 6억원 이하의 주택전세금을 대여한 경우는 제외한다.
④ 과다보유현금[상속개시일 직전 5개 사업연도 말 평균 현금(요구불예금 및 취득일부터 만기가 3개월 이내인 금융상품을 포함한다)보유액의 100분의 200을 초과하는 것을 말한다]
⑤ 법인의 영업활동과 직접 관련이 없이 보유하고 있는 주식, 채권 및 금융상품(④에 해당하는 것은 제외한다)

상기에서 법인의 총자산가액 및 사업무관자산은 증여일 또는 상속개시일 현재 상속세및증여세법 제60조부터 제66조에 따라 평가한 가액을 말한다.

> 가업재산가액
> 주식등 가액×(1 - 법인의 총자산가액중 사업무관자산이 차지하는 비율)

▌종전의 기획재정부 및 국세청은 자회사 주식은 사업무관자산이라 해석

조세특례제한법 제30조의6에 따른 가업승계에 대한 증여세 과세특례

규정과 상속세및증여세법 제18조의2에 따른 가업상속공제 규정을 적용할 때, 모회사(가업승계 또는 가업상속 대상 법인)가 소유하고 있는 자회사 지분(지분율 : 100%)이 법인의 영업활동과 직접 관련이 없이 보유하고 있는 주식에 해당하는지 여부에 대하여

종전에는 기획재정부는 "모회사의 가업승계시 증여세 과세특례 적용대상이 되는 가업자산상당액을 계산할 때 모회사가 보유하고 있는 완전자회사 주식은 사업무관자산에 해당한다"라고 해석(재재산-312, 2015.04.16.)하였다. 또한 국세청도 "모회사와 완전자회사는 별개의 법인이므로, 모회사가 완전자회사의 주식을 보유하고 있는 경우에는 모회사와 완전자회사가 같은 업종을 영위하는지 여부와 상관없이 그 주식은 무조건 영업활동과 직접 관련이 없는 것으로 보아야 한다"고 다수 해석(상속증여-450, 2014.11.20.; 서면상속증여-1677, 2015.09.14. 등)을 하였다.

▌대법원은 자회사 주식이라도 영업활동과 관련 있으면 사업용자산에 해당한다고 판결함

그러나 법원은 "가업상속공제 적용대상 주식 판단시 영업활동과 직접 관련이 없이 보유하고 있는 주식은 그 문언 그대로 영업활동과 직접 관련이 있는지 여부만으로 판단하여야 하며, 이 사건 쟁점지분은 지분법적용투자주식으로 분류된 지분증권으로 오히려 투자기업의 영업활동과 직접 관련이 있을 가능성이 높은 것으로 볼 수 있으므로 영업활동과 직접 관련이 없이 보유하고 있는 주식에 해당하지 아니한다"라고 판시 (대법 2018두39713, 2018.07.13. : 서울고법 2017누71125, 2018.3.13. :서울행법2016구합80595, 2017.08.25.)하여 종전의 기획재정부 및 국세청 유권해석과 상충되는 판결을 하였다.

조세심판원도 상기 대법원 판결의 취지를 반영하여 "자회사 주식의 경우 그 자회사가 가업상속공제 대상 기업의 제품 생산활동, 상품·용역의

구매 및 판매활동 등 영업활동과 직접적으로 관련이 있는지 여부"로 판단하고 있다(조심 2020전1852, 2021.12.14. 등 다수).

▌절세전략

가업승계 또는 가업상속 공제 대상이 되는 법인이 소유하고 있는 자회사 지분이 사업용자산비율 계산시 법인의 영업활동과 직접 관련이 없이 보유하고 있는 사업무관자산에 해당하는지 여부에 대하여 기획재정부 및 국세청의 유권해석과 대법원 및 조세심판원의 판결이 상충되고 있다.

그러므로 가업승계 또는 가업상속과 관련된 업무를 실행할 때에는 대법원 판결문 및 조세심판원의 인용 결정문을 활용하여 가업상속공제 대상 기업의 제품 생산활동, 상품·용역의 구매 및 판매활동, 매출 또는 매입거래 등 영업활동과 관련이 있다는 사실을 최대한 입증하여 사업용자산으로 인정받도록 하는 것이 상속세와 증여세를 절세하는 방법이 된다.

또한 미리 자회사의 주식을 보유하고 있는 경우에는 그 자회사가 가업법인을 기준으로 영업활동을 한 사실을 입증하기 위하여 그 영업활동과 관련한 매출 및 매입거래를 발생시키고 세금계산서 등을 교부 하는 등 증빙도 미리 준비해 두어야 한다.

27 중소기업을 물려받은 경우 가업용자산을 처분할 때 까지 상속세 납부유예를 적용받을 수 있다.

▎의의

중소기업의 원활한 가업상속을 지원하고자 중소기업을 물려받은 경우 상속인의 선택에 따라 가업상속공제를 적용받는 대신 상속세의 납부유예를 허가 받을 수 있다. 즉 이 제도는 일정한 요건을 충족한 중소기업에 해당하는 가업을 상속받은 상속인에 대하여 상속받은 시점에 상속세를 곧바로 징수하지 않고 해당 가업상속재산을 양도하거나 상속, 증여하는 시점에 상속세를 납부하도록 하는 제도이며, 2023.01.01. 이후 상속분부터 적용한다.

▎납부유예 요건

① 가업상속공제 대상 중소기업을 상속받아야 한다. 이 경우 중소기업의 범위 및 피상속인 요건, 상속인 요건 모두 가업상속공제 대상과 동일하다.
② 가업상속공제 또는 영농상속공제를 적용받지 않았어야 한다.
③ 상속세 납부유예 허가를 받으려는 납세의무자는 담보를 제공하여야 한다(상증법 §72의2②).

납부유예 대상 상속세

$$\text{납부유예할 수 있는 상속세 납부세액} = \text{상속세 납부세액} \times \frac{\text{가업상속재산가액}}{\text{총 상속재산가액}}$$

계산 산식에서 "상속세 납부세액"은 일반세율을 적용하여 계산하며, "가업상속재산가액"은 상속세및증여세법 제18조의2에 따른 가업상속공제 대상 가업상속재산가액을 말한다.

상속세 상속세 납부유예의 신청 및 허가 기한

구 분	납부유예 신청기한	납부유예 허가기한
법정신고기한 이내에 자진신고한 세액	법정신고기한 이내	법정신고기한 경과한 날부터 9개월
수정신고 또는 기한후 신고한 세액	수정신고 또는 기한후 신고할 때	신고한 날이 속하는 달의 말일부터 9개월
납부고지서상 세액	납부고지서상 납부기한 이내	납부고지서에 따른 납부기한이 지난날로부터 14일 이내

상속세 납부유예 적용 후 사후관리위반시 상속세 추징

상속인이 정당한 사유 없이 다음의 어느 하나에 해당하는 경우 상속세의 납부유예 허가를 취소 또는 변경하고, 이자상당액을 포함하여 징수한다(상증법 §72의2③).

① 가업용 자산의 40% 이상을 처분한 경우
② 해당 상속인이 가업에 종사하지 아니하게 된 경우
③ 주식 등을 상속받은 상속인의 지분이 감소한 경우
④ 고용유지 70% 요건을 위배한 경우
⑤ 해당 상속인이 사망하여 상속이 개시되는 경우

▍일정한 요건 충족시 상속세 납부유예 재신청 가능

상속세 납부유예 허가를 받은 자는 상속인이 사후관리 규정을 위반한 경우에는 그 날이 속하는 달의 말일부터 6개월 이내에 상속세와 이자상당액을 납부하여야 한다.

다만, 주식 등을 상속받은 상속인의 지분이 감소한 경우에도 수증자가 가업의 승계에 대한 증여세 과세특례를 적용받거나, 납부유예 허가를 받은 경우 또는 해당 상속인이 사망하여 상속이 개시되는 경우로서 다시 상속을 받은 상속인이 상속받은 가업에 대하여 가업상속공제를 받거나 상속세 납부유예 허가를 받은 경우에는 다시 상속세 납부유예를 재신청할 수 있다.

▍절세전략

상속세 납부유예제도는 중소기업만 적용대상이 되며, 가업상속공제를 적용받은 경우에는 적용대상이 아니므로 중소기업을 상속받은 경우 상속세 신고기한 이내에 해당 가업에 대하여 가업상속공제를 적용받을 것인지 상속세 납부유예를 적용받을 것인지 여부를 상속인의 상황 등을 고려하여 선택해야 한다.

다만, 상속세 납부유예제도는 일반세율을 적용하여 계산한 상속세가 납부유예되고 납세담보도 제공되어야 한다는 점을 유의해야 한다.

28. 법인이 소유한 사업부지에 대한 개발사업 시행시 상속세 절세방안은?

사례

사례

사업부지 현황
- 서울시 소재 토지 및 건물로서 갑법인이 소유함.
  - 토지 및 건물 감정평가액 : 1,800억원
  - 토지 및 건물 장부가액 : 토지 1.73억원, 건물 59.56억원
  - 상기 토지에 고급아파트를 신축분양하고자 하며 예상 분양수입금액은 6,200억원, 사업수지금액은 1,600억원임.
- 갑법인의 주주현황 : 주주 A(父):30%, B(子):60% 기타주주:10%
- 갑법인의 부동산 등 보유비율 : 50% 이상임.

갑법인이 직접 신축 및 분양사업을 하는 것이 좋은지?
아니면 SPC법인을 별도로 설립하여 진행하는 것이 나은지?
아니면 일반영리법인을 새로이 설립해서 하는 것이 나은지?

갑법인이 직접 신축 및 분양하는 경우

① 분양수익에 대한 법인세 부담액

갑법인이 직접 분양사업을 영위하는 경우 분양사업 이익에 대하여 법인세를 부담해야 한다.

② 배당시 주주들의 배당소득세 부담액

분양이익을 향후 배당하는 경우 주주들은 실효세율 기준 약 43%의 소득세 등을 추가 부담해야 한다.

③ 주가상승으로 인한 상속세 추가 과세 효과

갑법인이 분양사업을 직접 영위하는 경우 해당 사업의 이익으로 인하여 주식가치가 상승하게 된다. 이로 인하여 자산가치가 증가하여 상속세 부담이 늘어날 수 있다. 하지만, 분양사업의 시행으로 현금성 자산이 많으므로 A사망시 상속받은 1주당 평가액으로 유상감자를 실시하여 그 자금으로 상속세 납부재원으로 하게 되면 추가 소득세 부담없이 상속세 재원마련 가능하다. 다만, 이 경우 주식에 대한 상속개시 전에 주권을 발행하여 상속받은 주식을 소각한 사실이 객관적으로 확인되는 경우에만 해당된다.

▌갑법인이 신설법인인 SPC법인에 토지, 건물을 양도한 후 신설법인이 분양사업을 영위하는 경우

① 갑법인이 양도한 자산에 대한 법인세 등 부담

갑법인이 자산을 양도하는 경우에는 해당 자산의 처분이익에 대하여 법인세 및 지방소득세를 부담해야 한다.

② 신설법인(SPC법인)

신설법인이 과밀억제권역에 소재하는 토지건물을 취득하였으므로 지방세법에 따른 취득세가 중과세된다.

③ 분양사업에 대한 법인세 등 부담

신설법인이 분양사업을 영위하는 경우 분양이익에 대하여 법인세 등을 부담해야 한다.

④ 주주 배당소득세 (SPC법인인 경우)

SPC법인은 특수목적회사로 사업을 진행하거나 특수한 목적을 달성하기 위해 설립되는 법인이므로 분양이익에 대하여 법인세 등을 납부한 후 미처분이익잉여금을 주주들에게 전액 강제 배당하여야 하고 청산해야 한다. 그러므로 주주들은 배당에 대한 소득세를 부담하여야 한다.

갑법인이 신설법인인 일반 영리법인에게 토지, 건물을 양도 한 후 신설법인이 분양사업을 영위하는 경우

① 갑법인이 양도한 자산에 대한 법인세 등 부담

갑법인이 자산을 양도하는 경우에는 해당 자산의 처분이익에 대하여 법인세 및 지방소득세를 부담해야 한다.

② 신설법인(일반 영리법인)

신설법인이 과밀억제권역에 소재하는 토지건물을 취득하였으므로 지방세법에 따른 취득세가 중과세된다.

③ 분양사업에 대한 법인세 등 부담

신설법인이 분양사업을 영위하는 경우 분양이익에 대하여 법인세 등을 부담해야 한다.

④ 주주 배당소득세 (일반 영리법인)

SPC법인은 특수목적회사로 분양사업이 종료된 후에 법인세등을 납부한 후 미처분이익잉여금을 주주들에게 전액 강제 배당하고 청산하지만 일반 영리법인의 경우에는 분양이익을 재투자 목적으로 유보하고 배당하지 않을 수 있다. 그러므로 SPC법인과 비교할 때 장점은 배당을 강제적으로 하지 않아도 되므로 배당소득에 대한 세부담액만큼 단기적으로 절세가 될 수 있다.

절세전략

상기 사례의 경우 갑법인이 해당 직접 고급아파트를 신축하여 분양하게 되면 그 분양이익 1,600억원이 주식가치에 반영되어서 추가로 상속세가 과세될 수 있다. 그러므로 자녀들이 100% 주주인 신설법인을 설립한 후 해당 신설법인에 부동산을 양도하여 신설법인이 직접 분양사업을 하는 것이 상속세 측면에서 절세가 될 수 있다. 신설법인을 설립할 때 SPC법인을 설립하여 분양사업을 할 수 있으나 이 경우 청산하는 과정에서 배당소득에 대한 소득세 부담도 엄청나므로 일반 영리법인을 설립하여 분양사업을 하고 배당을 하지 않고, 계속 다른 사업을 영위하는 것이 강제 배당에 따른 소득세 상당액을 절세할 수 있다.

29. 농지등에 대하여 영농상속공제와 증여세 감면을 둘다 적용받는 경우 상속증여세 절세효과를 극대화 할 수 있다.

사례

사례

농지 현황
- 경기도 이천시 소재 토지
  • 농지가액 : 50억원
  • 농지 면적 : 40,000㎡
  • 해당 농지위에서 소유자인 甲과 乙(배우자), 丙(자녀)은 함께 10년전부터 비닐하우스를 지어서 딸기 및 채소농사를 짓고 있음.

영농자녀가 증여받은 농지 등에 대한 증여세 1억원 한도 감면

농지·초지·산림지·어선·어업권·어업용 토지 등·염전 또는 축사용지(해당 농지·초지·산림지·어선·어업권·어업용 토지등·염전 또는 축사용지를 영농조합법인 또는 영어조합법인에 현물출자하여 취득한 출자지분을 포함한다)를 농지등의 소재지에 거주하면서 영농(양축, 영어 및 영림을 포함한다)에 종사하는 자경농민등이 직계비속인 영농자녀등에게 2025년 12월 31일까지 증여하는 경우에는 해당 농지 등의 가액에 대한 증여세의 100%에 상당하는 세액을 5년간 1억원을 한도로 감면한다(조특법 §71).

증여세가 감면된 농지등은 증여자가 10년 이내 사망한 경우에도 상속재산가액에 합산되지 않으며, 다른 일반 증여재산과도 합산과세 되지 않는다.

▍영농상속재산에 대한 30억원 한도 영농상속공제

거주자의 사망으로 상속이 개시되는 경우로서 영농(양축, 영어 및 영림을 포함)의 상속에 해당하는 경우에는 영농상속 재산가액에 상당하는 금액을 30억원을 한도로 상속세 과세가액에서 공제한다(상증법 §18의3).

영농상속공제 대상 자산은 농지 소재지에서 8년 이상 재촌 자경한 피상속인이 상속개시일 2년 전부터 영농에 사용한 자산으로서 농지, 초지, 산림지, 어선, 어업권, 농업·임업·축산업 또는 어업용으로 설치하는 창고·저장고·작업장·퇴비사·축사·양어장 및 이와 유사한 용도의 건축물과 이에 딸린 토지, 염전이 된다. 또한 영농상속공제 대상이 되기 위해서는 법령에서 정한 다른 요건을 모두 충족해야 한다.

▍절세전략

상기 사례의 경우 갑은 자녀 병에게 생전에 증여세가 감면되는 1억원 한도의 범위내에서 농지중 일부를 증여하여 조세특례제한 제71조에 따른 증여세 감면을 적용받도록 한다. 증여세가 1억원정도 감면되기 위해서는 재산가액 기준으로 약 6억원정도 되며, 5년 단위로 계속하여 1억원을 한도로 추가 감면을 받을 수 있다. 이렇게 감면된 재산은 증여자가 10년 이내 사망한 경우에도 상속재산가액에 합산되지 않는다.

50억원 중 나머지 재산에 대하여는 상속으로 물려주면 영농상속공제 30억원을 적용받고, 일괄공제 5억원, 배우자가 있는 경우에는 배우자 상속공제 5억원~30억원을 받게 되면 사실상 부담할 상속세가 없게 된다.

30. 주택을 상속받은 경우 취득세와 양도소득세, 종합부동산세에 미치는 영향은?

부모님이 사망하여 자녀들이 뜻하지 않게 주택을 상속받을 수가 있다. 이 경우 자녀들은 이미 주택을 보유하고 있는 경우가 많다. 더구나 최근 수년 동안 정부가 다주택자에 대하여는 여러 가지 조세법상 규제를 하고 있으므로 자녀가 주택을 상속받았을 경우 추가로 어떤 과세문제가 있는지 많이 궁금해하는데 아래와 같다.

▍상속받은 1가구 1주택에 대한 취득세율 특례

상속으로 주택을 취득하는 경우 취득세 약 3% 정도를 부담해야 한다. 다만, 상속으로 인한 1가구 1주택의 취득에 해당하게 되면 취득세율의 특례가 적용되어 약 0.96%만 납부하면 된다. 이 경우 1가구 1주택이란 세대별 주민등록표에 함께 기재되어 있는 가족으로 구성된 1가구가 국내에 1개의 주택을 소유하는 경우를 말한다. 다만, 상속인의 배우자, 상속인의 미혼인 30세 미만의 직계비속 또는 상속인이 미혼이고 30세 미만인 경우 그 부모는 각각 상속인과 같은 세대별 주민등록표에 기재되어 있지 아니하더라도 같은 가구에 속한 것으로 본다.

1주택을 여러 사람이 공동으로 상속받는 경우에는 지분이 가장 큰 상속인을 그 주택의 소유자로 본다. 이 경우 지분이 가장 큰 상속인이 두 명 이상일 때에는 지분이 가장 큰 상속인 중 다음의 순서에 따라 그 주택의 소유자를 판정한다.

① 그 주택에 거주하는 사람
② 나이가 가장 많은 사람

▌다주택자 취득세 중과세 적용시 상속주택 5년간 주택수 제외

상속을 원인으로 취득한 주택, 2020.8.12. 이후 취득하는 조합원입주권, 주택분양권 또는 오피스텔(주거용인 경우 한정)로서 상속개시일부터 5년이 지나지 않은 주택 등은 다른 주택을 취득하여 취득세율을 적용하는 경우로서 1세대의 주택수를 산정할 때 제외한다.

▌상속세 계산시 동거주택 상속공제

부모의 사망으로 주택을 상속받은 경우 그 주택에 대하여 상속세가 과세된다. 다만, 해당 주택에 대하여 다음과 같이 상속세및증여세법 제23조의2에 따른 동거주택상속공제 요건을 충족한 경우에는 6억원을 상속세 과세가액에서 공제가능하다.

① 피상속인과 상속인(직계비속 및 민법 제1003조 제2항에 따라 상속인이 된 그 직계비속의 배우자인 경우로 한정)이 상속개시일부터 소급하여 10년 이상(상속인이 미성년자인 기간은 제외) 계속하여 하나의 주택에서 동거할 것
② 피상속인과 상속인이 상속개시일부터 소급하여 10년 이상 계속하여 1세대를 구성하면서 1세대 1주택에 해당할 것. 이 경우 무주택인 기간이 있는 경우에는 해당 기간은 전단에 따른 1세대 1주택에 해당하는 기간에 포함한다.
③ 상속개시일 현재 무주택자이거나 피상속인과 공동으로 1세대 1주택을 보유한 자로서 피상속인과 동거한 상속인이 상속받은 주택일 것

▌상속받은 주택과 양도소득세

① 일반주택 양도시 1세대 1주택 특례 대상 상속주택

상속받은 주택과 일반주택(상속개시 당시 보유한 주택 또는 상속개시

당시 보유한 조합원입주권이나 분양권에 의하여 사업시행 완료 후 취득한 신축주택만 해당)을 국내에 각각 1개씩 소유하고 있는 1세대가 일반주택을 양도하는 경우에는 국내에 1개의 주택을 소유하고 있는 것으로 보아 1세대 1주택 여부를 판단한다(소득령 §155②).

② 일반주택 양도시 1세대 1주택 특례 대상 농어촌 상속주택

피상속인이 취득 후 5년 이상 거주한 사실이 있는 수도권 밖의 지역 중 읍지역(도시지역안의 지역을 제외) 또는 면지역에 소재하는 1주택(농어촌주택)과 그 밖의 일반주택을 국내에 각각 1개씩 소유하고 있는 1세대가 일반주택을 양도하는 경우에는 국내에 1개의 주택을 소유하고 있는 것으로 보아 1세대 1주택 여부를 판단한다(소득령 §155⑦). 농어촌상속주택의 경우에는 상속인이 일반주택을 계속하여 취득양도 하여도 비과세 적용받을 수 있다.

③ 세율적용

상속받은 재산을 양도하여 세율 적용시 피상속인이 취득날부터 기산하여 보유 기간별 세율을 적용한다. 다만, 장기보유특별공제는 상속개시일부터 기산한다.

상속받은 주택과 종합부동산세

1주택자가 상속을 원인으로 취득한 주택(조합원입주권 또는 분양권을 상속받아 사업시행 완료 후 취득한 신축주택 포함)으로 과세기준일 현재 상속개시일로부터 5년이 경과하지 않은 주택을 소유한 경우로서 납세자가 신청한 경우에는 1세대 1주택자로 보아 종합부동산세를 계산하게 된다. 단, 지분율에 상당하는 공시가격이 수도권 6억원(비수도권 3억원) 이하이거나 지분율이 40% 이하인 주택의 경우 기간의 제한이 없다.

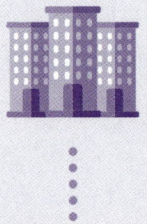

Ⅲ 증여세 분야

01 상속받은 재산은 최초로 상속등기를 하기 전에 협의분할을 해라.

　피상속인이 유언없이 사망한 경우에는 공동상속인들은 법정지분대로 상속을 받거나 또는 공동상속인들간에 협의하여 상속재산을 분할하여 상속을 받을 수 가 있다. 공동상속인간에 협의분할 상속하는 경우에는 상속인들 중에는 상속재산을 법정지분보다 많이 상속받는 사람이 있을 수 있고 이와 반대로 상대적으로 적게 상속을 받을 수 있다.

　이와 같이 상속재산을 협의분할하게 되는 경우 본인의 법정지분을 초과하여 취득할 수 있으므로 최초로 상속등기를 하기 전에 협의분할을 하였느냐 아니면 상속등기를 한 후에 재분할을 하였느냐에 따라 공동상속인간에 증여세 과세문제가 발생한다.

▎증여세 및 취득세 과세대상

　상속개시(사망) 후 상속재산에 대하여 각 상속인들의 상속분이 확정되어 등기, 명의개서 등까지 완료된 후 해당 상속재산에 대한 공동상속인간의 재협의 분할에 의하여 특정 상속인이 당초 상속분을 초과하여 취득하는 재산은 해당 재분할에 의하여 상속분이 감소된 상속인으로부터 증여받은 재산에 해당하여 증여세와 취득세가 각각 과세된다(상증법 §4③, 지방세법 §7⑬③).

증여세 과세제외

다만, 다음의 경우는 증여세가 과세되지 않는다.

① 상속개시 후 최초로 협의분할에 의한 상속등기 등을 하면서 특정 상속인이 법정상속분을 초과하여 재산을 취득하는 경우
② 상속세과세표준신고기한 이내에 재분할에 의하여 당초 상속분을 초과하여 취득한 경우
③ 상속회복청구의 소에 의한 법원의 확정판결에 의하여 상속인 및 상속재산에 변동이 있는 경우
④ 민법 제404조에 따른 채권자대위권의 행사에 의하여 공동상속인들의 법정상속분대로 등기 등이 된 상속재산을 상속인 사이의 협의분할에 의하여 재분할하는 경우
⑤ 상속세과세표준 신고기한내에 상속세를 물납하기 위하여 법정상속분으로 등기·등록 및 명의개서 등을 하여 물납을 신청하였다가 물납허가를 받지 못하거나 물납재산의 변경명령을 받아 당초의 물납재산을 상속인간의 협의분할에 의하여 재분할하는 경우

취득세 과세제외

다만, 다음의 경우는 취득세도 과세되지 않는다.(지방세법 §7⑬③).

① 지방세법 제20조제1항에 따른 신고·납부기한 내에 재분할에 의한 취득과 등기 등을 모두 마친 경우
② 상속회복청구의 소에 의한 법원의 확정판결에 의하여 상속인 및 상속재산에 변동이 있는 경우
③ 민법 제404조에 따른 채권자대위권의 행사에 의하여 공동상속인들의 법정상속분대로 등기등이 된 상속재산을 상속인 사이의 협의분할에 의하여 재분할하는 경우

상담 하다 보면 상속개시 후 최초로 상속등기 등을 할 때에는 협의분할이 되지 않아 법정지분으로 상속등기 등을 하였으나, 이 후 그 상속받은 지분으로 인하여 종합부동산세의 1세대 1주택 세제 혜택 배제, 1세대 2주택자로 인한 양도소득세 중과세, 무주택자에게 부여하는 아파트 청약에 따른 불이익 등 각종 불이익으로 인하여 상속인간에 재분할하려는 경우가 많다. 하지만 상속등기 등을 하고 상속세 신고기한이 지난 후에 재분할하는 경우에는 상기에서 살펴본 바와 같이 증여세 과세대상에 해당하므로 그 재분할로 취득한 재산에 대하여 증여세를 부담해야 하고 이와 별도로 지방세인 취득세 등을 추가로 부담해야 한다.

▌협의분할 실패사례

> **사례**
>
> 사실관계
> - 父가 3년전에 사망한 후 상속재산으로 15억 상당의 아파트 한 채만을 남김.
> - 母가 단독으로 상속받기를 원하여 협의분할에 의해 母 단독명의로 상속등기를 하고 상속세도 납부함.
> - 현재 아파트 가액이 20억원 정도 예상임.

> 어머니가 사망하면 다시 상속세를 내야 하는데
> 지금이라도 재분할하여 자녀명의로 변경하였을 경우 세금문제가 있나요?

상기 사례의 경우 아버지로부터 상속받을 당시에 협의분할에 의하여 자녀들이 모두 상속을 받았거나 또는 공동으로 상속을 받았다면 어머니가 사망하여도 어머니의 사망에 따른 상속세와 취득세 등을 추가로 부담하지 않거나 부담액이 훨씬 줄어들 수 있었다. 하지만 현재 시점에 어머니가 단독으로 상속받아 소유하고 있는 아파트를 재분할하여 자녀들 명의로 이전등기 하는 경우에는 증여세와 취득세가 부과된다.

▌절세전략

그러므로 상속이 개시된 경우로서 상속재산에 대하여 최초로 상속등기 할 때 피상속인의 유증 또는 사인증여가 없는 경우에는 상속인공동명의로 상속등기를 할 것인지 아니면 협의분할에 의하여 특정상속인이 단독으로 상속받을 것인지 여부를 잘 판단하여야 한다. 상속등기가 완료된 경우에도 최소한 상속세 신고기한 이내에 재분할을 하여야 한다.

한편 최초로 협의분할에 의한 상속등기를 하면서 상속인 중 특정상속인이 부동산 등 적극적인 상속재산을 초과하여 소극적인 상속재산인 채무를 상속받은 경우에는 그 초과하는 상속채무를 다른 상속인에게 증여한 것으로 보는 것(서면4팀-1542, 2006.6.1.)이므로 유의해야 한다.

▌협의분할 등에 의하여 취득한 재산 양도시 취득가액

상속재산에 대한 최초의 협의분할 또는 재분할에 대하여 증여세 과세 여부 판단은 증여세 과세문제로만 끝나는 것이 아니라 이후 해당 재산을 양도하는 경우로서 양도소득세를 계산할 때 취득가액 및 취득시기 문제와 연관이 있다. 즉, 상속재산의 재분할에 따라 증여세가 과세되는 재산은 이후 해당 재산 양도할 때 취득시기는 재분할에 따른 등기접수일이 되는 것이며, 취득가액도 등기접수일 현재를 기준으로 상속세및증여세법에 따라 평가한 가액이 된다.

그러나 증여세 과세대상에 해당하지 않는 협의분할 재산은 상속재산이 되어 취득시기는 피상속인의 사망일이 되며, 상속재산으로서 일정기간동안 중과세 적용제외 등 각종 혜택을 부여받을 수 있으므로 협의분할한 재산이 상속재산인지 또는 증여재산인지 여부를 잘 판단하여야 한다.

02 증여목적으로 수증자명의로 건축허가를 받거나 또는 분양권을 취득하여 건물 완성시 증여시기는 건물의 사용승인서 교부일이다.

▍증여시기

건물을 신축하여 증여할 목적으로 수증자의 명의로 건축허가를 받거나 신고를 하여 해당 건물을 완성한 경우 또는 건물을 증여할 목적으로 수증자의 명의로 해당 건물을 취득할 수 있는 권리(분양권)를 건설사업자로부터 취득하거나 분양권을 타인으로부터 전득한 경우 증여재산의 취득시기는 그 건물의 사용승인서 교부일이 된다. 다만, 사용승인전에 사실상 사용하거나 임시사용승인을 얻은 경우에는 그 사실상의 사용일 또는 임시사용승인일로 하고, 건축허가를 받지 아니하거나 신고하지 아니하고 건축하는 건축물에 있어서는 그 사실상의 사용일로 한다(상증령 §24①2).

▍절세전략

그러므로 당초 증여목적으로 자녀 및 배우자 명의로 아파트를 분양받았거나 또는 건축허가를 받아 건물을 신축중에 있는 경우로서 증여를 취소하고자 하는 경우에는 증여시기가 도래하기 전인 건물의 사용승인서 교부일 등 전에 증여자 명의로 소유권을 환원하거나 또는 사용승인서 교부일 등이 속하는 달의 말일부터 3개월 이내에 증여자명의로 다시 소유권을 환원하는 경우에는 처음부터 증여가 없었던 것으로 보는 것이므로 증여세 과세문제는 발생하지 않는다. 다만, 당초 분양대금을 증여한 경우에는 이에 해당되지 않는다.

03 양도소득세가 비과세되거나 감면되는 재산을 증여받고자 할 때 대가를 일부만이라도 지급하고 매매로 취득해라.

▎사례

> **사례**
> - 甲소유 아파트 : 시가 5억원(소득세법상 1세대 1주택 비과세 대상임)
> - 결혼한지 얼마되지 않은 자녀(30세, 별도세대)는 현재 직장에 다니고 있고, 3천만원 정도의 현금과 5천만원 정도의 채무를 부담할 능력이 있음.

甲은 새로이 취득한 아파트의 입주일 다가오고 있어 거주하고 있던 상기 아파트를 자녀에게 주고 싶은데 증여를 하는 것이 좋을지? 아니면 양도를 하는 것이 좋을지?

▎무상으로 증여하는 경우

부모로부터 대가지급 없이 아파트를 무상으로 증여를 받게 되면 자녀는 증여세 납부의무가 있다. 이 경우 증여재산가액은 아파트 전체 시가인 5억원을 증여재산가액으로 하여 증여세가 과세되며, 증여세 부담액은 다음과 같다.

子의 증여세

① 증여세 과세가액 : 500,000,000
② 증여재산공제 : 50,000,000
③ 증여세 과세표준 : 450,000,000
④ 증여세산출세액(③×20%−1천만원) : 80,000,000
⑤ 신고세액공제 : 2,400,000
⑥ 자진납부세액 : 77,600,000

甲의 양도소득세 : 없음

▌매매계약을 체결하고 저가로 취득하는 경우

그러나 만일 자녀가 갑에게 대가를 일부라도 지급할 능력이 있어 매매거래를 하면서 본인이 소유하고 있는 3천만원 정도의 현금과 금융기관으로부터 5천만원 정도의 대출을 받아서 지급하고 취득하는 경우에는 자녀가 시가보다 저가로 양수한 것으로 보아 상속세및증여세법 제35조(저가 양수 또는 고가양도에 따른 이익의 증여)의 규정이 적용되며, 다음과 같이 증여세를 계산할 수 있다.

子의 증여세

① 증여재산가액 : 270,000,000

　　증여재산가액＝(시가－대가)－(min①시가의 30%, ② 3억원)
　　　　　　　　＝(5억원－0.8억원)－(min 1.5억원, 3억원)

② 증여세 과세가액 : 270,000,000

③ 증여재산공제 : 50,000,000

④ 증여세 과세표준 : 220,000,000

⑤ 증여세산출세액(④×20%－1천만원) : 34,000,000

⑥ 신고세액공제 : 1,020,000

⑦ 자진납부세액 : 32,980,000

甲의 양도소득세 : 비과세

갑이 양도소득세 과세대상인 재산을 자녀에게 시가보다 저가로 양도한 경우에는 소득세법 제101조(양도소득의 부당행위계산)에 따라 시가를 양도가액으로 하여 양도소득세를 과세받을 수 있으나, 양도소득세가 비과세되거나 감면되는 재산은 대가의 일부만 받고 저가양도하는 경우에는 양도소득세는 시가를 양도가액으로 하여 비과세 또는 감면 규정을 적용한다. 상기 사례의 경우 양도자인 갑은 1세대 1주택자로서 12억원 이하 주택이므로 양도가액을 시가로 적용해도 양도소득세가 비과세된다.

子의 취득세

시가보다 저가(5%, 3억원 요건)로 취득한 것에 대하여 취득세를 부과할 때 2023년 취득분부터 지방세법 제10조의3에 따른 취득세 부당행위계산부인 규정이 적용되므로 시가인정액을 기준으로 취득세율을 산정하게 됨을 유의해야 한다.

▮ 절세전략

따라서 상기 사례에서 살펴보았듯이 양도소득세가 비과세되거나 감면되는 재산을 증여받고자 하는 경우로서 수증자가 대가의 일부라도 지급할 능력이 있는 경우에는 그 일부만이라도 지급하고 매매로 취득하는 것이 시가의 30%와 3억원 중 적은 금액이 증여재산가액에서 차감되기 때문에 증여세를 절세할 수 있다. 다만, 세부담액을 비교할 때 취득세까지 고려해야 한다.

▮ 양도차익이 많거나 중과세 대상 재산은 차라리 전부 증여하는 것이 좋다.

양도차익이 많은 양도소득세 과세대상 재산을 시가보다 저가로 자녀에게 양도하는 경우에는 자녀는 시가와 대가와의 차액상당액에 대하여 증여세를 부담해야 하고, 양도자는 소득세법상 부당행위계산 규정에 의하여 시가를 양도가액으로 하여 양도소득세를 부담하게 되므로 1세대 2주택 이상자(2026.05.09.까지 한시적 양도소득세 중과세 유예), 비사업용토지등 양도소득세 중과세대상에 해당하는 경우에는 차라리 전부 증여하는 경우가 세부담이 더 적을 수 있다. 따라서 양도차익이 많은 재산으로서 양도소득세 과세대상 재산은 증여가 나은지 양도가 나은지는 세부담을 비교한 후 의사결정을 하여야 한다.

04 이혼위자료, 재산분할 하거나 차라리 증여해라.

▎위자료 및 재산분할청구권에 의하여 취득한 재산은 증여세 과세제외

부부가 이혼하면서 민법상 재산분할청구권을 행사하여 재산을 취득하거나 또는 정신적 또는 재산상 손해배상의 대가로서 받은 이혼위자료에 해당하는 경우에는 조세포탈의 목적이 있다고 인정되는 경우를 제외하고는 이를 증여로 보지 않으므로 증여세가 과세되지 않는다(상속증여-2414, 2020.09.09. ; 상속증여-0893, 2017.04.17.).

그러나 이혼위자료를 부동산 등 양도소득세 과세대상 재산으로 지급하는 경우에는 대물변제에 해당하여 그 지급자에게 양도소득세가 과세(소득세법 등 법률에 따른 비과세·감면요건을 갖춘 경우 비과세·감면됨)되고, 또한 재산분할청구권에 의하여 취득한 재산을 향후 양도하는 경우 취득시기 및 취득가액은 당초 부부 중 1인이 취득할 당시를 기준으로 한 취득가액 등이 되는 것이다.

▎배우자로부터 증여받은 경우 증여재산공제는 6억원

한편 거주자(국내에 주소를 두거나 183일 이상 거소를 둔 자를 말함)가 배우자로부터 재산을 증여받은 경우 6억원까지 증여재산공제로 적용받을 수 있다. 즉, 해당 증여 전 최근 10년 이내에 배우자로부터 다른 증여받은 사실이 없는 경우에는 해당 증여에 있어서는 6억원까지는 증여세 부담이 없다. 또한 해당 증여받은 재산을 증여받은 날로부터 10년 이내에 양도하는 경우에는 소득세법에 따라 배우자 이월과세가 적용(양도당시 혼인관계가 소멸된 경우에도 적용됨. 재재산-105, 2008.4.28.)

되지만 10년이 경과한 후에 양도하는 경우에는 증여등기접수일을 취득시기로 하여 취득가액을 계산한다.

▌절세전략

그러므로 6억원 이하의 재산은 차라리 이혼 전에 그냥 증여를 하는 것이 좋다. 즉, 증여를 하게 되는 경우에는 증여당시 양도소득세 과세문제도 발생하지 않고 또한 증여 후 10년이 경과한 후에는 취득시기도 소급되지 않는다.

또한 6억원 이상의 재산인 경우에도 위자료보다는 상대방 배우자로 하여금 재산분할청구권을 행사하도록 하여 재산분할로 지급하는 것이 양도소득세를 절세하는 방법이다.

▌이혼위자료 및 재산분할청구권에 의하여 취득한 재산에 대한 증여세 및 양도소득세 과세방법

구분	증여세 과세여부	양도소득세 과세여부	취득자의 양도시 취득시기
위자료	취득자 : 증여세 과세안됨*	지급자 : 양도소득세 과세대상 재산으로 위자료 지급시 양도소득세 과세됨.	취득자의 소유권이전 등기접수일
재산 분할 청구권	취득자 : 증여세 과세안됨*	지급자 : 양도소득세 과세안됨	분할전 배우자 (지급자)의 취득시기

* 다만, 조세포탈의 목적으로 위자료 및 재산분할청구권으로 소유권이전등기하는 경우 증여세 과세됨(서면4팀-2404, 2007.08.09., 서면4팀-1038, 2007.03.30.)

05. 30% 이상 출자에 의하여 지배하고 있는 법인의 사용인은 특수관계가 있음을 잊지 마라.

사례

사례

- 법인 A의 주주 및 임원구성

주주명	갑	을	병	정
주주지분율	31%	23%	23%	23%
임원여부	공동대표	공동대표	이사	감사
주주별 친족관계	없음	없음	없음	없음

만일 사례의 경우 갑이 보유하고 있는 A법인주식 전부를 을과 병, 정에게 각각 시가보다 저가로 양도하고자 하는 경우 특수관계자간의 거래에 해당하는지?

특수관계자의 범위

저가 양수 또는 고가 양도에 따른 이익의 증여규정을 적용함에 있어 "특수관계에 있는 자"란 양도자 또는 양수자와 상속세및증여세법 시행령 제2조의2 제1항 각호의 관계에 있는 자를 말하는 것으로 양도자와 양수자가 사용인 관계에 있는 경우에는 특수관계자에 해당한다.

상기에서 "사용인"이라 함은 임원·상업사용인 및 그밖에 고용계약관계에 있는 자를 말하며, "임원"이라 함은 법인세법 시행령 제40조제1항에 따른 임원을 말한다.

또한 "사용인"에는 상속세및증여세법 시행령 제2조의2 제2항에 의하여 "출자에 의하여 지배하고 있는 법인의 사용인"을 포함하며, 또한 상기에서 "출자에 의하여 지배하고 있는 법인"이란 같은법 시행령 제2조의2제3항에 의하여 다음에 해당하는 법인을 말한다.

① 본인, 상속세및증여세법 시행령 제2조의2 제1항 제1호부터 제5호까지의 자 또는 본인과 같은항 제1호부터 제5호까지의 자가 공동으로 발행주식총수 등의 100분의 30 이상을 출자하고 있는 법인
② 본인, 상속세및증여세법 시행령 제2조의2 제1항 제1호부터 제6호까지의 자 또는 본인과 같은항 제1호부터 제6호까지의 자가 공동으로 발행주식총수 등의 100분의 50 이상을 출자하고 있는 법인
③ 상속세및증여세법 시행령 제2조의2 제1항 제1호부터 제7호까지에 해당하는 자가 발행주식총수 등의 100분의 50 이상을 출자하고 있는 법인

따라서 상기 사례의 경우에는 을, 병, 정은 비록 법인 A의 사용인이지만 갑이 법인A에 30% 이상 출자하여 A법인을 지배하고 있으므로 을, 병, 정은 출자에 의하여 지배하고 있는 법인의 사용인으로서 갑의 사용인에 해당하므로 갑과 을, 병, 정 상호간에 특수관계가 성립된다. 따라서 특수관계자간의 거래에 해당한다.

상기 사례의 경우 갑과 을, 병, 정 상호간에는 다른 법인과의 관계 등이 없는 경우에는 상속세및증여세법상 특수관계는 성립되지만 소득세법 및 법인세법상 특수관계는 성립되지 않는다. 이로 인하여 종종 주주 및 회사관계자 또는 세무대리인 등은 소득세법과 법인세법에 대한 특수관계자 해당여부만 판단하고 특수관계가 없다고 판단되면 소득세법상 및 법인세법상 부당행위계산 규정이 적용되지 않으므로 시가보다 저가 또는 고가로 매매 등 거래를 성사시키는 경우가 있다. 그러나 이 경우 상속세및증여세법상 특수관계자간의 거래에 해당하여 증여세가 과세되어 낭

패를 당하는 경우가 있으므로 주의해야 한다.

▌절세전략

상기 사례의 경우 갑은 먼저 30% 이상의 주식지분율을 30% 미만이 되게끔 일부를 먼저 양도하여 특수관계를 소멸시킨 후에 나머지 주식을 거래하는 경우에는 특수관계자간의 거래에 해당되지 않게 된다.

상속세및증여세법 시행령 제2조의2 제1항
① 친족 및 직계비속의 배우자의 2촌 이내의 부계혈족과 그 배우자
② 사용인(출자에 의하여 지배하고 있는 법인의 사용인을 포함)이나 사용인 외의 자로서 본인의 재산으로 생계를 유지하는 자
③ 다음 각 목의 어느 하나에 해당하는 자
  ⓐ 본인이 개인인 경우: 본인이 직접 또는 본인과 ①에 해당하는 관계에 있는 자가 임원에 대한 임면권의 행사 및 사업방침의 결정 등을 통하여 그 경영에 관하여 사실상의 영향력을 행사하고 있는 기획재정부령으로 정하는 기업집단의 소속 기업[해당 기업의 임원(법인세법 시행령 제40조 제1항에 따른 임원을 말한다. 이하 같다)과 퇴직 후 3년(해당 기업이 독점규제 및 공정거래에 관한 법률 제31조에 따른 공시대상기업집단에 소속된 경우는 5년)이 지나지 않은 사람(이하 "퇴직임원"이라 한다)을 포함한다]
  ⓑ 본인이 법인인 경우: 본인이 속한 기획재정부령으로 정하는 기업집단의 소속 기업(해당 기업의 임원과 퇴직임원을 포함한다)과 해당 기업의 임원에 대한 임면권의 행사 및 사업방침의 결정 등을 통하여 그 경영에 관하여 사실상의 영향력을 행사하고 있는 자 및 그와 ①에 해당하는 관계에 있는 자
④ 본인, ①부터 ③까지의 자 또는 본인과 ①부터 ③까지의 자가 공동으로 재산을 출연하여 설립하거나 이사의 과반수를 차지하는 비영리법인
⑤ ③에 해당하는 기업의 임원 또는 퇴직임원이 이사장인 비영리법인
⑥ 본인, ①부터 ⑤까지의 자 또는 본인과 ①부터 ⑤까지의 자가 공동으로

발행주식총수등의 100분의 30 이상을 출자하고 있는 법인
⑦ 본인, ①부터 ⑥까지의 자 또는 본인과 ①부터 ⑥까지의 자가 공동으로 발행주식총수등의 100분의 50 이상을 출자하고 있는 법인
⑧ 본인, ①부터 ⑦까지의 자 또는 본인과 ①부터 ⑦까지의 자가 공동으로 재산을 출연하여 설립하거나 이사의 과반수를 차지하는 비영리법인

06 보험금을 수령한 사람과 보험료를 납부한 사람이 다른 경우에는 증여세 또는 상속세가 부과될 수 있다.

요즘 대부분의 가정 또는 개인들은 하나 이상의 보험을 가입한 경우가 많을 것이다. 하지만, 보험금을 수령한 사람과 보험료를 납부한 사람이 다른 경우에는 아래와 같이 증여세 또는 상속세가 부과될 수 있음을 유의해야 한다. 이 때 보험의 종류는 생명보험이나 손해보험에 한정한다.

▍증여세 과세대상

생명보험이나 손해보험(수산업협동조합중앙회 및 조합, 신용협동조합중앙회 및 조합, 새마을금고연합회 및 금고 등이 취급하는 생명공제계약 또는 손해공제계약과 우체국이 취급하는 우체국보험계약에 따라 지급되는 공제금 등을 포함한다)에서 보험금을 수령한 사람과 보험료를 납부한 사람이 다른 경우로서 보험료를 납부한 사람이 생존하고 있는 상태에서 보험사고가 발생하여 보험금 상당액을 수령한 경우에는 그 보험금은 보험금을 수령한 사람의 증여재산가액으로 하여 증여세가 과세된다.

이 경우 보험계약을 먼저 체결하여 보험계약 기간 동안에 타인으로부터 금전 등 재산을 증여받아 보험료를 납부한 경우에도 보험사고가 발생하여 보험금을 수령한 경우에는 그 보험금 상당액에서 증여받은 보험료 납부액을 뺀 가액을 보험금 수령인의 증여재산가액으로 하여 증여세가 과세된다. 물론 이 경우 증여받은 금전 등에 대하여 증여세가 별도로 과세된다.

요즘 절세 방법 등으로 부모가 자녀들을 수익자로 하여 즉시 연금보험에 가입하는 경우가 많은데 이 경우에도 첫 번째 연금을 수령하는 시점을 증여시기로 하여 약정에 따라 받을 연금을 정기금 평가방법에 따라 평가한 가액을 자녀들의 증여재산가액으로 하여 증여세가 과세된다.

또한, 국세청은 "상속형 즉시현금보험의 연급지급 개시 전에 연금보험의 계약자 및 수익자를 타인으로 변경한 경우 그 타인이 증여 받은 재산가액은 즉시연금보험의 약관에 의하여 산출되는 해지환급금 상당액이다"라고 해석(상속증여-0719, 2019.04.29.)하고 있음을 유의해야 한다.

▎증여세 과세제외

하지만, 보험사고가 발생되기 전에 보험의 중도해약으로 인하여 납부한 보험료상당액을 당초 보험료를 납부한 사람이 회수한 경우에는 증여세가 과세되지 않으며, 또한 실질적으로 보험료를 납부한 사람과 보험금을 수령한 사람이 동일한 경우에도 증여세가 과세되지 않는다(대법 2010두14459, 2012.06.14.).

또한 장애인을 수익자로 한 보험의 보험금은 연간 4천만원을 한도로 증여세가 비과세된다.

▎상속세 과세대상

피상속인(사망한 사람)이 보험의 계약자이고 또한 실질적으로 보험료를 납부한 경우로서 피상속인의 사망으로 인하여 수령하는 생명보험 또는 손해보험의 보험금에 대하여는 상속세가 과세된다.

07 즉시연금보험금은 함부로 계약자를 변경하지 않는다.

　불안한 노후의 경제상황에 대비하고 또한 절세까지 할 수 있는 금융상품으로 최근 각광을 받고 있는 것이 즉시연금보험이다. 즉시연금보험의 종류는 다양하지만 목돈을 일시에 예치하고 연금을 지급받다가 예치한 금액을 상속하는 상속형 즉시연금보험과 예치한 금액까지 종신토록 연금으로만 지급받는 종신형 즉시연금보험이 대표적이다.

　그런데 보험회사에서는 부모 본인을 계약자 및 수익자로 해서 즉시연금보험에 가입하고 목돈을 불입하게 한 후에 최초 연금의 지급이 개시되기 전에 계약자 및 수익자를 자녀 등으로 변경하게 하는 사례가 많이 있다. 이때 주의해야 할 점이 있다.

　국세청은 종전에는 "각종 보험의 계약자가 변경되는 경우에도 그 변경되는 시점에 과세되는 것이 아니라 보험사고(연금보험의 경우 첫 번째 연금을 받은 날 등)가 발생한 시점을 기준으로 하여 증여세 또는 상속세가 과세된다"라는 취지로 다수 해석(재산-545, 2011.11.22. 등 다수)을 하여 왔었다.

　그래서 연금보험에 대하여 증여세를 과세할 때(보험료를 불입한 사람과 연금을 수령하는 사람이 다른 경우에 과세됨)에는 상속세및증여세법 시행령 제62조의 "정기금을 받을 권리의 평가방법"에 따라 계산한 금액을 수익자의 증여재산가액으로 하여 증여세를 과세하였다. 증여재산가액을 계산할 때 수익자가 수령하는 연금을 적정이자율(현재 3%임)로 현재가치로 할인하게 되므로 수익자가 실제로 수령하는 원본보다 증여세로 과세되는 금액이 더 적은 경우가 많아 증여세의 절세방법으로 이용하여 왔다.

하지만 국세청은 최근 "상속형 즉시연금보험의 계약자 및 수익자를 부모로 하여 보험에 가입하고 보험료를 일시에 납부한 후 그 보험의 연금지급이 개시되기 전에 보험계약의 계약자와 수익자를 자녀로 변경하는 경우에는 증여세가 과세된다"라고 반복적으로 해석(서면법규과-166, 2013.02.14.)하며 과세하고 있으며, 이때 증여재산가액은 즉시연금보험의 약관에 의하여 산출되는 해지환급금 상당액이다"라고 해석(상속증여-0719, 2019.04.29.)하고 있다. 조세심판원도 "계약변경일을 증여시기로 봄이 타당하다"고 결정(조심 2014서3219, 2014.11.06. 등 다수)하고 있다.

따라서 계약자를 변경할 때에는 증여세 부분을 반드시 검토해야 한다.

08 특수관계인에게 재산을 시가보다 저가·고가로 매매하는 경우에는 양도소득세와 증여세가 각각 부과된다.

▎특수관계자에게 저가로 양도한 재산에 대한 부당행위계산 적용

부동산·주식 등 양도소득세가 과세되는 재산을 특수관계인에게 시가보다 현저히 낮은 가액으로 양도하게 되면 실제로 거래된 매매가액과 상관없이 시가를 양도가액으로 보고 양도한 사람에게 양도세를 매긴다. 소득세법 제101조에 따른 부당행위계산 규정이 적용되기 때문이다. 다만 양도한 재산의 시가와 실거래가액의 차액이 3억원 이상이거나 시가의 5% 이상일 때에 한해 적용된다.

양도한 재산이 소득세법상 12억원 이하에 해당하는 1세대 1주택 등 비과세 대상에 해당하는 경우에는 시가보다 낮은 가액으로 양도한 경우에도 시가를 양도가액으로 하여도 양도세는 과세되지 않는다. 그러나 1세대 다주택자(2026.05.09.까지 양도소득세 중과세 유예), 또는 비사업용토지 등 양도소득세가 중과되는 경우에는 시가를 양도가액으로 하여 중과세됨을 유의해야 한다.

▎특수관계자로부터 저가 양수한 재산에 대한 증여세 과세

부동산·주식 등을 특수관계인으로부터 시가보다 낮은 가액으로 취득한 사람도 상속세및증여세법 제35조에 따라 증여세를 물게 된다. 이 때도 취득한 재산의 시가와 실거래가액의 차액이 3억원 이상이거나 시가의 30% 이상인 경우에 한해 적용된다.

증여세가 과세되는 증여재산가액은 시가보다 낮은 가액으로 취득한 그 재산의 시가와 실거래가액의 차액에서 3억원과 시가의 30% 중 적은 금액을 뺀 금액이 된다.

> 가령 아버지가 자녀에게 시가가 5억원인 토지를 2억원에 양도한다고 가정할 경우, 아버지는 5억원을 양도가액으로 해 양도세를 계산하게 되고, 자녀는 1억5000만원 [5억원 - 2억원 - (5억원의 30%)]을 증여재산가액으로 하여 증여세를 물게 된다. 물론 자녀는 향후 해당 토지를 양도하는 경우로서 양도차익 계산할 때 취득가액은 3.5억원(매매가액 2억원+증여재산가액 1.5억원)이 된다.

▍양도소득세와 증여세 과세는 이중과세 해당 안됨

시가보다 낮은 가액으로 거래한 경우 양도한 사람에게는 시가를 양도가액으로 보아 양도세를 과세하고, 시가보다 낮은 가액으로 취득한 사람에게는 그 시가와 실거래가액의 차액 상당액을 증여받은 것으로 보아 증여세를 물게 하면 이중 과세의 문제가 발생할 수 있다고 생각해 볼 수 있다. 하지만 대법원은 양도세와 증여세는 납세의무의 성립 요건과 시기 및 납세의무자를 서로 달리하는 것이어서 이중과세 금지원칙에 위배되지 않는다고 판결(대법 2002두12458, 2003.05.13.)한 바 있다.

▍특수관계자에게 재산을 고가로 양도한 경우 증여세 및 양도소득세 과세

부동산·주식 등 양도소득세 과세대상 자산을 특수관계인에게 시가보다 높은 가액으로 양도하는 경우에도 양도한 사람은 상속세및증여세법 제35조에 따라 양도한 가액과 시가와의 차액상당액에 대하여 증여세가 우선 과세된다. 이 경우 과세요건은 실지거래가액과 시가와의 차액이 3억원 이상이거나 시가의 30% 이상인 경우에 한해 적용되고 증여재산가액은 그 차액에서 시가의 30%와 3억원 중 적은 금액을 뺀 가액이 된다. 또한 고가로 양도한 양도자는 양도소득세를 계산할 때에 양도가액에서 증여재산가액을 차감한 가액으로 양도소득세를 계산하게 된다. 한편, 특수관계인으로부터 고가로 취득한 취득자는 향후 해당 재산을 양도할 때 취득가액은 시가가 됨을 유의해야 한다.

> 가령 자녀가 부모에게 시가 10억원인 아파트를 14억원에 양도하였다고 가정할 경우, 자녀는 14억원-10억원-3억원[min(10억원×30%), 3억원]=1억원에 대하여 증여세를 물게 되고 또한 14억원-1억원=13억원을 양도가액으로 하여 양도소득세를 물게 된다. 한편 고가로 취득한 부모님은 향후 해당 부동산을 양도할 때 취득가액은 10억원이 되는 것이다.

▌절세전략

따라서 특수관계인 간 양도소득세 과세 대상 재산을 시가보다 저가 또는 고가로 거래하고자 하는 경우에는 반드시 세부담액을 비교한 뒤 거래해야 한다. 그리고 거래당사자가 소득세법 및 상증법상 특수관계 여부에 따라 그 거래금액을 다음과 같이 정하게 되면 세금적인 측면에서는 절세할 수 있다.

소득세법상 특수관계	상증법상 특수관계	거래금액 결정방법
○	○	시가와 대가와의 차액이 3억원과 5% 중 적은 금액 이하가 되게 거래금액 결정
×	○	시가와 대가와의 차액이 3억원과 30% 중 적은 금액 이하가 되게 거래금액 결정
×	×	시가와 대가와의 차액에서 3억원을 뺀 금액으로 거래 결정

거래금액을 정할 때에 상기와 같이 세법에 따른 특수관계인 해당여부 및 세부담액에 따라 거래금액을 정해야 되는 경우도 있지만 거래당사자의 자금사정, 취득세 등 종합적으로 고려하여 거래금액을 결정해야 한다.

09 부동산 취득자금이 부족한 경우 부모로부터 차입해라.

부모 등 특수관계인으로부터 금전을 무상으로 빌리거나 또는 낮은 이자율로 빌리는 경우에는 적정이자율과의 차액만큼의 경제적 이익이 발생한다. 이러한 경제적 이익을 상속세및증여세법에서는 '금전무상대출 등에 따른 이익의 증여'라 하여 증여세 과세대상으로 규정하고 있다(상증법 §41의4).

▎증여세 과세대상

증여세가 과세되기 위해서는

첫째, 특수관계가 있는 사람으로부터 금전을 무상 또는 적정이자율(현재 4.6%임)보다 낮은 이자율로 빌려야 한다. 이 경우 금전을 빌려준 사람과 빌린 사람 사이에는 상속세및증여세법 시행령 제2조의 2 제1항 각 호의 어느 하나에 해당하는 특수관계가 성립되어야 한다. 다만, 특수관계가 없는 타인으로부터 거래의 관행상 정당한 사유없이 무상 또는 적정이자율보다 낮게 금전을 빌리는 경우에도 증여세 과세대상에 해당한다.

둘째, 무상대출에 따른 이익이 1천만원 이상이 되어야 한다. 만일 1년 이내에 수차례로 나누어 빌린 경우에는 그 빌린 금액을 합하여 증여이익이 1천만원 이상이 되는 경우 각각의 빌린 날을 기준으로 증여세가 과세된다. 이 경우 증여이익이 1천만원 이상인지 여부는 대여자별 차입자별로 판단해야 한다.

▍증여재산가액 계산

증여세가 과세되는 증여재산가액은 무상으로 금전을 빌린 경우에는 그 빌린 금액에 적정이자율을 곱한 금액이 되고, 적정이자율보다 낮은 이자율로 빌린 경우에는 그 빌린 금액에 적정이자율을 곱한 가액에서 실제로 지급한 이자상당액을 뺀 금액으로 한다. 이 경우 법인으로부터 대출받은 경우에는 법인세법 시행령 제89조에 따른 이자율 즉, 가중평균차입이자율 또는 당좌대출이자율(현재 4.6%)을 적용이자율로 본다.

▍증여세 과세단위

'금전 무상대출 등에 따른 이익의 증여'에 대한 증여세 과세는 1년 단위로 과세한다. 즉, 빌린 기간이 정하여지지 아니한 경우에는 그 빌린 기간을 1년으로 보고, 빌린 기간이 1년 이상인 경우에는 1년이 되는 날의 다음날에 매년 새로이 빌린 것으로 보아 증여재산가액을 계산한다.

▍증여시기

'금전무상대출 등에 따른 이익의 증여'의 증여시기는 이익이 1천만원 이상이 되도록 금전을 빌린 날이 된다. 다만, 1년 이내에 수차례로 나누어 빌린 경우에는 증여이익이 1천만원 이상이 되는 날을 증여시기로 보아 증여세가 과세된다.

▍증여세 경정청구

'금전 무상대출 등에 따른 이익의 증여'에 대한 증여세 과세는 1년 단위로 선 과세되므로 중도상환 등으로 무상대출 등이 종료된 경우에는 남은 잔여기간에 대한 증여세 상당액에 대하여 3개월 이내에 상속세및증여세법에 따라 경정청구를 하여 환급 등을 받을 수 있다.

사례

> **사례**
>
> **사실관계**
> - 甲은 취득가액 5억원의 아파트를 취득하고자 하는데 현재 자금출처가 확인되는 자금은 3억원으로 2억원이 부족함
> - 2억원을 대출받으면 이자도 부담스럽지만 무엇보다도 각종 규제로 대출받기가 어려운데 어떻게 해결하면 될까요?
>
> **절세방법**
> - 부모 등 자금여력이 있는 가족으로부터 차입해라. 이 경우 금전무상대출 또는 저리 대출 등에 따른 이자상당액에 대하여 증여세를 부담하고 이자소득이 발생하면 소득세를 부담하면 된다.

절세전략

부모 등으로부터 자금을 무상 또는 저리로 빌려 부동산 취득자금등으로 실제 사용하는 경우가 있다. 하지만 국세청은 원칙적으로 배우자 및 직계존비속간의 소비대차는 인정하지 않고 있으므로(상증통칙 45-34…1), 거래당사자가 직계존비속 또는 배우자간이고 또한 이자까지 지급하지 않는다면 금전소비대차거래 자체를 인정하지 않고 거래금액 전부를 증여로 보고자 할 것이다.

이러한 경우 금전소비대차를 인정받기 위해서는 이자를 지급하거나 담보를 제공하는 방법도 있지만 우선 빌린 돈을 갚을 수 있는 능력이 있어야 하고, 또한 반드시 상환자금 등을 고려하여 금전소비대차계약서를 실제 작성하여 날인한 후 공증사무소 또는 등기소에서 확정일자를 받거나 또는 공증을 받아 놓는 것도 하나의 방법이다.

그런데 만일 이자를 지급한다면 그 이자를 수령하는 사람 입장에서는 소득세법상 비영업대금이익에 해당하므로 원천징수 세율이 27.5%(지방소득세 포함)가 되고 경우에 따른 향후 종합소득세 합산신고 대상에도 해당될 수 있다. 그러므로 금전을 대여 또는 차입할 때 이자소득세 부담까지 고려하여 이자율을 정하는 것이 좋다.

한편 금전무상대출등에 따른 이익은 1년간 이익을 합산하여 1천만원 이상인 경우에 한하여 증여세가 과세된다. 이 경우 증여이익이 1천만원 이상인지 여부는 대여자별 차입자별로 판단해야 한다.

그러므로 父母가 자녀에게 대여하는 경우에는 父 또는 母 별로 각각 1천만원 이상인 경우에 한하여 증여세가 과세되므로 父 또는 母가 각각 1천만원 미만(대여금액 기준으로 약 217백만원)으로 무상으로 빌려주어도 자녀에게 증여세가 없으므로 이를 활용할 수 있다.

10 가족의 채무를 대신 변제 등을 해야 하는 상황인 경우 현금을 증여하지 말고 직접 변제 등을 해라.

요즘 금융기관으로부터 대출을 받아 사업을 하다가 사업실패 등으로 대출금을 상환하지 못하거나 또는 신용카드 이용대금 등을 제때 납부하지 못해 신용불량자로 전락하게 되는 경우가 많다. 이렇게 신용불량자가 되면 사회적 경제적 생활에 미치는 불이익이 많기 때문에 채무자와 가까운 부모 등 가족들이 대개 그 빚을 대신 변제하거나 떠안는 경우가 많다. 이런 경우 증여세 과세문제가 발생하게 되므로 유의해야 한다.

▌증여세 납부능력이 없으면 증여세 면제 및 연대납세의무 면제

상속세및증여세법 제36조에 따르면 채권자로부터 채무의 면제를 받거나 제3자가 채무를 인수 또는 대신 변제한 경우에는 그 면제·인수 또는 변제를 받은 금액은 그 이익을 얻은 채무자의 증여재산가액으로 하여 증여세가 과세된다.

다만, 그 이익을 얻은 채무자 즉, 수증자가 증여세를 납부할 능력이 없다고 인정되는 경우로서 강제징수를 하여도 증여세에 대한 조세채권을 확보하기 곤란한 경우에는 그에 상당하는 증여세의 전부 또는 일부가 면제된다. 또한, 수증자가 면제받은 증여세의 전부 또는 일부에 대하여 증여자(채무를 대신 변제 등을 한 사람)에게는 연대납세의무도 면제한다.

하지만, 부모 등 가족이 채무자에게 현금을 증여하고 채무자가 그 금전으로 채무를 직접 변제하거나 신용카드 이용대금을 직접 납부한 경우

에는 채무자가 무재산자로서 증여세를 납부할 능력이 없는 경우에는 상속세및증여세법 제4조의2 제6항에 따라 현금을 증여한 증여자에게 연대납세의무가 있어 증여세를 납부해야 한다. 현금증여는 민법상 증여로서 증여자에게 별도의 연대납세의무 면제제도를 부여하고 있지 않기 때문이다.

▍절세전략

그러므로 채무자의 빚을 부모 등 가족이 대신하여 변제 등을 해야 할 상황인 경우에는 가급적 현금을 직접 증여하여 채무 등을 변제하지 말고 부모 등 증여자가 직접 변제 등을 하는 것이 유리하다.

즉, 가족의 채무를 대신하여 변제 등을 한 경우 그 이익상당액은 상속세및증여세법 제36조의 채무면제 등에 따른 증여에 해당하고 이 규정에 따라 수증자에게 증여세가 추징되는 경우에도 수증자가 납세능력이 없는 경우에는 증여세를 면제받을 수 있고, 또한 증여자는 연대납부 의무까지 피할 수 있기 때문이다.

11. 토지소유자와 건물소유자가 다른 경우에는 토지 및 건물에 대한 사용권리만 출자하여 공동사업을 하는 것이 유리하다.

▌부모 등 특수관계자의 토지위에 건물을 신축 등을 하여 사용하는 경우 과세문제

특정인이 소유하고 있는 토지 위에 타인이 건물을 신축 등을 하여 해당 토지를 사용해야 할 경우에는 일반적으로 당사자간에 특수관계가 없는 경우에는 해당 토지의 사용에 대한 대가를 시가에 상당하는 가액으로 정상적으로 지급하고 사용하는 것이 일반적이다.

그러나 부모님의 토지 위에 자녀가 건물을 신축하여 임대하는 등 특수관계자가 해당 토지를 사용하는 경우에는 일반적으로 무상으로 사용하거나 또는 시가보다 저렴하게 사용하는 경우가 많다. 특수관계자의 토지를 무상으로 사용하거나 또는 시가보다 저렴하게 사용하는 경우에는 그 무상사용자 또는 저렴하게 사용하는 자에게 증여세 과세문제가 발생하게 되고 또한 토지소유자에게도 소득세법과 부가가치세법상 부당행위계산 규정이 적용되어 소득세 및 부가가치세 과세문제도 발생하게 된다.

만일, 토지소유자에게 정상적인 임대료를 지급하고 해당 토지를 임차하여 사용하는 경우에는 토지소유자는 건물소유자로부터 얻은 그 임대소득에 대하여 부가가치세 및 소득세를 부담하게 되고 또한 건물소유자는 임차한 해당 토지 위에 건물을 신축하여 임대사업 등을 영위하게 되는 경우에는 해당 사업과 관련하여 발생한 소득에 대하여 소득세와 부가가치세 과세문제가 발생한다.

상기와 같이 증여세와 소득세, 부가가치세가 건물소유자 및 토지소유자에게 각각 과세되는 것을 회피하고자 건물소유자와 토지소유자가 해당 건물과 토지를 현물출자하여 소득세법에 따라 공동사업을 영위하게 되는 경우에는 현물출자 하는 시점에 소득세법에 따라 현물출자에 따른 양도소득세 과세문제가 또 다시 발생할 수 있다.

따라서 특수관계자의 토지 위에 건물을 신축하여 부동산임대사업 등을 영위해야 하는 경우에 증여세, 종합소득세, 양도소득세의 과세문제와 절세방법이 있는지 여부를 살펴보고자 한다.

▌특수관계자의 부동산을 무상 사용시 증여세 과세문제

의의

부모의 땅 위에 자녀들이 자기명의로 상가 등을 신축하여 임대사업을 영위하는 등 부모가 자녀들에게 토지 또는 건물을 무상사용케 하는 방법으로 재산을 무상이전하는 경우 실질적으로 그 토지 또는 건물의 무상사용권을 증여한 것이므로 이에 대하여 증여세를 과세하고 있다.

증여세 과세내용

타인의 부동산(그 부동산 소유자와 함께 거주하는 주택과 그에 딸린 토지는 제외한다)을 무상으로 사용함에 따라 이익을 얻은 경우에는 그 무상 사용을 개시한 날을 증여일로 하여 그 이익에 상당하는 금액을 부동산 무상 사용자의 증여재산가액으로 한다(상증법 §37①).

이 경우에 수증자는 부동산 무상사용자가 되며, 부동산 무상사용자가 2명 이상인 경우로서 부동산소유자와 친족관계에 있는 경우 당해 부동산 소유자의 최근친인자로 하되, 동친인 자가 둘 이상인 경우에는 최연장자를 대표사용자로 본다(상증령 §27①).

증여세 과세제외

부동산 소유자와 함께 거주하는 주택과 그 부수 토지에 대하여는 부동산무상사용에 따른 이익의 증여규정이 적용되지 않는다(상증법 §37 ①). 이 때 주택의 일부에 점포 등 다른 목적의 건물이 설치되어 있거나 동일

지번에 다른 목적의 건물이 설치되어 있는 경우에는 주택의 면적이 주택 외의 면적을 초과하는 경우에 한하여 해당 부동산 전부를 주택으로 본다. 즉, 주택의 면적이 주택 이외의 면적보다 큰 경우에 한하여 부동산 전부를 주택으로 보아 증여세과세대상에서 제외된다(상증령 §27④).

증여시기

부동산무상사용에 따른 이익의 증여시기는 사실상 해당 부동산의 무상사용을 개시한 날로 한다. 이 경우 해당 부동산에 대한 무상사용기간이 5년을 초과하는 경우에는 그 무상사용을 개시한 날부터 5년이 되는 날의 다음날에 새로이 해당 부동산의 무상사용을 개시한 것으로 본다.

증여재산가액

부동산무상사용이익은 무상사용기간을 5년으로 하여 다음과 같이 계산하는 것이며, 아래와 같이 계산한 부동산무상사용이익이 1억원 이상인 경우에 한하여 증여세가 과세된다.

$$부동산무상사용이익 = \sum_{n=1}^{5} \frac{각\ 연도의\ 부동산무상사용이익}{(1+\frac{10}{100})^n}$$

n : 평가가준일로부터 경과연수

* 각 연도의 부동산무상사용이익 : 부동산가액(상증법상 평가액)×1년간 부동산사용료를 감안하여 재경부령이 정하는 율(2%)
* 간편법 : 부동산무상사용이익 = 각 연도의 부동산무상사용이익×3.79079

부동산소유자에게 소득세가 과세되는 경우에도 증여세 과세

부동산을 무상으로 사용하게 한데 대하여 부동산소유자에게 부당행위계산 부인을 통하여 소득세가 과세된 경우에도 부동산무상사용자에게 여전히 부동산무상사용이익에 대하여 증여세가 과세된다(조심 2009서3303, 2009.12.14.).

▌부동산을 시가보다 저가 또는 고가로 사용시 증여세 과세

부동산임대용역의 대가를 시가보다 낮게 지급하거나 시가보다 높게 지급받음으로써 이익을 얻은 경우로서 그 시가와 대가와의 차액이 시가의 100분의 30 이상인 경우에는 상속세및증여세법 제42조 제1항 제2호의 규정에 의하여 그 차액상당액은 증여세세 과세대상에 해당한다(서면4팀-550, 2008.03.04.).

상기에서 시가라 함은 해당 거래와 유사한 상황에서 불특정다수인간 통상적인 지급대가에 의하는 것이며, 시가가 불분명한 경우에는 부동산임대용역의 경우 "부동산가액×2%"가 된다.

토지를 임차하여 타인에게 전대한 경우 전대보증금과 전대료가 불특정다수인간 통상적인 지급대가에 해당하는 경우에는 전대보증금에 법인세법 시행령 제89조 제4항 제1호의 규정에 의한 정기예금이자율을 곱하여 산출한 금액과 1년간 전대료의 합계액을 부동산임대용역의 시가로 본다고 국세청은 해석(서면4팀-550, 2008.03.04.)하였다.

▌특수관계자에게 부동산을 무상 또는 시가보다 저가로 사용하게 한 경우 부동산 소유자에 대한 소득세 및 부가가치세 과세문제

소득세 부당행위계산

납세지 관할세무서장 또는 지방국세청장은 부동산임대소득이 있는 거주자의 행위 또는 계산이 그 거주자와 특수관계 있는 자와의 거래로 인하여 해당 소득에 대한 조세의 부담을 부당하게 감소시킨 것으로 인정되는 때에는 그 거주자의 행위 또는 계산에 관계없이 해당 연도의 소득금액을 계산할 수 있다(소법 §41①).

즉, 특수관계자에게 토지 등 부동산을 무상으로 사용하게 하거나 또는 시가보다 저가로 사용하게 한 것에 대하여 소득세법 제41조의 규정에 의하여 부당행위계산 규정이 적용되어 부동산소유자에게 소득세가 과세

된다. 그러나 직계존비속에게 주택을 무상으로 사용하게 하고 직계존비속이 그 주택에 실제 거주하는 경우는 제외한다(소득령 §98②2).

부가가치세 부당행위계산

사업자가 특수관계에 있는 자에게 사업용 부동산의 임대용역을 대가를 받지 아니하고 공급하는 경우에는 용역의 공급으로 보아 부가가치세가 과세되며, 이 경우 과세표준은 시가가 된다(부법 §7).

시가의 산정

부동산을 무상으로 사용하게 하거나 또는 시가보다 저가로 사용하게 한 것에 대하여 소득세법 제41조의 규정에 의하여 부당행위계산규정을 적용할 때 시가는 법인세법 시행령 89조 제1항 내지 제5항 규정을 준용하고 있다. 즉, 다음 ①, ②, ③의 순서대로 적용한다.

① 해당 거래와 유사한 상황에서 해당 사업자가 특수관계자 외의 불특정다수인과 계속적으로 거래한 가격 또는 특수관계자가 아닌 제3자간에 일반적으로 거래된 가격이 있는 경우에는 그 가격에 의한다 (인근에 해당 토지와 유사한 토지의 임대료 가격 등)
② 감정평가 및 감정평가사에 관한 법률에 따른 감정평가법인등이 감정한 가액이 있는 경우 그 가액(감정한 가액이 2 이상인 경우에는 그 감정한 가액)
③ 해당 부동산의 시가의 100분의 50에 상당하는 금액에서 그 자산의 제공과 관련하여 받은 전세금 또는 보증금을 차감한 금액에 정기예금이자율을 곱하여 산출한 금액

 * 시가 : (부동산가액 × 50% − 임대보증금) × 정기예금이자율

■ 부동산을 공동사업에 현물출자하는 경우 양도소득세 과세문제

거주자가 공동사업(부동산임대업 등)을 경영할 것을 약정하는 계약에 의해 토지와 건물 등을 공동사업에 현물출자하는 경우 소득세법 제88조 제1항의 규정에 의하여 등기여부에 관계없이 현물출자한 날 또는 등기접수일 중 빠른날에 해당 부동산이 유상으로 양도된 것으로 보아 양도소득세가 과세된다(서면5팀-2992, 2007.11.14.).

그러나 부동산임대업을 영위하기 위하여 토지 또는 건물을 사용할 수 있는 권리만 출자하는 경우에는 유상으로 양도된 것으로 보지 않아 양도소득세가 과세되지 않는다(서면4팀-643, 2005.04.27.).

■ 증여세, 소득세, 양도소득세 절세전략

상기에서 살펴본 바와 같이 만일 부모님이 소유한 토지 위에 자녀가 건물을 신축하여 부모의 토지를 무상으로 사용하는 경우에는 그 무상으로 사용함에 따라 얻은 이익에 대하여 상속세및증여세법 제37조의 규정이 적용되어 자녀에게 증여세가 과세되고, 또한 시가보다 저가로 사용하는 경우에는 그 시가와 대가와의 차액상당액에 대하여 같은법 제42조 제1항에 의하여 증여세가 과세된다.

한편 토지소유자인 부모는 특수관계자인 자녀에게 토지를 무상으로 사용하게 하거나 또는 저가로 사용하게 한 것에 대하여 소득세법 및 부가가치세상 부당행위계산규정이 적용되어 소득세 및 부가가치세가 과세된다.

그래서 만일, 자녀 입장에서 부동산의 무상 또는 저가 사용에 따른 증여세가 과세되는 것을 방지하고 부모 입장에서 부당행위계산규정에 의한 소득세가 과세되는 것을 방지하고자 토지소유자인 부모와 건물소유자인 자녀가 함께 각각 토지와 건물을 현물출자하여 부동산임대사업 등 소득세법상 공동사업을 영위하는 경우에는 토지를 무상사용함에 따른

증여세 과세문제와 토지를 무상으로 사용하게 하는데에 대한 소득세 및 부가가치세 과세문제는 발생하지 아니하게 되나(재산-3903, 2008.11.21.), 이 경우에는 소득세법상 공동사업에 현물출자한 경우에 해당하여 토지 및 건물에 대하여 각각 양도소득세가 과세된다(서면5팀-2992, 2007.11.14.).

하지만 공동사업에 현물출자할 때 사전약정에 의하여 토지 및 건물에 대한 사용권리만 각각 출자하여 부동산 임대사업 등 공동사업을 영위하는 경우에는 건물소유자인 자녀에게 부동산무상사용 등에 따른 증여세 과세문제는 발생하지 않고 또한 토지소유자인 부모에게 소득세법상 부당행위계산 규정도 적용되지 않으며, 또한 토지와 건물소유자에게 공동사업과 관련하여 토지와 건물의 현물출자에도 해당되지 않으므로 양도소득세도 과세되지 않는다. 따라서 증여세 과세문제와 소득세·부가가치세 과세문제, 양도소득세 과세문제를 한꺼번에 모두 해결할 수 있다.

이외에도 부동산임대사업 등을 소득세법에 의한 공동사업으로 영위하는 경우에는 1인이 단독으로 임대사업 등을 영위하는 경우에 비하여 소득세법상 세율구조, 각종 소득공제 등에 의하여 부동산임대사업 등에서 발생한 소득에 대한 소득세도 덤으로 절세할 수 있다.

12. 연부연납시 타인의 부동산을 담보로 제공하는 경우에도 담보제공이익에 대하여 증여세가 과세되지 않는다.

▍타인의 부동산을 무상으로 담보로 이용한 경우 증여세 과세

타인의 부동산을 무상으로 담보로 이용하여 금전 등을 차입함에 따라 이익을 얻은 경우에는 그 부동산 담보이용을 개시한 날을 증여일로 하여 그 이익에 상당하는 금액을 부동산을 담보로 이용한 자의 증여재산가액으로 하여 증여세가 과세된다. 다만, 그 이익에 상당하는 금액이 1천만원 미만인 경우는 제외한다(상증법 §37②).

특수관계인이 아닌 자 간의 거래인 경우에는 거래의 관행상 정당한 사유가 없는 경우에 한정하여 증여세가 과세된다.

▍부동산 담보이용 이익 계산

부동산을 무상으로 담보로 이용하여 금전 등을 차입함에 따른 부동산 담보이용 이익은 차입금에 적정이자율을 곱하여 계산한 금액에서 금전 등을 차입할 때 실제로 지급하였거나 지급할 이자를 뺀 금액으로 하며, 부동산 담보 이용이익이 1천만원 이상인 경우에 한하여 증여세가 과세된다.

증여이익을 계산할 때에 차입기간이 정해지지 않은 경우에는 그 차입기간을 1년으로 보고, 차입기간이 1년을 초과하는 경우에는 그 부동산 담보 이용을 개시한 날부터 1년이 되는 날의 다음날에 새로이 차입한 것으로 본다.

▌부동산이 아닌 다른 예금 등을 담보로 제공한 경우에도 증여세 과세

타인의 부동산을 제외한 재산을 담보로 제공하고 금전 등을 차입한 경우에 차입금에 적정 이자율을 곱하여 계산한 금액에서 금전 등을 차입할 때 실제로 지급하였거나 지급할 이자를 뺀 금액에 대하여 증여세가 과세된다(상증령 §32①1호).

▌부동산 담보이용 이익의 증여일

부동산 담보이용 이익의 증여일은 그 부동산 담보 이용을 개시한 날을 증여일로 한다.

이 경우 타인의 부동산을 담보로 금전 등을 차입한 경우로서 차입기간이 1년을 초과하는 경우에는 그 부동산 담보 이용을 개시한 날부터 1년이 되는 날의 다음날에 새로이 차입한 것으로 본다.

▌주의사항

타인의 부동산 등 재산을 담보로 제공받아 얻은 이익에 대한 증여세 과세는 증여자별 수증자별 증여이익이 1천만원 이상인 경우에 한하여 증여세가 과세되므로 공동 소유 부동산을 담보로 이용하거나 또는 공동명의로 차입하여 증여자별 수증자별 증여이익이 각각 1천만원 미만인 경우로 제한하여 타인의 담보를 이용하도록 한다.

▌연부연납시 타인 부동산 담보제공시에도 증여세가 과세되지 않음

증여세 또는 상속세에 대한 연부연납을 신청하는 과정에서 부모등 타인의 부동산을 담보로 제공한 경우에도 상속세및증여세법 제37조에 따른 담보제공이익에 대한 증여세는 과세되지 않는다(법령해석과-591, 2018.03.07.). 그러나 법인의 부동산을 무상으로 담보로 제공하는 경우에는 법인세법에 따라 해당 법인에게 부당행위계산규정이 적용된다.

13. 가족법인에 증여하는 경우에도 주주별 얻은 이익이 1억원 미만인 경우 증여세가 과세되지 않는다.

부모 등이 자녀 등 가족들에게 증여하는 경우에는 그 증여받은 사람에게 증여세가 과세된다. 이 때 증여세율은 10%~50%로서 증여세 과세표준이 1억원 이하인 경우 10%이지만 과세표준이 30억원을 초과하는 경우에는 무려 50%가 된다. 즉, 증여받은 재산가액이 30억원을 초과하는 경우에는 세율이 무려 50%에 해당하여 증여받은 재산의 거의 절반을 세금으로 물어야 한다는 것이다.

그래서 이러한 증여세를 회피하고자 자녀 등에게 직접 재산을 증여하지 않고 자녀나 배우자가 소유하고 있는 영리법인에게 재산을 증여하여 간접적으로 가족들에게 이익을 주는 방법을 선택하여 왔다. 이유는 영리법인이 증여받은 재산에 대하여 증여세 대신 법인세가 과세되지만 법인세율이 2억원 이하의 과세표준에 대하여는 9%, 200억원 이하인 경우에는 19%, 200억원을 초과하는 분에 대하여는 21% 등으로서 증여세율의 절반에도 해당되지 않기 때문이다.

증여세 과세대상

지배주주와 그 친족이 직접 또는 간접으로 보유하는 주식보유비율이 30% 이상인 특정법인이 지배주주의 특수관계인과 일정한 거래를 하는 경우에는 거래한 날을 증여일로 하여 그 특정법인의 이익에 특정법인의 지배주주 등의 주식보유비율을 곱하여 계산한 금액을 그 특정법인의 지배주주 등이 증여받은 것으로 본다(상증법 §45의5).

▍특정법인의 정의

지배주주와 그 친족이 직접 또는 간접으로 보유하는 주식보유비율이 30% 이상인 법인을 특정법인(외국법인도 포함)이라 한다. 즉, 사실상 가족법인을 말한다.

▍과세대상 거래의 유형

① 재산 또는 용역을 무상으로 제공받는 것
② 재산 또는 용역을 통상적인 거래 관행에 비추어 볼 때 현저히 낮은 대가로 양도·제공받는 것
③ 재산 또는 용역을 통상적인 거래 관행에 비추어 볼 때 현저히 높은 대가로 양도·제공하는 것
④ 해당 법인의 채무를 면제·인수 또는 변제받는 것.
  다만, 해당 법인이 해산(합병 또는 분할에 의한 해산은 제외) 중인 경우로서 주주등에게 분배할 잔여재산이 없는 경우는 제외한다.
⑤ 시가보다 낮은 가액으로 해당 법인에 현물출자 받는 것
☞ 현재 불균등 자본거래도 과세대상에 포함시키는 개정안이 국회 본회의에 의결된 상태에 있다(2025.03.14.).

▍수증자와 증여자

수증자는 지배주주와 그 친족이 특정법인에 대한 직접 또는 간접으로 보유하는 주식보유비율이 30% 이상인 경우 그 지배주주와 그의 친족이 되며, 증여자는 특정법인의 지배주주와 특수관계인에 해당하는 자로서 특정법인과 일정한 거래를 하여 특정법인에 이익을 제공한 자가 된다(상증법 §45의5①).

▮ 특정법인의 주주 등의 증여의제 이익

특정법인의 주주들이 얻은 이익은 다음과 같으며, 단, 주주 등이 얻는 이익이 1억원 이상인 경우에 과세된다.

> (특정법인이 얻은 이익 − 그 이익에 상당하는 법인세)
> × 지배주주 또는 친족의 주식보유비율

증여의제가액이 1억원 이상인지 여부는 그 증여일부터 소급하여 1년 이내에 동일한 거래 등이 있는 경우에는 각각의 거래 등에 따른 이익(시가와 대가의 차액을 말한다)을 해당 이익별로 합산하여 계산한다. 즉 상속세및증여세법 제45조의5 제1항 각호의 거래별로 이익이 1억원 이상인지 여부로 판단한다(상증법 §43②, 심사증여2022-0043, 2023.09.13.).

▮ 특정법인이 얻은 이익

해당 특정법인에 무상 제공한 경우에는 그 무상 제공한 재산의 시가가 된다. 다만, 현저히 낮은 대가 또는 현저히 높은 대가의 거래인 경우에는 그 대가가 양도·제공·출자하는 재산 및 용역의 시가와 대가와의 차액이 시가의 100분의 30 이상 차이가 있거나 그 차액이 3억원 이상인 경우에 한하여 그 시가와 대가와의 차액이 된다.

▮ 증여세 과세 한도액

특정법인과의 거래를 통한 이익의 증여의제액에 대한 증여세액이 지배주주 등이 직접 증여받은 경우의 증여세 상당액에서 특정법인이 부담한 법인세 상당액을 차감한 금액을 초과하는 경우 그 초과액은 없는 것으로 본다(상증법 §45의5②).

▮ 영리법인에 유증 등을 하는 경우 상속인에게 상속세 과세

피상속인(사망한 사람)이 유증 또는 사인증여를 통하여 상속인 및 직계비속이 소유한 영리법인에게 재산을 상속하게 되는 경우에도 영리법인에게는 상속세는 면제하지만 그 면제한 상속세 중 상속인 및 직계비속의 영리법인에 대한 지분율(영리법인에 대한 상속인의 출자지분)에 상당하는 상속세를 그 상속인 및 직계비속에게 직접 부과하게 된다.

> 상속세=(영리법인에게 면제된 상속세-영리법인이 받았거나 받을 상속재산의 10%)×상속인 또는 그 직계비속의 주식 또는 출자지분의 비율

하지만 영리법인의 주주가 상속인 및 직계비속이 아닌 경우에는 상속세는 과세되지 않는다.

절세전략

최근 부동산경기의 활황과 다주택자에 대한 양도소득세 중과제도의 시행으로 인하여 양도소득세의 중과세를 피하고 개인이 소유한 1주택에 대한 양도소득세를 비과세 받기 위하여 가족들이 소유한 영리법인에 개인이 소유한 부동산 또는 주택을 증여하고자 하는 경우가 종종 있다.

하지만 이런 경우 상기에서 살펴본 바와 같이 증여받은 영리법인에게 자산수증이익으로 법인세가 과세되고 또한 그 영리법인의 주주가 지배주주와 친족관계에 해당하는 경우에는 그 지배주주와 친족에게 증여세가 부과된다.

그러므로 영리법인에게 재산을 직접 증여 또는 상속을 하고자 할 때에는 그 법인과 주주들의 구체적인 세부담과 상속인이나 직계비속이 아닌 며느리, 사위가 주주인 법인에 유증 등을 할 것인지 등을 먼저 고려한 후 실행해야 함을 유의해야 한다.

> **사례**

사실관계
- A법인(12월말 법인) 주주현황
  甲 : 10%, 乙(甲의 자) : 50%, 丙(甲의 자) : 40%
- 甲은 A법인에게 2024.2.1부터 2026.1.31까지 금전 60억원을 무상으로 대여함.
- 2024년~2025년은 법인세 결정세액 3억원, 각사업연도 소득은 15억으로 가정함.

증여의제가액

1) 1차 증여(2024.2.1.)
  - 갑 → 갑 : 본인으로부터의 증여에 해당하므로 과세제외
  - 갑 → 을 : [(60억원×4.6%) − (3억원×2.76억원/15억원)]×50% = 110,400,000
  - 갑 → 병 : [(60억원×4.6%) − (3억원×2.76억원/15억원)]×40% = 88,320,000

    * 적정이자율 : 4.6%
    ** 2.76억원 = 60억원×4.6%
    *** '을'은 증여이익이 1억원 이상이므로 증여세 과세대상에 해당하지만,' 병'은 증여이익이 1억원 이하이므로 증여세 과세제외

2) 2차 증여(2025.2.1.)
  - 갑 → 갑 : 본인으로부터의 증여에 해당하므로 과세제외
  - 갑 → 을 : [(60억원×4.6%) − (3억원×2.76억원/15억원)]×50%
            = 110,400,000
  - 갑 → 병 : [(60억원×4.6%) − (3억원×2.76억원/15억원)]×40%
            = 88,320,000

    * 특정법인과의 거래를 통한 이익의 증여의제 규정은 합산배제증여재산에 해당되지 않으므로 '을'은 1차 증여와 2차 증여를 합산하여 증여세를 신고 및 납부해야 함. 하지만 '병'은 2차 증여도 증여이익이 1억원 이하이므로 과세제외 되며, 1차 증여이익과 합산하지 않음.

하지만, 상기 사례처럼 특수관계인의 자금을 무상으로 법인이 차입하여도 각 주주별 증여이익이 1억원 미만에 해당하는 경우에는 증여세가 과세되지 않는다. 그러므로 이를 활용하는 것도 하나의 절세방법이다.

14. 특정법인을 통하여 4.9억의 이익을 증여받은 경우에도 증여세가 없다.

▎특정법인과의 거래를 통한 이익의 증여의제 규정

지배주주와 그 친족이 직접 또는 간접으로 보유하는 주식보유비율이 100분의 30 이상인 특정법인이 지배주주의 특수관계인과 다음에 따른 거래를 하는 경우에는 거래한 날을 증여일로 하여 그 특정법인의 이익에 특정법인의 지배주주 등이 직접 또는 간접으로 보유하는 주식보유비율을 곱하여 계산한 금액을 그 특정법인의 지배주주 등이 증여받은 것으로 본다(상증법 §45조의5).

① 재산 또는 용역을 무상으로 제공받는 것
② 재산 또는 용역을 통상적인 거래 관행에 비추어 볼 때 현저히 낮은 대가로 양도·제공받는 것
③ 재산 또는 용역을 통상적인 거래 관행에 비추어 볼 때 현저히 높은 대가로 양도·제공하는 것
④ 해당 법인의 채무를 면제·인수 또는 변제하는 것. 다만, 해당 법인이 해산(합병 또는 분할에 의한 해산은 제외한다) 중인 경우로서 주주등에게 분배할 잔여재산이 없는 경우는 제외한다.
⑤ 시가보다 낮은 가액으로 해당 법인에 현물출자하는 것
☞ 현재 불균등 자본거래도 과세대상에 포함시키는 개정안이 국회 본회의에 의결된 상태에 있다(2025.03.14.).

다만, 특정법인의 지배주주와 그 친족이 증여받은 것으로 보는 경우는 같은 항에 따른 증여의제이익이 1억원 이상인 경우로 한정한다.

▌1년 이내 동일한 거래로 인한 이익은 합산하여 1억원등 과세요건 판단

특정법인과의 거래를 통한 이익을 계산할 때 그 증여일부터 소급하여 1년 이내에 동일한 거래 등이 있는 경우에는 각각의 거래 등에 따른 이익(시가와 대가의 차액을 말한다)을 해당 이익별로 합산하여 계산한다(상증법 §43 ②).

국세청은 "동일한 거래를 합산할 때 상속세및증여세법 제45조의5제1항 각호의 거래에 따른 이익별로 구분하여 그 거래일로부터 소급하여 1년 이내에 동일한 거래 등이 있는 경우에는 각각의 거래 등에 따른 이익별로 합산하여 1억원 이상인지 여부를 판단한다"라고 해석 및 결정(서면-2018-상속증여-2262, 2018.08.14.; 심사증여2022-0043, 2023.09.13.)

▌절세전략

특정법인과의 거래를 통한 이익의 증여의제 규정은 '증여의제' 규정이다. '증여의제'란 증여가 아니라는 것을 입증할 필요 없이 법률에서 정한 과세요건 충족시 증여로 간주 또는 의제하여 과세하는 규정이다. 반대로 법률에 정하지 않은 것에 대하여는 증여세가 과세되지 않는다.

국세청은 상기와 같이 "동일한 거래를 합산할 때 상속세및증여세법 제45조의5제1항 각호의 거래에 따른 이익별로 구분하여 그 거래일로부터 소급하여 1년 이내에 동일한 거래 등이 있는 경우에는 각각의 거래 등에 따른 이익별로 합산하여 1억원 이상인지 여부를 판단한다"라고 해석하고 있다.

현재 특정법인과의 거래를 통한 이익의 증여의제 규정 적용시 과세대상 거래는 총 5가지이다. 그렇다면 각 거래별로 1억원 미만으로 특정법인의 주주가 이익을 얻은 경우에도 증여세가 과세되지 않으므로 최고 4.9억원까지 증여세 없이 특정법인을 통하여 이익을 증여받을 수 있게 된다.

15. 배우자나 직계존비속에게 재산을 양도한 경우에는 국세청 전산망에 100% 포착된다.

배우자 또는 직계존비속간에 주식이나 부동산 등을 거래 하는 경우에는 국세청의 전산 과세자료에 의하여 100% 포착이 되므로 이에 대한 소명자료를 준비하고 거래를 하여야 한다.

▎배우자 또는 직계존비속에 양도한 경우에도 증여추정됨

배우자 또는 직계존비속에게 매매를 원인으로 하여 재산의 소유권이 이전되는 경우에는 외형상 재산의 양도형식을 나타낸다. 그러나 상속세 및증여세법 제44조에서는 배우자 또는 직계존비속에게 재산을 양도한 경우에도 재산을 양도한 사람이 그 재산을 양도한 때에 그 재산의 가액을 배우자 또는 직계존비속에게 증여한 것으로 추정하여 배우자 또는 직계존비속의 증여재산가액으로 하여 증여세를 과세한다.

배우자 또는 직계존비속에게 양도한 재산에 관하여 증여추정 규정을 둔 것은 양도를 가장한 근친 사이의 증여 은폐행위를 방지하고자 함에 있고, 긴밀한 친족관계에 있는 당사자 사이에서는 조세부담의 회피라는 공통된 이해관계 하에 외형적인 거래조건을 얼마든지 임의로 만들어 낼 수가 있기 때문이다.

▌증여가 아니라는 입증책임은 납세자에게 있음

증여로 추정하여 증여세를 과세하는 것은 납세자의 반증이 없는 경우이어야 하므로 배우자 또는 직계존비속간이라도 ① 권리의 이전이나 행사에 등기 또는 등록을 요하는 재산을 서로 교환하거나 ② 당해 재산의 취득을 위하여 이미 과세(비과세 또는 감면받은 경우를 포함한다) 받았거나 신고한 소득금액 또는 상속 및 증여재산의 가액으로 그 대가를 지급한 사실을 입증하거나 ③ 당해 재산의 취득을 위하여 소유재산을 처분한 금액으로 그 대가를 지급한 사실을 명백히 입증하는 경우에는 유상양도로 인정되어 증여추정을 하지 않는다. 이 경우 유상 양도에 대한 입증책임은 납세자가 지게 된다.

▌매매가 인정되는 경우에도 시가보다 저가 또는 고가 거래시 증여세 과세됨

하지만, 배우자 또는 직계존비속간에 자금출처가 확인되는 자금으로 대가를 지급하고 매매한 사실이 객관적으로 확인이 되는 경우에도 시가보다 낮은 가액으로 재산을 양수하거나 시가보다 높은 가액으로 재산을 양도하는 경우에는 상속세및증여세법 제35조에 의하여 그 시가와 대가와의 차액상당액은 그 이익을 얻은 자의 증여재산가액으로 하여 증여세가 과세 된다. 이 경우 과세기준은 시가와 대가와의 차액이 시가의 30% 이상이거나 3억원 이상인 경우에 적용되는 것이며, 증여받은 이익은 시가와 대가와의 차액에서 시가의 30%와 3억원 중 적은 금액을 뺀 가액으로 한다.

▌매매가 인정되는 경우에도 시가보다 저가 또는 고가 거래시 양도소득세 부당행위계산 적용됨

또한, 배우자 또는 직계존비속에게 양도소득세 과세대상 재산을 시가보다 저가로 양도하거나 고가로 양도한 경우로서 그 시가와 대가와의 차액이 시가의 5% 이상이거나 3억원 이상에 해당하는 경우에는 조세의 부담을 부당히 감소시킨 것으로 인정되어 소득세법 제101조의 규정이 적용된다. 즉, 저가양도의 경우 시가를 양도가액으로 하고 고가취득의 경우 시가를 취득가액으로 하여 양도소득세가 과세됨을 유의해야 한다.

▌절세전략

배우자 또는 직계존비속간에 주식이나 부동산 등을 거래를 하는 경우에는 국세청의 전산 과세자료에 100% 포착이 되므로 자금출처가 확인되는 자금으로 대가를 지급한 사실을 금융자료 등 객관적인 자료로 입증을 해야 증여세가 과세되지 않는다. 그러므로 배우자 또는 직계존비속간에 거래를 할 때에는 반드시 금융거래를 통하여 그 대가를 지급해야 하고, 그 대가로 지급한 자금에 대한 출처를 마련하여야 한다.

또한 저가·고가양도에 따른 이익에 대한 증여세나 양도소득세 부당행위계산 규정이 적용되지 않기 위해서는 시가 평가를 정확히 하여 거래를 하여야 한다. 이 경우 매매금액을 얼마로 해야 하는지 여부는 증여세와 양도소득세 부담을 고려하여 결정해야 증여세와 양도소득세 모두를 절세할 수 있다.

16. 자금출처가 부족한 자녀와 공동으로 취득한 주택을 임대할 경우 임대차계약의 당사자를 자녀로 해라.

▌사례

> **사례**
> - 갑(父)과 을(子)이 아파트 8억원을 3:7지분으로 하여 공동으로 취득하고자 함.
> - 갑(父)은 8억원의 30%인 2.4억원에 대하여 자금출처를 충분히 입증 할 수 있음.
> - 을(子)은 8억원의 70%인 5.6억원중 2억원만 자금출처로 입증가능함.
> - 을(子)은 아파트를 을(子) 단독명의로 임대를 하고 수령한 3.6억원 전부를 을(子)의 자금출처로 입증하고자 함.
>
> 3.6억원 전부가 을(子)의 자금출처로 인정가능한지 여부?

▌을(子)의 자금출처 인정여부

2인 이상이 부동산을 공동으로 취득한 후 임대하고 수령한 임대보증금을 해당 부동산 취득자금으로 사용한 경우에 그 임대보증금이 누구에게 귀속되는지 여부 즉, 누구의 취득자금으로 인정되는지 여부는 실지 임대차계약내용에 따라 그 귀속여부를 판정한다. 이 경우 공동취득자 중 1인만이 임대차계약을 체결한 경우에는 임대보증금은 그 임대차계약을 체결한 임대차계약의 당사자인 1인에게 귀속되는 것이라고 국세청은 해석(서면4팀-1314, 2005.07.25.)하고 있다.

따라서 3.6억원은 자녀의 자금출처로 인정된다.

▌을(子)의 부동산무상사용이익에 대한 증여세 과세여부

다만, 부동산을 공동으로 취득한 경우로서 공동취득자 중 1인만이 해당 부동산 전부를 타인에게 임대한 경우에는 다른 공동취득자의 지분에 상당하는 부동산을 무상으로 사용한 경우에 해당하므로 상속세및증여세법 제37조에 따라 부동산무상사용이익에 대하여 증여세가 과세될 수 있다.

하지만 부동산무상사용이익에 대하여 증여세가 과세되기 위해서는 다음과 같이 계산한 부동산무상사용이익이 1억원 이상인 경우에 한하여 과세되는 것이므로 부동산가액을 기준으로 증여세가 과세되기 위해서는 부동산 가액이 약 13억원 상당액을 초과해야 한다.

부동산무상사용이익
부동산무상사용이익 = 부동산가액 × 2% × 3.790787 ≧ 1억원
* 부동산가액 : 상속세및증여세법 제60조 내지 제66조의 규정에 의하여 평가한 가액

따라서 상기 사례의 경우 을(子)은 부동산가액이 13억원 이하에 해당하고 부동산무상사용이익이 1억원 미만에 해당하므로 부동산 무상사용에 따른 증여세 부담 없다.

▌절세전략

따라서 부동산 중 다른 공동취득자 지분의 가액이 13억원 이하에 해당하는 경우에는 부동산무상사용에 따른 이익에 대하여도 증여세가 과세되지 않으므로 공동취득자 중 1인이 단독으로 부동산 전부를 타인에게 임대하여도 증여세 과세문제는 발생하지 않고, 또한 타인으로부터 받은 임대보증금은 그 1인의 지분에 상당하는 부동산 취득자금 또는 다른 재산의 취득자금으로 사용하여도 자금출처로서 인정이 되는 것이다.

따라서 상기사례와 같이 자금출처가 부족한 자녀와 공동으로 취득한 부동산을 임대할 경우 임대차계약의 당사자를 자녀로 하는 것이 취득자금에 대한 증여세를 절세할 수 있다.

▌유의사항

하지만 소득세 또는 부가가치세가 과세되는 부동산의 경우에는 해당 부동산을 무상으로 특수관계자에게 사용하게 하는 경우에는 소득세법 제41조 및 부가가치세법 제10조에 따른 부당행위계산 규정이 적용되어 소득세와 부가가치세가 과세될 수 있으므로 유의해야 한다.

17. 초과배당에 대하여는 소득세와 증여세가 모두 과세되고 증여세 신고도 2번해야 한다.

의의

 2020년말의 세법개정으로 2021년부터 바로 적용되었던 세법개정내용 중 상속세및증여세법(이하 상증법이라 한다) 분야에서 가장 핫하였던 부분이 상증법 제41조의 2에 따른 초과배당에 따른 이익의 증여규정이었다.

 상증법 제41조의2 규정은 2015년 12월 15일 신설된 조항으로 2016년 1월 1일 이후 초과배당 받는 분부터 소득세와 증여세를 비교하여 큰 금액으로 과세하도록 하였다. 하지만 이 규정에 의하면 일정금액 이하의 초과배당에 대하여는 증여세가 과세되지 않는 결과가 발생함으로 인하여 이 증여세가 과세되지 않는 구간을 이용하여 자녀 등에게 초과배당을 하여 절세방법으로 많이 이용하였다.

 그러자 정부는 2020년말 세법개정시 "초과배당을 통한 세부담 회피를 방지한다"라는 명목으로 초과배당에 따른 이익에 대하여 소득세와 증여세를 모두 과세하는 것으로 상증법 제41조의2 규정을 개정하였다. 즉, 초과배당금액에 대하여 소득세가 과세되고, 초과배당금액에서 그 소득세를 뺀 금액에 대하여 다시 증여세가 과세된다는 의미이다.

 이하에서는 2021년부터 적용되는 초과배당에 따른 이익에 대한 증여세 과세방법에 대하여 살펴보고자 한다.

초과배당에 대한 증여세 과세방법

초과배당에 따른 이익에 대한 증여세 신고 및 납부방법은 초과배당을 지급받은 시점에 증여세액을 가계산하여 법정신고기한(증여일이 속하는 달의 말일부터 3개월) 이내에 1차적으로 신고 및 납부하고, 이듬해 5월 또는 6월 종합소득세 확정신고시의 실제 소득세액을 반영하여 증여세액을 다시 2차로 정산(환급 또는 차액을 납부)하는 방식이다.

- 초과배당에 따른 증여재산가액은 초과배당금액(특정주주의 과대배당금액 × 특정주주와 특수관계가 있는 최대주주 등의 과소배당금액 ÷ 과소배당 받은 주주전체의 과소배당금액)에서 해당 초과배당금액에 대한 소득세 상당액을 공제한 금액을 증여재산가액으로 한다(상증법 §41의2①).

- 초과배당금액에 대한 소득세 상당액은 다음에 따른 금액으로 한다(상증령 §31의2③).

  ① 초과배당금액에 대한 증여세 과세표준 신고기한이 해당 초과배당금액에 대한 종합소득세 법정신고기한이 경과한 후에 도래하는 경우에는 초과배당금액에 대한 실제 소득세액
  ② 그 밖의 경우에는 초과배당금액에 대하여 해당 초과배당금액의 규모와 소득세율 등을 감안하여 상속세및증여세법 시행규칙 제10조의2에서 규정하는 율을 곱한 금액

상기에서 "실제 소득세액"이란 초과배당금액이 분리과세된 경우에는 해당 세액을 말하고, 초과배당금액이 종합과세된 경우에는 다음과 같이 실제 납부한 소득세를 말한다.

> Max(ⓐ-ⓑ, 초과배당금액×14%)
> ⓐ: 해당 수증자의 종합소득과세표준에 종합소득세율을 적용한 금액
> ⓑ: (종합소득과세표준 - 초과배당금액)에 종합소득세율을 적용한 금액

상기에서 상속세및증여세법 시행규칙 제10조의2에서 규정하는 율이란 다음의 세율을 말한다.

초과배당금액	율
5,220만원 이하	초과배당금액×100분의 14
5,220만원 초과 8,800만원 이하	731만원+(5,220만원을 초과하는 초과배당금액×100분의 24)
8,800만원 초과 1억5천만원 이하	1천590만원+(8,800만원을 초과하는 초과배당금액×100분의 35)
1억5천만원 초과 3억원 이하	3천760만원+(1억5천만원을 초과하는 초과배당금액×100분의 38)
3억원 초과 5억원 이하	9천460만원+(3억원을 초과하는 초과배당금액×100분의 40)
5억원 초과	1억7천460만원+(5억원을 초과하는 초과배당금액×100분의 42)
10억원 초과	3억 8,460만원+(10억원 초과배당금액×45%)

상기의 초과배당에 따른 증여재산가액에 대한 증여세 상당액을 계산하여 상증법 제68조제1항에 따른 법정신고기한까지 1차적으로 신고 및 납부하여야 한다.

이듬해 종합소득세 확정신고시 초과배당금액에 대하여 실제 소득세가 확정되어 납부한 때에 그 실제 소득세를 반영한 정산증여재산가액을 계산하여 초과배당금액이 발생한 연도의 다음 연도 5월 1일부터 5월 31일까지 2차로 신고 및 납부하여야 한다. 다만, 소득세법에 따른 성실신고확인대상사업자에 대한 증여세 과세표준의 신고기한은 초과배당금액이 발생한 연도의 다음 연도 5월 1일부터 6월 30일까지이다.

정산증여재산가액에 대한 증여세 정산은 "①초과배당금액에 대한 실제 소득세액을 반영한 정산증여재산가액을 기준으로 계산한 증여세액"에서 초과배당을 받은 시점을 기준으로 가계산한 "②상증법 제41조의2 제1항의 증여재산가액을 기준으로 계산한 증여세액"을 뺀 금액으로 한다. 다만, ②의 증여세액이 ①의 증여세액을 초과하는 경우에는 그 초과되는 금액을 환급받을 수 있다.

유의사항

따라서 2021년부터 초과배당금액에 대하여는 소득세와 증여세가 모두 과세되고, 증여세 신고도 2번에 걸쳐서 해야 함을 유의해야 한다.

절세전략

다만 초과배당을 하는 법인의 주주로서 가족법인(특정법인)이 있는 경우에는 그 가족법인이 초과배당을 받은 경우에도 그 가족법인의 주주별로 얻은 이익이 1억원 이하에 해당하는 경우에는 가족법인의 주주에게 증여세가 과세되지 않으므로 가족법인을 활용하여 초과배당을 하는 것도 절세방법이다.

18. 가족법인이 불균등 자본거래를 통해 이익을 얻은 경우에도 그 법인의 주주에게 증여세가 과세된다.

▌특정법인(일명 가족법인)과의 거래를 통한 이익의 증여의제 규정

지배주주와 그 친족이 직접 또는 간접으로 보유하는 주식보유비율이 30% 이상인 법인(특정법인, 외국법인도 포함)이 지배주주의 특수관계인과 다음에 따른 거래를 하는 경우에는 거래한 날을 증여일로 하여 그 특정법인의 이익에 특정법인의 지배주주 등의 주식보유비율을 곱하여 계산한 금액을 그 특정법인의 지배주주등이 증여받은 것으로 본다(상증법 §45의5).

① 재산 또는 용역을 무상으로 제공받는 것
② 재산 또는 용역을 통상적인 거래 관행에 비추어 볼 때 현저히 낮은 대가로 양도·제공받는 것
③ 재산 또는 용역을 통상적인 거래 관행에 비추어 볼 때 현저히 높은 대가로 양도·제공하는 것
④ 그 밖에 ①부터 ③까지의 거래와 유사한 거래로서 대통령령으로 정하는 다음의 것
   ⓐ 해당 법인의 채무를 면제·인수 또는 변제받는 것. 다만, 해당 법인이 해산(합병 또는 분할에 의한 해산은 제외한다) 중인 경우로서 주주등에게 분배할 잔여재산이 없는 경우는 제외한다.
   ⓑ 시가보다 낮은 가액으로 해당 법인에 현물출자 받는 것

▌종전의 유권해석

국세청은 그동안 "상속세및증여세법 제45조의5 특정법인과의 거래를

통한 이익의 증여의제 규정은 특정법인이 지배주주의 특수관계인과 같은 법 제1항 제1호부터 제4호까지의 거래를 한 경우에 적용되는 것이므로, 불균등 유상증자로 특정법인이 이익을 얻은 경우에는 특정법인과의 거래를 통한 이익의 증여의제 규정에 의한 증여세가 과세되지 않는다"라고 해석(사전-2022-법규재산-1104, 2022.12.02.; 사전-2021-법규재산-0940, 2022.06.29.) 하여 왔다.

또한 "상속세 및 증여세법 제45조의5(2020.12.29. 법률 제17758호로 개정된 것)규정은 특정법인이 지배주주의 특수관계인과 같은 법 제1항 제1호부터 제4호까지의 거래를 한 경우에 적용되는 것이므로 불균등 유상증자로 특정법인이 이익을 얻은 경우 동 규정이 적용되지 않는다"라고 해석(서면-2022-자본거래-0016, 자본거래관리과-588, 2022.01.25.)하여 왔다.

즉, 상속세및증여세법 제45조의5의 특정법인과의 거래를 통한 이익의 증여의제 규정은 증여의제 규정으로서 해당 법령에 규정되어 있지 않는 거래를 통하여 특정법인이 이익을 얻어도 과세할 수 없다는 해석이었다.

▌특정법인이 자본거래를 통해 이익을 얻은 경우도 그 특정법인의 주주에게 증여세 과세예정

그동안 특정법인과의 거래를 통한 이익의 증여의제 규정 적용시 불균등 증자 또는 감자 등 자본거래를 통한 이익의 분여에 대해서는 증여세 과세대상 거래에 해당 되지 않아 이를 이용한 편법 증여의 우려가 있었으나, 이러한 불균등 자본거래를 통하여 특정법인이 이익을 얻은 경우에도 그 법인의 주주에게 증여세를 과세하는 법률개정안이 기획재정위원회의 안으로 상정되어 2025.2.27. 국회 본회에서 의결되었고 최근 공포되었다(2025.03.14.). 공포 즉시 시행될 예정이다.

사례

> **사례**
>
> - 甲법인 현황
> - 부동산임대법인, 1주당 평가액 @1,000,000원, 발행주식총수 10,000주, 액면가액 1주당 @10,000원
> - 주주구성 : A개인(90%), B법인(A의 자녀들이 100% 주주임) 10%
> - 甲법인은 A개인의 90%지분을 1주당 10,000원에 전량 매입하여 소각함
> - 감자 후 甲법인 1주당 평가액 :
>   [(@1,000,000×10,000주)-(@10,000 ×9,000주)]÷1,000주 = @9,910,000
> - A개인의 B법인 분여이익 = (@1,000,000×9,000)-(@10,000×9,000) = 8,910,000,000원

사례 해설

상기 사례의 경우 A개인이 특정법인인 B법인에게 자본거래를 통하여 분여한 이익 89.1억원은 법인세법 시행령 제11조제8호에 따라 B법인에게 익금산입되어 법인세가 과세된다. 그러나 특정법인인 B법인의 주주에게 상속세및증여세법 제45조의 5에 따라 주주에게 증여세가 과세되는지 여부에 대하여 종전에는 상기 국세청의 유권해석에 따라 증여세가 과세되지 않았다.

그러나 이제는 특정법인에게 불균등 감자뿐만 아니라 불균등 증자 등 자본거래를 통하여 이익을 분여한 경우에도 해당 법인의 주주에게 증여세가 과세되는 법률 개정이 2025.2.27. 국회의 본회에서 의결되었고 최근 공포되었다(2025.03.14.). 공포 즉시 시행될 예정이다.

따라서 향후 불균등 증자 또는 감자 등 자본거래를 통하여 특정법인에 이익을 분여한 경우에도 그 법인의 주주에게 증여세가 과세될 수 있음을 유의해야 한다.

19. 가족법인이 초과배당을 받으면 증여세 및 의료보험료 등을 절세할 수 있다.

사례

사례

- 甲법인의 주주 및 배당현황

주주명	지분율	균등배당시	실제배당액	초과배당액	비고
A(父)	30%	0.9억원			
B(母)	30%	0.9억원			
C(자녀)	30%	0.9억원			
D법인	10%	0.3억원	3억원	2.7억원	
	100%	3억원	3억원	2.7억원	

☞ D법인의 주주는 자녀 C가 100% 지분을 소유함.

개인주주가 초과배당을 받은 경우 증여세와 소득세 모두 과세

2021년부터 개인주주에게 초과배당을 하는 경우에는 상속세및증여세법 제41조의2에 의하여 증여세와 소득세가 모두 과세된다. 그러므로 초과배당을 통하여 개인주주에게 이익을 주는 경우에는 절세효과가 사실상 거의 없다.

절세전략

그러나 특정법인을 이용하여 초과배당을 하면 증여세와 소득세, 의료보험료까지 절세할 수 있다.

상기 사례의 경우 D법인의 주주는 자녀 C가 100% 소유하고 있으므로 상속세및증여세법 제45조의 5에 따른 특정법인에 해당한다. 그러므로 甲법인이 배당을 실시하면서 다른 주주에게는 배당을 하지 않고 D법인에게만 초과배당을 하는 경우에는 특정법인과의 거래를 통한 이익의 증여의제 규정이 적용된다.

그러나 증여자별 수증자별로 계산한 증여의제이익이 모두 1억원 미만에 해당하므로 D법인의 주주인 자녀 C에게 증여세가 부과되지 않는다. 한편 배당을 과소배당받은 개인주주 A, B, C 모두에게도 소득세법상 부당행위계산 규정도 적용되지 않다.

또한 배당소득에 대한 개인소득세 보다 법인세 부담이 낮으므로 절세할 수 있고 게다가 법인세법상 일정한 요건을 갖추게 되면 수입배당에 대한 익금불산입 규정이 적용되므로 법인세 부담도 낮아진다. 이외 개인이 배당을 받을 경우 대비 의료보험료의 부담도 없다.

정부가 현재 특정법인과의 거래를 통한 이익의 증여의제 규정에 자본거래를 포함하는 개정안을 진행중에 있다. 설령 개정된다 하더라 해도 상기 사례처럼 특정법인의 주주가 얻은 이익이 1억원 이하에 해당하게 되면 증여세가 과세되지 않으므로 이를 활용할 수 있다.

다만, 초과배당을 할 때 법인의 주주 중에 법인주주가 있는 경우로서 그 법인주주가 과소 배당받은 경우에는 그 법인주주에게 법인세법상 부당행위계산 부인규정이 적용될 수 있으므로 유의해야 한다.

20 장애인에게 재산을 증여하는 경우 증여세 비과세 또는 면제 혜택이 있다.

장애인의 생계보장을 지원할 목적으로 장애인을 수증자로 하여 증여한 재산에 대하여 현재 증여세 혜택을 두 가지를 두고 있다.

▌장애인이 보험금수취인인 보험금에 대한 증여세 비과세

장애인을 보험금수취인으로 하는 보험으로서 장애인복지법 제32조에 따라 등록한 장애인, 장애인아동 등 복지지원법 제21조에 따른 발달재활서비스를 지원받고 있는 사람, 국가유공자 등 예우 및 지원에 관한 법률 제6조에 따라 등록한 상이자, 이 외 항시 치료를 요하는 중증환자를 수익자로 한 보험의 보험금은 증여세가 비과세된다. 다만, 비과세되는 보험금은 연간 4천만원을 한도로 한다(상증법 §46).

연금보험의 경우에는 매년 연금수령액 기준 4천만원까지는 증여세에 대하여 비과세 받을 수 있다(재산-357, 2010.06.03.).

▌장애인이 증여받은 재산으로 본인이 수익자가 되는 자익신탁에 대한 증여세 면제

장애인이 재산(현금, 예금, 유가증권)을 증여받고 그 재산을 본인을 수익자로 하여 신탁한 경우로서 해당 신탁(자익신탁)이 다음의 요건을 모두 충족하는 경우에는 그 증여받은 재산가액은 증여세 과세가액에 산입하지 아니한다(상증법 §52의2①).

① 자본시장과 금융투자업에 관한 법률에 따른 신탁업자에게 신탁되었을 것
② 그 장애인이 신탁의 이익 전부를 받는 수익자일 것

③ 신탁기간이 그 장애인이 사망할 때까지로 되어 있을 것. 다만, 장애인이 사망하기 전에 신탁기간이 끝나는 경우에는 신탁기간을 장애인이 사망할 때까지 계속 연장하여야 한다.

▌증여자가 장애인을 수익자로 하는 타익신탁재산에 대한 증여세 면제

타인이 장애인을 수익자로 하여 재산을 신탁한 경우로서 해당 신탁(타익신탁)이 다음의 요건을 모두 충족하는 경우에는 장애인이 증여받은 그 신탁의 수익(상속세및증여세법 제52조의2 제4항 단서에 따른 신탁원본의 인출이 있는 경우에는 해당 인출금액을 포함한다)은 증여세 과세가액에 산입하지 아니한다(상증법 §52의2②).

① 신탁업자에게 신탁되었을 것
② 그 장애인이 신탁의 이익 전부를 받는 수익자일 것. 다만, 장애인이 사망한 후의 잔여재산에 대해서는 그러하지 아니하다.
③ 다음의 내용이 신탁계약에 포함되어 있을 것
　ⓐ 장애인이 사망하기 전에 신탁이 해지 또는 만료되는 경우에는 잔여재산이 그 장애인에게 귀속될 것
　ⓑ 장애인이 사망하기 전에 수익자를 변경할 수 없을 것
　ⓒ 장애인이 사망하기 전에 위탁자가 사망하는 경우에는 신탁의 위탁자 지위가 그 장애인에게 이전될 것

▌절세전략

장애인에게 재산을 증여하고자 하는 경우 상기와 같이 증여세 비과세제도 또는 증여세 과세가액불산입제도가 있으므로 이를 이용하여 요건을 갖추어 증여하는 것이 증여세를 절세할 수 있다.

일반적으로 부동산 등 재산을 증여한 후 그 증여한 사람이 10년 또는 5년 이내에 사망하는 경우에는 그 증여재산가액은 다시 상속세 과세가액에 가산하여 상속세를 추가로 부담해야 한다. 그러나 상기와 같이 증여세가 비과세 또는 면제되는 증여재산은 그 증여한 사람이 10년 또는 5년 이내에 사망한 경우에도 상속세 과세가액에 다시 합산되지 않아 덤으로 상속세도 절세할 수 있다.

한편, "항시 치료를 요하는 중증환자(암환자 등)"도 상속세및증여세법 제52조의 2에 의하여 증여세가 면제되는 장애인에 해당한다. 이러한 장애인이 재산을 증여받은 경우로서 증여세과세가액에 불산입된 후 일정 기간이 지난 후에 장애가 완치되어 장애인 요건에 해당하지 않을 경우에도 증여세가 추징되지 않는다는 국세청 해석(서면4팀-3802, 2006.11.17.)도 있는 바, 이를 활용하는 것도 증여세를 절세할 수 있는 하나의 방법이다.

21 부담부증여를 이용하면 과연 절세가 될까?

의의

다주택자들이 1주택을 자녀들에게 증여할 때 대개 그 주택에는 임대차계약이 체결된 경우가 많기 때문에 부담부증여를 고민하지 않을 수가 없다. 그런데 부담부증여가 과연 절세가 될지 여부에 대하여 살펴보고자 한다.

> **사례**
> - 아파트(조정대상지역 소재, 시가) : 16억원
> - 담보된 채무액(전세금) : 8억원
> - 취득가액(10년전 취득) : 5억원(필요경비 포함)
>
> 부모가 자녀(35세, 최근 10년 증여받은 사실 없음)에게
> 상기 아파트를 증여하고자 하는데 부담부증여를 하는 것이 좋은지?

부담부증여란?

부담부증여란 증여재산에 증여일 현재 담보된 증여자의 채무가 있는 경우로서 그 채무를 수증자가 인수한 사실이 채무입증서류, 채무부담계약서, 채권자확인서, 담보설정, 수증자의 자금출처가 확인되는 자금으로 원리금을 상환하는 등에 의하여 객관적으로 입증되는 경우에 한하여 증여재산의 가액에서 그 채무액을 차감하여 증여세 과세가액을 계산하는 것을 말한다.

부담부증여로 인정받기 위해서는 다음의 세가지를 모두 충족하여야 한다. 즉, 첫째는 증여일 현재 증여재산에 담보된 채무(임대보증금 포함)가 있어야 하고, 둘째는 그 담보된 해당 채무가 반드시 증여자의 채무이어야 하고, 셋째는 해당 채무를 수증자가 반드시 인수하여야 한다. 그러므로 소득이 없는 미성년자, 전업주부 등에게 부담부증여하는 경우로서 증여일 이후에도 사실상 원리금을 증여자가 대신 변제하는 경우에는 부담부증여로 인정되지 않는다.

부담부증여에 해당하는 경우에는 수증자가 인수한 채무액을 증여재산가액에서 차감하여 증여세를 계산하므로 증여세 측면에서는 무조건 절세가 된다.

그러나 수증자가 인수한 채무액 부분은 소득세법에 따른 유상양도에 해당하므로 증여자에게는 양도소득세가 과세된다. 양도소득세를 계산할 때 증여한 자산이 만일 증여자 입장에서 1세대 1주택 비과세 대상에 해당하는 경우에는 양도소득세도 비과세되므로 부담부증여가 유리하다. 그러나 중과세 되는 1세대 2주택 이상자(2026.05.09.까지 한시적으로 유예) 또는 비사업용 토지의 양도에 해당되거나 과세표준이 5억원 또는 10억원을 초과하여 42% 또는 45%(지방소득세 별도)의 세율이 적용되는 경우에는 오히려 부담부증여가 세부담이 훨씬 더 크게 되는 경우가 발생할 수 있다.

❙ 사례해설

상기 사례의 경우 다음과 같이 부담부증여를 하지 않는 경우와 부담부증여를 하는 경우의 증여세액 차이는 무려 286백만원이나 되므로 증여세 측면에서 훨씬 절세가 됨을 알 수 있다.

전액 무상 증여하는 경우	• 증여세 과세가액 16억원 - 0 = 16억원 • 증여세 과세표준 : 16억원 - 5천만원 = 15억5천만원 • 증여세 자진납부세액 : 446,200,000원
부담부증여 하는 경우	• 증여세 과세가액 : 16억원 - 채무 8억원 = 8억원 • 증여세 과세표준 : 8억원 - 5천만원 = 7억5천만원 • 증여세 자진납부세액 : 160,050,000원

하지만 부담부증여분에 대한 양도소득세 부담은 다음과 같다. 1세대 2주택자에 해당하는 경우로서 중과세가 적용되는 경우에는 상기 증여세와 양도소득세를 합한 가액이 단순 증여보다 훨씬 많게 됨을 알 수 있다. 하지만 양도소득세 중과세가 적용되지 않는 경우에는 부담부증여가 세부담면에서 유리하다.

1세대 2주택자인 경우 (중과세 적용시)	• 양도차익 : 8억원 - 2.5억원 = 5.5억원 • 과세표준 : 5.5억원 - 250만원 = 547,500,000 • 양도소득세 산출세액 : 10,9500,000 + 194,550,000 = 304,050,000 • 지방소득세: 30,405,000 • 세부담합계액 : 334,455,000
1세대 2주택자인 경우 (중과세 미적용)	• 양도차익 : 8억원 - 2.5억원 = 5.5억원 • 과세표준 : 5.5억원 - 250만원 = 547,500,000 • 양도소득세 산출세액 : 194,010,000 • 지방소득세: 19,401,000 • 세부담합계액 : 213,411,000

▍절세전략

따라서 부담부증여가 무조건 유리한 것은 아니므로 세부담을 가장 최소화하기 위하여 증여하기 전에 부담부증여를 할 것인지 여부 및 취득세 등 고려하여 세부담을 비교하여 충분히 검토한 후 실행하는 것이 절세방법이다. 수증자가 증여세를 납부할 여력이 없는 경우 부담부증여시 양도소득세는 수증자가 아닌 증여자가 납부하는 것에도 의미가 있다.

22 부모가 재혼하거나 사별한 경우로서 재산을 증여등을 받은 경우 동일인 합산과세 및 증여재산공제, 상속권 여부를 검토하여야 한다.

재혼가정이 증가하는 사회변화 추세에 있어 생부 또는 생모로부터 증여를 받거나 또는 계모 또는 계부로부터 증여를 받을 때 친부모와 계모계부가 동일인에 해당하여 합산과세가 되는지, 계모와 계부로부터 증여받은 경우 증여재산공제는 가능한지 또는 계모 또는 계부가 사망하였을 때 상속받을 권리는 있는지 여부가 쟁점이 될 수 있다. 그 내용을 정리하면 다음과 같다.

첫째, 해당 증여일 전 10년 이내에 동일인으로부터 받은 증여재산가액을 합친 금액이 1천만원 이상인 경우에는 그 가액을 증여세 과세가액에 가산한다. 동일인에는 증여자가 직계존속인 경우에는 그 직계존속의 배우자를 포함한다(상증법 §47 ②). 즉, 증여자가 부친인 경우 모친을 포함하고 증여자가 조부인 경우에는 조모를 포함한다. 그러나 증여자가 직계존속인 경우로서 그의 배우자가 수증자의 계모 또는 계부인 경우에는 합산과세 하지 않는다(재산-399, 2010.06.16.). 또한 생부와 이혼한 생모로부터 증여받은 재산은 생부의 증여재산에 합산과세하지 않는다(재산상속46014-271. 2002.10.01.). 또한 당해 증여일전에 부 또는 모가 사망한 경우에는 그 사망한 사람의 생전에 증여받은 재산도 합산과세하지 않는다(상속증여-5454, 2017.09.18.).

둘째, 계모와 계부로부터 증여받은 경우에도 5천만원(미성년자 2천만원)을 공제받을 수 있다. 즉, 거주자가 직계존속으로부터 증여를 받은 경우에는 5천만원을 증여세 과세가액에서 공제한다. 다만, 미성년자가 직계존속으로부터 증여를 받은 경우에는 2천만원으로 한다. 증여재산공제 규정을 적용할 때 직계존속에는 수증자의 직계존속과 혼인(사실혼은 제외한다) 중인 배우자를 포함한다. 즉. 계부 또는 계모로부터 증여받은 경우에도 계부 또는 계모는 직계존속으로 보아 증여재산공제 5천만원(미성년자는 2,000만원)을 적용받을 수 있다(상증법 §53 ①). 그러나 전처소생의 자녀가 직계존속인 부가 사망한 후 재혼하지 않은 계모로부터 증여를 받은 경우에는 1,000만원만 공제함을 유의해야 한다(재재산-512, 2012.06.26.).

셋째, 거주자가 의붓자녀로부터 증여받은 경우에도 5천만원을 공제받을 수 있다. 즉, 거주자가 직계비속으로부터 증여를 받은 경우에는 5천만원을 증여세과세가액에서 공제받을 수 있다. 이 경우 직계비속에는 수증자와 혼인 중인 배우자의 직계비속을 포함한다. 그러므로 수증자와 재혼한 배우자의 전처 또는 전남편의 자녀들(의붓자녀들)도 수증자의 직계비속으로 보아 5천만원을 적용받을 수 있는 것이다(상증법 §53①).

넷째, 증여자인 피상속인보다 수증자인 상속인이 먼저 사망한 경우에는 피상속인의 상속세과세가액에 먼저 사망한 상속인의 증여재산가액을 가산하여야 하는가에 의문이 있을 수 있다. 이에 대하여 과세관청은 증여자보다 수증자가 먼저 사망한 경우에는 증여자인 피상속인의 상속세과세가액에 합산과세하지 아니하는 것으로 해석하고 있다(재산상속 406014-473, 2000.04.17.).

다섯째, 상속세및증여세법 제53조의2의 혼인·출산 증여재산공제 규정에 의하여 혼인일 전후 2년 이내 또는 자녀의 출생일(입양일 포함)부터 2년 이내 거주자가 직계존속으로부터 일정한 재산을 증여받는 경우에는 증여세 과세가액에서 1억원을 통합 한도로 공제받을 수 있다. 이 경우 직계존속에는 계모 및 계부, 계조모, 계조부 포함된다.

여섯째, 계모와 계부의 사망시에는 재산 상속권이 없다. 1990년 민법 개정시 계모자관계와 적모서자관계는 폐지되었으므로 직계비속으로서의 상속권은 인정되지 않는다. 그러나 2005년부터 민법의 개정으로 친양자제도가 도입되어 실행되고 있는 바 계모 또는 계부가 재혼한 배우자의 자녀를 친양자로 입양하면 법정혈족으로서 상속권을 가지게 된다.

따라서 부모가 재혼하거나 사별한 경우로서 일방의 부모로부터 재산을 증여받은 경우 합산과세 되는지 또는 증여재산공제가 가능한지 또는 재산 상속권은 있는지 여부를 살펴보는 것도 중요하다.

23 부동산 증여에 대한 증여세를 증여자가 대납해야 하는 경우 부동산과 함께 증여세 상당액의 현금도 증여하여 합산 신고해라.

▌증여세 대납액에 대한 재차증여로 증여세 합산과세

증여자가 연대납세의무자로서 납부하는 증여세는 수증자에 대한 재차 증여로 보지 않으나, 연대납세의무자에 해당되지 않고 수증자를 대신하여 납부하는 증여세는 그 납부할 때마다 재차 증여로 보아 당초 증여재산과 합산하여 과세된다(재삼46014－261, 1999.02.08.).

자금능력이 없는 미성년자 등이 부동산 등을 증여받아 부담할 증여세에 대하여 자금출처를 소명하지 못하는 경우에는 과세관청에서는 재차 증여로 보아 또다시 증여세에 대한 증여세를 고지한다. 이 경우 신고세액공제가 적용되지 않을뿐더러 신고불성실 및 납부불성실가산세가 함께 부과된다.

▌절세전략

그러나 증여세 납부능력이 없는 자에게 부동산 등 재산을 증여할 때 미리 증여세 상당액의 현금을 부동산 등과 함께 증여하여 그 부동산 등과 현금을 합산하여 증여세 신고하고 그 증여받은 현금으로 증여세를 납부하는 경우에는 1회의 증여세 과세로 종결된다(서일 46014－11458, 2003.10.16.).

또한 신고한 현금에 대하여 신고세액공제도 적용 가능하고, 가산세가 부과되지 않으므로 최소한 13% 이상 증여세를 절세할 수 있다.

GROSS-UP 방식에 의한 증여세 대납액 산정방법

일반적으로 이러한 수증자가 납부할 증여세를 증여자가 대납함으로 인한 과세문제를 일시에 해결하기 위하여 당초 증여하려는 재산과 그에 따른 증여세 부담세액을 예상하고 그 합계액을 동시에 증여하는 이른바 다음과 같은 증여세 GROSS-UP방식을 실무상으로 많이 이용하고 있으며, 실제 적용할 때에는 증여재산공제 여부, 할증과세, 재차증여 등 증여세 과세요소를 고려하여 적절하게 수정하여 계산하여야 한다.

- NET = GROSS − [(GROSS − 증여재산공제액) × 증여세율] × (1 − 0.03)
- NET : 당초 증여하고자 하는 재산의 가액
- GROSS : 당초 증여하고자 하는 재산의 가액과 총 증여세액의 합계액
- (1 − 0.03) : 신고세액공제를 차감하기 위한 계산

사례

사례 1

부가 자녀에게 증여한 경우 증여세 gross-up
- 갑은 대학생인 자녀 을에게 시가 10억원인 부동산을 증여하고 그에 따른 증여세까지 금전을 증여하고자 하며, 자녀는 최근 10년 이내에 다른 증여받은 재산은 없다.

증여세 신고기한 이내에 신고하는 경우
부가 자녀가 증여하고자하는 금전의 최소 금액은 얼마인지?

● 합산신고 할 부동산가액과 현금(증여세액)

10억 원 = G − [(G − 50,000,000) × 40% − 160,000,000] × (1 − 0.03)

10억 원 = G − (0.4G − 20,000,000 − 160,000,000) × 0.97

10억 원 = G − (0.388G − 19,400,000 − 155,200,000)

10억 원 = G − 0.388G + 174,600,000

$G - 0.388G = 825,400,000$

$0.612G = 825,400,000$

$G = 1,348,692,810$

∴ 총 증여금액 : 1,348,692,810

 부동산가액 : 1,000,000,000

 현금(증여세액) : 348,692,810

● 검증

부동산가액	: 1,000,000,000
(+) 현금(증여세액)	: 348,692,810
= 총 증여재산가액	: 1,348,692,810
(-) 증여재산공제액	: 50,000,000
= 증여세 과세표준	: 1,298,692,810
(×) 세율	: 40%
= 증여세 산출세액	: 359,477,124 (누진공제 160백만원)
(-) 신고세액공제	: 10,784,313
= 자진납부할 증여세	: 348,692,810

사례 2

조부가 손자에게 증여하여 할증과세되는 경우 증여세 gross-up
- 갑은 미성년자인 손자 을에게 시가 3억원의 아파트를 증여하고 그에 따른 증여세까지 금전을 증여하고자 하며, 을은 최근 10년 이내에 다른 증여받은 재산은 없으며 을의 부친은 생존하고 있다.

증여세 신고기한 이내에 신고하는 경우
갑은 을에게 증여하고자하는 금전의 최소 금액은 얼마인지?

● 합산신고할 부동산가액과 현금(증여세액)

   3억원=G−[(G−20,000,000)×20%−10,000,000]×130%×(1−0.03)

   3억원=G−(0.2G−4,000,000−10,000,000)×1.3×0.97

   3억원=G−(0.26G−5,200,000−13,000,000)×0.97

   3억원=G−(0.2522G−5,044,000−12,610,000)

   3억원=G−0.2522G+17,654,000

   G−0.2522G=282,346,000

   0.7478G=282,346,000

   G=377,568,860

   ∴ 총 증여금액 : 377,568,868

      부동산가액 : 300,000,000

      현금(증여세액) : 77,568,868

● 검증

	부동산가액	:	300,000,000
(+)	현금(증여세액)	:	77,568,868
=	총 증여재산가액	:	377,568,868
(−)	증여재산공제액	:	20,000,000
=	증여세 과세표준	:	357,568,868
(×)	세율	:	20%
=	증여세 산출세액	:	61,513,773 (누진공제 10백만원)
(+)	할증세액	:	18,454,132 (61,513,773×30%)
	총산출세액		79,967,905
(−)	신고세액공제		2,399,037
=	자진납부할 증여세	:	77,568,868

24. 재산을 부모 또는 자녀에게 증여하고자 하는 경우 가급적이면 부부공동명의로 증여하라.

▌증여재산공제

증여재산공제라 함은 증여세 과세표준을 계산하기 전에 증여세 과세가액에서 공제하는 항목으로 배우자와 직계존속 또는 직계비속, 친족으로부터 증여받은 경우에 일정액을 증여세 과세가액에서 공제해주는 것을 말한다.

증여재산공제는 수증자가 거주자(국내에 주소를 두거나 183일 이상 거소를 둔 자)인 경우에 한하여 적용되므로 수증자가 외국에 거주하는 등 비거주자에 해당하는 경우에는 적용받을 수가 없다.

증여재산공제금액은 다음과 같이 증여자와 수증자의 관계가 배우자, 직계존비속, 친족관계인지 여부에 따라 각각 다르며, 재산을 증여받은 수증자를 기준으로 10년간 공제받을 수 있는 누적금액이다.

- 배우자(사실혼 관계에 있는 자 제외)로부터 증여받은 경우 : 6억원
- 직계존속으로부터 증여받은 경우 : 5천만원.
  다만, 미성년자가 직계존속으로부터 증여를 받은 경우 : 2천만원
- 직계비속으로부터 증여받은 경우 : 5천만원.
- 배우자 및 직계존비속이 아닌 친족으로부터 증여받은 경우 : 1천만원

- 직계존속에는 수증자의 직계존속과 법률상 혼인중인 배우자를 포함. 즉, 재혼한 배우자의 재혼전 자녀, 재혼한 며느리의 재혼전 자녀, 딸과 재혼한 사위의 재혼전 자녀가 이에 해당한다.

- 직계비속에는 수증자와 혼인 중인 배우자의 직계비속을 포함.
  즉, 재혼한 배우자의 자녀나 아들과 재혼한 며느리의 재혼전 자녀 또는 딸과 재혼한 사위의 재혼전 자녀도 포함된다.
- 생부·생모(친양자로 입양된 경우 제외), 외조부모는 직계존속에 해당하며, 장인·장모, 시부모는 친족에 해당함.
- 친족의 범위 : 6촌 이내의 혈족과 4촌 이내의 인척

한편, 현재 증여세율은 증여세 과세표준에 따라 10% ~ 50%까지 초과누진세율구조로 되어 있다.

절세전략

증여세 절세

그러므로 부모가 자녀에게 증여하고자 하는 경우에는 아들·며느리 또는 딸·사위 부부공동명의로 증여를 하거나 자녀들 입장에서 부모님에게 재산을 증여하고자 하는 경우에는 부모님 공동명의로 증여한 것이 증여세를 절세할 수 있다.

즉, 증여재산공제를 수증자를 기준으로 각각 적용되고 또한 초과누진세율 구조인 증여세율 적용면에서도 1인 단독으로 증여받는 경우보다 2인이 공동으로 증여받는 경우가 증여세 과세표준이 낮아지고, 또한 낮은 세율을 적용받게 되어 훨씬 유리하다.

양도소득세 절세

또한 증여받은 재산을 양도하여 양도소득세를 계산할 때에도 양도소득기본공제 250만원을 이중으로 받을 수 있고, 과세표준이 나누어짐으로 인하여 초과누진세율 구조인 양도세율의 적용시에도 낮은 세율이 적용되어 양도소득세도 절세할 수 있기 때문이다.

종합부동산세 절세

종합부동산세도 종전 세대별 합산과세에서 인별과세로 개정된 바 종합부동산세도 덤으로 절세할 수 있다. 그러나 증여하는 재산이 주택인 경우로서 수증자 부부가 이미 다른 주택을 소유하고 있는 경우에는 종합부동산세 세율 적용 및 각종 세액공제 등을 고려해야 한다.

- 주택 : 인별로 9억원(1세대 1주택자는 12억원) 초과분에 대하여 종합부동산세 과세
- 토지
  ① 종합합산과세대상 : 5억원 초과분 과세
  ② 별도합산과세대상 : 80억원 초과분 과세

25. 배우자에게 6억원 범위내에 부동산을 증여하여 취득가액을 높여라.

부부간에 재산을 증여하여 증여세를 계산할 때 증여받은 배우자가 거주자에 해당하고 해당 증여전 10년 이내에 다른 증여받은 재산이 없는 경우 6억원을 증여재산공제로 공제해준다. 즉, 10년간 6억원까지는 증여세가 과세되지 않는다. 이를 잘 활용하면 배우자로부터 사랑받고 세금도 절약할 수 있다.

사례

사실관계
- 홍길동은 다음의 토지(나대지)를 보유하고 있다.
- 취득가액 2억원(10년 전 취득, 현재 공시가격 4억원)
- 매도시 6억원 정도 받을 것으로 예상됨.
- 상기 토지는 비사업용토지에 해당하여 양도소득세 중과대상에 해당하며, 홍길동의 배우자는 증여받은 사실 없음.

상기 토지를 현재 시점에 양도시 양도소득세 부담예상액 : 190.08백만원
- 양도소득세 : (6억원 − 2억원 − 250만원) × (40% − 누진공제) + (과세표준 × 10%)
  = 172.8백만원
- 지방소득세 : 17.28백만원

절세전략

부인에게 감정평가액 등 시가로 평가하여 증여

홍길동의 배우자는 최근 10년 이내에 배우자로부터 다른 증여받은 사실이 없기 때문에 홍길동이 부인에게 토지를 증여하는 경우에 6억원의 증여재산공제가 가능하므로 증여받은 토지에 대하여 6억원으로 평가하여 증여세를 신고하는 경우에는 홍길동의 부인이 부담할 증여세는 없다. 이 경우 증여하고자 하는 토지에 대하여 감정평가 등 세법상 시가로 신고해야 한다.

증여 후 10년이 지난 후에 양도하여 양도소득세 절세

홍길동의 부인이 증여받은 날로부터 10년 이내에 양도하는 경우에는 소득세법 제97조의2에 따른 양도소득세 이월과세가 적용되기 때문에 홍길동의 취득가액 등으로 계산한 양도소득세와 홍길동의 부인이 증여받은 날로부터 계산한 양도소득세 중 큰 금액으로 양도소득세가 부과된다. 그러나 10년 후에 양도하는 경우에는 증여재산가액 6억원을 취득가액으로 하여 양도소득세가 계산되므로 취득가액이 높아져 양도소득세 부담도 훨씬 줄어들게 된다.

따라서 양도소득세가 중과되는 다주택자, 비사업용토지 등 부동산의 경우 배우자에게 증여를 하여 취득가액을 높이는 것도 절세의 방법이다.

종합부동산세 절세

토지의 경우 공시가격 기준 5억원 초과분에 대하여 종합부동산세가 과세되나 배우자에게 증여함으로 인하여 종합부동산세도 절세할 수 있다.

# 26 혼인·출산한 직계비속에게 세금없이 추가로 1억원을 증여할 수 있다.

▌혼인·출산 증여재산공제 제도란

우리나라의 출산율이 해마다 감소되고 있는데 그 주된 원인 중의 하나가 바로 청년세대의 비혼 문화이다. 정부는 청년세대의 결혼을 유도하고 덩달아 출산율도 높이기 위한 정책으로 혼인 전후 또는 출산 후 직계존속으로부터 증여받는 재산에 대한 증여세 부담을 완화하기 위해 혼인·출산 증여재산 공제를 도입하였다. 즉, 상속세및증여세법 제53조의2의 혼인·출산 증여재산공제 규정을 신설하여 혼인일 전후 2년 이내 또는 자녀의 출생일(입양일 포함)부터 2년 이내 거주자가 직계존속(계모 및 계부, 계조모, 계조부 포함)으로부터 2024년 이후 증여받는 경우에는 증여세 과세가액에서 1억원을 통합 한도로 공제하도록 한다는 것이다.

▌약혼자의 사망 등으로 증여재산을 반환하는 경우

혼인 증여재산공제를 받은 거주자가 해당 증여재산을 약혼자의 사망 등 정당한 사유가 발생한 달의 말일부터 3개월 이내에 증여자에게 반환하는 경우에는 처음부터 증여가 없었던 것으로 본다.

▌혼인이 무효가 되거나 혼인하지 않는 경우

혼인 전 증여를 받아 혼인 증여재산 공제를 받은 거주자가 증여일부터 2년 이내에 혼인하지 않은 경우로서 증여일부터 2년이 되는 날이 속하는 달의 말일부터 3개월이 되는 날까지 국세기본법에 따른 수정신고 또는 기한 후 신고를 한 경우에는 가산세의 전부 또는 일부를 부과하지 아니한다. 또한 혼인 증여재산공제를 받은 거주자가 혼인이 무효가 된 경우로서 혼인무효의 소에 대한 판결이 확정된 날이 속하는 달의 말일부터 3개월이 되는 날까지 국세기본법에 따른 수정신고 또는 기한 후 신고를 한 경우에는 가산세의 전부 또는 일부를 부과하지 아니한다.

사례

> **사례**
>
> 사실관계
> - A는 2024.6.29.에 B와 결혼하였으며, 2026.10.3.에 자녀C를 출산함
> - A와 B는 결혼하기 직전인 2024.3.2.에 각자의 부모로부터 전세자금으로 현금 1억원을 각각 증여받았으며, 자녀를 출산한 직후인 2026.10.5.에 또 다시 각자의 부모로부터 각각 1억원을 증여받음
> - A과 B는 상기 증여외 10년 이내 다른 증여가 없음.

상기 사례의 경우 2024.06.29. 증여분에 대하여는 A와 B는 각각 증여재산공제 5천만원, 혼인 증여재산공제 5천만원을 적용받을 수 있으므로 증여세를 부담하지 않는다. 2026.10.05. 증여분에 대하는 출산 증여재산공제 각각 5천만원 적용받을 수 있으므로 나머지 금액 5천만원에 대하여만 사실상 증여세를 부담하면 된다.

절세전략

상기 사례처럼 결혼하거나 출산한 직계비속이 10년 이내에 직계존속으로부터 다른 증여받은 재산이 없는 경우에는 증여재산공제 5천만원, 혼인·출산 증여재산공제 1억원 모두 합하여 1억 5천만원까지는 증여세 부담없이 직계존속으로부터 증여받을 수 있다. 특히 동 규정은 부모뿐만 아니라 조부모도 가능하므로 부자인 조부모의 재산을 활용하는 것도 절세방법이다.

27 배우자·직계존비속으로부터 증여받은 재산을 10년 또는 1년 이내 양도하는 경우 이월과세가 적용됨을 유의해야 한다.

▌배우자 및 직계존비속으로부터 재산증여받아 10년 이내 양도시 이월과세 적용

배우자 또는 직계존비속으로부터 토지, 건물, 특정시설물이용권(법인의 주식등을 소유하는 것만으로 시설물을 배타적으로 이용하거나 일반이용자보다 유리한 조건으로 시설물 이용권을 부여받게 되는 경우 그 주식 등을 포함한다)을 증여받은 후 10년 이내에 양도하여 그 양도한 자산에 대한 양도소득세를 계산할 때 이월과세가 적용됨을 유의해야 한다. 즉, 증여자의 취득한 시점을 기준으로 증여자의 취득가액 등을 반영하여 계산한 양도소득세와 수증자의 증여받은 시점을 기준으로 수증자의 취득가액을 반영하여 계산한 양도소득세를 비교하여 큰 금액으로 계산하게 된다.

배우자의 경우 증여당시에는 배우자였으나 증여받은 재산을 양도할 때 양도당시에는 이혼한 경우에도 이월과세가 적용된다.

이월과세에 따른 양도소득세 계산시 배우자 또는 직계존비속으로부터 토지, 건물, 특정시설물이용권을 증여받을 당시 그 증여재산에 대하여 납부하였거나 납부할 증여세 상당액이 있는 경우에는 필요경비(양도차익을 한도로 한다)로 공제받을 수 있다.

> **사례**
> - 김자산씨가 10년전에 상가건물을 2억원(취득할 당시 필요경비 1천만원 부담)에 취득하였다가 3년전에 자녀인 김상속씨에게 증여(증여당시 시가 6억원, 증여세 납부세액 111백만원, 취득세 등 필요경비 15백만원)를 함.
> - 김상속씨는 현재 사업자금이 필요하여 이 상가건물을 10억원에 팔고자 함.

이 경우 김상속씨의 양도소득세는 어떻게 계산하는지?

상기 사례의 경우 김상속씨가 부모로부터 증여받은 상가건물을 증여받은 날로부터 10년 이내에 양도하였으므로 양도소득세 이월과세가 적용되므로 양도소득세는 다음 중 큰 금액으로 계산한다.

● 이월과세 적용시 양도소득세 부담액

① 양도가액 : 1,000,000,000원
② 취득가액 : 200,000,000원
③ 필요경비 : 10,000,000 + 111,000,000원
④ 양도차익(①-②-③) : 679,000,000
⑤ 장기보유특별공제(④×30%) : 203,700,000
⑥ 양도소득금액(④-⑤) : 475,300,000
⑦ 양도소득 과세표준 : 475,300,000 - 2,500,000 = 472,800,000
⑧ 양도소득 산출세액(9천460만원 + 3억원초과분40%) : 163,720,000
⑨ 지방소득세(⑧×10%) : 16,372,000

● 이월과세 적용하지 않은 경우 양도소득세

① 양도가액 : 1,000,000,000원
② 취득가액 : 600,000,000원
③ 필요경비 : 15,000,000원

④ 양도차익(①-②-③) : 385,000,000
⑤ 장기보유특별공제(④×10%) : 38,500,0000
⑥ 양도소득금액(④-⑤) : 346,500,000
⑦ 양도소득 과세표준 : 346,500,000 − 2,500,000 = 344,000,000
⑧ 양도소득 산출세액(9천460만원＋3억원초과분40%) :
112,200,000
⑨ 지방소득세(⑧×10%) : 11,220,000

▮ 배우자 및 직계존비속으로부터 주식을 증여받아 1년 이내 양도시 이월과세 적용

2025.01.01. 이후부터 배우자 또는 직계존비속으로부터 다음과 같은 소득세법 제94조제1항제3호의 자산을 증여받은 후 1년 이내에 양도하여 그 양도한 자산에 대한 양도소득세를 계산할 때 증여자의 취득가액으로 할 수 있는 이월과세가 적용된다(소법 §97의2①).

① 주권상장법인의 주식등으로서 대주주에 해당하는 주식 등
② 주권비상장법인의 주식 등
③ 외국법인이 발행하였거나 외국에 있는 시장에 상장된 주식 등

▮ 절세전략

배우자 또는 직계존비속으로부터 토지, 건물, 특정시설물이용권을 증여받은 경우에는 세부담액을 고려하여 가급적이면 증여받은 날로부터 10년이 지난 후에 양도하도록 하여 이월과세 적용을 피하도록 해야 한다.

또한 주식 등을 증여받은 경우에도 증여받은 날로부터 1년이 지난 후에 양도하도록 하여 이월과세 적용을 피하도록 해야 한다.

28. 창업하고자 하는 자녀가 있거든 창업자금에 대한 증여세 과세특례제도를 이용하여 증여세를 절세하라.

▎중소기업 창업자금에 대한 증여세 과세특례 제도란?

중소기업 창업자금에 대한 증여세 과세특례제도는 가업승계에 대한 증여세 과세특례 제도와 함께 사전상속제도로서 향후 우리나라에서 심화될 것으로 예상되는 출산률 저하, 고령화 사회로 진전에 대응하여 젊은 세대로의 부의 조기이전을 촉진함으로써 경제활력의 증진을 도모하고자 2006년도부터 도입되어 시행되고 있다. 이 제도는 창업자금을 증여받은 때 5억원을 일괄공제하고 10%의 특례세율로 증여세를 과세한 이후 증여자의 사망으로 상속이 개시되면 그 때 증여당시의 증여재산가액을 상속세 과세가액에 가산하여 상속세로 정산하는 제도이다.

▎중소기업 창업자금에 대한 증여세 과세특례 내용

18세 이상인 거주자가 조세특례제한법 제6조 제3항 각 호에 따른 업종을 영위하는 중소기업을 창업할 목적으로 60세 이상의 부모(증여 당시 아버지나 어머니가 사망한 경우에는 그 사망한 아버지나 어머니의 부모를 포함한다)로부터 토지·건물 등 양도소득세가 과세되는 재산을 제외한 창업자금[증여세 과세가액 50억원(창업을 통하여 10명 이상을 신규 고용한 경우에는 100억원)을 한도]을 증여받는 경우에는 증여세 과세가액에서 5억원을 공제하고 세율을 100분의 10으로 하여 증여세를 부과한다. 이 경우 창업자금을 2회 이상 증여받거나 부모로부터 각각 증여받는 경우에는 각각의 증여세과세가액을 합산하여 적용한다.

증여세 과세방법

증여세 납부세액 = (증여세 과세가액* − 5억원) × 10%

* 50억원(창업을 통하여 10명 이상을 신규 고용한 경우에는 100억원)을 한도로 함.

창업자금에 대한 증여세 과세특례 요건

증여자 요건

창업자금을 증여하는 자는 증여 당시 60세 이상의 부모이어야 하고, 증여 당시 父 또는 母가 사망한 경우에는 사망한 父 또는 母의 부모를 포함한다. 즉, 증여 당시 父 또는 母가 사망한 경우에는 할아버지·할머니 또는 외할아버지·할머니로부터 증여를 받는 경우에도 적용을 받을 수 있다.

수증자 요건

창업자금을 증여받는 수증자는 증여일 현재 18세 이상으로서 거주자인 자녀이어야 한다. 수증자가 2인 이상인 경우에는 수증자별로 각각 창업자금에 대한 증여세 과세특례를 적용받을 수 있다(재산-4457, 2008. 12.30.). 따라서 부모가 장남과 차남에게 각각 50억원(창업을 통하여 10명 이상을 신규 고용한 경우에는 100억원)의 범위 내에서 창업자금을 증여하는 경우에는 각각 증여세 과세특례를 적용받을 수 있다.

일정한 업종을 영위하는 중소기업을 창업하여야 함.

창업자금에 대한 증여세 과세특례는 다음에 해당하는 업종을 영위하는 중소기업을 창업할 목적으로 창업자금을 증여받은 경우 적용된다.

① 광업, ② 제조업, ③ 수도, 하수 및 폐기물 처리, 원료 재생업, ④ 건설업, ⑤ 통신판매업, ⑥ 물류산업, ⑦ 음식점업, ⑧ 정보통신업(다만, 비디오물 감상실 운영업, 뉴스제공업, 블록체인 기반 암호화자산 매매 및 중개업 제외) ⑨ 전자금융업무, 온라인소액투자중개, 소액해외송금업

업무, ⑩ 전문, 과학 및 기술 서비스업(변호사등 일정한 업종 제외), ⑪ 사업시설 관리 및 조경 서비스업, 사업 지원 서비스업, ⑫ 사회복지 서비스업, ⑬ 예술, 스포츠 및 여가관련 서비스업(일정한 업종제외). ⑭ 개인 및 소비용품 수리업, 이용 및 미용업, ⑮ 학원의 설립·운영 및 과외교습에 관한 법률에 따른 직업기술 분야를 교습하는 학원을 운영하는 사업 또는 국민 평생 직업능력 개발법에 따른 직업능력개발훈련시설을 운영하는 사업(직업능력개발훈련을 주된 사업으로 하는 경우로 한정), ⑯ 관광진흥법에 따른 관광숙박업, 국제회의업, 테마파크업, 유원시설업 및 관광진흥법 시행령 제2조에 따른 전문휴양업, 종합휴양업, 자동차야영장업, 관광유람선업과 관광공연장업, ⑰ 노인복지법에 따른 노인복지시설을 운영하는 사업, ⑱ 전시산업발전법에 따른 전시산업

창업자금의 범위

증여세 과세특례가 적용되는 창업자금은 양도소득세 과세대상자산이 아니어야 하며, 사업용 토지와 건물 등 감가상각자산, 사업장의 임차보증금(전세금을 포함한다) 및 임차료 지급액으로 사용해야 한다.

창업의 기한 및 창업자금의 사용의무기한

창업자금을 증여받은 자는 증여받은 날부터 2년 이내에 창업을 하여야 하며, 또한 창업자금을 증여받은 자는 증여받은 날부터 4년이 되는 날까지 창업자금을 모두 해당 목적에 사용하여야 한다.

증여세 과세가액 50억원(100억원) 한도로 함.

창업자금에 대한 증여세 과세특례는 증여세 과세가액을 기준으로 50억원을 한도로 한다. 다만, 창업을 통하여 10명 이상을 신규 고용한 경우에는 100억원을 한도로 한다.

창업자금에 대하여 증여세 과세특례 신고하여야 함.

창업자금에 대하여 증여세 과세특례를 적용받고자 하는 자는 증여세신고기한(증여받은 날이 속하는 달의 말일부터 3월 이내)까지 창업자금 특례신청서 및 사용내역서를 납세지 관할 세무서장에게 제출하여야 한다.

창업의 범위

● 창업의 정의

창업자금을 증여받은 자는 증여받은 날부터 2년 이내에 창업을 하여야 한다. 이 경우 "창업"이라 함은 수증자인 거주자가 해당 중소기업을 새로 설립, 소득세법 제168조 제1항, 법인세법 제111조 제1항 또는 부가가치세법 제5조 제1항에 따라 납세지 관할 세무서장에게 등록하고, 사업을 개시하여 실제로 독립적인 경영을 하는 것을 말한다.

● 창업으로 보지 아니하는 경우

다음의 어느 하나에 해당하는 경우에는 실질적인 창업으로 보기 어려워 이를 증여세 특례규정이 적용되는 창업으로 보지 아니한다.

① 창업자금을 증여받은 후 2년 이내에 창업을 하지 않는 경우
② 합병·분할·현물출자 또는 사업의 양수를 통하여 종전의 사업을 승계하거나 종전의 사업에 사용되던 자산을 인수 또는 매입하여 동종의 사업을 영위하는 경우
③ 종전의 사업에 사용되던 자산을 인수 또는 매입하여 같은 종류의 사업을 하는 경우로서 인수 또는 매입한 자산가액의 합계액이 사업 개시일이 속하는 과세연도의 종료일 또는 그 다음 과세연도의 종료일 현재 사업용자산의 총 가액에서 차지하는 비율이 30%를 초과하는 경우
④ 거주자가 영위하던 사업을 법인으로 전환하여 새로운 법인을 설립하는 경우

⑤ 폐업 후 사업을 다시 개시하여 폐업 전의 사업과 동종의 사업을 영위하는 경우
⑥ 사업을 확장하거나 다른 업종을 추가하는 등 새로운 사업을 최초로 개시하는 것으로 보기 곤란한 경우
⑦ 창업자금을 증여받기 이전부터 영위한 사업의 운용자금과 대체설비자금 등으로 사용하는 경우
⑧ 증여받은 창업자금이 50억원을 초과하는 경우로서 창업한 날이 속하는 과세연도의 종료일부터 5년 이내에 각 과세연도의 근로자 수가 다음 계산식에 따라 계산한 수보다 적은 경우 : 50억원을 초과하는 창업자금

> 창업한 날의 근로자 수-(창업을 통하여 신규 고용한 인원 수-10명)

다만, 창업자금을 증여받아 창업한 자가 추가로 창업자금을 증여받아 당초 창업한 사업과 관련하여 사용하는 경우에는 상기의 ④와 ⑤를 적용하지 않는다.

증여세 과세특례가 적용된 창업자금에 대한 특칙

증여자가 사망하여 상속세로 정산할 때 특칙

- 창업자금은 증여받은 날부터 상속개시일까지의 기간이 10년 이내인지의 여부에 관계없이 상속세과세가액에 가산한다.

창업자금과 일반증여재산의 합산과세 배제

동일인(배우자를 포함)으로부터 재차증여받은 재산에 대하여 합산과세 할 때, 동일인으로부터 증여받은 증여세 과세특례가 적용된 창업자금과 다른 일반 증여재산가액과 합산하지 아니한다.

▌증여세 과세특례가 적용된 창업자금에 대한 10년간 사후관리

창업자금을 증여받아 증여세 과세특례를 적용받은 수증자가 증여일로부터 10년 이내에 정당한 사유 없이 2년 이내에 창업을 하지 아니하거나 또는 창업자금으로 창업자금중소기업에 해당하는 업종외의 업종을 영위하는 경우, 휴·폐업 등 사후관리 이행 위반사유에 해당하는 경우에는 해당 창업자금을 일반증여재산으로 보아 정상세율(10~50%)을 적용하여 이자상당액(1일당 22/100,000)과 함께 증여세를 부과한다.

▌창업자금에 대한 증여세 과세특례 적용시 절세효과

> **사례**
>
> - 갑은 자녀 을의 사업자금으로 10억원을 증여하고 을은 증여받은 사업자금으로 음식점을 창업하고자 함.
>   - 사업용 토지, 건물 구입비용 : 7억원
>   - 인테리어 및 임차료비용 : 3억원
> - 갑의 사망시점 상속현황
>   - 상속재산 : 20억원
>   - 갑의 상속인 : 자녀 을, 병

상기 사례를 기준으로 창업자금에 대한 증여세 과세특례를 적용받은 경우와 적용받지 못한 경우, 증여자가 10년 이내에 사망한 경우와 10년 후에 사망한 경우를 가정하여 절세효과를 비교하면 다음과 같다.

구분	창업자금 증여세 과세특례 적용시	미적용시	차액

증여
시점
	• 산출세액 : (10억원 – 5억) × 10%
	  = 50백만원
	• 신고세액공제 : 0원
	• 자진납부세액 : 50백만원
		• 산출세액 : (10억원 – 0.5억원) ×
		  30% – 0.6억원 = 225백만원
		• 신고세액공제 : 6.75백만원
		• 자진납부세액 : 218.25백만원
			△168.25
			백만원

10년내
사망시
상속세
부담액
	• 상속세 과세가액 :
	  20억원 + 10억원
	• 산출세액 : (30억원 – 5억원) ×
	  40% – 1.6억원 = 840백만원
	• 증여세액공제 : 50백만원
	• 신고세액공제 : 23.7백만원
	• 자진납부세액 : 766.3백만원
		• 상속세과세가액 : 20억원 + 10억원
		• 산출세액 :(30억원 – 5억원) × 40%
		  – 1.6억원 = 840백만원
		• 증여세액공제 : 225백만원
		• 신고세액공제 : 18.45백만원
		• 자진납부세액 : 596.55백만원
			169.75백
			만원

10년후
사망시
상속세
부담액
	• 상속세 과세가액 :
	  20억원 +10억원
	• 산출세액 : (30억원 – 5억원) ×
	  40% – 1.6억원 = 840백만원
	• 증여세액공제 : 50백만원
	• 신고세액공제 : 23.7백만원
	• 자진납부세액 : 766.3백만원
		• 상속세 과세가액 : 20억원
		• 산출세액 : (20억원 – 5억원) ×
		  40% – 1.6억원 = 440백만원
		• 신고세액공제 : 13.2백만원
		• 자진납부세액 : 426.8백만원
			△339.5
			백만원

상기에서 살펴본 바와 같이 10억원의 창업자금을 증여받아 증여세 과세특례를 적용받은 경우에는 증여받는 시점에서 168.25백만원의 절세효과가 있으며, 증여받은 창업자금으로 취득한 부동산가액이 상승하는 경우에는 가치상승분에 대한 절세효과를 덤으로 얻을 수 있다.

그러나 10년 이내에 증여자가 사망하여 상속세로 정산하는 경우에는 증여세 및 상속세를 합한 가액 기준으로 비교할 때에 창업자금에 대한 증여세 과세특례를 적용받은 경우가 오히려 15백만원을 더 부담하는 결과가 나타난다. 이는 증여받은 창업자금에 대하여 증여세 과세특례가 적용되는 경우에는 신고기한 이내에 신고하는 경우에도 신고세액공제를 적용받지 못하기 때문이다.

또한, 증여자가 10년 후에 사망한 경우에도 증여세 과세특례를 적용받은 창업자금은 상속세 과세가액에 가산함으로 인하여 창업자금에 대한 증여세 과세특례를 적용받는 경우가 적용받지 않는 경우보다 증여세 및 상속세를 합한 가액기준으로 비교할 때 171.25백만원 만큼이나 세부담이 커지는 것을 알 수 있다.

창업자금에 대한 증여세 과세특례제도는 젊은 세대로의 부의 조기이전을 촉진함으로써 경제활력의 증진을 도모하고자 증여를 받는 시점에 증여세 부담을 덜어준다는 차원에서 수증자에게 혜택이 있는 것으로 단순히 증여세와 상속세를 합한 가액을 기준으로 볼 때에는 절세효과가 있는 것은 아니다. 이러한 결과는 뒤에서 살펴 볼 다른 사전상속제도인 가업승계목적으로 주식 등을 증여받아 증여세 과세특례를 적용받을 경우에도 동일한 결과가 발생한다. 그러므로 사전상속제도인 창업자금에 따른 증여세 과세특례를 적용받을 것인지 여부에 대하여 신중히 검토를 한 후 의사결정을 하여야 한다.

▌주의할 점

한국표준산업분류에 따라 커피전문점은 조특법상 음식점업으로서 창업자금에 대한 증여세 과세특례가 적용되지 않는다(조심2024중0533, 2024.05.22.; 상속증여-0204, 2017.02.14.). 또한 기존에 편의점 등 프랜차이즈점을 하던 것을 그대로 인수하여 동일한 업종을 영위하는 경우에도 창업자금에 대한 증여세 과세특례가 적용되지 않는다.

29 가업을 자녀에게 생전에 물려주고자 하는 경우에는 증여세 과세특례제도를 이용하여 증여세를 절세하라.

▮ 가업승계에 대한 증여세 과세특례 제도란?

  기업의 경영자가 고령이 된 경우에 생전에 자녀에게 기업을 사전상속하도록 함으로써 기업의 영속성을 유지하고 경제활력을 도모하기 위하여 가업승계에 대한 증여세 과세특례제도를 2008년부터 도입되어 시행되고 있다. 이 특례제도는 일정한 법정요건을 충족하는 중소기업 또는 중견기업의 주식 등을 생전에 자녀에게 증여하는 경우에는 10억원을 일괄공제하고 10%(증여세 과세표준이 120억원 이상인 경우 20%)의 특례세율로 증여세를 과세한 이후 증여자의 사망으로 상속이 개시되면 그 때 증여당시의 증여재산가액을 상속세 과세가액에 가산하여 다시 상속세로 정산하도록 하는 사전상속제도이다.

  특히 이 제도는 계속하여 성장하고 있는 기업으로서 주식가치가 상승하고 있는 기업의 경우에 활용하면 절세효과가 더욱 커져서 유리한 제도이다.

▮ 증여세 과세방법

> 과세가액이 130억원을 초과하는 경우
> 증여세 산출세액 =
> [(증여세 과세가액-130억원)×20%]+[(130억원-10억원)×10%]
>
> 과세가액이 130억원 이하인 경우
> 증여세 산출세액 = (증여세 과세가액-10억원)×10%

▌수증자가 2인인 경우

가업의 승계를 목적으로 주식등을 증여받고 가업을 승계한 거주자가 2인 이상인 경우에는 각 거주자가 증여받은 주식등을 1인이 모두 증여받은 것으로 보아 증여세를 부과한다. 이 경우 각 거주자가 납부하여야 하는 증여세액은 세법에 따라 계산한다(조특법 §30의6②).

▌가업승계에 대한 증여세 과세특례 요건

중소기업일 것

증여세 과세특례가 적용되는 중소기업이란 증여일이 속하는 법인세 사업연도의 직전 사업연도 말 현재 다음의 요건을 모두 갖춘 중소기업으로서 증여일 전 10년 이내 또는 증여일부터 5년 이내의 기간 중에 조세포탈 또는 회계부정행위가 없는 기업을 말한다.

① 상속세및증여세법 시행령 별표에 따른 업종을 주된 사업으로 영위할 것
② 조세특례제한법 시행령 제2조제1항제1호 및 제3호의 요건을 충족할 것
③ 자산총액이 5천억원 미만일 것

중견기업도 가업해당

증여세 과세특례가 적용되는 중견기업은 증여일이 속하는 법인세 사업연도의 직전 법인세 사업연도 말 현재 다음의 요건을 모두 갖춘 중견기업으로서 증여일 전 10년 이내 또는 증여일부터 5년 이내의 기간 중에 조세포탈 또는 회계부정행위가 없는 기업을 말한다(상증령 §15②).

① 상속세및증여세법 시행령 별표에 따른 업종을 주된 사업으로 영위할 것
② 조세특례제한법 시행령 제9조 제4항 제1호 및 제3호의 요건을 충족할 것
③ 증여일 직전 3개 법인세 사업연도의 매출액의 평균금액이 5천억원 미만인 기업일 것

증여자 요건

① 60세 이상의 부 또는 모가 각각 10년 이상 계속하여 기업을 경영한 경우에 적용된다(상속증여-2249, 2019.10.7.).
② 10년 이상 계속하여 기업의 최대주주 등이어야 하며,
③ 증여자와 그와 특수관계에 있는 자의 주식 등을 합하여 해당 법인의 발행주식총수 등의 100분의 40(상장법인인 경우 100분의 20)이상을 10년 이상 계속 보유하여야 한다(재산-2390, 2008.8.22.).
④ 가업영위기간 중 100분의 50의 기간 또는 증여일부터 소급하여 10년 중 5년 이상의 기간동안 대표이사로 재직하여야 한다.

수증자 요건

수증자는 증여일 현재 18세 이상인 거주자인 자녀이어야 한다.

증여재산 요건

가업승계에 대한 증여세 과세특례가 적용되는 재산의 가액은 증여받은 주식 또는 출자지분 중 다음과 같이 계산한 금액을 말한다. 즉, 가업상속공제 대상이 되는 가업상속재산가액과 동일하다.

> 주식등 가액×(1-법인의 총자산가액 중 사업무관자산이 차지하는 비율)

수증자의 가업승계 요건

가업승계의 목적으로 주식을 증여받은 수증자는 증여세 신고기한(증여일이 속하는 달의 말일부터 3월)까지 가업에 종사하고 증여일로부터 3년 이내에 대표이사에 취임하여 가업을 승계하여야 한다. 이 경우 수증자의 배우자가 증여세 과세표준 신고기한까지 가업에 종사하고 증여일로부터 3년 이내에 대표이사에 취임하여도 가업승계한 것으로 본다.

증여세 과세특례 한도금액

가업승계에 대한 증여세 과세특례는 증여세 과세가액을 기준으로 다음 금액을 한도로 한다.

> ① 부모가 10년 이상 20년 미만 계속하여 경영한 경우: 300억원
> ② 부모가 20년 이상 30년 미만 계속하여 경영한 경우: 400억원
> ③ 부모가 30년 이상 계속하여 경영한 경우: 600억원

증여세 과세특례 적용의 신청요건

가업승계의 목적으로 증여받은 주식 등에 대하여 증여세 과세특례를 적용받고자 하는 자는 증여세 신고기한(증여일이 속하는 달의 말일부터 3월)까지 증여세 신고서와 함께 특례신청서 및 사용내역서를 관할 세무서장에게 제출하여야만 증여세 특례규정을 적용받을 수 있다.

가업승계 후 동일법인의 최대주주 등의 주식 등에 대한 과세특례 추가적용배제

가업의 승계 후 가업의 승계 당시 최대주주 또는 최대출자자에 해당하는 자(가업의 승계 당시 해당 주식등의 증여자 및 해당 주식등을 증여받은 자는 제외한다)로부터 증여받는 경우에는 그 주식 등에 대하여는 증여세 과세특례가 또 다시 적용되지 않는다(조특법 §30의6 ①단서).

가령, 어머니로부터 가업 주식을 증여받아 가업승계 증여세 특례를 적용받은 후 아버지로부터 가업 주식을 증여받은 경우에도 해당 증여세 과세특례를 적용하지 않는다(법규재산-4361, 2022.06.29.).

가업승계한 주식 등에 대한 특칙

증여자가 사망하여 상속세로 정산할 때 특칙

증여세 과세특례가 적용된 주식 등의 가액은 증여받은 날부터 상속개

시일까지의 기간이 상속개시일로부터 10년 이내인지의 여부에 관계없이 상속세과세가액에 가산한다.

증여자 사망하여 상속이 개시된 경우 증여재산에 대한 가업상속공제 적용

증여세 특례대상인 주식을 증여받은 후 증여자가 사망하여 상속이 개시되는 경우 상속개시일 현재 다음의 요건을 모두 갖춘 경우에는 가업상속공제를 적용받을 수 있다.

① 법인세법의 적용을 받는 가업(법인기업) 상속시 가업상속공제 요건을 모두 충족하여야 한다. 다만, 피상속인이 일정기간동안 대표이사로 재직해야 하는 요건을 갖추지 않아도 된다.
② 수증자가 증여받은 주식 등을 처분하거나 지분율이 낮아지지 아니한 경우로서 가업에 종사하거나 대표이사로 재직하고 있어야 한다.

신고세액공제 배제 및 15년간 연부연납은 가능

증여세 과세특례가 적용된 주식 등에 대하여 증여세 신고기한 이내에 증여세 과세표준을 신고하는 경우에도 신고세액공제가 적용되지 않는다. 다만, 증여세 신고기한 다음날부터 2월 이내의 분납과 15년간 연부연납은 가능하다.

특례 적용된 주식 등이 향후 "상장·합병차익에 대한 증여" 해당시 증여세 과세특례 추가적용

증여세 과세특례 적용대상 주식 등을 증여받은 후 해당 주식 등에 대하여 상속세및증여세법 제41조의3(주식 또는 출자지분의 상장 등에 따른 이익의 증여)·제41조의5(합병에 따른 상장 등 이익의 증여)에 따른 증여이익이 추가로 적용되는 경우에는 해당 증여이익은 증여세 과세특례 대상 주식 등의 과세가액과 합하여 100억원 한도액 범위까지 납세자의 선택에 따라 가업의 승계에 대한 증여세 과세특례를 적용받을 수 있다.

일반증여재산과 합산과세 배제

동일인(배우자 포함한다)으로부터 재차증여받은 재산에 대하여 합산과세 할 때, 동일인으로부터 증여받은 증여세 과세특례가 적용된 주식과 다른 일반 증여재산가액과 합산하지 아니한다.

가업승계 주식 등에 대한 5년간 사후관리

주식 등을 증여받아 증여세 과세특례를 적용받은 수증자가 증여일로부터 5년 이내에 가업승계를 이행하지 않거나 정당한 사유 없이 휴·폐업, 수증자의 지분이 감소되는 등 사후관리 이행 위반사유에 해당하는 경우에는 해당 가업주식의 가액을 일반증여재산으로 보아 정상세율(10 ~ 50%)을 적용하여 이자상당액(1일당 22/100,000)과 함께 증여세를 부과한다.

가업승계에 대한 증여세 과세특례 적용시 절세효과

가령, 130억원 상당의 중소기업주식을 가업승계목적으로 부모가 자녀에게 증여한 경우로서 증여세 과세특례가 적용되는 경우에는 세부담은 다음과 같다.

$$(130억원 - 10억원) \times 10\% = 12억원$$

그러나 130억원의 중소기업 주식을 증여한 경우에도 특례요건을 갖추지 못하여 일반 세율(10% ~ 50%)을 적용받는다면 증여세가 58.35억원이 되는 것과 비교할 때 가업의 승계에 대한 증여세 과세특례제도를 이용하는 경우가 증여세 부담면에서 엄청난 세액을 절세할 수 있음을 알 수 있다.

특례세율	일반세율	증여세 절세 효과
• 증여세산출세액 : (130억원−10억원)×10%= 12억원 • 신고세액공제 : 0원 • 자진납부세액 : 12억원	• 증여세산출세액 : (130억원−0.5억원)×40%−1.6억원= 60.15억원 • 신고세액공제 : 1.80억원 • 자진납부세액 : 58.35억원	46.35억원

 만일 수증자가 동일인으로부터 과세특례가 적용되는 중소기업주식을 증여받기 전에 이미 30억원 이상을 증여받은 사실이 있어서 해당 중소기업 주식에 대하여 최고 세율 50%가 적용되는 경우라면, 경우에 따라 최고 53억원까지 절세효과가 있다.

절세전략

 가업승계에 대한 증여세 과세특례 제도는 사전상속제도로서 10억원 초과하는 금액에 대하여 10% ~ 20%의 증여세를 부담한 후 증여자 사망시 상속세로 정산해야 하고, 또한 현재 30년 이상 영위한 가업의 상속에 대하여는 최고 600억원을 한도로 가업상속공제를 적용받을 수 있으므로 주식의 가액이 600억원 이하인 경우에는 사실상 상속으로 가업을 물려받는 것이 훨씬 절세가 되므로 미리 증여받을 필요는 없다.

생전에 증여받아 가업승계에 대한 증여세 과세특례를 적용받을 경우에도 향후 상속세로 정산할 때 추가로 가업상속공제까지 적용받을 것을 염두에 두고 실행하는 경우에는 절세의 효과를 극대화할 수 있다.

 가업상속공제액 이하에 해당하는 주식을 미리 생전에 증여하여 가업승계에 대한 증여세 과세특례를 적용받는 것은 "미리 가업의 승계인을 정하여 상속인간의 다툼을 예방하고, 고령자인 증여자가 상대적으로 젊은 자녀에게 미리 가업을 승계하여 급변하는 경제상황과 시장변화에 적극적으로 대처할 수 있도록 하는 것"에 큰 의미가 있다.

30. 특수관계에 있는 법인에게 일감을 몰아주면 증여세가 과세됨을 유의해야 한다.

▌의의

특수관계법인을 이용하여 부(富)를 이전하는 변칙적인 증여 사례를 방지하기 위하여 특수관계법간 일감을 몰아주어 수혜법인의 주주가 이익을 얻은 경우에는 그 주주에게 증여세가 과세됨을 유의해야 한다. 이는 일감을 몰아줌으로 인하여 수혜법인이 얻은 영업이익은 배당이나 주가 상승을 통해서 수증자의 이익으로 전환되는 바, 이러한 이익을 얻은 수혜법인의 영업이익과 수증자의 수증이익은 장기적으로 높은 상관관계가 있으므로 수혜법인의 영업이익중 일감 몰아주기와 관련된 부분을 수혜법인의 지배주주 등이 증여받은 것으로 의제하여 과세하려는 것이다.

▌수혜법인의 범위

사업연도 매출액 중 특수관계법인거래 비율이 일정규모 초과하는 대기업

수혜법인이 대기업인 경우에는 다음 어느 하나에 해당하여야 한다.

① 법인의 사업연도 매출액중에서 그 법인의 지배주주와 특수관계에 있는 법인에 대한 매출액이 차지하는 비율(특수관계법인거래비율)이 그 법인의 업종 등을 고려하여 정상거래비율(100분의 30)을 초과하는 경우 그 법인을 말한다.

② 특수관계법인거래비율이 정상거래비율의 3분의 2를 초과하는 경우로서 특수관계법인에 대한 매출액이 법인의 규모 등을 고려하여 1천억원을 초과하는 경우

사업연도 매출액 중 특수관계법인거래 비율이 50%(40%)를 초과하는 중소기업 또는 중견기업

중소기업과 중견기업에 해당하는 경우에는 100분의 50(중견기업은 100분의 40, 정상거래비율)을 초과하여야 한다. 여기서 중소기업이란 조세특례제한법 제5조 제1항에 따른 중소기업으로서 독점규제 및 공정거래에 관한 법률 제31조에 따른 공시대상기업집단에 소속되지 아니하는 기업을 말하며, 중견기업이란 조세특례제한법 시행령 제9조 제4항에 따른 기업으로서 독점규제 및 공정거래에 관한 법률 제31조에 따른 공시대상기업집단에 소속되지 아니하는 기업을 말한다(상증령 §34의3④).

수혜법인은 내국법인에 한정함

수혜법인은 법인세법 제1조 제1호에 따른 국내법인에 한정한다. 다만, 내국법인에는 외국인투자 촉진법 제2조 제1항 제6호에 따른 외국인투자기업으로서 같은 법 제2조 제1항 제1호에 따른 외국인이 해당 외국인투자기업의 의결권 있는 발행주식총수 또는 출자총액의 50% 이상을 소유하는 법인은 증여세 과세대상 수혜법인에서 제외된다. 이 경우 거주자 및 내국법인이 의결권 있는 발행주식총수 또는 출자총액의 30% 이상을 직·간접 소유하는 하는 외국법인은 외국인으로 보지 않는다.

특수관계법인거래비율 계산

수혜법인은 그 수혜법인의 사업연도 매출액중에서 그 법인의 지배주주와 특수관계에 있는 법인에 대한 매출액이 차지하는 비율이 일정규모 이상인 경우에 해당된다. 이 경우 매출액이란 법인세법 제43조의 기업회계기준에 따라 계산한 매출액을 말한다.

과세제외 매출액

특수관계법인거래비율을 계산할 때에 수혜법인의 사업연도 매출액에서 중소기업인 수혜법인과 중소기업인 특수관계법인 간의 거래에서 발생하는 매출액 등 다음에 해당하는 매출액은 제외한다.

① 중소기업인 수혜법인이 중소기업인 특수관계법인과 거래한 매출액
② 수혜법인이 본인의 주식보유비율이 100분의 50 이상인 특수관계법인과 거래한 매출액
③ 수혜법인이 본인의 주식보유비율이 100분의 50 미만인 특수관계법인과 거래한 매출액에 그 특수관계법인에 대한 수혜법인의 주식보유비율을 곱한 금액
④ 수혜법인이 독점규제 및 공정거래에 관한 법률 제2조제7호에 따른 지주회사인 경우로서 수혜법인의 같은 법 제2조 제8에 따른 자회사 및 같은 법 제2조 제9에 따른 손자회사(증손회사를 포함)와 거래한 매출액
⑤ 수혜법인이 제품·상품의 수출(부가가치세법 제21조제1항에 따라 영세율이 적용되는 경우를 포함한다)을 목적으로 특수관계법인과 거래한 매출액
⑥ 수혜법인이 다른 법률에 따라 의무적으로 특수관계법인과 거래한 매출액
⑦ 한국표준산업분류표에 따른 스포츠클럽운영업 중 프로스포츠구단 운영업을 주된 사업으로 하는 수혜법인이 특수관계법인과 거래한 광고 매출액
⑧ 수혜법인이 국가, 지방자치단체, 공공기관의 운영에 관한 법률에 따른 공공기관 또는 지방공기업법에 따른 지방공기업 운영하는 사업에 참여함에 따라 국가등이나 국가재정법 별표 2에서 규정하는 법률에 따라 설립된 기금또는 공공기금이 발행주식총수 또는 출자

총액의 100%을 출자하고 있는 법인이 발행주식총수 또는 출자총액의 50%을 출자하고 있는 법인에 출자한 경우 해당 법인과 거래한 매출액

⑨ 수혜법인이 용역의 국외공급(부가가치세법 제22조에 따라 영세율이 적용되는 경우에 한정한다)을 목적으로 특수관계법인과 거래한 매출액

⑩ 수혜법인이 특수관계법인과 거래한 매출액 중 부가가치세법 시행령 제33조제2항제1호다목 또는 바목에 따라 영세율이 적용되는 경우(비거주자 또는 외국법인이 공급받은 용역을 거주자 또는 내국법인에게 공급하는 경우는 제외한다)

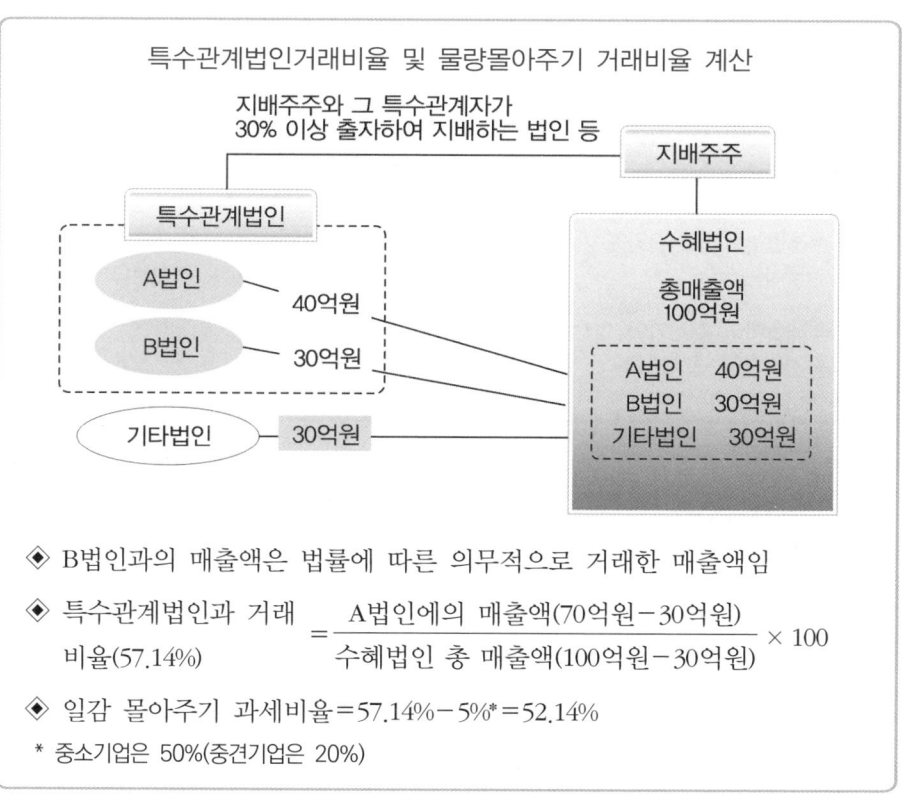

◆ B법인과의 매출액은 법률에 따른 의무적으로 거래한 매출액임

◆ 특수관계법인과 거래 비율(57.14%) $= \dfrac{A법인에의\ 매출액(70억원-30억원)}{수혜법인\ 총\ 매출액(100억원-30억원)} \times 100$

◆ 일감 몰아주기 과세비율 = 57.14% - 5%* = 52.14%

* 중소기업은 50%(중견기업은 20%)

▌증여자

증여자는 사업연도 종료일 현재 수혜법인의 지배주주와 상속세및증여세법 시행령 제2조의 2 제1항 제3호부터 제8호의 관계에 있는 법인으로서 물량을 몰아준 해당 법인이 된다(상증법 §45의3①).

▌수증자

수증자는 수혜법인의 지배주주와 그 지배주주의 친족으로서 직·간접으로 보유하는 주식보유비율이 3%(다만, 중소기업 또는 중견기업은 10%)을 초과하는 주주에 한정된다.

▌증여의제 이익

증여의제 이익 산정방법

① 수혜법인이 중소기업에 해당하는 경우	• 수혜법인의 세후영업이익×(특수관계법인거래비율 − 50%) ×(주식보유비율 − 10%)
② 수혜법인이 중견기업에 해당하는 경우	• 수혜법인의 세후영업이익 ×(특수관계법인거래비율 − 20%)×(주식보유비율 − 5%)
③ 수혜법인이 중소기업 및 중견기업에 해당하지 아니하는 경우	• 수혜법인의 세후영업이익 ×(특수관계법인거래비율 − 5%)×(주식 보유비율 − 0%)

수혜법인의 세후의 영업이익 : ① − ② × ③

① 세법상 영업손익 = 매출액 − 매출원가 − 판매비와 관리비±(감가상각비, 퇴직급여충당금, 대손충당금, 손익의 귀속사업연도, 자산의 취득가액, 재고자산 평가 세무조정사항)

② 세법상 영업손익에 대한 법인세 상당액=(법인세 산출세액 − 토지 등 양도소득에 대한 법인세 − 공제·감면세액)×(세법상 영업손익÷각사업연도 소득금액)

③ 과세매출 비율

1-(과세제외매출액÷과세제외매출액이 포함된 사업연도 매출액)

과세제외 매출액

증여의제이익을 계산할 때 과세제외가 되는 매출액에 해당하지 아니하는 경우로서 지배주주 등의 출자관계별로 다음의 어느 하나에 해당하는 금액을 과세제외매출액에 포함하여 계산한다.

① 수혜법인이 간접출자법인인 특수관계법인과 거래한 매출액
② 지주회사의 자회사 또는 손자회사에 해당하는 수혜법인이 그 지주회사의 다른 자회사 또는 손자회사에 해당하는 특수관계법인과 거래한 매출액에 그 지주회사의 특수관계법인에 대한 주식보유비율을 곱한 금액. 다만, 지배주주 등이 수혜법인 및 특수관계법인과 지주회사를 통하여 각각 간접출자관계에 있는 경우로 한정한다.
③ 수혜법인이 특수관계법인과 거래한 매출액에 지배주주 등의 그 특수관계법인에 대한 주식보유비율을 곱한 금액
④ 상속세및증여세법 시행령 제16항에 따른 간접출자법인의 자법인 해당하는 수혜법인이 그 간접출자법인의 다른 자법인에 해당하는 특수관계법인과 거래한 경우로서 일정한 요건을 모두 충족하는 경우에는 해당 거래에 따른 매출액에 그 간접출자법인의 특수관계법인에 대한 주식보유비율을 곱한 금액

특수관계법인이 둘 이상인 경우

증여의제이익을 계산할 때 특수관계법인이 둘 이상인 경우에도 하나의 법인으로부터 이익을 얻은 것으로 본다(상증령 §34의3⑪).

직접 출자 및 간접 출자한 경우 증여의제 이익 산정방법

증여의제이익은 직접 출자시 증여의제이익과 간접출자시 증여의제이익을 모두 합한다.

증여의제이익 계산할 때 배당소득 조정

직접출자 및 간접 출자한 경우 증여의제 이익을 계산할 때 지배주주등이 수혜법인의 직전 사업연도의 증여세 과세표준 신고기한 말일의 다음날부터 증여세 과세표준신고기한까지 수혜법인 또는 간접출자법인으로부터 배당받은 소득이 있는 경우에는 그 배당소득상당액은 증여의제이익에서 공제한다. 다만, 공제 후의 금액이 음수(陰數)인 경우에는 영으로 본다.

증여의제이익의 계산단위

증여의제이익의 계산은 수혜법인의 사업연도 단위로 한다. 그러므로 특수관계법인간에 정상거래비율을 초과하여 매년 거래를 하는 등 과세요건이 유지되는 경우에는 수혜법인의 해당 사업연도종료일을 증여시기로 하여 매년 수혜법인의 지배주주 및 친족에게 증여세가 과세된다.

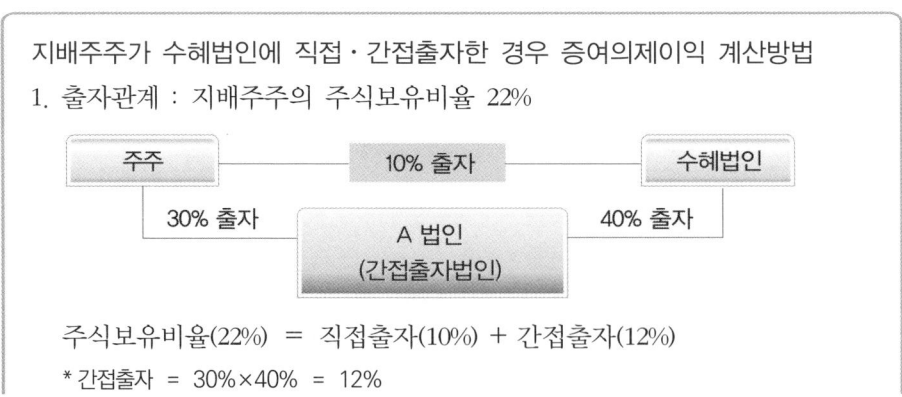

2. 수혜법인(중소기업 및 중견기업 아님)의 총매출액은 100억원,
   세법상영업이익 50억원, 세법상영업이익에 상당하는 법인세는 3억원임
   해당연도 배당받은 금액 :1억원, 배당가능이익 : 80억원
3. 특수관계법인(A·B법인)과의 거래비율 : (70억원－20억원)/(100억원－20억원)
   ＝62.5%

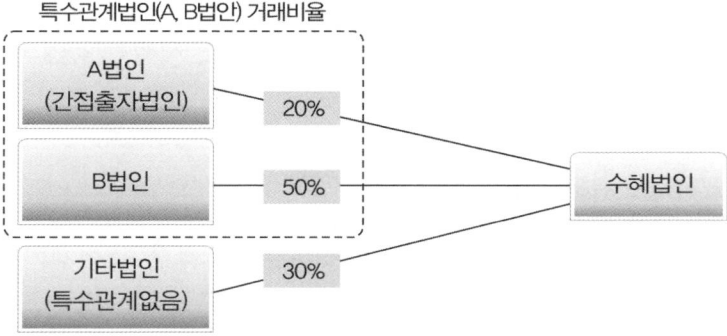

4. 세후영업이익 : (50억원－3억원)×[1 - (20억원/100억원)]＝37.6억원
5. 증여의제이익(①＋②) : 448,615,000원
   ① 직접출자분 :
      37.6억원 ×(62.5% - 5%)×(10%)＝216,200,000원
      배당소득 :   27,025,000원
      증여의제이익 :   189,175,000원
   ② 간접출자분 :
      37.6억원×(62.5% －5%)×(12%－ 0%)＝259,440,000원
      * 공제할 배당소득 : 1억원×216,200,000/(80억원×10%)＝27,025,000원

증여시기 및 증여세 신고기한

수혜법인의 해당 사업연도 종료일을 증여시기로 본다. 증여세 과세표준 신고기한은 수혜법인의 법인세법 제60조 제1항에 따른 과세표준의 신고기한이 속하는 달의 말일부터 3개월이 되는 날로 한다.

❙ 법인세 조사 등에 따라 추후 수혜법인의 세후영업이익 증가로 증여세 부과시 신고·납부불성실 가산세 부과대상 제외

　법인세법 제66조에 따라 법인세 과세표준 및 세액의 결정·경정으로 상속세및증여세법 제45조의 3의 특수관계법인과의 거래를 통한 이익의 증여 의제에 따른 증여의제이익이 변경되는 경우(부정행위로 인하여 법인세의 과세표준 및 세액을 결정·경정하는 경우는 제외한다)에도 신고·납부불성실가산세가 부과되지 않는다.

❙ 주식양도시 양도차익 조정

　특수관계법인과의 거래를 통한 이익의 증여의제로 증여세가 과세된 부분은 해당 주식을 양도하는 경우 양도차익 산정시 취득가액에 더하여 주식의 양도차익을 계산한다(소득령§163⑩).

❙ 절세전략

　특수관계법인과의 거래를 통한 이익의 증여에 해당되지 않기 위해서는 다음과 같은 대응책을 마련해 볼 수 있다.

① 특수관계법인과의 거래비율을 낮추어야 한다.
② 특수관계법인과 거래를 할 수 밖에 없는 구조인 경우 수혜법인과 합병을 고려한다.
③ 특수관계법인에 대한 출자지분을 수혜법인이 50%이상 취득하거나, 수혜법인의 지배주주 또는 친족이 특수관계법인의 지분율을 30%이상 취득하는 등 특수관계법인을 간접출자법인으로 만든다.
④ 수혜법인을 독점규제 및 공정에 관한 법률에 따른 지주회사로 전환하여 특수관계법인을 자회사, 증손자회사로 전환하는 것을 고려한다.

31. 종중이 종중원으로부터 재산을 증여받거나 종중재산을 종중원에게 분배하는 경우에는 증여세가 과세된다.

▮ 종중재산을 종중원에게 분배하는 경우 증여세 과세

종중(宗中)이란 공동선조의 후손들에 의하여 선조의 분묘 수호와 봉제사 및 후손 상호간의 친목 도모를 목적으로 형성되는 자연발생적인 친족단체로서 그 선조의 사망과 동시에 그 자손에 의하여 성립하는 단체이다(대법원 2010.04.29. 선고 2010다1166 판결).

이러한 종중이 소유한 선조 대대로 내려온 토지가 아파트 신축 등 개발사업으로 매각된 후 그 매각대금을 종중원들에게 분배하는 경우가 많다. 이러한 종중재산과 관련하여 증여세 등 과세문제는 다음과 같다.

종중이 종중원으로 부터 부동산 등 재산을 무상으로 증여받은 경우에는 그 종중은 상속세및증여세법 제4조에 따라서 증여세를 납부할 의무가 있다. 또한 종중이 소유한 부동산을 매각하여 그 매각대금을 종중원들에게 분배하는 등 종중이 소유한 재산을 종중원들에게 분배하는 경우에도 그 분배한 재산에 대하여 종중원들에게 상속세및증여세법 제4조에 따라서 증여세가 과세된다(서면4팀-3977, 2006.12.08.).

▮ 증여세 과세대상 제외

다만, 종중원들 명의로 등기되어 있는 재산이 사실상 종중재산인 사실이 객관적으로 확인되는 경우로서 명의신탁 해지하여 실질소유자인 종중명의로 환원하는 때에는 그 등기원인과 상관없이 증여세가 과세되지 않는다(서면4팀-3674, 2007.12.26). 또한 종중이 종중대표의 명의로 등기되어 있던 종중재산을 종중대표의 사망 후 관리편의를 위하여 다른 종중대표의 명의로 등기하거나 또는 종중이 종중원 등 수인명의로 등기되어 있던 종중재산을 단순히 관리편의를 위하여 다른 종중원 등의 명의로 등기하는 경우에도 증여세가 과세되지 않는다(재산-799, 2009.03.09.).

▎대종중이 소종중으로 분할하는 경우 증여세 과세 제외

대종중 명의의 부동산을 매각하고 해당 매각대금을 소종중에게 분배하는 경우로서 이전받는 매각대금이 당초부터 소종중 소유인 재산의 매각대금으로 확인되는 경우 증여에 해당하지 않는다(재산-38, 2012. 02.03). 하나의 종중명의로 등기된 재산을 두 개의 종중명의의 재산으로 분할하는 경우로서 이전받는 재산이 당초부터 이전받는 종중의 재산으로 확인되는 경우도 증여에 해당하지 않는다(재산-4210, 2008.12.12.).

▎절세전략

종중원 명의로 등기된 재산이 사실상 종중재산인 경우에는 그 사실을 종중회의록 또는 종중재산 목록, 이용현황 등을 꼼꼼히 기록하였다가 종중재산으로 환원할 때 이를 입증하여야 증여세 과세를 피할 수 있다.

또한 종중재산의 상당부분은 조상의 묘가 있는 임야이므로 재산세 종합합산과세 등도 검토해야 한다.

32. 부모가 국외에 거주하는 자녀에게 재산을 증여하고 그 증여세를 부모가 대신 납부해도 재차 증여세를 물지 않는다.

▌일반적인 증여자의 연대납세의무

자녀가 부모로부터 부동산 등 재산을 증여받게 되면 자녀는 그 증여받은 재산에 대하여는 상속세및증여세법에 따라 증여세를 납부할 의무를 부담하게 된다. 그런데 자녀가 납부해야 할 의무가 있는 증여세를 부모가 대신 납부하게 되면 새로운 증여에 해당하여 당초 증여받은 부동산 등과 그 증여세 상당액을 합한 금액에 대하여 또 다시 증여세를 자녀가 부담해야 한다.

만일 증여받은 자녀가 주소나 거소가 분명하지 아니한 경우로서 조세채권을 확보하기 곤란한 경우에 해당하거나 또는 증여세를 납부할 능력이 없다고 인정되는 경우로서 체납으로 인하여 체납처분을 하여도 조세채권을 확보하기 곤란한 경우에 해당하는 경우에는 증여한 부모는 그 증여세에 대하여 자녀와 연대하여 납부할 의무를 부담하게 된다.

▌비거주자인 자녀를 대신하여 부모가 증여세 납부시 재차증여 해당안됨

국세청은 "거주자가 증여일 현재 비거주자인 수증자에게 국내에 있는 재산을 증여하고 관할세무서장으로부터 상속세및증여세법 제4조의2 제6항 제3호 및 같은 조 제7항에 따라 연대납세의무 통지를 받기 전에 수증자가 납부하여야 할 증여세를 납부한 경우, 증여자가 납부한 증여세는 같은 법 제4조에 따른 증여재산에 해당하지 아니하는 것"이라고 유권해석(서면법령재산-3788, 2016.10.25.)한 바 있다.

따라서 수증자가 비거주자에 해당하게 되면 납세의무 성립과 동시에 증여자는 연대납세의무가 있으므로 연대납세의무자로서 수증자가 납부할 증여세를 증여자가 대신 납부하는 경우에는 재차증여로 보지 않겠다는 의미이다.

사례

> **사례**
>
> 사실관계
> - 甲은 시가 60억원인 부동산을 미국에 거주하는 손자에게 증여함.
> - 증여세는 약 31억원
> - 증여세 31억원을 증여자인 甲이 모두 납부함.

절세전략

상기 사례에서 보듯이 국외에 거주하는 비거주자인 자녀 또는 손자 등에게 국내 재산을 증여하고 그 증여세를 증여자가 당당하게 대신 납부하여도 재차 증여에 해당되지 않는다. 만일 이러한 법령을 모르고 증여자가 자녀등이 부담할 증여세에 대한 증여세를 또다시 납부하였다면 경정청구 등을 하여 이를 환급받을 수 있다.

33. 거주자가 비거주자에게 국외재산을 증여한 경우 국조법에 따라 증여세가 과세된다.

▮ 원칙

종전에는 거주자가 비거주자에게 국외재산을 증여한 경우 수증자가 증여자의 특수관계인인 경우에는 외국 법령에 따라 증여세가 과세되면 우리나라에서는 증여세 과세를 면제하였다. 2014.12.23. 세법개정시 증여세세율이 낮은 국가를 이용한 편법 증여를 방지하기 위하여 2015.1.1. 이후 증여분부터 수증자가 증여자의 특수관계인인 경우에도 우리나라에서 증여세를 과세하되, 외국에서 납부한 세액만큼을 공제하는 방식으로 국외 증여에 대한 과세방식을 변경하였다.

또한 2017.01.01. 이후 증여분부터 구상속세및증여세법 제4조의2 제1항 제2호에 따른 증여재산 중 국외에 있는 금융재산 및 일정한 요건을 갖춘 주식 등에 대하여도 국제조세조정에관한법률에 근거하여 증여자에게 증여세가 부과되게 되었다.

이로써 2017년부터 거주자가 특수관계가 있는 비거주자에게 국외재산을 증여한 경우에는 국제조세조정에관한법률 제35조에 따라 국내에서 증여세가 과세되게 되었다.

▮ 비거주자가 거주자로부터 증여받은 국외재산에 대한 증여세 과세

거주자가 비거주자에게 국외에 있는 재산을 증여(증여자의 사망으로 인하여 효력이 발생하는 증여는 제외한다)하는 경우 그 증여자는 국제조세조정에관한법률 제35조에 따라 증여세를 납부할 의무가 있다.

다만, 수증자가 증여자의 국세기본법 제2조 제20호에 따른 특수관계인이 아닌 경우로서 해당 재산에 대하여 외국의 법령에 따라 증여세(실질적으로 이와 같은 성질을 가지는 조세를 포함한다)가 부과되는 경우(세액을 면제받는 경우를 포함한다)에는 증여세 납부의무를 면제한다(국조법 §35③).

▌절세전략

따라서 국내에 거주하는 부모 등 거주자가 국외에 거주하는 자녀 등 비거주자에게 국외에서 소유하고 있는 예금 및 부동산 등 재산을 증여하는 경우에는 증여한 거주자는 국내에서 증여세를 신고 및 납부할 의무가 있음을 유의해야 한다. 이 경우 증여세 납세의무자는 증여자가 되므로 그 증여세는 자녀에 대한 재차 증여에 해당되지 않는다.

증여자와 수증자 모두 비거주자에 해당하는 경우에는 국내에서는 증여세 납부의무가 없다.

34. 타인의 부동산 등 재산을 담보로 이용하는 경우에도 담보이용이익에 대하여 증여세가 과세된다.

▎의의

타인의 부동산 등 재산을 담보로 제공받아 금전 등을 차입함으로 인하여 얻은 이익에 대하여 2004년 증여세 완전포괄주의가 도입될 때부터 과세할 수 있는 근거는 마련하였으나 증여재산가액의 산정방법 등의 불분명으로 국가가 패소하자 2015.02.03.에 증여재산가액 산정방법을 명확히 하여 상속세및증여세법 시행령 제31조의9 제1항에 신설하였다.

2015.12.15. 세법개정시 부동산을 담보로 제공받아 얻은 이익에 대하여는 상속세및증여세법 제37조 제2항에 규정하고, 부동산이 아닌 다른 재산을 담보로 제공받음으로써 얻은 이익에 대하여는 같은법 제42조 제1항 및 같은법 시행령 제32조 제1항에 각각 구분하여 규정해 증여세를 과세하고 있다.

▎타인의 부동산을 무상으로 담보로 이용한 경우 증여세 과세

타인의 부동산을 무상으로 담보로 이용하여 금전 등을 차입함에 따라 이익을 얻은 경우에는 그 부동산 담보이용을 개시한 날을 증여일로 하여 그 이익에 상당하는 금액을 부동산을 담보로 이용한 자의 증여재산가액으로 하여 증여세가 과세된다. 다만, 그 이익에 상당하는 금액이 1천만원 미만인 경우는 제외한다(상증법 §37②).

특수관계인이 아닌 자 간의 거래인 경우에는 거래의 관행상 정당한 사유가 없는 경우에 한정하여 증여세가 과세된다.

부동산 담보이용 이익 계산

부동산을 무상으로 담보로 이용하여 금전 등을 차입함에 따른 부동산 담보이용 이익은 차입금에 적정이자율을 곱하여 계산한 금액에서 금전 등을 차입할 때 실제로 지급하였거나 지급할 이자를 뺀 금액으로 하며, 부동산 담보 이용이익이 1천만원 이상인 경우에 한하여 증여세가 과세된다.

> 증여이익
> 증여이익* = 차입금액 × 적정이자율** - 실제 지급한 이자
> * 증여이익이 1천만원 이상인 경우에 한하여 과세
> ** 현재 적정이자율은 4.6%이다.

증여이익을 계산할 때에 차입기간이 정해지지 않은 경우에는 그 차입기간을 1년으로 보고, 차입기간이 1년을 초과하는 경우에는 그 부동산 담보 이용을 개시한 날부터 1년이 되는 날의 다음날에 새로이 차입한 것으로 본다.

> 〈사실관계〉
> - 사업을 하고 있는 갑은 사업자금으로 부모인 을의 재산(20억원)을 담보로 제공하고 10억원을 2025.3.5.에 대출받아 사용함.
> - 대출이자율은 3%이며, 대출기간은 5년임.
>
> 〈증여재산가액〉
> ① 1차 증여(2025.3.5.) : 10억원 × (4.6% - 3%) = 16,000,000원
> ② 2차~5차 매년 증여(2026.3.5.~2029.3.5.) :
>   10억원 × (4.6%-3%) = 16,000,000원
>   ∴ 대출금을 상환할 때까지 매년 과세되며, 합산과세 된다.

부동산 담보이용 이익의 증여일

부동산 담보이용 이익의 증여일은 그 부동산 담보 이용을 개시한 날을

증여일로 한다.

이 경우 타인의 부동산을 담보로 금전 등을 차입한 경우로서 차입기간이 1년을 초과하는 경우에는 그 부동산 담보 이용을 개시한 날부터 1년이 되는 날의 다음날에 새로이 차입한 것으로 본다.

▌ 부동산이 아닌 다른 예금 등을 담보로 제공한 경우에도 증여세 과세

타인의 부동산을 제외한 재산을 담보로 제공하고 금전 등을 차입한 경우에 차입금에 적정 이자율을 곱하여 계산한 금액에서 금전 등을 차입할 때 실제로 지급하였거나 지급할 이자를 뺀 금액에 대하여 증여세가 과세된다(상증법 §42①, 상증령 §32①1호).

> 증여재산가액
> 증여재산가액＝차입금×(적정이자율*－차입이자율)
> * 적정이자율 : 현재 4.6%임.

▌ 절세전략

타인의 부동산 등 재산을 담보로 제공받아 얻은 이익에 대한 증여세 과세는 증여자별 수증자별 증여이익이 1천만원 이상인 경우에 한하여 증여세가 과세된다. 그러므로 공동 소유 부동산을 담보로 이용하거나 또는 공동명의로 차입하여 증여자별 수증자별 증여이익이 각각 1천만원 미만인 경우로 제한하여 타인의 담보를 이용하는 것도 증여세 절세방법이다.

35 최초 명의신탁주식의 매도대금으로 동일인 명의로 다시 취득한 주식 등 재차 명의신탁으로 과세되지 않는다.

▮ 조세회피목적으로 명의신탁한 주식에 대해 증여세 과세

조세를 회피할 목적으로 주식을 타인(명의자)에게 명의신탁하여 그 타인명의로 명의개서 하거나 또는 주식에 대한 소유권을 취득한 사람이 그 소유권취득일이 속하는 연도의 다음연도까지 그 취득한 사람의 명의로 장기간 명의개서를 하지 아니한 경우에는 그 타인 명의로 명의개서한 날 또는 소유권 취득일이 속하는 연도의 다음연도 말일의 다음날에 그 주식을 실제소유자(명의신탁자)가 명의자(수탁자)에게 증여하였다고 의제하여 증여세가 과세된다(상증법 §45의2).

즉, 조세회피목적으로 타인명의로 주식을 명의신탁한 경우에는 실제로 그 주식을 증여를 하여서 증여세를 과세하는 것이 아니라 조세벌적 성격으로 증여세를 과세하는 것이다. 이 법령의 입법 취지는 명의신탁제도를 이용한 조세회피 행위를 효과적으로 방지하여 조세정의를 실현한다는 취지에서 실질과세 원칙에 대한 예외로 적용하고 있다(대법2003두13649, 2004.12.29.).

▮ 최초 명의신탁주식의 매도대금으로 동일인 명의로 다시 취득하여 명의신탁한 경우 새로운 명의신탁으로 보아 증여세가 과세되지 않음.

대법원은 『상속세및증여세법 제45조의2 의 명의신탁재산의 증여의제 규정은

① 조세회피목적의 명의신탁행위를 방지하기 위하여 실질과세원칙의

예외로서 실제소유자로부터 명의자에게 해당 재산이 증여된 것으로 의제하여 증여세를 과세하도록 허용하는 규정이므로, 조세회피행위를 방지하기 위하여 필요하고도 적절한 범위 내에서만 적용되어야 하는 점,

② 증여의제 대상이 되어 과세되었거나 과세될 수 있는 최초의 명의신탁 주식이 매도된 후 그 매도대금으로 다른 주식을 취득하여 다시 동일인 명의로 명의개서를 한 경우에 그와 같이 다시 명의개서된 다른 주식에 대하여 제한 없이 이 사건 법률조항을 적용하여 별도로 증여세를 부과하는 것은 증여세의 부과와 관련하여 최초의 명의신탁 주식에 대한 증여의제의 효과를 부정하는 모순을 초래할 수 있어 부당한 점,

③ 최초의 명의신탁 주식이 매도된 후 그 매도대금으로 취득하여 다시 동일인 명의로 명의개서 되는 이후의 다른 주식에 대하여 각각 별도의 증여의제 규정을 적용하게 되면 애초에 주식이나 그 매입자금이 수탁자에게 증여된 경우에 비하여 지나치게 많은 증여세액이 부과될 수 있어서 형평에 어긋나는 점 등을 고려할 때, 최초로 증여의제 대상이 되어 과세되었거나 과세될 수 있는 명의신탁 주식의 매도대금으로 취득하여 다시 동일인 명의로 명의개서 된 주식은 그것이 최초의 명의신탁 주식과 시기상 또는 성질상 단절되어 별개의 새로운 명의신탁 주식으로 인정되는 등의 특별한 사정이 없는 한 다시 이 사건 법률조항이 적용되어 증여세가 과세될 수는 없다고 봄이 타당하다』라고 다수 판결(대법 2014두42117, 2017.3.22.; 대법 2011두10232, 2017.2.21. 등)하였다.

이 판결내용을 반영하여 기획재정부도 『최초의 명의신탁 주식의 매도대금으로 취득한 주식을 다시 동일인 명의로 명의신탁한 경우 해당 주식이 최초 명의신탁 주식과 시기상 또는 성질상 단절되어 새로운 명의신탁으로 인정되지 않으면 증여세 과세할 수 없다』라고 유권해석(기획재정부 재산세제과-538, 2017.08.25.)을 하였다.

따라서 특정인에게 주식을 명의신탁하였다가 매각한 후 그 매도대금으로 동일인 명의로 다른 주식을 또다시 취득하여 명의개서한 경우로서 최초 명의신탁 주식과 시기상 또는 성질상 단절되지 않으면 새로이 취득하여 명의신탁한 주식에 대하여는 명의신탁재산의 증여의제 규정에 따른 증여세를 부과할 수 없다.

▌기존 명의신탁한 주식에 교부된 합병신주 또는 포괄적 주식교환에 따라 배정된 주식 등도 과세제외

이외에도 대법원은 "비상장주식인 명의신탁 주식의 발행회사가 흡수합병 되면서 기존 명의신탁된 주식에 대하여 명의수탁자 명의로 교부된 상장주식인 합병 신주(대법 2016두30644, 2019.01.31.), 최초로 증여의제 대상이 되어 과세되었거나 과세될 수 있는 기명식 전환사채의 명의수탁자에게 전환권 행사에 따라 배정된 주식(대법 2016두1165, 2019.09.10.), 상법상 주식의 포괄적 교환에 따라 명의수탁자 명의로 새로이 배정받은 신주(대법 2012두27787, 2018.03.29.)에 대하여도 새로운 명의신탁으로 증여세 과세할 수 없다"라고 판시하고 있다.

36 부담부증여가 유리할까? 저가매매가 유리할까?

사례

> **사례**
>
> 사실관계
> - 甲은 시가 8억원 아파트(취득가액 5억원, 필요경비 0.1억원, 보유기간 4년, 전세금 4억원)를 소유 및 임대중에 있으며 2주택자임.
> - 자녀는 10년 이내 다른 증여받은 사실 없음.
>
> 이 아파트를 자녀에게 주고 싶은데 부담부증여가 나을까? 저가매매가 나을까?

세부담액

상기 아파트를 자녀에게 전세금을 승계하는 조건으로 부담부증여를 하게 되면 증여세는 58,200,000원이 된다. 또한 부담부증여에 상당하는 양도소득세 및 지방소득세는 33,412,500원이 된다.

그러나 만일 시가의 70%의 가액으로 저가 매매를 하게 되면 양도자 입장에서는 소득세법 제101조에 따른 양도소득세 부당행위계산 규정이 적용된다. 그러므로 시가를 양도가액으로 하여 양도소득세를 계산하게 되면 양도소득세 및 지방소득세가 88,543,400원이 된다.

부담부증여 또는 저가매매 여부를 결정할 때 상기와 같이 증여세 및 양도소득세만 고려해서는 안된다.

2023부터 증여에 대한 취득세는 시가인정가액으로 부과하고 있으며 또한 시가보다 저가로 매매하는 경우에는 시가인정가액을 기준으로 취득세를 부과하는 취득세 부당행위계산규정(지방세법 제10조의3 제2항)이 적용되고 있으므로 취득세까지도 고려하여야 한다.

결과적으로 상기 사례의 경우 증여세와 양도소득세 및 지방소득세만을 기준으로 판단할 때에는 부담부증여가 저가매매보다 3,069,100원 더 세금을 부담하게 된다. 결과적으로 저가매매가 유리하다는 의미이다.

하지만 저가매매의 경우 향후 해당 주택을 양도할 때 취득가액이 560,000,000원(시가의 70%로 거래한 가액)이 되므로 양도소득세를 추가로 부담해야 하는 경우가 발생되며, 또한 자녀는 현금을 160,000,000원(=560,000,000-400,000,000)을 추가로 매도자에게 지급해야 한다.

절세전략

각 사례마다 부담부증여가 유리한지 또는 저가매매가 유리한지 여부는 취득시기, 양도차익 규모, 취득세, 수증자의 10년 이내 다른 증여가 있는지, 취득자의 매매대가 지급능력 여부 등에 따라 모두 다르므로 일률적으로 적용할 수 없다. 그러므로 일일이 세금계산을 하여 판단하는 것이 좋다.

37 공동으로 부동산임대사업을 할 때 노무출자를 하면 임대소득을 더 가져갈 수 있다.

최근 "불경기에도 지난 2년 새 서울의 꼬마빌딩 가격이 40% 가까이 급등했다", "10년전 비교 6배 급상승했다"라는 기사가 난 적이 있다. 전문가들은 이러한 현상이 풍부한 유동자금과 안전자산 선호 현상 등 때문이라고 분석하였다. 꼬마빌딩은 비공식적인 용어로서 종전에는 20억원 ~ 50억원 사이의 근린생활시설을 말하였는데 최근에는 가격이 올라서 200억원 이하까지 꼬마빌딩으로 지칭하고 있다.

> **사례**
> - 甲은 본인 명의로 소유하고 있는 임대부동산 중 50%를 자녀 乙에게 증여함.
> - 증여 후 공동임대사업에 따른 공동사업계약서를 작성하면서 다음과 같이 출자비율 및 손익분배비율을 정함.
>   ① 甲 : 30%
>   ② 乙 : 70%(부동산 50% 지분 사용권리 출자 및 모든 임대건물과 임차인관리를 乙이 하기로 함)

어찌되었거나 많은 사람들의 로망인 이 꼬마빌딩을 자금 여력 등에 따라 공동으로 구입하거나 또는 공동으로 상속증여를 받아서 소유하고 있는 경우가 많다. 이 경우 임대사업을 영위할 때 실제로는 공동소유자중 1명이 사실상 임대관리를 하는 경우가 많음에도 불구하고 이를 반영하지 않고 단순히 부동산 소유지분비율로 공동임대사업자 등록을 하고 손익분배도 부동산 소유지분비율대로 분배하는 경우가 많다.

상기 사례처럼 甲이 소유하고 있는 꼬마빌딩 중 50%를 자녀 乙에게 증여한 후 공동임대사업에 따른 공동사업계약서를 작성하면서 『甲과 乙은 공동소유한 부동산의 사용권리를 각각 출자하고 乙은 추가로 "해당 건물과 임차인 관리를 乙이 하기로 한다"라고 노무출자를 약정하고 손익분배비율을 甲 30%, 乙 70%로 분배하기로 한다』라고 약정하였을 경우 향후 乙이 본인의 부동산지분비율을 초과하여 분배받은 20%에 대하여 증여세가 과세될 것인가에 대하여 생각해 볼 수 있다.

국세청은 "2인 이상이 토지와 건물을 각각 출자하여 공동으로 임대사업을 영위하는 경우로서 그 출자지분 비율대로 소득금액을 분배받은 경우에는 증여세 과세문제가 발생하지 않지만 현물출자한 지분과 다른 손익분배비율에 의하여 소득금액을 분배받은 경우에는 그 출자한 지분에 상당하는 소득금액을 초과하는 금액에 대하여 증여세가 과세될 수 있다"라고 해석(서면1팀-1453, 2005.11.30.)하고 있다. 즉, 공동사업에 대한 출자비율과 손익분배비율이 다른 경우에는 증여세 과세될 수 있다는 것이다. 조세심판원도 "공동사업자의 공동사업에 출자한 출자지분비율과 손익분배비율이 다른 경우에는 그 차액상당액에 대하여 상속세및증여세법 제37조에 따른 부동산무상사용이익으로 보아 증여세를 과세함이 타당하다"라고 결정한 사례(조심 2009서118, 2009.05.11.)가 있다.

한편, 기획재정부는 "공동사업자의 출자지분 비율은 해당 공동사업자의 당해 사업에 대한 토지와 건물의 출자가액 뿐만 아니라 노무제공, 경영능력, 거래형성에 대한 기여도, 명성 등을 종합적으로 고려한 사업상 이해관계에 따라 판단하여야 한다"라고 해석(재재산-96, 2006.01.25.)을 하고 있다. 즉, 공동으로 부동산 임대사업을 할 때 부동산 출자뿐만 아니라 노무제공 등을 출자할 수 있으며 노무출자에 의하여 손익분배를 더 받는 경우에도 증여세가 과세되지 않는다는 의미이다.

▎절세전략

따라서 상기 사례의 경우에는 노무출자에 대한 비율을 합리적으로 산정하였다는 전제하에서는 증여세가 과세되지 않는다.

그러므로 만일 부모님이 임대부동산을 소유하고 있는 경우에는 일부 부동산을 증여받은 후 수증자가 상기와 같이 건물관리 및 임차인 관리를 하는 조건의 노무출자를 하는 경우에는 노무출자에 상당하는 임대소득은 증여세 없이 더 가져 갈 수 있으므로 이를 활용하는 것도 증여세 절세방법이 된다. 다만, 노무출자를 하기로 약정한 경우에는 그 약정내용을 반드시 지켜야 하고 또한 노무출자에 대한 비율을 합리적으로 산정하여야 한다는 것이 전제가 되어야 한다.

38. 부담부증여로 인수한 채무 또는 상속받은 채무에 대하여는 국세청은 사후관리를 하고 있음을 유의해야 한다.

사례

사실관계
- 甲은 젊은 나이에 암으로 사망하여 그의 배우자와 자녀들이 아파트 등 상속재산 20억원과 금융기관 채무 5억원을 상속을 받음.
- 상속세 신고할 때 해당 채무는 상속재산가액에서 공제를 받음.
- 상속세에 대한 세무조사가 종결된 후에 甲의 부친은 며느리와 손자가 채무를 상환할 능력이 없음을 인지하고 그 채무를 대신 변제함.

국세청의 부채사후관리

상속세와 증여세는 신고로서 납세의무가 확정되는 세목이 아니라 신고한 세액에 대하여 세무조사 또는 서면분석 등을 통하여 정부가 세액을 결정을 해야 확정이 된다. 상속세 및 증여세에 대하여 세무조사 또는 서면분석 등을 통하여 정부가 세액을 결정할 때 부담부증여로 인수한 채무액 또는 상속받은 채무에 대하여 채권자 또는 만기일자, 채무액 등 모든 자료를 국세청 전산망에 입력하여 사후관리를 하고 있다. 이러한 채무액에는 일반적으로 금융기관에 대한 금융채무, 임대보증금 또는 전세금, 기타 사인간의 채무 등이 이에 해당한다.

국세청은 전산망에 입력된 해당 채무에 대하여 만기일자가 도래한 경우에는 납세자에게 부채사후관리에 대한 소명서를 보내어 채무상환여부를 확인하고 상환하였다면 무슨 자금으로 상환하였는지 여부를 일일이 확인하고 있다.

이 과정에서 만일 자금출처 없이 채무를 상환한 경우에는 채무상환자금에 대한 증여추정규정를 적용하여 증여세를 과세하고 있으며, 제3자가 상환한 사실이 확인이 되는 경우에도 증여로 보아 증여세를 과세하고 있다.

▌절세전략

상기 사례의 경우 甲의 부친이 며느리와 손자가 상속받은 채무를 대신 변제한 경우에는 국세청의 부채사후관리에 의하여 결국 포착이 될 수 밖에 없다. 그러므로 갑의 부친이 대신 변제한 채무에 대하여 그 변제한 날이 속하는 달의 말일부터 3개월 이내에 증여세를 적법하게 신고하는 것이 신고세액 공제도 적용받고 가산세를 물지 않으므로 오히려 증여세가 절세된다.

따라서 부담부증여시 인수한 채무 또는 상속받은 채무에 대하여는 국세청은 국세청 전산망을 이용하여 채무에 대한 사후관리를 하므로 자금출처 없는 자금으로 대출을 상환하거나 제3자가 채무를 대신 변제하게 되면 증여세 과세문제가 발생될 수 있음을 유의해야 한다.

39. 사내근로복지기금 또는 공동근로복지기금에 출연한 재산은 증여세가 비과세 된다.

사례

사실관계
- 甲은 20여년전에 본인이 소유한 A법인주식을 직원들에게 애사심 고취 등의 이유로 증여를 한 사실이 있음.
- 세월이 흐르면서 직원들의 정년 등의 사유로 퇴직시기가 다가 오면서 직원들이 소유하고 있는 주식 처리에 대하여 고민을 하고 있음.
- 직원들이 소유한 주식을 甲본인 또는 그의 자녀들이 증여 또는 매매로 가져오기에는 주식가치가 높아 세부담이 너무 높고 매매에 필요한 자금이 너무 많음.

절세방안
- 甲은 직원들이 소유한 주식중 일부는 매매로 취득하고 일부는 사내근로복지기금을 만들어 출연하게 하여 향후 배당을 통하여 직원들의 복지를 위하여 사용할 예정임.

사내근로복지기금 또는 공동근로복지기금이 출연받은 재산은 증여세 비과세

사내근로복지기금법에 따른 사내근로복지기금, 우리사주조합, 공동근로복지기금 및 근로자복지진흥기금이 증여받은 재산의 가액은 증여세가 비과세 된다(상증법 §46 4호).

절세전략

비상장법인의 사주가 아닌 직원 등 타인이 소유한 비상장주식에 대하여 퇴직 등 사유로 매수를 희망하지만 사실상 사주 또는 법인 입장에서 자금 사정과 세부담 등으로 현실적으로 전부 구입할 수가 없다. 또한 경영권을 가지고 있지 아니한 직원 등 입장에서 비상장주식은 사실상 배당을 받지 못하면 아무런 의미가 없는 그저 휴지 조각에 불과함에도 향후 사망시 상속세 등 과세문제가 있을 수 있어 퇴사 후에도 마냥 소유하고 있는 것도 부담이 된다.

이런 상황인 경우에는 상기 사례와 같이 법인 또는 사주입장에서 자금 사정 등이 허락하는 범위 내에서 매수를 하고, 일부는 사내근로복지기금 또는 우리사주조합 등을 설립하여 출연하게 하면 이러한 문제점도 해결함과 동시에 향후 배당을 통하여 직원들의 복지를 위하여 사용할 수 있게 되므로 좋은 방법이다.

40 가업을 생전에 물려주는 경우 사후관리기간이 최대 10년 이상이 될 수 있다.

10년 이상 중소기업 또는 중견기업을 경영하시는 분은 이 기업을 자녀에게 어떻게 물려주면 가장 절세가 되는지 여부를 늘 고민하고 있을 것이다. 그리고 그분 주위에 세무자문을 하는 전문가가 있다면 대다수가 이구동성으로 사전상속제도인 가업승계에 대한 증여세 과세특례 제도와 가업상속공제 제도를 이용할 것을 추천할 것이다. 하지만 두 제도의 큰 단점은 각각 5년이나 되는 사후관리기간이 있다는 것이다. 두 제도 모두를 각각 이용하는 것이 과연 좋은 것인지 여부를 한번 고민해 볼 필요가 있다.

10년 이상 계속하여 경영한 중소기업 또는 중견기업(직전 3개연도 평균 매출액이 5천억 미만인 기업을 말한다)을 생전에 자녀에게 증여를 하는 경우에는 조세특례제한법 제30조의 6에 따른 가업승계에 대한 증여세 과세특례를 적용받을 수 있다. 즉, 18세 이상인 거주자가 가업을 10년 이상 계속하여 경영한 60세 이상의 부모로부터 해당 가업의 승계를 목적으로 주식 또는 출자지분을 증여받고 가업을 승계한 경우에는 가업자산상당액(증여세 과세특례 한도액 있음)에서 10억원을 공제하고 세율을 10%(과세표준이 120억원을 초과하는 경우 20%)로 하여 증여세를 부과한다.

한편, 10년 이상 계속하여 경영한 중소기업 또는 중견기업을 사망으로 상속으로 물려주는 경우에는 상속세및증여세법 제18조의2에 따라 가업상속재산가액에 대하여 300억원(가업영위기간이 20년 이상인 경우 400억원, 30년 이상인 경우 600억원)을 한도로 하여 가업상속공제로 적용받을 수 있다.

가업승계에 대한 증여세 과세특례 및 가업상속공제 규정을 적용할 때 가업의 범위는 동일하다. 즉, 중소기업 또는 중견기업으로서 증여자(상속의 경우 피상속인)이 10년 이상 계속하여 최대주주로서 경영한 기업을 말하는 것으로 증여자(상속의 경우 피상속인)이 특수관계인의 주식 등을 합하여 발행주식총수 등의 40%(상장법인 20%) 이상을 10년 이상 계속하여 보유해야 한다.

다만, 조세포탈 또는 회계부정으로 징역형 또는 벌금형을 선고받은 경우에는 상기와 같은 제도를 적용받을 수 없으며, 또한 중견기업에는 직전 3개 사업연도 매출액이 5천억원을 초과하거나 상호출자제한기업집단내 기업에 해당하거나 가업상속인이 상속세를 납부할 능력이 있는 경우는 제외된다.

가업을 생전에 증여받아서 가업승계에 대한 증여세 과세특례를 적용받은 경우에는 5년간 사후관리규정이 적용된다. 즉, 가업에 종사하지 않거나 업종을 변경하거나 지분이 감소되는 경우 등 사후관리 위반에 해당하는 경우에는 증여세가 추징이 된다. 또한 증여세 과세특례를 적용받은 주식가액은 증여자의 사망일로부터 10년 이내인지 여부 관계없이 상속세 과세가액에 가산하여 다시 상속세로 정산(환급은 안됨)해야 한다.

상속세로 정산할 때 일정한 요건을 충족하는 경우에는 증여세 과세특례를 적용받은 주식가액은 다시 가업상속재산에 포함되어 가업상속공제를 적용받을 수 있으며, 가업상속공제를 적용받은 경우에는 상속개시일로부터 다시 5년간 사후관리규정이 적용된다. 즉, 가업에 종사하지 않거나 업종을 변경하거나 고용유지요건을 위반하거나 상속지분이 감소되는 등 사후관리규정을 위반한 경우에는 상속세가 추징된다.

사실 가업을 생전에 증여하여 가업승계에 대한 증여세 과세특례를 적용받은 경우에는 향후 증여자가 사망하여 상속세로 정산할 때 추가로 가업상속공제를 적용받아야만 절세효과가 극대화된다. 만일 가업상속공제를 적용받지 않는다면 결국 증여자가 사망한 시점에 상속세로 추가 납부해야 한다.

가업을 미리 생전에 증여하여 가업승계에 대한 증여세 과세특례를 적용받는 것은 "미리 가업 승계인을 정하여 상속인간의 다툼도 예방하고, 고령자인 증여자가 상대적으로 젊은 자녀에게 미리 가업을 승계하여 급변하는 경제상황과 시장변화에 적극적으로 대처할 수 있도록 하는 것"에 큰 의미가 있는 것이다.

그런데 가업을 생전에 물려주는 경우에는 가업승계에 대한 증여세 과세특례를 적용받고 또한 증여자의 사망시 상속세로 정산하는 과정에서 추가로 가업상속공제를 적용받은 경우에는 사후관리기간이 무려 10년 이상이 될 수 있다. 증여자의 사망시기에 따라 최대 10년 이상의 기간 동안 기업을 경영하는데 여러 가지 제약을 받을 수 밖에 없다.

따라서 현재 30년 이상 경영한 가업의 상속에 대하여는 최고 600억원을 한도로 가업상속공제를 적용받을 수 있는데, 굳이 미리 증여하여 가업승계에 대한 증여세 과세특례를 적용받아서 무려 10년 이상이나 되는 기간 동안 사후관리 요건을 지키기 위하여 안절부절 할 필요가 있는지 한번쯤은 고민해 볼 필요가 있지 않을까 생각된다.

41. 공익법인 등이 출연받은 재산에 대하여 상속세 또는 증여세가 면제된다.

최근 기부문화의 활성화로 인하여 평생 모은 재산을 자식에게 전부 물려주기보다는 일부 재산을 사회에 환원하고자 하는 뜻을 가진 분들이 점점 증가하는 추세에 있다. 이러한 뜻을 공익법인 등을 통하여 실행하면 증여세 및 상속세 면제 혜택도 얻을 수 있어 더욱 효과적이다. 여기서 공익법인 등이란 종교·자선·학술 관련 사업 등 공익사업을 영위하는 자로서 상속세및증여세법 시행령 제12조 각호에 열거된 공익법인 등을 말한다. 원래 공익사업은 국가가 수행해야 할 사업이지만 국가의 예산 및 행정력의 한계 등으로 공익법인 등이 대신 수행하고 국가는 공익법인 등에게 조세혜택을 지원한다. 여기서 공익법인 등에게 지원하고 있는 조세제도 중 상속세및증여세 측면에서 몇가지를 살펴보면 다음과 같다.

재산소유자가 그 재산을 공익법인 등에게 생전에 출연하는 경우에는 그 재산을 출연받은 공익법인 등은 증여세가 면제되며, 증여자가 5년 이내 사망하는 경우에도 그 출연재산가액은 상속재산가액에 다시 가산하지 않는다. 또한 재산소유자가 유증 또는 사인증여를 통하여 공익법인등에 출연하거나 또한 상속인이 재산을 상속받아서 상속세 신고기한까지 (법령상 또는 행정상의 사유로 공익법인의 설립이 지연되는 등 부득이한 사유가 있는 경우에는 그 사유가 없어진 날이 속하는 달의 말일부터 6개월까지) 출연하는 경우에도 그 공익법인 등에 출연한 재산에 대하여는 상속세가 면제된다.

하지만 공익법인 등에 내국법인의 의결권 있는 주식을 출연하는 경우에는 조심해야 한다. 공익법인 등을 이용하여 상속세 및 증여세를 회피한 후 우회적으로 내국법인을 지배하는 등 공익법인 등을 지주회사화 하는 것을 방지할 목적으로 주식의 보유 및 취득에 제한비율을 두고 있다.

출연제한비율은 일반 공익법인 등은 10%, 출연받은 주식 등의 정관상 의결권을 행사하지 아니하고 자선·장학 또는 사회복지를 목적으로 하는 공익법인 등은 20%, 상호출자제한기업집단과 특수관계에 있는 공익법인 등은 5%이다. 또한, 운용소득을 1년내 80% 이상 사용하지 않거나, 자기내부거래 금지원칙을 위반하거나, 출연자와 특수관계인이 공익법인의 이사 등으로 취임하거나 정당한 대가없이 특수관계법인을 광고·홍보하거나 출연재산가액의 1% 상당액 이상을 직접공익목적사업에 하지 않는 경우에도 출연제한비율은 5%이다. 그러므로 출연제한비율을 초과하여 주식 등을 출연하는 경우에는 상속세 또는 증여세가 부과된다.

내국법인의 발행주식총수 등의 5%를 초과하여 주식 등을 출연받거나 취득한 공익법인 등은 해당 사업연도 종료일부터 4개월 이내에 공익법인 등 의무이행 신고서 등 서류를 납세지 관할 지방국세청장에게 신고하여야 하며, 신고하지 않은 경우에는 가산세가 부과된다.

주식 등을 출연받거나 일반 다른 재산을 출연받은 경우로서 상속세 또는 증여세를 면제받은 공익법인은 사후관리 규정을 준수해야 한다.
즉,
① 출연받은 재산을 직접 공익목적사업 등의 용도 외에 사용하거나 출연받은 날부터 3년 이내에 직접 공익목적사업 등에 사용하지 아니하거나 3년 이후 직접 공익목적사업 등에 계속하여 사용하지 아니하는 경우

② 출연받은 재산을 수익용 또는 수익사업용으로 운용하는 경우로서 그 운용소득을 직접 공익목적사업 외에 사용하거나 80% 이상을 사용하지 않는 경우
③ 출연받은 재산을 매각하고 그 매각대금을 3년 이내 일정비율 이상을 사용하지 않는 경우
④ 주식 등을 20% 이상 출연받은 후 주식 등의 의결권을 행사한 경우
⑤ 출연재산가액의 일정비율 이상을 직접 공익목적사업에 사용하지 않은 경우 등

사후관리규정을 위반한 경우에는 상속세·증여세 또는 가산세가 추징될 수 있다.

공익법인에 재산을 출연하고자 한다면 상속세 또는 증여세 면제 요건과 주식 등 출연에 대한 제한비율 규정, 사후관리 규정을 숙지해야 하고, 그 요건에 따라 출연이 이행되고 사후관리 의무를 지켜야만 궁극적으로 상속세 또는 증여세가 면제됨을 유의해야 한다.

42 자기주식을 어떻게 처리할까?

▎의의

2011.04.14. 상법 제341조 및 제341조의2가 개정되면서 회사는 종전에 비하여 비교적 자유롭게 자기의 명의와 계산으로 일정한 금액 범위 내에서 법에서 정한 방식으로 자기주식을 취득할 수 있게 되었다.

그러나 많은 기업들은 이 개정된 상법을 활용하여 주주의 법인에 대한 가지급금을 처리하기 위하여 또는 주주가 회사의 자금을 활용하기 위하여 자기주식을 소각목적이 아닌 일시보유목적으로 해당 법인이 취득하였다. 말 그대로 일시보유목적으로 취득하였으나 수년이 지난 현재까지도 처분하지 못하고 보유하고 있다. 그래서 상법이 개정된 후 약 10년이 경과 된 지금에는 이 자기주식이 가업상속공제 규정 적용시 사업무관자산에 해당하는 등 여러 가지 문제점이 있어 이를 어떻게 처리해야 할지 많은 고민을 하고 있다.

▎기업회계기준상 자기주식 회계처리

기업회계기준에서는 자기주식은 법인의 보유 의도와는 관계없이 자기주식은 항상 미발행주식과 같이 자본조정계정으로 하여 주주지분의 차감항목으로 회계처리 하도록 규정하고 있다. 즉, 취득원가로 자본조정계정에서 자본을 차감하는 형식으로 회계처리 하도록 규정하고 있다.

▎상속세및증여세법상 자기주식 반영방법

상속세및증여세법상 비상장법인의 주식을 평가하는 경우로서 평가기준일 현재 당해 법인이 자기주식을 보유하고 있는 경우 보유목적에 따라 그 평가방법을 달리하는 것으로 해석하고 있다.

① 주식소각 또는 자본감소의 목적

주식을 소각하거나 자본을 감소시키기 위하여 보유하는 자기주식이라면 자본에서 차감하는 것이므로 발행주식총수에서 동 자기주식을 차감하여 1주당 순자산가치와 순손익가치를 평가하는 것이라고 기획재정부는 해석(재재산46014-38, 1992.1.27.)하고 있다.

② 일시보유목적

기획재정부는 주식을 취득하여 일시적으로 보유한 후 처분할 자기주식이라면 자산으로 보아 상속세및증여세법 시행령 제55조 제1항의 규정에 의하여 평가하는 것으로 해석(재재산-1494, 2004.11.10.)하였다.

상법상 자기주식 취득 범위

상법 제341조의 2에 의하면 회사는 ① 회사의 합병 또는 다른 회사의 영업전부의 양수로 인한 경우 ② 회사의 권리를 실행함에 있어 그 목적을 달성하기 위하여 필요한 경우 ③ 단주(端株)의 처리를 위하여 필요한 경우 ④ 주주가 주식매수청구권을 행사한 경우와 같이 특정목적을 위하여 자기주식을 취득할 수 있다.

또한 상법 제342조의 의하면 회사가 보유하는 자기의 주식을 처분하는 경우에 ① 처분할 주식의 종류와 수, ② 처분할 주식의 처분가액과 납입기일, ③ 주식을 처분할 상대방 및 처분방법이 정관에 규정이 없는 것은 이사회가 결정한다고 규정하고 있다.

자기주식 처리 방법

자기주식을 소각목적으로 취득하였다면 상법에 따라 적법하게 소각절차를 밟으면 된다. 그러나 만일 일시보유목적으로 자기주식을 취득한 후 현재까지 보유하고 있다면 말 그대로 일시보유목적이므로 처분해야 하므로 그 주식을 정관 및 이사회결의를 통하여 특정 주주 또는 주주가 아닌 사람에게 매도하면 된다. 물론 자기주식을 처분한 법인은 양도차익이 발생하게 되면 법인세와 증권거래세를 부담하여야 한다. 또한, 거래 당사자가 특수관계자간에 해당되면 부당행위계산 규정이 적용되므로 시가로 거래를 하여야 한다.

이후 자기주식을 취득한 주주 또는 제3자는 그 주식을 향후 자기주식을 발행한 그 법인에게 소각목적으로 매도할 수도 있다. 이 경우 취득가액과 소각대가로 받은 가액의 차액이 없는 경우에는 추가로 발생할 소득세 및 법인세는 없게 된다. 소각목적이므로 증권거래세도 없다.

다만, 조세를 회피할 목적으로 단기간에 자기주식을 일시보유목적으로 취득한 후 양도 및 소각하는 경우에는 국세기본법 제14조제3항의 실질과세 규정을 적용하여 처음부터 소각목적으로 취득한 것으로 보아 의제배당으로 소득세가 과세될 수 있음을 유의해야 한다.

43. 유상증자를 통하여 적대적인 주주 또는 자기주식의 지분율을 낮추어라

▌갑법인 주주 등 현황

사례

사실관계

주주명	지분율	주식수	1주당평가액	총주식평가액	비고
A	40%	4,000	100,000	400,000,000	부
B	20%	2,000	100,000	200,000,000	모
C	10%	1,000	100,000	100,000,000	자
D	30%	3,000	100,000	300,000,000	적대관계
			합계액	1,000,000,000	

☞ 액면가액: 1주당 10,000원

상기 사례의 경우 D주주는 A, B, C주주와 적대적 관계에 있는 주주이고 지분율도 30%나 되며, 경영에 매우 비협조 및 장부열람권 등 어려가지 문제로 걸림돌이 되므로 이 주식의 지분을 낮추고 싶다. 이런 경우 어찌하면 지분율을 낮출 수가 있을까?

▌유상증자를 통하여 지분율을 낮춤

상기 사례의 경우 A, B, C주주는 특수관계가 있는 최대주주로서 경영권을 가지고 있으므로 이사회 결의를 통하여 액면가액으로 유상증자를 실시한다. D주주도 유상증자에 참여할 수도 있겠지만 경영권이 없으므로 거의 참여하지 않을 것이므로 상대적으로 A, B, C주주의 지분율이 상승함으로 인하여 D주주의 지분율은 30% 미만으로 떨어지게 된다. 다만, 이 경우 A, B, C주주에게는 각자가 얻은 증자에 따른 이익에 대하여 증여세가 과세되므로 증자주식수, 신주발행가액, 증여세 부담액 등을 고려하여 실시해야 한다.

갑법인 주주 등 현황

사례

사실관계

주주명	지분율	주식수	1주당평가액	총주식평가액	비고
A	40%	4,000	100,000	400,000,000	부
B	20%	2,000	100,000	200,000,000	모
C	10%	1,000	100,000	100,000,000	자
갑법인	30%	3,000	100,000	300,000,000	자기주식
			합계액	1,000,000,000	

☞ 액면가액: 1주당 10,000원

상기 사례의 경우 갑법인은 자기주식을 30%나 보유하고 있다.
이 자기주식의 지분율을 낮추고 싶다. 이런 경우 어찌하면 지분율을 낮출 수가 있을까?

자기주식 외 균등증자를 통하여 지분율을 낮춤

상법상 자기주식에 대하여는 신주를 배정할 수 없다. 그래서 국세청은 "법인이 자기주식을 제외한 각 주주의 지분비율대로 균등하게 증자를 실시함으로써 특정주주가 얻은 이익이 없는 경우에는 증자에 따른 증여이익규정이 적용되지 않는다"라고 해석(서면-2015-상속증여-2216, 2015.11.23.)하고 있다.

따라서 액면가액으로 유상증자를 실시하면서 자기주식을 제외하고 나머지 A, B, C주주의 지분율대로 균등하게 유상증자를 하는 경우에는 주주간에 증여세 과세문제도 발생하지 않으면서 자기주식의 지분율을 낮출 수 있다. 다만 처음부터 조세를 회피할 목적으로 자기주식 취득 및 유상증자를 통하여 자기주식의 지분율을 낮추는 경우에는 추가적인 과세문제가 발생할 수 있으므로 주의를 해야 한다.

44. 재산취득자금 중 일부를 증여받은 경우에는 증여세 신고하는 것이 취득자금 세무조사를 피할 수 있다.

▍재산취득자금 또는 채무상환자금 증여추정

재산을 취득한 자 또는 채무를 상환한 자가 직업·연령·소득 및 재산상태 등으로 보아 재산을 자력으로 취득하였다고 인정하기 어려운 경우 또는 채무를 자력으로 상환(일부상환을 포함한다)하였다고 인정하기 어려운 경우에는 그 재산을 취득한 때에 또는 그 채무를 상환한 때에 재산취득자금 또는 채무상환자금을 그 재산의 취득자 또는 그 채무자가 증여받은 것으로 추정하여 증여세를 과세한다(상증법 §45).

▍증여추정 배제

다음과 같은 금액에 의하여 충분히 소명하는 경우

① 신고하였거나 과세(비과세 또는 감면받은 경우를 포함)받은 소득금액
② 신고하였거나 과세받은 상속 또는 수증재산의 가액
③ 재산을 처분한 대가로 받은 금전이나 부채를 부담하고 받은 금전으로 해당 재산의 취득 또는 해당 채무의 상환에 직접 사용한 금액

상기의 ①,②,③에 의한 미입증 금액이 일정금액 미만인 경우

미입증 금액 < min(재산취득가액 또는 채무상환자금×20%, 2억원)

- 재산취득가액 또는 채무상환자금이 10억원 이하인 경우 : 80% 초과입증
- 재산취득가액 또는 채무상환자금이 10억원 초과시 : 미입증금액이 2억원 미만

재산취득가액 또는 채무상환자금이 증여추정배제기준에 해당하는 경우

구분	취득재산		채무상환	총액한도
	주택	기타재산		
30세 미만	5천만원	5천만원	5천만원	1억원
30세 이상	1.5억원	5천만원	5천만원	2억원
40세 이상	3억원	1억원	5천만원	4억원

☞ 재산취득자 등의 10년간 누적금액 기준임.

증여추정 재산가액

입증하지 못하는 금액 전부가 증여추정이 되는 증여재산가액이 된다.

사례 1

사실관계
- 취득재산가액 : 10억원
- 자금출처입증 : 신고한 증여재산 8.1억원
- 소명율 : 81%
• 증여추정 안함.
• 1.9억원에 대하여 절세(세액기준 3,800만원 절세)

사례 2

사실관계
- 취득재산가액 : 10억원
- 자금출처입증금액 : 8.1억원
  • 신고된 소득금액 : 5.1억원
  • 신고한 증여재산 : 3억원(증여세 산출세액 0.5억원)
- 소명율 : 81%
• 증여추정 안함.
• 1.9억원에 대하여 절세(세액기준 2,800만원 절세)

> **사례 3**
>
> 사실관계
> - 취득재산가액 : 10억원
> - 자금출처입증 : 5.1억원
>   • 신고 및 과세된 소득금액 : 5.1억원
> - 소명율 : 51%
>   • 증여추정 재산가액은 4.9억원(증여세 산출세액 8,800만원)
> ☞ 재산취득자금 출처 조사대상자가 될 수 있음.

▌절세전략

최근 아파트 등 주택가액이 폭등하면서 취득자금에 대한 세무조사가 한층 강해졌다. 자금출처가 모두 입증된다면 걱정이 없겠지만 만일 재산취득자금 중 상당부분이 실제 증여받은 것이라면 세무조사를 피할 수 있는 방법을 생각하는 것도 중요하다. 국세청은 재산취득자금에 대하여 조사대상자로 선정하기 위하여 서면분석하는 과정에서 신고하였거나 과세받은 소득 등에 의하여 자금출처가 80% 이상 입증이 되는 경우에는 실지조사대상자로 선정하지 않을 수 있다. 그러나 자금출처로 확인되는 금액이 80%에 미달하는 경우에는 조사실익을 따져서 세무조사 대상자로 선정될 수 있다. 만일 재산취득자금 조사대상자로 선정이 되는 경우에는 금융자료 등으로 사실상 재산취득자금의 출처를 100% 소명하여야 하고 소명하지 못하는 금액에 대하여 전부 증여세가 과세된다.

그러므로 부동산취득자금 중 일부를 사실상 증여받은 사실이 있는 경우에는 일정 금액에 대하여 증여세를 신고하는 것이 유리하다. 즉, 증여세를 신고한 경우에는 신고한 증여재산을 포함하여 취득재산 또는 채무상환자금의 80%을 초과하는 금액(취득재산 등의 가액이 10억원을 초과하는 경우 2억원 미만)만 입증하게 되면 증여추정규정이 적용되지 않고 또한 세무조사 대상자로 선정되는 것을 피할 수 있기 때문이다.

한편, 2022년 이후부터 재산등 취득자금에 대하여 재산취득자가 자금원천을 소명하지 못하여 증여세를 과세할 때 증여자 추정 없이 증여세를 과세할 수 있다. 이 증여추정재산가액은 합산배제증여재산에 해당하므로 소명하지 못하는 자산별로 증여추정 규정이 적용되고, 이 경우 다른 증여재산과 합산과세되지 않으며, 증여추정재산가액에서 3천만원을 공제한 금액이 증여세 과세표준이 된다.

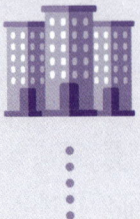

IV

재산평가 분야

01 비상장주식을 매매하거나 또는 유상증자·유상감자 등 주식변동을 하고자 할 때에는 반드시 세법에 따라 평가한 후 실행해야 한다.

　비상장법인의 주식을 소유한 주주가 해당 법인의 주식을 매매 등 사유로 이동시킬 때 해당 주식을 평가하지 않고 단순히 액면가액으로 거래를 하는 경우가 종종 있다. 또한 유상증자를 하는 경우에도 세법상의 과세문제를 검토하지 않고 단순히 필요한 자금을 제3자 배정, 특정주주의 신주인수 등 불균등 유상증자를 통하여 조달하기도 한다. 심지어 해당 주식을 증여를 받을 때도 액면가액으로 증여세 신고하는 경우도 있다.

　하지만 세법상의 평가액으로 매매하지 않고 시가보다 훨씬 낮은 가액으로 매매하는 경우에는 다음과 같은 문제점이 있다. 먼저 상속세및증여세법상 시가보다 훨씬 낮은 가액을 인수하는 경우에는 저가 양수자 입장에서 시가와 대가와의 차액상당액에 대하여 상속세및증여세법 제35조에 따른 증여세 과세문제가 발생된다. 또한 양도자 입장에서도 특수관계인에게 시가보다 훨씬 낮은 가액으로 양도한 경우에는 소득세법 제101조에 따라 시가를 양도가액으로 하여 양도소득세를 계산하는 부당행위계산 규정이 있다.

　또한 법인이 유상증자를 하는 과정에서 각 주주의 지분율대로 신주를 인수하지 않는 경우로서 그 신주를 시가보다 저가 또는 고가로 발행하는 경우에는 주주간에 상속세및증여세법 제39조의 증자에 따른 이익의 분여가 발생하게 되어 이익을 얻은 주주에게 마찬가지로 증여세 과세문제가 발생하게 된다. 또한 그 법인의 주주가 영리법인인 경우에도 분여하거나 또는 분여받은 이익상당액에 대하여 법인세법 제52조에 따른 부당행위계산 규정이 적용되어 법인세 과세문제가 발생한다.

또한 법인이 유상감자하는 경우에도 시가보다 저가 또는 고가로 유상감자하는 경우로서 특정주주의 주식만을 매입소각하는 경우에는 상속세및증여세법 제39조의2에 따른 감자에 따른 이익을 얻은 경우 그 이익에 대하여 증여세 과세문제가 발생한다. 만일 주주가 법인인 경우에는 법인세법에 따라 감자에 따른 이익을 분여받은 경우 그 이익은 익금산입되고 이익을 반대로 분여한 경우에는 부당행위계산 규정이 적용되어 법인세 과세문제가 발생한다.

따라서 법인의 주주가 소유하고 있는 비상장주식을 매매하거나 또는 해당 법인이 유상증자·유상감자 등 주식변동을 하고자 할 때에는 반드시 세법에 따라 평가한 후 실행해야 함을 명심해야 한다.

02. 기준시가로 신고한 꼬마빌딩 및 초고가주택은 국세청이 직접 감정평가 의뢰하여 과세할 수 있다.

▌공시가격의 시가반영률

(비율단위 : %)

구분	2020년	2021년	2022년	2023년	2024년
토지	65.5	68.4	71.4	65.4	65.4
단독주택	53.6	55.8	57.9	53.5	54.4
공동주택	69.0	70.2	71.5	69.0	68.9

☞ 자료 : 국토교통부 보도자료(2024.9.12)

일반적으로 부동산의 경우 상기 국토교통부의 보도자료와 같이 공시가격의 실거래가의 반영률이 아직도 70%에 미치지 못하고 있다. 즉, 공시가격은 실제로 거래되는 가액보다 훨씬 낮은 가액으로 공시되고 있다.

▌상속·증여재산의 평가 원칙

상속·증여재산의 가액은 시가를 원칙으로 하고 있으며, 시가를 확인하기 어려운 경우에 한하여 상속세및증여세법 제61조부터 제65조까지의 규정에 따라 기준시가 등 보충적인 방법으로 평가하도록 하고 있다. 아파트 또는 오피스텔 등 집합건물은 매매사례가액이 있어 거의 대부분 시가로 과세되고 있으나 비주거용 부동산이나 단독주택, 초고가 주택은 아파트 등 집합건물과 달리 물건별로 개별적인 특성이 강해서 비교대상 물건이 거의 없고 거래도 빈번하지 않아 매매사례가액을 확인하기 어려워 종전에는 대부분 공시가격으로 상속·증여재산을 평가하여 신고하여 왔다.

꼬마빌딩 및 초고가주택은 감정가액으로 평가 후 과세

국세청은 "2019.02.12. 이후 상속 및 증여받은 부동산 중 꼬마빌딩 등 비주거용 부동산 및 나대지 등의 편법증여를 차단하기 위하여 상속·증여세 결정과정에서 시가로 감정해 상속·증여세를 부과하겠다"라고 보도자료(2020.01.31.)를 통하여 밝혔고, 현재 실행 중에 있다.

또한 국세청은 초고가주택도 2025.01.01. 이후 법정결정기한이 도래하는 분부터 감정평가대상에 포함시키는 훈령을 개정하였다.

구체적인 평가대상이 되는 꼬마빌딩이나 초고가주택의 금액규모 등은 구체적으로 밝히지 못한다고 하면서 고가의 상속·증여 물건을 대상으로 한다고 밝히고 있는 바 고가의 꼬마빌딩 및 주택 등을 상속·증여시 유의해야 한다.

국세청 감정평가에 대한 법원판결 동향

☐ 납세자 승소(일부승소포함) 판례

☞ 과세관청의 소급감정으로 이루어진 이 사건 감정가액은 가격산정기준일이 증여일이 아니므로 시가라고 볼 수없고, 반면 가격산정기준일을 증여일로 재산정한 감정가액은 시가에 해당하므로, 과세관청의 부과처분은 정당세액을 초과하는 범위에서 취소되어야 함(서울고등법원2023누62108, 2024.11.06.)

☞ 이 사건 감정가액의 가격산정기준일과 상속개시일 사이에 '가격변동의 특별한 사정'이 없다는 주장에 대한 충분한 증명이 없는 반면, 법원의 감정결과에 따른 감정가액은 그 평가방법이 위법 부당하다고 볼 수 없으므로 상속개시일인 현재의 이 사건 부동산의 시가로 인정할 수 있음(서울고등법원2023누39412, 2024.10.11.)

☞ 상속개시일로부터 6개월 1일이 경과한 날을 가격산정기준일로 한 이 사건 감정가액을 이 사건 상속개시 당시의 시가로 보려면 이 사건 감정가액의 가격산정기준일과 상속개시일 사이에 '가격변동의 특별한 사정'이 없다고 보기 위해서는 보다 엄격한 증명이 필요하다고 할 것인데, 이에 관한 충분한 증명이 없는 반면, 법원의 감정결과에 의하면, 그 평가방법에 있어서 위법하거나 부당한 점을 찾아볼 수 없어 이 사건 상속

개시일 현재의 이 사건 부동산의 시가로 인정할 수 있음(서울고등법원 2023누 68151, 2024.10.11.)

☐ 납세자 패소 판례

☞ 부동산에 대한 감정가액이 공신력 있는 감정기관에 의하여 객관적·합리적으로 평가된 이상 소급감정이라 하여도 위법하다고 볼 수 없음(서울고등법원 2024누34209, 2024.11.22.)

☞ 과세관청이 감정을 의뢰할 수 있고 객관적, 합리적인 방법으로 이루어져 객관적 교환가치를 반영한 가액인 경우 시가로 인정될 수 있음(서울고등법원 2024누39853, 2024.10.10.)

☞ 과세관청이 감정 의뢰한 감정가액을 시가로 인정할 수 있고, 과세관청의 선별적 감정에 따른 과세처분은 조세법률주의 및 조세평등주의에 위배되지 아니함(서울고등법원 2023누35366, 2024.08.20.)

현재 납세자가 기준시가로 신고한 것에 대하여 국세청이 법정결정기한 이내에 감정평가를 의뢰하여 감정평가한 후 평가심의위원회 자문을 거쳐 시가로 적용하여 상속세 및 증여세를 과세한 것에 대하여 법원에 계류 중이다. 현재 대법원 판결은 없지만 고등법원 판결은 나와 있는 상태이며, 판결의 결과는 일관성 없이 재판부에 따라 업치락 뒤치락 하고 있다.

그러나 분명한 것은 국세청이 감정평가를 하고 있는 근거법령은 문제가 없다고 판단하고 있다는 것이다. 다만, 평가하는 방법적인 측면에서 여러 가지 문제점이 있어 국세청이 패소하고 있을 뿐이다. 이에 국세청은 상속세및증여세 사무처리규정을 개정하여 감정평가대상을 보다 명확하게 규정하고 평가방법도 나름 객관성을 높이고 있어 향후 국세청이 감정평가 의뢰한 것에 대하여 납세자가 승소할 가능성은 매우 낮다고 판단된다. 그러므로 납세자 입장에서 앞으로 감정평가를 피하는 방법을 연구하는 것이 더 중요할 듯 하다.

사례

> **사례**
>
> **사실관계**
> - 甲은 고급단독주택 지역으로 소문난 서울시 **구에서 2023년 3월에 단독주택을 10억원에 취득하였으며, 현재 개별주택가격은 6억원임.
> - 이 주택을 2025년 4월 공시가격이 오르기 전에 자녀에게 증여하고자 함.

절세전략

기준시가로 평가되는 저가주택 등을 취득하여 상속 또는 증여하라

상기 사례와 같이 실거래가 반영률이 매우 낮고 초고가 주택에 해당되지 않은 주택으로서 기준시가로 평가되는 단독주택이나 농지 등을 매매 등으로 취득하여 그 매매가액이 시가로 적용되지 않는 2년 후에 상속 또는 증여하는 것이 세부담면에서 절세할 수 있다.

유사매매사례가액 등 시가를 적용하기 힘들고 초고가주택에 해당되지 않는 단독주택이나 토지 등을 취득하여 상속 또는 증여하는 것이 기준시가로 상속 또는 증여재산이 평가되므로 상속세 또는 증여 부담면에서 유리하다. 다만, 평가기준일 전 2년이내와 평가기준일 후 상속·증여세 법정결정기한(상속의 경우 상속세 신고기한 다음날부터 9개월, 증여의 경우 증여세 신고기한 다음날부터 6개월)까지 매매가액 및 감정가액 등 시가가 없는 경우를 전제로 한다.

만일 해당 부동산 취득계약일로부터 6월이내에 상속 또는 증여가 이루어지는 경우에는 그 매매가액은 상속재산 또는 증여재산의 시가로 바로 적용되며, 취득계약일로부터 2년이 지나기 전에 상속 또는 증여가 이루어지는 경우에도 그 취득가액은 상속세및증여세법 시행령 제49조 제1항 단서에 따라서 계약일부터 평가기준일까지 가격변동이 없는 경우로서 재산평가심의위원회의 자문을 거쳐 시가에 포함될 수도 있기 때문이다. 현재 정부는 공시가격의 가격현실화 하여 실거래가 반영율을 최대한 높이고자 하고 있으므로 유의해야 한다.

수회로 분할하여 생전에 증여하라

증여재산에 대하여 법정결정기한 후에 감정평가가 된 것은 시가로 인정되지 않는다. 또한 상속은 언제 개시될지 알 수 없지만 증여는 특정한 날을 정하여 증여할 수가 있다. 그러므로 국세청의 감정평가대상이 되는 부동산은 수 회로 분할 증여하여 국세청의 감정평가를 피하는 방법이다.

아파트 등 유사매매사례가액 적용할 수 있는 재산은 제외

부동산 중 특히 아파트, 오피스텔, 집단상가 등 유사매매사례가액을 시가로 적용할 수 있는 부동산의 경우에는 현재 거의 시가로 평가하여 과세되고 있으므로 절세의 효과가 없다.

꼬마빌딩 또는 초고가주택 등 국세청이 감정평가 해서 과세할 수 있는 부동산도 절세 효과 없음

또한 상속세·증여세결정기한 이내에 국세청이 감정해서 과세할 수 있는 꼬마빌딩이나 초고가주택은 절세의 효과가 없다.

다만, 이후 양도시 취득가액이 됨을 유의

기준시가로 평가되는 부동산을 취득하여 상속 또는 증여하는 경우로서 그 기준시가로 상속세 또는 증여세를 과세받은 경우에는 이후 그 상속재산 또는 증여재산을 양도하여 양도차익을 산정할 때 그 기준시가가 취득가액이 됨을 유의해야 한다.

03 상속·증여재산 신고기한 다음날부터 9개월(증여는 6개월)까지의 기간 동안 매매가액 등도 시가로 적용할 수 있다.

▍평가기간 이내의 매매가액 등 시가인정

상속세나 증여세가 부과되는 재산의 가액은 상속개시일 또는 증여일 현재의 시가에 따른다. 이때 시가란 불특정다수인 사이에 자유롭게 거래가 이루어지는 경우에 통상적으로 성립된다고 인정되는 가액으로 하고 수용·공매가격 및 감정가격 등 상속세및증여세법 시행령 49조에서 정하는 바에 의하여 시가로 인정되는 것을 포함한다. 동 규정에 따른 시가에는 평가기간 이내(상속개시일 전후 6월, 증여재산의 경우에는 평가기준일전 6개월부터 평가기준일 후 3월까지) 이내의 기간 중 매매·감정·수용·경매 또는 공매가 있는 경우로서 그 매매가액 등이 확인되는 경우 그 가액은 시가에 해당한다(상증령 §49①).

▍평가기간 밖의 매매가액 등 시가인정

평가기간에 해당하지 아니하는 기간으로서 평가기준일 전 2년 이내의 기간 중에 매매·감정·수용·경매 또는 공매가 있는 경우로서 평가기준일과 다음의 어느 하나에 해당하는 날까지의 기간 중에 가격변동의 특별한 사정이 없다고 인정되는 때는 이를 평가심의위원회의 자문을 거쳐 시가로 적용할 수 있다.

① 매매의 경우에는 매매계약일
② 감정가액의 경우에는 가격산정기준일과 감정가액평가서 작성일
③ 수용·경매 또는 공매의 경우에는 보상가액, 경매가액 또는 공매가액이 결정된 날

또한 2019.02.12. 상속·증여분부터는 상속세및증여세법 시행령 제78조 제1항에 따른 기한(상속세과세표준 신고기한부터 9개월, 증여세과세표준 신고기한부터 6개월)까지의 기간 중에 매매 등이 있는 경우에도 이를 시가에 포함시킬 수 있다. 평가기간이 경과한 후부터 상속세및증여세법 제78조 제1항에 따른 기한(상속의 경우 상속세과세표준 신고기한부터 9개월까지, 증여의 경우 증여세과세표준 신고기한부터 6개월)의 기간 중에 매매 등 있는 경우에는 해당 매매등이 있는 날부터 6개월 이내에 매매 등의 가액의 입증자료를 첨부하여 평가심의위원회에 신청해야 한다(상증령 §49조의2⑤,⑥).

▌상속세 및 증여세 법정신고기한까지 신고한 경우에는 신고일 이후의 유사사례가액은 시가적용 배제

평가대상재산과 면적·위치·용도 및 종목이 동일하거나 유사한 다른 재산에 대한 유사매매사례가액 적용에 대한 납세자의 예측가능성을 증가시킬 목적으로 상속세 및 증여세 과세표준 신고기한 이내에 상속세 또는 증여세를 신고한 경우에는 평가기준일 후 6개월(증여의 경우 3개월) 이내의 신고일 후의 매매가액은 적용하지 않는다(상증령 §49④).

이 경우 유사사례가액은 해당 재산과 면적·위치·용도·종목 및 기준시가가 동일하거나 유사한 다른 재산으로 다음의 구분에 따른 재산을 말한다(상증칙 §15③).

① 부동산 가격공시에 관한 법률에 따른 공동주택가격이 있는 공동주택의 경우에는 다음의 요건을 모두 충족하는 주택을 말한다. 다만, 해당 주택이 둘 이상인 경우에는 평가대상 주택과 공동주택가격 차이가 가장 적은 주택을 말한다.
  ⓐ 평가대상 주택과 동일한 공동주택단지(공동주택관리법에 따른 공동주택단지를 말한다) 내에 있을 것

ⓑ 평가대상 주택과 주거전용면적(주택법에 따른 주거전용면적을 말한다)의 차이가 평가대상 주택의 주거전용면적의 100분의 5 이내일 것
　　ⓒ 평가대상 주택과 공동주택가격의 차이가 평가대상 주택의 공동주택가격의 100분의 5 이내일 것
② ① 외의 재산의 경우: 평가대상 재산과 면적·위치·용도·종목 및 기준시가가 동일하거나 유사한 다른 재산

꼬마빌딩 및 초고가주택은 감정가액으로 평가 후 과세

국세청은 "2019.02.12. 이후 상속 및 증여받은 부동산 중 꼬마빌딩 등 비주거용 부동산 및 나대지 등의 편법증여를 차단하기 위하여 상속·증여세 결정과정에서 시가로 감정해 상속·증여세를 부과하겠다"라고 보도자료(2020.01.31.)를 통하여 밝혔고, 현재 실행 중에 있다.

또한 국세청은 초고가주택도 2025.01.01. 이후 법정결정기한이 도래하는 분부터 감정평가대상에 포함시키는 훈령을 개정하였다.

구체적인 평가대상이 되는 꼬마빌딩이나 초고가주택의 금액규모 등은 구체적으로 밝히지 못한다고 하면서 고가의 상속·증여 물건을 대상으로 한다고 밝히고 있는 바 고가의 꼬마빌딩 및 주택 등을 상속·증여시 유의해야 한다.

주의사항

상속세 및 증여세 법정결정기한까지 평가대상 재산에 대한 매매가액 또는 감정가액의 평균액 등이 있는 경우에도 시가로 적용될 수 있고, 평가기준일 전 2년부터 상속세 및 증여세 법정결정기한까지 매매가액 또는 감정가액의 평균액 등이 있는 경우에도 이를 시가로 적용할 수 있게 되었다.

04 증여세 또는 상속세 신고일 후의 유사매매사례가액은 시가로 보지 않는다.

▎상속·증여재산의 시가 평가 원칙

증여·상속세를 계산하려면 우선 증여·상속받은 재산의 경제적 가치를 적정 금액으로 평가해야 한다. 이를 재산 평가라 하며, 재산 평가액은 원칙적으로 증여일 또는 상속 개시일(평가기준일) 현재의 시가에 따른다. 시가에 해당하는 가액이 없는 경우에 한해 기준시가 등의 방법을 활용한다.

이때 시가란 불특정 다수인끼리 자유롭게 거래가 이뤄진 경우에 통상적으로 성립된다고 인정되는 가액을 말한다. 평가기준일 전후 6개월(증여재산의 경우에는 평가기준일 전 6개월부터 평가기준일 후 3월까지) 이내에 평가대상 재산에 대한 매매가액이 있거나 둘 이상의 감정평가법인이 감정한 가액의 평균액이 있는 경우 또는 공매·경매·수용보상가액이 있으면 이를 시가로 인정한다.

또한 평가기준일 전 2년 이내의 기간 중에 매매 등이 있거나 평가기간이 경과한 후부터 상속증여세 법정결정기한(상속은 신고기한 다음날부터 9개월, 증여는 6개월)의 기간 중에 매매가액 등이 있는 경우에도 시간의 경과 및 주위환경의 변화 등을 감안하여 가격변동의 특별한 사정이 없다고 인정되는 때에는 국세청 평가심의위원회의 자문을 거쳐 당해 매매 등의 가액을 시가에 포함시킬 수 있다(상증령 §49①).

■ 신고일 이후의 유사매매사례가액의 시가 적용 배제

평가대상 재산과 면적·위치·용도·종목 및 기준시가가 동일하거나 유사한 다른 재산에 대한 매매·감정가액의 평균액, 공매·경매·수용보상가액이 있는 경우에는 유사매매사례가액이라 하여 평가대상 재산의 시가로 평가한다.

하지만 유사매매사례가액의 시가 적용은 증여·상속세 법정 신고 이내에 세금을 신고했다면, 신고일 이후의 유사매매사례가액은 시가로 적용하지 않는다(상증령 §49④).

■ 유사사례가액보다 당해 재산에 대한 감정가액등이 우선 시가 적용

유사사례가액보다 평가대상 자산에 대한 감정평가액 또는 매매가액이 있는 경우에는 그 감정평가액 등이 평가기한 이내에 있는지 아니면 평가기간 외에 있는지 여부 불문하고 시가로 우선 적용한다(기준-2020-법령해석재산-0170, 2021.08.18.).

■ 유사사례가액을 피할 수 없는 경우 감정평가를 함

만일 증여재산 또는 상속재산에 대하여 유사매매사례가액이 있어 시가 과세를 피할 수 없다고 판단되면 최대한 가액을 낮춰 감정평가를 진행하여 신고하는 것이 오히려 절세가 될 수 있다.

또한, 유사매매사례가액으로 신고하였는데 관할세무서에서 법정결정기한 이내에 상속세 또는 증여세를 결정하는 과정에서 신고한 유사사례가액보다 더 높은 유사사례가액이 확인되는 경우에는 당초 신고한 가액에 상당하는 유사사례가액으로 감정평가를 받아서 평가심의위원회의 자문을 거치는 경우에는 그 감정평가액이 우선 적용되므로 이를 활용하는

것도 하나의 절세방법이다.

절세전략

국세청 감정평가대상이 되지 않는 정도의 규모인 나홀로 아파트, 저층 아파트, 대형평형 등 매매가 잘 되지 않는 아파트 등을 증여받거나 상속받은 경우 빠른 시일 내에 신고하는 것이 신고일 후의 유사매매사례가액의 적용을 피할 수 있다.

특히 거래가 뜸한 대형 아파트를 증여받고자 할 때 증여 직전까지 국토교통부 실거래가 공개시스템(rt.molit.go.kr) 또는 국세청 홈택스 등에서 유사매매사례가액이 없는 것을 확인했다면, 증여등기를 마친 후 곧바로 기준시가로 일단 증여세를 신고하는 것이 절세하는 길이다.

증여세 신고한 후에 신고일 전에 이미 매매계약이 체결된 유사매매사례가액이 국토교통부 실거가액 공개시스템 등에서 확인이 가능하다면 법정신고기한 이내에 다시 수정신고를 하면 신고세액공제를 적용받을 수 있고 또한 가산세부담도 없다.

만일 신고일전에 매매계약이 체결된 유사매매사례가액이 없다면 기준시가로 신고한 증여세가 유효하게 된다.

05 시가가 없는 임대차계약이 체결된 부동산을 증여받거나 상속받은 경우에는 임대료 등 환산가액과 기준시가를 비교해야 한다.

▌임대차계약이 체결된 재산은 임대료 등 환산가액과 비교

증여나 상속을 받은 재산을 평가할 때는 시가로 평가하는 것이 원칙이다. 하지만 아파트·오피스텔 등 집합 건물을 제외하고는 시가에 해당하는 가액이 없는 경우가 대부분이다. 그래서 기준시가로 평가하게 된다.

특히 근린생활시설 등 상가 건물은 시가에 해당하는 가액이 없으면서 거의 대부분 임대차계약이 체결된 경우가 많다. 이럴 때는 임대료 등 환산가액과 기준시가를 비교해 큰 금액으로 평가해야 한다.

▌임대료 등 환산가액이란

임대료 등 환산가액이란 1년간 임대료를 기획재정부령이 정하는 이자율인 12%로 나눈 금액과 임대보증금을 합한 금액을 말한다. 1년간 임대료는 평가기준일 현재의 월 임대료를 1년으로 환산한다(재산-1579, 2009.07.30.). 이 경우 임대료에는 부가가치세는 제외되며, 임대사업자가 간이과세인 경우에는 부가가치세가 포함된다(서면4팀-3722, 2006.11.09.).

【임대차계약 체결된 부동산의 평가특례】

평가액 = Max[①, ②]

① 각 재산에 대한 보충적 평가액

② 임대료등 환산가액 = 임대보증금 + $\dfrac{1년간\ 임대료}{기획재정부령이\ 정하는\ 율(12\%)}$

> **사례**
> - 신당동 소재 상가 건물 1층의 기준시가는 5억원임.
> - 평가기준일 현재 보증금 1억원에 월세 500만원(관리비와 부가가치세 별도)으로 임대차계약이 체결됨.
> - 임대료등 환산가액 : 1억원+[(5,000,000×12)/0.12]=6억원

상기 부동산을 증여받거나 또는 상속받은 경우로서 감정가액의 평균액 등 시가에 해당하는 가액이 없는 경우에는 부동산의 가액은 기준시가와 임대료 등 환산가액 중 큰 금액인 6억원으로 평가되는 것이다.

재산평가 마지막에 반드시 저당권 등이 설정된 재산에 해당하는지 검토

재산평가 마지막 단계에서는 항상 평가대상 재산에 저당권 등이 설정돼 있거나 양도담보재산 또는 전세권이 등기된 재산(임대보증금 받고 임대한 재산 포함)에 해당하는지 검토해야 한다. 이때 시가와 채권액 중 큰 금액으로 평가한다.

만일 위의 상가 건물을 금융기관 등에 담보로 제공한 뒤 7억원을 대출받고 근저당권을 설정(채권최고액 7억7000만원)했다면, 임대료 등 환산가액인 6억원보다 2억원 큰 채권액(8억원)이 최종 평가액이 된다. 이때 채권액은 보증금인 1억원에 대출액인 7억원을 더한 값이다.

절세전략

시가가 없는 상가 건물을 평가할 때에는 반드시 임대차계약이 체결되어 있는지, 저당권은 설정되어 있는지를 확인해야 한다. 만일 임대료 등을 반영한 재산평가액이 기준시가보다 크다면 임대료를 낮추고 임대보증금을 조금 올리는 등으로 조정하거나 또는 근저당권의 해지 등을 통하여 평가액을 낮추어야 한다.

06. 상속받은 재산을 처분하고자 하는 경우에는 6개월 내에 매매계약을 체결하도록 하라.

▌사례

> **사례**
> - 피상속인 갑의 사망일 : 2025.03.05.
> - 상속인 : 배우자와 자녀
> - 상속재산 : [임야(기준시가) : 3억원, 단독주택 : 3억원, 기타재산 2억원]
> - 임야를 2025.07.20.에 5억원에 매매하기로 매매계약을 체결함.

▌상속개시일로부터 6개월 이내 매매계약 체결된 경우 시가해당

상속받은 재산에 대하여 상속개시일로부터 6개월 이내에 불특정다수인간의 자유로운 거래에 의하여 매매된 경우 그 매매가액은 상속재산의 시가에 해당하며, 상속개시일로부터 6개월 이내인지 여부는 거래가액이 확정되는 매매계약체결일로 판단한다(상증령 §49①②).

▌양도소득세 부담 없음

그러므로 상속인이 상속재산을 상속개시일로부터 6개월 이내에 매매계약을 체결하고 양도한 경우에는 그 매매가액이 상속재산의 시가에 해당하고 양도소득세 계산시 취득가액이 되어 양도차익이 발생하지 않아 부담할 양도소득세는 없다.

▍상속세 부담

한편, 국내에 거주하다가 사망하는 등 거주자(국내에 주소를 두거나 183일 이상 거소를 둔 사람을 말함)의 사망으로 상속이 개시되는 경우로서 상속인으로 배우자와 자녀가 있고 그 상속인이 상속받은 경우에는 10억원(일괄공제 5억원, 배우자 상속공제 5억원)까지 상속세 부담 없다. 상속인으로 자녀만 있는 경우 5억원(일괄공제)까지 상속세 부담 없다. 다만, 상속재산이 상속공제액을 초과하여 납부할 상속세가 있는 경우에는 오히려 6개월 이내 체결된 매매가액이 시가로 적용됨으로 인하여 상속세 부담이 훨씬 커질 수도 있음을 유의해야 한다.

▍절세전략

상담한 사례 중 상속재산 토지가 있었는데 해당 토지는 비사업용 토지로서 상속세 신고할 당시 수용예정은 되어 있으나 수용이 본격적으로 진행되지 않은 상태에 있었다. 상속개시일 현재 달리 시가에 해당하는 가액이 없었다.

상속세 신고기한 이내에 수용이 되어 이미 보상가액이 결정이 되었다면 그 보상가액이 상속재산의 시가에 해당하고 취득가액과 양도가액이 동일하여 양도소득세 부담은 없게 된다. 그러나 만일 상속세 법정결정기한(상속세 신고기한 다음날부터 9개월)이 지나서 수용이 된다면 그 수용보상가액이 양도가액이 되고 취득가액은 상속개시당시 별도의 시가가 없기 때문에 개별공시지가가 될 것이다.

그러면 결국 공시지가와 수용보상가액의 차액이 양도차익으로 흡수되어 엄청난 양도소득세를 부담하게 될 것으로 예상되었다.

이러한 사례의 경우에는 일반적으로 토지 등을 수용할 때 수용기관에서는 수용에 따른 보상금을 지급하기 위하여 수용할 토지를 둘 이상의 감정평가법인에 의뢰하여 감정을 한 후에 그 감정가액의 평균액으로 보상금을 지급하는 경우가 많다. 그러므로 이러한 감정가액의 평균액이 있는 경우로서 그 감정평가서 작성일이 상속개시일 전후 6월 이내에 해당되는 경우에는 그 감정가액의 평균액이 시가가 되는 바, 이러한 감정가액의 평균액을 확인하여 상속세를 신고할 수 있다.

만일 그 감정가액이 상속세및증여세법상 인정되지 아니하는 감정가액에 해당하거나 또는 감정가액의 평균액이 없는 경우에는 상속세를 신고할 때 적극적으로 2개 이상의 감정평가업자로부터 감정을 받아서 그 감정가액의 평균액으로 신고한다면 양도소득세 부담을 크게 줄일 수 있다.
물론 상속재산이 시가로 평가됨으로 인하여 상속세 부담은 늘어날 수 있으므로 양도소득세의 부담보다 상속세 부담이 적은 경우이어야 한다.

또한 2019.02.12. 이후 상속분부터 상속개시일후 6개월이 지난 경우로서 상속세 법정결정기한(상속세 신고기한 다음날부터 9개월) 이내에 해당 재산에 대한 감정가액의 평균액 등 시가에 해당하는 가액이 있는 경우에도 평가심의위원회 자문을 거쳐 시가로 인정된다.

07 비상장주식을 저가로 양도하는 경우에는 반드시 체크해야 할 사항이 있다.

비상장법인의 주식을 특수관계인 또는 특수관계인이 아닌 자에게 시가보다 훨씬 낮은 가액으로 양도하는 경우가 있을 수 있다. 이 경우 양도하는 자 또는 양수하는 자가 개인이거나 법인인 경우, 또는 거래당사자가 특수관계인에 해당하거나 부동산과다보유법인에 해당하는 경우 등에 따라 여러 가지 상황에 따른 과세문제가 발생한다.

이러한 비상장주식을 저가로 양도하였을 경우 양도자 또는 양수자 입장에서 각 세법상 어떠한 과세문제가 있는지 여부를 체크할 필요성이 있다. 그렇지 않았을 경우 돌이킬 수 없는 과세 문제가 발생할 수 있다.

▎양도자에 대한 체크사항

양도자가 개인인 경우 부당행위계산 규정 검토

비상장주식을 특수관계인에게 시가보다 저가로 양도한 자가 개인인 경우로서 그 시가와 거래가액의 차액이 3억원 이상이거나 시가의 100분의 5에 상당하는 금액 이상인 경우에는 시가를 양도가액으로 하여 양도소득세를 계산한다(소법§101). 이 때 특수관계 있는 자와의 거래가 부당한 행위에 해당하는지 여부는 거래 당시인 매매계약일을 기준으로 판단하며(소득세법 집행기준 101-167-2), 시가는 상속세및증여세법 제60조부터 제66조에 따라 평가한 가액이 된다(소령 §167⑤).

양도자가 법인인 경우에도 부당행위계산 규정 검토

다만, 특수관계인에게 매도한 양도자가 법인인 경우로서 그 시가와 거래가액의 차액이 3억원 이상이거나 시가의 100분의 5에 상당하는 금액 이상인 경우에는 시가와 대가와의 차액은 익금에 산입하여 당해 법인의 각 사업연도의 소득금액을 계산한다(법법§52). 또한 그 익금산입된 금액에 대하여 배당·상여·기타소득으로 양수자에게 소득처분되어 소득세가 과세된다. 이 경우 해당 거래가 부당행위의 유형에 해당하는지 여부는 매매계약일 현재를 기준으로 판단하며(법인세법 집행기준 52-88-5), 시가는 법인세법 시행령 제89조제1항에 따르며, 동 규정에 따른 시가가 없는 경우로서 보충적인 방법으로 평가할 때에는 상속세및증여세법에 따른 평가액으로 한다(법령 §89②).

법인이 특수관계 없는 자에게 저가양도한 경우 비지정기부금 검토

법인이 비상장법인의 주식을 양도함에 있어서 법인세법 시행령 제87조의 규정에 의한 특수관계자 외의 자에게 정당한 사유없이 정상가액보다 낮은 가액으로 양도함으로서 그 차액 중 실질적으로 증여한 것으로 인정되는 금액은 기부금(비지정기부금)으로 보는 것이고, 이 경우 정상가액은 시가에 시가의 100분의 30을 차감한 가액이 된다(서면2팀-2340, 2004.11.15.).

증권거래세법상 증권거래세의 부당행위 계산 검토

비상장주식을 시가보다 저가로 매매하여 소득세법 제101조, 법인세법 제52조 또는 상속세및증여세법 제35조가 적용되는 경우(국제조세조정에 관한 법률 제4조가 적용되는 경우는 제외한다)에는 그 시가액을 과세표준으로 하여 증권거래세를 계산한다(증권법 §7). 이때 시가액은 소득세법 시행령 제167조, 법인세법 시행령 제89조 또는상속세 및 증여세법 시행령 제26조에 따라 시가로 인정된 해당 주권 등의 가액이 된다(증권령 §4).

양도자가 비거주자인 경우 조세조약에 따른 조세 검토

양도자가 거주하는 국가와 대한민국간에 체결된 조세조약에 따라 한국에서 유가증권의 양도소득세에 대하여 비과세 또는 제한세율 적용대상이 될 수 있으며, 또는 원천징수 대상에 해당될 수도 있다.

양수자에 대한 체크사항

저가 양수에 따른 이익에 대한 증여세 과세 검토

특수관계인으로부터 비상장주식을 시가보다 낮은 가액으로 양수한 경우로서 그 시가와 대가와의 차액이 시가의 30% 이상에 해당하거나 그 차액이 3억원 이상인 경우에는 그 시가와 대가와의 차액에서 시가의 30%에 상당하는 가액과 3억원 중 적은 금액을 차감한 가액을 증여재산가액으로 하여 증여세가 과세된다(상증법 §35①).

특수관계인이 아닌 자로부터 거래의 관행상 정당한 사유 없이 시가보다 현저히 낮은 가액으로 재산을 양수한 경우로서 그 시가와 대가와의 차액이 시가의 30% 이상 차이가 있는 경우 그 시가와 대가와의 차액에서 3억원을 차감한 가액을 증여재산가액으로하여 증여세가 과세 된다(상증령 §26③).

저가·고가양도에 따른 이익의 증여 규정 적용시 특수관계 성립 여부는 원칙적으로 매매계약일을 기준으로 판단한다(재재산-83, 2015.02.03.).

저가 양수에 따른 이익에 소득세가 과세되는 경우 증여세 과세제외

개인과 특수관계가 있는 법인간의 거래로서 저가양수에 따른 이익에 대하여 법인세법에 따른 부당행위계산규정이 적용되어 소득처분에 의하여 양수자에게 소득세가 과세되는 경우에는 상속세및증여세법 제4조2 제3항에 의하여 증여세가 과세되지 않는다.

증여세가 과세된 재산을 양도하여 양도차익 산정시 취득가액 가산 검토

타인으로부터 유상으로 취득한 재산에 대하여 취득시점에 상속세및증여세법 제35조에 따라 증여세를 과세받은 경우로서 이후 양도하여 소득세법에 따라 취득가액을 산정할 때 상속세및증여세법 제35조에 따른 증여재산가액 또는 그 증·감액을 취득가액에 더하거나 뺀다(소득령 §163⑩).

저가양수에 따른 이익을 얻은 자가 영리법인인 경우 증여세 면제 검토

특수관계인으로부터 재산을 시가보다 저가로 취득한 경우로서 그 시가와 대가와의 차액이 시가의 30%에 해당하거나 또는 3억원 이상에 해당하는 경우에는 그 차액상당액은 상속세및증여세법 제35조에 따라 증여세 과세대상에 해당한다. 다만 이익을 얻은 자가 영리법인인 경우에는 증여세가 면제된다(상증법 §4의2①).

영리법인이 특수관계인 개인으로부터 비상장주식 저가취득시 익금산입 검토

영리법인이 특수관계에 있는 개인으로부터 시가보다 저가로 재산을 취득한 경우에도 원칙적으로 법인세법상 추가적인 과세문제는 없다. 다만, 법인세법 제15조제2항제1호에 의하여 특수관계인인 개인으로부터 유가증권을 법인세법 제52조제2항에 따른 시가보다 낮은 가액으로 매입하는 경우 시가와 그 매입가액의 차액에 상당하는 금액은 익금에 산입하여 유보 처분한다(법법 §15②).

저가양수에 따른 이익을 얻은 자가 특정법인인 경우에는 그 법인의 주주에게 증여세 과세 검토

재산의 저가양수일 현재 재산의 취득자인 법인이 지배주주 및 친족의 주식보유비율이 30%이상에 해당하는 상속세및증여세법제45조의 5에 따른 특정법인에 해당하는 경우에는 그 법인의 주주에게 증여세가 과세될 수 있다. 다만, 각 주주들의 증여재산가액이 1억원 이상인 경우에 한하여 증여세가 과세된다(상증법 §45의5).

주식 등 취득자에 대한 취득자금 증여추정 검토

비상장주식을 취득한 자가 직업·연령·소득 및 재산상태 등으로 볼 때 재산을 자력으로 취득하였다고 인정하기 어려운 경우에는 그 재산을 취득한 때에 그 재산의 취득자금을 그 재산의 취득자가 증여받은 것으로 추정하여 이를 그 재산 취득자의 증여재산가액으로 하여 증여세를 과세한다(상증법 §45①).

이 경우 재산의 자력취득능력 여부는 "당해 재산을 취득한 때"를 기준으로 판단한다(국심 2004중2430, 2005.02.14.).

명의신탁 환원 또는 새로운 명의신탁인 경우 명의신탁재산에 대한 증여의제 검토

만일 비상장주식을 저가로 매매하는 것이 명의신탁주식의 환원에 해당하거나 또는 새로운 명의신탁에 해당하는 경우에는 상속세및증여세법 제45조의 2에 따른 명의신탁재산의 증여의제 규정에 따른 증여세 과세문제를 검토해야 한다(상증법 §45의2).

지방세법상 간주취득세 해당여부 검토

비상장주식을 취득하여 지방세법상 과점주주가 되었을 때에는 간주취득세에 대한 과세문제를 검토해야 한다.

즉, 법인의 주식 또는 지분을 취득함으로써 지방세기본법 제46조제2호에 따른 과점주주가 되었을 때에는 그 과점주주가 해당 법인의 부동산등(법인이 신탁법에 따라 신탁한 재산으로서 수탁자 명의로 등기·등록이 되어 있는 부동산등을 포함한다)을 취득(법인설립 시에 발행하는 주식 또는 지분을 취득함으로써 과점주주가 된 경우에는 취득으로 보지 아니한다)한 것으로 보아 취득세를 부과한다(지방세법 §7⑤).

양수자가 비거주자에 해당하는 경우 한국은행에 비상장주식의 취득신고 검토

만일 비상장주식을 취득한 자가 비거주자에 해당하는 경우에는 거주하는 나라의 법령 등에 따라 거주지국과 한국은행에 비상장주식을 취득한 사실에 대하여 신고해야 하는 경우가 있다. 무신고시 과태료 등을 부과받을 수 있다(외국환거래규정 7-32③).

양도한 비상장주식에 대한 양도소득세 계산시 기본세율 적용여부 체크

양도한 비상장주식이 일반 법인의 주식에 해당하는 경우에는 중소기업 및 대주주 여부 또는 보유기간 등에 따라 10%~30%까지의 세율이 적용된다.

하지만, ① 해당 법인의 자산총액 중 토지 또는 건물 및 부동산에 관한 권리, 당해 법인이 직간접 보유한 다른 부동산과다보유법인의 주식가액(부동산보유비율 상당액) 합계액이 자산총액에서 차지하는 비율이 50% 이상인 경우로서 ② 주식의 소유비율이 당해 법인의 주식 등의 합계액 중 주주 1인과 특수관계인인 기타주주가 소유하고 있는 주식 등의 합계액이 50% 이상에 해당하고, ③ 주주 1인과 특수관계인인 기타주주가 그 주주 1인 및 기타주주 외에 자에게 양도하는 주식 등이 그 법인의 주식 등의 합계액의 50% 이상인 경우에 해당되거나(소법 §94①),

또는, ① 해당 법인의 자산총액 중 토지 또는 건물 및 부동산에 관한 권리, 당해 법인이 직간접 보유한 다른 부동산과다보유법인의 주식가액(부동산보유비율 상당액) 합계액이 자산총액에서 차지하는 비율이 80% 이상이고 ② 체육시설의 설치·이용에 관한 법률에 의한 골프장업·스키장업등 체육시설업 및 관광진흥법에 의한 관광사업 중 휴양시설관련업과 부동산업·부동산개발업으로서 골프장, 스키장, 휴양콘도미니엄, 전문휴양시설을 건설 또는 취득하여 직접 경영하거나 분양 또는 임대하는 사업을 영위하는 법인에 해당되어 양도소득세 계산 시 기본세율(누진세율)이 적용되는지 여부를 검토해야 한다(소법 §94①).

▌ 양도한 비상장주식의 각 세법에 따른 평가방법과 평가기준일에 대한 체크

비상장주식을 시가보다 저가로 매매한 경우로서 소득세법상 제101조와 법인세법 제52조에 따른 부당행위계산규정을 적용할 때와 상속세및증여세법 제35조에 따른 저가양수에 따른 이익을 계산할 때, 증권거래세법 제7조에 따른 시가를 적용할 때 그 시가를 어느 법에 따라 어떻게 평가해야 하는지 여부와 평가기준일을 각각 또 언제로 해야 하는지 여부를 검토해야 한다.

비상장주식을 상속세및증여세법에 따른 보충적인 방법으로 평가할 때 해당 법인이 순손익가치와 순자산가치의 가중치가 달라지는 부동산과다보유법인에 해당하는지, 아니면 순자산가치로만 평가해야 하는 부동산 등 비율이 80% 이상에 해당하는 법인에 해당하는지 여부를 검토하여야 한다. 또한 평가대상 법인이 소유한 상장주식의 평가가 법인세법상 부당행위계산 규정을 적용할 때와 상속세및증여세법에 따라 상속증여재산을 평가할 때가 다소 다르듯이 해당 법인이 소유한 각 자산의 평가방법이 세법에 따라 다소 다를 수 있음을 검토해야 한다.

08 사옥을 처분하거나 합병등 사유가 있는 경우 신고기한 이내에 1주당 추정이익으로 비상장주식을 평가할지 검토해라.

▌비상장주식 보충적 평가방법

시가가 없는 비상장주식은 원칙은 1주당 가중평균액과 1주당 순자산가치의 80% 중 큰 금액으로 평가한다.

1주당 가중평균액은 일반법인은 1주당 순손익가치와 1주당 순자산가치를 각각 3과 2의 비율로 가중평균하고, 부동산과다보유법인(부동산등 비율 50% 이상인 법인)의 경우에는 1주당 순손익가치와 순자산가치의 비율을 각각 2와 3으로 가중평균 한다(상증령 §54).

1주당 순손익가치는 다음과 같이 산정하며,

1주당 순손익가치

$$1주당\ 순손익가치 = \frac{1주당\ 최근\ 3년간의\ 순손익액의\ 가중평균액}{순손익가치환원율(10\%)}$$

1주당 순자산가치는 다음의 산식에 의하여 평가한 가액으로 한다.

1주당 순자산가치

$$1주당\ 순자산가치 = \frac{해당\ 법인의\ 순자산가액}{발행주식총수}$$

* 순자산가액 = 자산총계 − 부채총계 + 영업권
  다만, 3년간 계속하여 결손금이 있는 법인의 주식 등 일정한 요건에 해당되는 법인은 영업권을 가산하지 않음

1주당 순손익가치를 산정할 때에 평가대상 주식을 발행한 법인이 일시 우발적 사건에 의하여 최근 3년간의 순손익액이 비정상적으로 증가하는 등 상속세및증여세법 시행규칙 제17조의 3 제1항 각호의 사유가 있어 1주당 최근 3년간의 순손익액의 가중평균액으로 순손익가치를 산정하기 어려운 경우에는 1주당 최근 3년간 순손익액의 가중평균액과 아래와 같이 둘 이상의 신용평가전문기관 또는 회계법인, 세무법인이 산출한 1주당 추정이익의 평균가액 중에서 선택하여 순손익가치를 평가할 수 있다.

> 1주당 순손익가치
>
> $$1주당\ 순손익가치 = \frac{1주당\ 추정이익의\ 평균가액}{순손익가치환원율(10\%)}$$

▍1주당 추정이익의 평균가액에 의한 순손익가치 평가대상 법인

① 기업회계기준의 자산수증이익, 채무면제이익, 보험차익 및 재해손실의 합계액에 대한 최근 3년간 가중평균액이 법인세 차감전 손익에서 자산수증이익등을 뺀 금액에 대한 최근 3년간 가중평균액의 50퍼센트를 초과하는 경우

② 평가기준일전 3년이 되는 날이 속하는 사업연도 개시일부터 평가기준일까지의 기간 중 합병·분할을 하였거나 주요업종이 바뀐 경우

③ 합병에 따른 증여받은 이익을 산정하기 위하여 합병당사법인 주식가액을 산정하는 경우

④ 최근 3개 사업연도 중 1년 이상 휴업사실이 있는 경우

⑤ 기업회계기준상 유가증권·유형자산의 처분손익과 자산수증이익 등의 합계액에 대한 최근 3년간 가중평균액이 법인세 차감전 손익에 대한 최근 3년간 가중평균액의 50퍼센트를 초과하는 경우

⑥ 주요 업종(해당 법인이 영위하는 사업 중 직접 사용하는 유형고정자산의 가액이 가장 큰 업종을 말한다)에 있어서 정상적인 매출발

생기간이 3년 미만인 경우
⑦ 기타 이와 유사한 경우로서 국세청장이 정하여 고시하는 사유에 해당하는 경우(현재 없음)

1주당 추정이익의 평균가액에 의한 산정요건

1주당 추정이익의 평균가액에 의하여 순손익가치를 계산하기 위해서는 상속세및증여세법에서 정하는 일정한 요건을 모두 갖추어야 한다. 즉, 1주당 추정이익의 평균가액에 의하여 순손익가치를 계산하기 위해서는 다음의 4가지 요건을 모두 충족하여야만 적용받을 수 있다(상증령 §56②).

① 해당 법인이 일시우발적 사건으로 최근 3년간 순손익액이 증가하는 등 상속세및증여세법 시행규칙 제17조의3제1항각호의 어느 하나의 사유에 해당 할 것(즉, 상기의 1주당 추정이익의 평균가액에 의한 순손익가치 평가대상 법인이 되어야 한다).
② 상속세및증여세법 제67조 및 제68조에 따른 상속세 과세표준신고 및 증여세 과세표준신고기한까지 1주당 추정이익의 평균가액으로 신고할 것.
③ 1주당 추정이익의 산정기준일과 평가서 작성일이 해당 과세표준신고기한 이내일 것.
④ 1주당 추정이익의 산정기준일과 상속개시일 또는 증여일이 같은 연도에 속할 것.

절세전략

비상장법인의 주식을 평가할 때 순손익가치를 둘이상의 신용평가전문기관 또는 회계법인, 세무법인이 산출한 1주당 추정이익의 평균가액으로 적용하기 위해서는 신고기한 이내에 그 추정이익의 평균가액으로 신고해야 하는 등 그 적용요건이 있으므로 과거 3년치의 순손익액을 기준으로 평가할 지 또는 미래의 수익가치인 1주당 추정이익의 평균가액으로 할지 여부에 대하여 증여세 신고전 또는 상속세 신고전에 반드시 검토한 후 그 요건에 따라 평가 및 신고하여야 한다.

거액의 유형자산 처분이익 등 일시우발적인 사건으로 발생하는 이익 또는 합병·분할 등과 같은 법인의 조직변경이 있어 사실상 주식가액의 변동이 있었음에도 불구하고 과거 3년치의 순손익액을 기준으로 순손익가치를 평가하게 되면 주식가치가 과대평가되는 등 왜곡현상이 일어나므로 납세자에게 불리한 경우가 발생할 수 있기 때문이다.

신고기한이 지난 후에 증여세 또는 상속세 조사가 되어 상속세를 결정하는 시점에 1주당 추정이익의 평균액을 산정하여 그 추정이익의 평균액으로 순손익가치를 평가해줄 것을 요구해도 소급평가한 가액이 되므로 인정을 받지 못한다. 또한, 이 경우 1주당 최근 3년간의 순손익액의 가중평균액으로 순손익가치를 평가하여 과세하는 것은 불합리하다고 아무리 주장해도 이미 때는 늦었고 후회해도 소용이 없다.

1주당 순손익가치를 해당 "1주당 추정이익의 평균가액"과 "1주당 최근 3년간 순손익액의 가중평균액"중 선택하여 평가할 수 있는 사유가 있는 법인은 적극적으로 유리한 방법을 선택하여 비상장주식을 평가하고 상속세 또는 증여세를 신고하게 되면 상속세 또는 증여세를 절세할 수 있다.

한편 대법원은 "일시우발적 사건에 의하여 최근 3년간 순손익액이 비정상적으로 증가하는 등의 사유는 발생되었으나 추정이익 적용요건이 미비한 경우 순자산가치로도 평가할 수 있다"라고 판결(대법 2023두32839, 2023.05.18.)한 바 있음을 참고하기 바란다.

09. 증여목적으로 자녀명의로 정기적금, 적립식 펀드에 금전입금시 유기정기금 평가방법에 의하여 증여세 신고하라.

부모들 중에는 자녀명의로 정기적금이나 또는 적립식 펀드 등을 개설한 후 매월 입금하고 계시는 분이 많을 것이다. 하지만 그 입금하는 금액에 대하여 증여세를 신고해야 하는지 또는 신고해야 한다면 매월 신고해야 하는지, 또한 신고는 어떻게 해야 하는지 고민을 해본적이 있을 것이다.

▍자녀에게 증여할 목적으로 자녀명의로 예금한 경우 증여시기

만일 자녀명의로 정기적금 또는 적립식 펀드에 가입하고 매월 금전을 입금하는 것이 자녀에게 증여할 목적인 경우로서 그 입금한 시점을 증여시기로 인정받아서 이후 자금출처 등으로 인정받고자 하는 경우에는 그 입금한 금전이 비록 증여재산공제액(5천만원, 미성년자 2,000만원)에 미달하는 경우에도 입금할 때마다 그 입금한 날의 말일부터 3개월 이내(신고기한)에 관할세무서에 증여세 신고하는 경우에는 그 입금한 시점을 증여시기로 인정받을 수 있다.

또한 그 증여일 이후에 발생하는 이자수익이나 펀드의 운영수익에 대하여 추가로 증여세가 과세되지 않는다(서면4팀-2031, 2007.07.02.).

하지만 신고하지 않는 경우에는 만기해약 등을 통하여 금전을 인출하여 자녀가 사용하는 시점을 증여시기로 하여 그 사용한 금전(예금이자 및 운용수익을 포함) 모두에 대하여 증여세가 과세된다.

그러므로 증여목적으로 자녀명의로 정기적금 및 적립식 펀드에 금전을 입금한 경우로서 그 입금한 금전에 대하여 증여세를 신고하고자 하는 경우에는 입금할 때마다 그 입금한 날이 속하는 달의 말일부터 3개월 이내에 신고를 하여야 한다.

절세전략

하지만, 매월 입금해야 하는 정기적금 및 적립식 펀드는 매월 입금할 때마다 증여세를 신고하여야 하는 번거로움이 있다. 하지만 이러한 번거로움을 해결하고 단 한 번의 증여세 신고로 끝내는 방법이 있다.

즉, 자녀와 미리 증여계약을 체결하고 정기적금 및 적립식 펀드의 운영기간 동안 매회 부모가 적금 등에 대신 불입하기로 약정하여 입금한 후 최초입금일이 속하는 달의 말일부터 3개월 이내에 신고하면서 상속세및증여세법 시행령 제62조 제1호에 따른 유기정기금 평가방법에 의하여 평가한 가액으로 신고하는 경우에는 단 한번의 증여세 신고로 끝낼 수 있다(서면4팀-1137, 2008.05.08.).

유기정기금에 의한 평가방법은 수년간 각 연도에 받을 정기금액을 다음 산식에 의하여 환산한 금액의 합계액을 증여재산가액으로 하되, 1년분의 정기금액의 20배를 초과할 수 없는 것이다.

다만, 평가기준일 현재 계약의 철회, 해지, 취소 등을 통해 받을 수 있는 일시금이 아래와 같이 평가한 가액보다 큰 경우에는 그 일시금의 가액에 의한다(상증령 §62①).

$$\frac{각\ 연도에\ 받을\ 정기금액}{[1+금융기관이\ 보증한\ 3년만기\ 회사채\ 유통수익률을\ 감안하여\ 기획재정부장관이\ 정하여\ 고시하는\ 이자율(3\%)]^n}$$

n : 평가기준일부터의 경과연수

> **사례**
>
> - 부모가 자녀명의로 3년만기 정기적금에 가입하고 자녀와 다음과 같이 증여계약을 체결함.
>   - 자녀에게 매월 100만원을 3년간 36회 정기적금에 불입하여 증여하기로 약정함.
>   - 유기정기금 평가시 적정이자율은 현재 3%임.
>
>   **세부담을 최소화 하고자 할 경우 증여시기 및 증여재산가액?**
>
> 〈해설〉
> - 증여시기 : 최초불입일
> - 신고기한 : 최초불입일이 속하는 달의 말일부터 3개월
> - 증여재산가액(① ② ③합한 금액) : 34,962,004원
>   ① 1년 이내 수령액 : 12,000,000
>   ② 2년 이내 수령액 : $12,000,000/(1+0.03)^1 = 11,650,854$원
>   ③ 3년 이내 수령액 : $12,000,000/(1+0.03)^2 = 11,311,150$원

상기 사례의 경우에 같이 유기정기금에 의한 평가방법에 의하여 증여재산가액을 계산하여 증여세를 신고하는 경우에는 3%의 이자율로 현재가치로 할인하고 또한 1년분의 정기금액의 20배를 초과할 수 없으므로 실제로 자녀가 증여받은 금전의 원본보다 적은 금액으로 증여세가 과세되므로 증여세를 절세할 수 있다.

반면, 증여세 신고 후 정기금을 자녀에게 지급하기로 한 계약을 해지 등을 한 경우 이미 과세된 증여재산가액을 재계산하여 증여세를 환급 등을 하지 않음을 유의해야 한다.

10 신탁을 잘 활용하면 절세 등 여러 가지 측면에서 유리하다.

신탁법상의 신탁은 위탁자(신탁을 설정하는 자)와 수탁자(신탁을 인수하는 자)간의 신임관계에 기하여 위탁자가 수탁자에게 특정의 재산을 이전하거나 담보권의 설정 또는 그 밖의 처분을 하고 수탁자로 하여금 일정한 자(수익자)의 이익 또는 특정의 목적을 위하여 그 재산의 관리, 처분, 운용, 개발, 그 밖에 신탁 목적의 달성을 위하여 필요한 행위를 하게 하는 법률관계를 말한다. 이러한 신탁제도를 잘 활용하면 세금도 절세하고 유언으로도 활용할 수 있다.

첫째, 신탁재산으로부터 생긴 이익을 신탁의 이익이라고 하는데, 신탁재산의 명의인은 수탁자이지만 신탁재산으로부터 생긴 이익은 수탁자가 아니라 수익자에게 귀속된다. 소득세법은 신탁재산에 귀속되는 수익 및 지출에 대하여는 수익자(수익자가 특정되어 있지 않은 경우 또는 존재하지 않는 경우에는 위탁자)가 신탁재산을 갖는 것으로 보아 과세하고 있다. 이 경우 해당 신탁자산의 운영내역에 따라 이자소득·배당소득·양도소득 등으로 구분하여 과세 된다(공익신탁의 이익은 제외).

대신 상속세및증여세법에 의하여 신탁계약에 의하여 위탁자가 타인을 신탁의 이익의 전부 또는 일부를 받을 수익자로 지정한 경우에는 그 신탁의 이익에 대하여 수익자에게 증여세가 과세된다.

따라서 금융재산이 많아서 금융소득 합산과세 대상에 해당하는 사람은 자녀 등을 수익자로 지정하여 재산을 신탁하는 경우에는 그 신탁이익의 귀속자가 자녀가 되고 자녀의 금융소득이 되므로 자녀가 다른 금융소득이 없고 신탁이익이 2천만원 미만인 경우에는 원천징수세율로 납세의무를 다 할 수 있다. 그러나 그 신탁이익에 대하여 자녀에게 증여세가 과세되지만 이러한 금융소득으로 향후 자녀가 부동산 등 재산을 취득할 수도 있고 또한 다른 재산의 자금출처로도 인정이 된다.

둘째, 장애인을 수익자로 하여 재산을 신탁한 경우로서 해당 신탁이 신탁업자에게 신탁되고, 그 장애인이 신탁의 이익 전부를 받는 수익자가 되고, 신탁계약 내용에 장애인이 사망하기 전에 신탁이 해지 또는 만료되는 경우에는 잔여재산이 그 장애인에게 귀속 되어야 할 것과 장애인이 사망하기 전에 수익자를 변경할 수 없을 것과 장애인이 사망하기 전에 위탁자가 사망하는 경우에는 신탁의 위탁자 지위가 그 장애인에게 이전되어야 하는 내용이 포함되면 그 장애인 생존기간 동안 5억원까지 증여세가 면제된다.

셋째, 유언대용신탁을 활용하는 방법이다. 유언대용신탁이란 재산소유자 본인이 신탁회사와 생전에 신탁계약을 체결하여 계약자 본인이 신탁이익을 받다가 향후 계약자가 사망할 때 생전 계약내용에 의해 자산을 상속·배분하는 금융상품을 말한다. 이는 생전에 신탁을 하기 때문에 유언을 대체하는 효과가 있다. 이 유언대용신탁의 큰 장점은 유언장에 비해 유연하며, 다양한 조건을 거는 방식으로 상속계획을 짤 수 있다는 것이다. 특히 미성년자 또는 장애를 가진 자녀, 연로한 배우자를 위하여 활용하면 좋다.

11 비상장주식을 증여하고자 할 때 증여타이밍이 중요하다.

비상장법인을 경영하는 오너들은 연말이 다가오면 당해 연도 기업실적이 대략 예상이 되므로 자녀등에게 비상장법인의 주식을 올해 증여할지 아니면 내년 이후에 증여할지 여부를 두고 고민하고 있는 경우가 적지 않을 것이다. 이는 비상장주식을 평가할 때 해당 연도 실적을 반영하는 것이 주식가치가 낮아지는 경우가 있을 수 있고 오히려 반대로 높아지는 경우가 있을 수 있기 때문이다.

비상장주식을 증여받은 경우에도 증여재산가액은 증여일전 6개월부터 증여일 후 3개월 이내에 불특정다수인간의 자유로운 거래에 의한 매매가액·공매가액·경매가액 등 상속세및증여세법 시행령 제49조에서 규정한 시가로 평가한다. 시가에 해당하는 가액이 없는 경우에는 같은령 제54조에 의하여 1주당 순손익가치와 순자산가치를 각각 3과 2(부동산과다보유법인의 경우에는 2와 3)의 비율로 가중평균한 가액과 1주당 순자산가치의 80%중 큰 금액으로 평가한다. 다만, 부동산등 비율이 80% 이상인 법인등 같은조 제4항에 따른 사유가 있는 경우에는 순자산가치로만 1주당 가액을 평가한다.

사례

> **사례**
>
> - 갑법인은 10년전에 설립된 법인(제조업, 부동산과다보유법인 아님, 중소기업)으로서 사업연도는 01.01.~12.31.까지인 법인임.
> - 현재 시점의 1주당 순자산가치는 @20,000이고, 최근 3년간 1주당 순손익액은 2022사업연도는 @1,200, 2023사업연도는 @2,400, 2024사업연도는 @3,600임.
> - 2025사업연도는 2025년 11월 현재시점을 기준으로 판단해 볼 때 대규모 흑자가 발생될 것으로 예상되며, 2025사업연도 1주당 손손익액은 약 @5,400정도 예상됨.
> - 비상장주식에 대한 현재 시가는 없음.
>
> 상기 법인의 주식을 자녀에게 증여하고자 할 때 증여시기를 언제로 정하는 것이 좋을까?

상기 사례의 경우 2025.12.30.이전에 증여를 받게 되는 경우로서 비상장주식을 평가할 때 2022~2024년 실적을 기준으로 1주당 순손익가치를 평가하게 되므로 1주당 증여재산가액은 아래와 같이 @24,800이 된다.

> - 1주당 최근 3년간의 순손익액의 가중평균액 :
>   [(1,200×1)+(2,400×2)+(3,600×3)]/6 = @2,800원
> - 1주당 순손익가치 : @2,800원/10% = @28,000원
> - 1주당 순자산가치 : @20,000원
> - 1주당 평가액 : @24,800원
>   max①[(28,000×3)+(20,000×2)]/5 = @24,800, ②20,000의 80%

그러나 2025.12.31.이후 증여를 받게 되는 경우에는 2025사업연도의 실적이 순손익가치에 반영이 되어 2023년, 2024년, 2025년 순손익액을 기준으로 비상장주식을 평가하게 되므로 1주당 증여재산가액은 @33,800원이 된다.

따라서 상기 사례의 경우 2025.12.31. 이후 증여받는 경우보다 2025 12.30. 이전에 증여받는 것이 1주당 가액이 @9,000원이나 낮아지므로 증여세를 훨씬 절세할 수 있다. 그러나 경우에 따라 2025년 실적이 2024년도보다 훨씬 낮을 것으로 예상되는 경우에는 2025.12.31. 이후 증여를 하는 것이 유리하다. 따라서 비상장주식을 증여받고자 하는 경우로서 증여세를 절세하고자 하는 경우에는 무엇보다도 증여타이밍을 잘 잡는 것도 중요하다.

12 비상장법인의 순자산가액을 산정할 때 보충적 평가액과 비교하는 장부가액이란 "취득가액에서 감가상각비를 뺀 금액"을 의미한다.

▌사례

> **사례**
> - 비상장법인인 甲법인은 비상장법인인 乙법인에 100% 출자하였으며 乙법인주식 (지분법적용투자주식, 시가 없음)의 취득가액은 1억원임.
> - 평가기준일 현재 乙법인주식에 대한 재무상태표상 장부가액은 2억원이나 자본금과적립금조정명세서상 △유보금액 1억원이 있으며, 보충적 평가방법에 의한 가액은 1.5억원임.

시가에 해당하는 가액이 없는 비상장법인의 주식을 보충적인 방법으로 평가하는 경우로서 순자산가액을 산정할 때 순자산가액이란 자산총계에서 부채총계를 뺀 후 영업권을 가산한 금액으로 한다. 다만, 영업권은 경우에 따라 순자산가액에 가산하지 않을 수도 있다.

상기에서 "자산총계"는 재무상태표상 자산가액에서 평가차액 및 법인세법상 유보금액 등 법에서 정하는 항목을 가감하여 계산한다. 이때 "평가차액"은 평가대상 법인이 보유한 자산별로 각각 상속세및증여세법 제60조 내지 제66조의 규정에 의하여 평가한 가액과 재무상태표상 자산가액의 차액을 의미한다. 다만, 해당 법인의 자산을 시가에 해당하는 가액이 없어 보충적인 방법으로 평가할 때에는 그 보충적 평가가액과 장부가액을 비교하여 둘 중 큰 금액과 재무상태표상의 자산가액과의 차액을 평가차액으로 한다.

상기에서 "장부가액"이란 또 무엇을 의미하는 것인가가 가장 큰 쟁점인데, 국세청은 종전에는 "장부가액은 기업회계기준 등에 의해 작성된 대차대조표상 장부가액에 의하는 것"이라고 해석하면서 "자본금과 적립금조정명세서(을)상의 유보금액 중 상속세및증여세법의 규정에 의하여 평가하는 자산과 관련된 유보금액은 순자산가액에 별도로 가감하지 아니하는 것"이라고 해석(재산세과-842, 2010.11.10.; 서면4팀-1852, 2004.11.16. 등 다수)하여 재무상태표상 장부가액으로 평가하는 경우에도 세무상 유보금액을 반영하지 않는다는 취지의 해석이었다. 그래서 상기 사례의 경우 甲법인의 순자산가액을 산정할 때 乙법인의 주식가액은 재무상태표상 가액 2억원과 보충적 평가액 1.5억원 중 큰 금액인 2억원으로 평가된다.

그러나 국세청은 어느 시점부터 "장부가액"이란 "기업회계기준 등에 따라 작성된 재무상태표상 장부가액에 의하는 것이나, 순자산가액 계산시 장부가액을 적용하는 경우에는 자본금과 적립금조정명세서(을)상의 유보금액을 자산가액에 가감하는 것"이라고 해석(재산-344, 2010.05.28.; 상속증여-5087, 2016.09.27. 등 다수)하여 추가로 세무상 유보금액을 반영해야 한다는 해석사례도 있다. 상기 사례를 이 해석에 의하는 경우 乙법인의 주식가액은 재무상태표상 가액 2억원과 보충적 평가액 1.5억원 중 큰 금액인 2억원으로 평가되지만 추가로 세무상 유보금액 △1억원을 반영하면 결과적으로 1억원으로 평가된다.

이로 인하여 납세자가 어느 해석을 따라야 할지 혼란이 있었으나 금번 국세청은 "장부가액의 의미"와 "세무상 유보금액 반영 여부"의 질문에 대한 사전답변(법령해석재산-0276, 2019.06.21.)에서 장부가액이란 "취득가액에서 감가상각비를 차감한 가액"이라고만 답변하였다. 즉, 이 답변의 취지는 시가가 없는 자산을 보충적인 방법으로 평가할 때 해당 자산이 감가상각자산인 경우에는 "보충적 평가액"과 "취득가액에서 감가상각누계액을 차감한 후의 가액"중 큰 금액으로 평가하여 평가차액을 인식하고, 감가상가자산이 아닌 경우에는 "보충적 평가액"과 "취득가액"중 큰 금액으로 평가하여 평가차액을 인식한다는 의미로 추가로 세무상 유보금액을 반영하지 않는다는 의미이다. 상기 사례를 이 해석에 의하는 경우 乙법인의 주식가액은 보충적 평가액인 1.5억원과 취득가액인 1억원중 큰 금액인 1.5억원으로 평가한다는 의미이다.

13 부동산과다보유법인의 주식을 상속·증여하거나 양도하는 경우에는 평가방법 및 양도세율 적용에 있어 유의해야 한다.

▎부동산과다보유법인의 주식을 상속·증여하거나 양도하는 경우 과세문제

부동산과다보유법인의 주식을 상속하거나 증여시 평가문제

비상장법인의 주식을 상속 또는 증여를 받은 경우로서 증여재산가액을 산정할 때 상속개시일 전후 6월 이내에 불특정다수인간에 자유로이 매매된 가액 등 시가에 해당하는 가액이 없는 일반법인의 경우에는 다음과 같이 보충적 평가방법으로 평가한다.

> 1주당 평가액 : MAX(①, ②)
> ① 1주당 가중평균액
> $$\frac{1주당\ 순손익가치 \times 3\ +\ 1주당\ 순자산가치 \times 2}{5}$$
> ② 1주당 순자산가치의 80%

하지만 평가대상법인이 자산총액중 부동산 및 부동산에 관한 권리, 해당법인이 보유한 다른 부동산과다보유법인 주식가액 가액상당액의 비율이 50% 이상인 부동산과다보유법인에 해당하는 경우에는 다음과 같이 순손익가치와 순자산가치를 가중평균한 가액과 1주당 순자산가치의 80% 중 큰 금액으로 평가한다. 즉, 일반법인과 다르게 순자산가치에 가중치 3을 둔다. 이는 부동산 등 자산의 가치가 주식가치에 더 영향을 미치기 때문이다(상증령 §54①).

> 1주당 평가액 : MAX(①, ②)
> ① 1주당 가중평균액
>
> $$\frac{1주당\ 순손익가치 \times 2 + 1주당\ 순자산가치 \times 3}{5}$$
>
> ② 1주당 순자산가치의 80%

부동산과다보유법인 주식의 양도시 누진세율 적용문제

소득세법 제94조 제1항 제4호 다목에서 규정한 특정주식에 해당하거나 같은 호 라목에 규정한 골프장, 스키장, 휴양콘도미니엄 등을 영위하고 부동산 등 비율이 80% 이상에 해당하는 부동산과다보유법인의 주식을 양도하는 경우에는 양도소득세 계산 시 일반 누진세율(6~45%)이 적용된다.

※ 특정주식	①, ②, ③ 요건을 모두 충족한 법인 • ① 해당 법인의 자산총액중 토지 또는 건물 및 부동산에 관한 권리, 해당 법인이 직간접 보유한 다른 부동산과다보유법인 주식가액 상당액의 합계액이 자산총액에서 차지하는 비율이 50%이상인 법인 • ② 주식의 소유비율이 특수관계자의 지분율을 합하여 50%초과하는 법인 • ③ 3년간 주식 등 양도비율이 50%이상인 경우
※ 누진세율 적용되는 부동산 과다보유법인	①, ② 요건을 모두 충족한 법인 • ① 해당 법인의 자산총액중 토지 또는 건물 및 부동산에 관한 권리, 해당 법인이 보유한 다른 부동산과다보유법인 주식가액 상당액의 합계액 이 자산총액에서 차지하는 비율이 80%이상인 법인 • ② 체육시설의 설치·이용에 관한 법률에 의한 골프장업·스키장업 등 체육시설업 및 관광진흥법에 의한 관광사업 중 휴양시설관련업과 부동산업·부동산개발업으로서 골프장, 스키장, 휴양콘도미니엄, 전문휴양시설을 건설 또는 취득하여 직접 경영하거나 분양 또는 임대하는 사업을 영위하는 법인

▌해당 법인이 보유한 다른 부동산과다보유법인 주식가액 상당액 및 장부가액의 의미

비상장주식을 평가할 때 순자산가치에 가중치 3을 두는 부동산과다보유법인이라 함은 소득세법 제94조 제1항 제4호 다목에서 규정한 법인을 말하는 것으로 당해 법인의 자산총액 중 토지, 건물, 부동산에 관한 권리의 가액과 다음 산식에 의하여 계산한 당해 법인이 직간접보유한 다른 부동산과다보유법인의 주식가액 상당액의 합계액이 차지하는 비율이 100분의 50 이상인 법인인 법인을 말한다.

> 해당 법인이 보유한 다른 법인의 주식가액 = $\dfrac{A+B+C}{D}$
>
> A: 다른 법인이 보유하고 있는 법 제94조 제1항 제1호의 자산가액
> B: 다른 법인이 보유하고 있는 법 제94조 제1항 제2호의 자산가액
> C: 다른 법인이 보유하고 있는 「국세기본법 시행령」 제1조의 2 제3항 제2호 및 같은 조 제4항에 따른 경영지배관계에 있는 법인이 발행한 주식가액에 그 경영 지배관계에 있는 법인의 부동산 등 보유비율을 곱하여 산출한 가액
> D: 다른 법인의 자산총액

이 경우 자산총액의 50% 이상 여부는 해당 법인의 장부가액[토지 및 건물(건물에 부속된 시설물과 구축물을 포함)의 경우 기준시가가 장부가액보다 큰 경우에는 기준시가]을 기준으로 판단하며(소령 §158③),

"해당 법인의 장부가액"이란 해당 법인이 법인세법 제112조에 따라 기장한 장부가액에 대하여 각 사업연도의 소득에 대한 법인세 과세표준 계산 시 자산의 평가와 관련하여 익금 또는 손금에 산입한 금액을 가감한 세무계산상 장부가액을 말한다. 또한 해당 법인의 장부가액 중 "건설중인 자산"의 금액은 소득세법 제94조 제1호 및 제2호의 자산가액(토지, 건물, 부동산에 관한 권리)에 포함되지 아니한다(부동산거래-812, 2010.06.14.).

▍자산총액의 50% 이상 여부 판정기준일

자산총액중 토지·건물·부동산에 관한 권리, 해당 법인이 보유한 다른 부동산과다보유법인 주식가액 상당액의 합계액이 차지하는 비율이 50%이상인지 여부를 판단할 때 자산총액은 해당 주식의 평가기준일 현재의 해당 법인의 자산총액을 기준으로 판정하되(소칙 §76①),

평가기준일 현재의 자산총액을 알 수 없는 경우에는 평가기준일이 속하는 사업연도의 직전 사업연도 종료일 현재의 자산총액을 기준으로 한다(부동산거래-812, 2010.06.14.).

▍자산총액 계산

분모에 해당하는 자산총액은 평가기준일 현재 가결산한 재무상태표상 자산총액을 기준으로 기본적으로 계산하되, 토지 및 건물의 경우 소득세법상 기준시가와 법인세법상 장부가액 중 큰 금액으로 평가하여 반영하고, 법인세법상 유보금액을 기재한 자본금과 적립금조정명세서을표상 자산과 관련한 유보금액을 자산총액에 가감하여 계산한다. 또한 퇴직급여충당금부채에서 차감하는 형식으로 기재된 퇴직연금운용자산은 자산총액에 포함시키며(기획재정부 재산세과-285, 2017.04.18.), 자본조정에 있는 자기주식의 취득가액도 자산총액에 포함시킨다.

▍자산총액에서 제외되는 자산

개발비 및 사용수익기부자산가액과 평가기준일부터 소급하여 1년이 되는 날부터 평가기준일까지의 기간 중에 차입금 또는 증자 등에 의하여 증가한 현금·금융재산 및 대여금은 자산총액에 포함하지 않는다.

■ 분자의 토지 및 건물가액과 타부동산과다보유법인주식가액 계산방법

분자에 해당하는 토지 및 건물(건물에 부속된 시설물과 구축물을 포함하되, 건설 중인 자산은 제외한다)의 가액은 소득세법상 기준시가와 법인세법상 장부가액 중 큰 금액으로 평가하여 반영한다. 다만 타부동산과다보유법인주식가액은 법인세법상 장부가액(사실상 취득가액이 된다)에 부동산 등 보유비율을 곱하여 계산한 금액을 반영한다.

■ 부동산 등 비율이 80% 이상인 법인은 1주당 순자산가치로만 평가

평가대상 법인의 자산총액 중 토지와 건물, 부동산에 관한 권리가액, 해당 법인이 보유한 다른 부동산과다보유법인 주식가액 상당액의 합계액이 차지하는 비율이 80% 이상인 법인의 주식 또는 출자지분도 순자산가치로만 1주당 가액을 평가한다(상증령 §54④).

■ 부동 산등 비율이 50% 이상인 법인의 주식 평가시 부동산에 대한 감정평가 당함

평가대상 법인이 부동산 등 비율이 50% 이상에 해당하게 되면 해당 법인의 주식평가시 해당 법인이 소유한 부동산에 대하여 기준시가로 평가한 것에 대하여 국세청이 2021.10.21. 상속세및증여세 사무처리규정 제68조를 개정하여 상속세 및 증여세를 법정결정기한 이내에 결정하는 과정에서 해당 부동산을 감정평가하여 주식을 재평가하여 상속세 및 증여세를 추징할 수 있게 되었다.

■ 절세전략

상기에서 살펴본 바와 같이 부동산과다보유법인에 해당하게 되면 세제면에서 여러 가지 불이익이 많음을 알 수 있다. 그러므로 주주 등으로부터 차입하거나 또는 증자 등에 의하여 현금을 마련하여 부동산 등 보유비율을 낮추고자 한다면 최소한 1년 전에 실행하여야만 부동산 등 비

율을 낮추는 효과가 있다.

 부동산과다보유법인에 해당하는지 여부를 검토할 때 기업회계기준에 의하여 작성한 재무상태표상 장부가액 기준으로만 판단하는 경우가 있다. 하지만, 법인세법상 장부가액을 기준으로 50% 이상인지 여부를 판단해야 하고, 토지와 건물은 소득세법상 기준시가와 장부가액 중 큰 금액으로 평가하고, 건설 중인 자산은 토지와 건물, 부동산에 관한 권리에는 포함되지 않음을 반드시 기억해야 한다.

14. 최대주주가 보유한 중소·중견기업 주식을 상속받거나 증여받은 경우에도 할증평가가 면제된다.

▌경영권 프리미엄이란?

주식회사의 경우에 재산권의 행사는 주식에 의하여 이루어지게 되는데, 주주평등의 원칙에 따라 주식을 가진 주주는 회사에 대하여 갖는 법률관계에 관하여는 그가 보유하는 주식의 수에 따라 평등하게 취급받게 된다. 그러나 최대주주등이 보유하는 주식은 통상적인 주식가치에 더하여 당해 회사의 경영권 내지 지배권을 행사할 수 있는 특수한 가치, 이른바 '경영권 프리미엄'을 지니고 있게 된다. 이와 같이 최대주주 등이 갖고 있는 경영권프리미엄을 상속세및증여세법상 주식을 평가할 때 반영한 것이 할증평가규정이며, 20% 할증평가된다.

▌중소·중견기업 주식 평가원칙

최대주주가 소유한 중소·중견기업 주식도 시가로 평가하는 것이 원칙이다.

- 상장법인·코스닥상장법인의 주식의 경우 평가기준일 이전·이후 각 2개월(총4개월간)동안 공표된 매일의 한국거래소 최종시세가액의 평균액은 시가에 해당한다.
- 비상장주식의 경우 평가기준일 전후 6월(증여재산의 경우 3월)이내의 기간중 불특정다수인간에 자유로이 거래된 매매거래가액, 공매·경매가액 등 시가로 평가한다.

다만, 비상장주식으로서 시가에 해당하는 가액이 없는 경우에는 자산 및 수익 등을 감안하여 다음과 같이 보충적인 방법으로 평가한다.

일반법인

1주당 평가액 : MAX(①, ②)
① 1주당 가중평균액

$$\frac{1주당\ 순손익가치 \times 3\ +\ 1주당\ 순자산가치 \times 2}{5}$$

② 1주당 순자산가치의 80%

부동산과다보유법인

1주당 평가액 : MAX(①, ②)
① 1주당 가중평균액

$$\frac{1주당\ 순손익가치 \times 2\ +\ 1주당\ 순자산가치 \times 3}{5}$$

② 1주당 순자산가치의 80%

사업개시후 3년미만 법인 및 부동산등 비율 80% 이상 법인 등

$$1주당\ 평가액 = \frac{해당\ 법인의\ 순자산가액(자산총계-부채총계)}{평가기준일\ 현재\ 발행주식총수}$$

▌최대주주 등이란?

법인의 최대주주 또는 최대출자자를 말하는 것으로 해당 법인의 주주 등 1인과 그의 특수관계인의 보유주식 등을 합하여 그 보유주식 등의 합계가 가장 많은 경우의 해당 주주등 1인과 그의 특수관계인 모두를 말한다.

최대주주 등의 판정기준

① 주주 1인과 특수관계자의 보유주식 등을 합하여 최대주주 등에 해당하는 경우에는 주주 1인 및 그와 특수관계에 있는 자 모두를 최대주주 등으로 본다.

② ①에 의한 보유주식의 합계가 동일한 최대주주 등이 2 이상인 경우에는 모두를 최대주주 등으로 본다.

중소·중견기업 최대주주 주식의 할증평가 면제

정부는 중소·중견기업의 영속성을 유지하면서 원활한 가업승계를 지원하고자 상속받거나 증여받는 주식 등이 중소·중견기업의 주식 등에 해당하는 경우에는 할증평가를 면제하고 있다.

할증평가가 면제되는 "중소기업"이라 함은 평가기준일 현재 중소기업기본법 제2조의 규정에 의한 중소기업에 해당하는 기업을 말하며, "중견기업"이란 중견기업 성장촉진 및 경쟁력 강화에 관한 특별법 제2조에 따른 중견기업으로서 상속개시일 또는 증여일이 속하는 사업연도의 직전 3개 사업연도의 매출액의 평균금액이 5천억원 미만인 중견기업을 말한다.

15. 상속형 즉시연금보험을 이용하면 증여세를 절세할 수 있는지?

사례

> **사례**
> - 아버지가 보험회사와의 보험계약 체결
>   - 계약자 및 피보험자 : 父
>   - 수익자 : 子
>   - 즉시연금(계약기간 10년)에 가입하여 보험가입시점부터 보험금을 수령하고자 함.
>   - 일시금으로 10억원 불입
>   - 매년 연금수령액 : 연 2.5% 지급
>   - 현재 유기정기금 평가시 적정이자율은 3%임.
> - 수익자는 10년 동안 보험가입금액의 이자상당액에 해당하는 연금보험금을 수령한 후 10년이 되는 시점에서 보험가입금액(원금)을 수령하는 내용의 보험계약임.

증여재산가액 계산

상기 사례의 경우 증여재산가액은 상속세및증여세법 시행령 제62조 제1호에 따른 유기정기금의 평가방법에 따라서 증여재산가액을 산정하도록 하고 있으므로 다음과 같이 계산한다(재산-313, 2011.06.29. ; 재산-605, 2010.06.18.).

증여시기 : 첫 번째 연금을 수령하는 날 증여재산가액(①~⑩)합계액 : 986,069,450		
①	1년 이내 수령액	25,000,000
②	2년 이내 수령액	$25,000,000/(1+0.03)^1 = 24,271,844$

③	3년 이내 수령액	$25,000,000/(1+0.03)^2 = 23,564,897$
④	4년 이내 수령액	$25,000,000/(1+0.03)^3 = 22,878,541$
⑤	5년 이내 수령액	$25,000,000/(1+0.03)4 = 22,212,176$
⑥	6년 이내 수령액	$25,000,000/(1+0.03)5 = 21,565,219$
⑦	7년 이내 수령액	$25,000,000/(1+0.03)6 = 20,937,106$
⑧	8년 이내 수령액	$25,000,000/(1+0.03)7 = 20,327,287$
⑨	9년 이내 수령액	$25,000,000/(1+0.03)8 = 19,735,230$
⑩	10년 이내 수령액	$(25,000,000+10억원)/(1+0.03)9 = 785,577,150$

절세전략

 상기 사례의 경우 실제 불입한 보험료의 원금은 10억원이지만 실제로 과세되는 증여재산가액은 986,069,450원으로 원금의 거의 99%에 해당한다.

 종전에는 할인율이 6.5%일 경우 원금대비 할인액이 20%나 되어 원금의 80%에 상당하는 금액에 대하여 과세가 되었지만, 2017.03.10. 이후 증여분부터 할인율이 3%로 하향되면서 사실상 할인액이 대폭 감소되어 즉시연금보험을 이용한 절세 혜택도 대폭 줄어들었다.

 또한, 2013.02.14. 이전에는 보험기간이 10년 이상인 연금보험의 경우 이자소득세도 비과세되었지만 2013.02.15. 부터 세법의 개정으로 일정금액 이상의 보험금액에 대하여 소득세도 과세된다.

 따라서 현재 시점에 단순히 즉시연금보험을 이용한 증여세 절세혜택은 사실상 없다고 볼 수 있다. 또한 즉시연금보험을 가입한 이후 계약자를 자녀로 변경하는 경우에는 그 계약자를 변경하는 시점에 불입한 원금 10억원 상당액에 대하여 증여세가 과세됨을 유의해야 한다(법규과-166, 2013.02.14.).

16. 부동산임대법인등 부동산등 비율이 80% 이상인 법인의 주식이동시 주식평가를 조심해야 한다.

부동산임대법인 등 법인의 자산총액 중 토지, 건물, 부동산에 관한 권리, 해당 법인이 보유한 다른 부동산과다보유법인의 주식가액 상당액의 합계액이 차지하는 비율이 80% 이상인 법인의 주식평가에 관한 규정이 최근 수년간 세법개정시 엎치락뒤치락 혼란이 있었다.

그러므로 부동산임대법인등 자산총액 중 부동산 등 비율이 80% 이상인 법인은 주식을 증여 또는 상속, 특수관계자간 매매 등으로 이전하는 경우에는 주식평가를 할 때 유의해야 한다.

▍부동산 등 비율이 80% 이상인 법인이란

자산총액 중 토지, 건물, 부동산에 관한 권리, 아래 산식과 같이 계산한 해당 법인이 직접 또는 간접으로 보유한 다른 법인의 주식가액에 그 다른 법인의 부동산 등 보유비율을 곱하여 산출한 가액의 합계액이 차지하는 비율이 100분의 80 이상인 법인을 말한다.

$$\text{해당 법인이 보유한 다른 법인의 주식가액} \times \frac{A+B+C}{D}$$

A: 다른 법인이 보유하고 있는 법 제94조 제1항 제1호의 자산가액
B: 다른 법인이 보유하고 있는 법 제94조 제1항 제2호의 자산가액
C: 다른 법인이 보유하고 있는 「국세기본법 시행령」 제1조의2 제3항 제2호 및 같은 조 제4항에 따른 경영지배관계에 있는 법인이 발행한 주식가액에 그 경영지배관계에 있는 법인의 부동산등 보유비율을 곱하여 산출한 가액
D: 다른 법인의 자산총액

부동산 등 비율이 80% 이상인 법인의 주식평가 개정연혁

부동산 등 비율이 80% 이상인 법인으로서 시가에 해당하는 가액이 없어 보충적인 방법으로 평가할 때 적용되는 시기 및 평가방법은 다음과 같다.

적용시기	평가방법
2012.02.02. ~ 2017.02.06.	1주당 순자산가치로만 평가함
2017.02.07. ~ 2017.03.31.	1주당 순손익가치과 1주당 순자산가치의 가중평균
2017.04.01. ~ 2018.02.12.	max(가중평균액, 1주당 순자산가치의 70%)
2018.02.13. 이후 평가분	1주당 순자산가치로만 평가

다만, 2017.2.7.부터 2018.2.12.까지 골프장, 스키장, 휴양콘도미니엄, 전문휴양시설 사업을 하는 법인으로서 자산총액 중 토지, 건물, 부동산에 관한 권리, 타부동산과다보유법인의 주식가액의 합계액이 차지하는 비율이 80% 이상인 법인의 주식 등에 대해서만 1주당 순자산가치로 평가한다.

절세전략

상기에서 살펴본 것처럼 부동산 등 비율이 80% 이상인 법인의 주식을 평가할 때 최근 수년 동안 평가방법이 세법개정의 실수로 엎치락뒤치락 혼란이 있었다. 그러므로 이러한 법인의 주식을 증여 또는 상속, 특수관계자간 매매 등으로 이전하는 경우에는 주식평가 방법을 조심해야 한다. 2020.02.11.부터 해당 법인이 보유한 다른 부동산과다보유법인의 주식가액 상당액을 계산할 때 해당 법인이 보유하고 있는 또 다른 법인의 부동산등비율에 상당하는 주식가액도 포함됨을 유의해야 한다.

17 비상장주식을 평가심의위원회가 심의·제시하는 평가가액으로 평가하는 경우에는 최고 30%까지 주식을 낮출 수 있다.

▎의의

그 동안 중소기업을 대상으로 납세자가 비상장주식에 대한 보충적 평가방법을 적용하는 것이 불합리하다고 판단하여 유사상장법인 주가 비교평가방법을 적용하려고 하였다. 그러나 이와 같은 방법이 적용되는 사례가 거의 없어서 2017.07.01. 이후 상속이 개시되거나 증여받은 분부터 다양한 평가방법과 함께 중소기업으로 한정하지 않고 일반법인도 적용할 수 있도록 세법을 개정하였다.

▎평가심의위원회가 심의·제시하는 가액으로 비상장주식 평가

비상장주식등을 평가할 때 보충적 평가방법에 따른 주식평가액이 불합리하다고 보아 납세자가 다음의 어느 하나에 해당하는 방법으로 평가한 평가가액을 첨부하여 상속세및증여세법 시행령 제49조의2 제1항에 따른 평가심의위원회에 비상장주식 등의 평가가액 및 평가방법에 대한 심의를 신청하는 경우에는 같은 령 제54조 제1항·제4항, 제55조 및 제56조에도 불구하고 평가심의위원회가 심의하여 제시하는 평가가액에 의하거나 그 위원회가 제시하는 평가방법 등을 고려하여 계산한 평가가액에 의할 수 있다(상증령 §54⑥).

① 해당 법인의 자산·매출액 규모 및 사업의 영위기간 등을 감안하여 같은 업종을 영위하고 있는 다른 법인(유가증권시장과 코스닥시장에 상장된 법인)의 주식가액을 이용하여 평가하는 방법. 즉, 유사상장법인 주가 비교평가방법

② 향후 기업에 유입될 것으로 예상되는 현금흐름에 일정한 할인율을 적용하여 평가하는 방법. 즉, 현금흐름할인법
③ 향후 주주가 받을 것으로 예상되는 배당수익에 일정한 할인율을 적용하여 평가하는 방법. 즉, 배당흐름할인법
④ 그 밖에 ①부터 ③까지의 규정에 준하는 방법으로서 일반적으로 공정하고 타당한 것으로 인정되는 방법. 즉, 자산평가법

다만, 납세자가 평가한 가액이 보충적 평가방법에 따른 주식평가액의 100분의 70에서 100분의 130의 범위 안의 가액인 경우로 한정한다(상증령 §54⑥).

▎신청방법

납세자는 평가심의위원회에 심의가 필요한 경우에는 상속세 과세표준 신고기한 만료 4개월 전(증여의 경우에는 증여세 과세표준 신고기한 만료 70일 전)까지 다음에 따른 자료를 첨부하여 평가심의위원회(납세지 관할지방국세청장, 개인납세2과장)에 신청하여야 한다(상증령 §54⑤, 훈령 §13).

① 상속세 및 증여세법 시행령 제54조 제1항・제4항, 제55조 및 제56조에 따라 평가한 가액(보충적 평가방법에 따른 주식평가액) 및 그 평가 부속서류
② 보충적 평가방법에 따른 주식평가액이 불합리하다고 인정할 수 있는 근거자료와 해당 평가업무에 적용한 평가방법
③ 상속세 및 증여세법 시행령 제54조 제6항 각 호의 평가방법(현금흐름할인방법, 배당흐름할인방법, 기타 이에 준하는 방법으로서 일반적으로 공적 타당한 것으로 인정되는 방법)에 따라 평가한 비상장주식 등의 평가액 및 그 평가 부속서류

▌절세방법

상기에서 살펴본 바와 같이 일반적인 비상장주식에 대하여 시가에 해당하는 가액이 없어 보충적인 방법으로 평가할 때 그 보충적인 평가방법에 의한 1주당 가액이 지나치게 높거나 또는 지나치게 낮은 경우로서 불합리하다고 판단이 되면 비상장주식의 1주당 평가액을 평가심의위원회가 심의·제시하는 평가가액으로 평가할 수 있다. 이 경우 비상장주식의 1주당 가액을 보충적 평가방법에 의한 가액보다 경우에 따라 최대 30%까지 낮출 수가 있다.

그러나 납세자는 보충적인 평가방법으로 평가하는 것이 불합리하다는 사실을 최대한 입증해야 하며, 이를 입증하지 못하는 경우에는 인정받지 못할 수 있다. 여기서 "보충적인 평가방법으로 평가하는 것이 불합리한 경우"란 두루뭉실한 내용이 아닌 평가대상 법인에 해당되는 구체적인 내용으로 입증해야 한다.

또한 상속세 또는 증여세를 부당하게 감소시킬 목적 등으로 평가를 신청하는 경우에는 신청서가 반려당할 수 있으며, 또한 일정기간 이내에 신청해야 하는 신청기한이 있으므로 이 기간을 놓치게 되면 이를 이용할 수 없음을 유의해야 한다.

구체적인 평가방법 등에 대하여는 재산평가심의위원회운영규정을 참조하기 바란다.

18 유사매매사례가액 찾는 방법을 알려드립니다.

상속증여재산 평가와 관련하여 실무를 하다 보면 의외로 과세관청과 다툼이 많고 또한 신고한 후에 추징이 많이 되는 분야가 유사매매사례가액과 관련이다. 실무를 하시는 세무사들도 유사매매사례가액의 시가적용 판단을 가장 어려워한다. 그래서 여기서는 유사매매사례가액의 시가 적용 실무에 대하여 소개하고자 한다.

▌시가 적용의 범위

아파트 등을 상속받거나 증여받은 경우로서 시가로 평가할 때 해당 상속재산 또는 증여재산의 가액은 평가기준일 현재의 시가에 따른다. 이 경우 시가란 불특정 다수인 사이에 자유롭게 거래가 이루어지는 경우에 통상적으로 성립된다고 인정되는 가액을 말하며, 상속세및증여세법 시행령 제49조에서 규정하고 있는 평가기준일 전후 6개월(증여재산의 경우 전 6개월 후 3개월, 이하 '평가기간 이내'라 한다) 이내에 평가대상 재산에 대한 매매가액이 있거나 둘 이상의 감정가액의 평균액이 있거나 또는 수용가격·경매·공매가액이 있는 경우에는 이를 시가에 포함시킨다(상증법 §60①, 상증령 §49①).

평가기간 이외의 기간으로서 평가기준일 전 2년 이내의 기간 또는 평가기간 후 법정결정기간(상속세의 경우 상속세신고기한 다음날부터 9개월, 증여세의 경우 신고기한 다음날부터 6개월을 말한다)의 기간 중에 매매가액 등이 있는 경우에도 가격변동의 특별한 사정이 없는 경우에는 재산평가심의위원회의 자문을 거쳐 시가에 포함시킨다(상증령 §49① 단서).

또한 평가대상 재산과 면적·위치·용도·종목 및 기준시가가 동일하거나 유사한 다른 재산에 대한 매매가액 등(이하 '유사매매사례가액'이라 한다)이 있는 경우에도 시가에 포함된다. 다만 유사매매사례가액은 법정신고기한 이내에 신고한 경우에는 신고일까지의 유사매매사례가액만 시가로 적용한다(상증령 §49④).

상기에서 유사매매사례가액 등이 평가기간 이내 또는 평가기간 이외의 기간에 있는지 여부는 매매계약체결일을 기준으로 판단하고, 시가로 보는 가액이 둘 이상인 경우에는 평가기준일을 전후하여 가장 가까운 날에 해당하는 가액(그 가액이 둘 이상인 경우에는 그 평균액을 말한다)을 적용한다(상증령 §49②).

▌동일하거나 유사한 다른 재산의 유사매매사례가액의 범위

"평가대상 재산과 면적·위치·용도·종목 및 기준시가가 동일하거나 유사한 다른 재산" 즉, 유사매매사례가액이란 다음의 구분에 따른 재산을 말한다(상증칙 §15③).

① 부동산 가격공시에 관한 법률에 따른 공동주택가격이 있는 공동주택의 경우에는 다음의 요건을 모두 충족하는 주택. 다만, 해당 주택이 둘 이상인 경우에는 평가대상 주택과 공동주택가격 차이가 가장 적은 주택을 적용한다.
ⓐ 평가대상 주택과 동일한 공동주택단지(공동주택관리법에 따른 공동주택단지를 말한다) 내에 있을 것
ⓑ 평가대상 주택과 주거전용면적(주택법에 따른 주거전용면적을 말한다)의 차이가 평가대상 주택의 주거전용면적의 100분의 5

이내일 것
ⓒ 평가대상 주택과 공동주택가격의 차이가 평가대상 주택의 공동주택가격의 100분의 5 이내일 것
② ① 외의 재산의 경우에는 평가대상 재산과 면적·위치·용도·종목 및 기준시가가 동일하거나 유사한 다른 재산

▎평가대상 재산에 시가 있는 경우 유사매매사례가액 적용 배제

평가대상 재산 자체에 대한 매매가액 또는 감정가액 등 시가에 해당하는 가액이 있는 경우에는 유사매매사례가액을 적용하지 않는다(상증령 §49②). 예를 들면 유사매매사례가액이 있어도 평가대상 재산을 매각하여 그 매매가액이 있거나 또는 평가대상 재산에 대하여 감정평가를 실시하여 감정가액이 있는 경우에는 그 매매가액 또는 감정가액을 우선 적용한다는 의미이다.

▎유사매매사례가액 적용방법

① 평가대상 재산(서울 송파 잠실동 **번지, 1동 2401호)

평가기준일	전용면적 (㎡)	기준시가 (단위 : 백만원)	층수	비고
2025.07.21	84.80	1,136	24층	

② 평가기간 이내 유사매매사례가액

매매계약 체결일	전용면적 (㎡)	기준시가 (단위 : 백만원)	층수	매매가액 (단위 : 백만원)	시가적용 여부
2025.05.25	84.97	1,132	19층	1,925	여
2025.04.25	84.80	1,112	23층	1,935	부
2025.04.16	84.80	1,104	25층	1,850	부
2025.02.29	84.80	1,112	15층	1,900	부
2025.06.10	84.80	1,100	20층	1,830	부

③ 평가기간 이외의 유사매매사례가액

매매계약 체결일	전용면적 (㎡)	기준시가 (단위 : 백만원)	층수	매매가액 (단위 : 백만원)	시가적용 여부
2024.10.26	84.80	1,136	21층	1,970	부
2024.09.27	84.80	1,136	21층	1,950	부
2024.07.27	84.80	1,113	16층	1,850	부

상기 사례의 경우 평가기간 이내의 매매사례가액과 평가기간 이외의 매매사례가액이 있는 경우 우선적으로 평가기간 이내의 것을 먼저 적용한다. 또한 면적·기준시가가 5% 이내의 것을 선택하고, 5% 이내의 것이 2개 이상인 경우이므로 기준시가의 차이가 가장 적은 것을 최종 선택한다.

결과적으로 상기 사례의 경우 2025.04.16.에 거래된 25층이 더 시가에 근접한 것처럼 보이나 실제로는 2025.05.25.에 거래된 경우로서 기준시가 차이가 가장 적은 19층의 1,925백만원이 유사매매사례가액으로 최종 적용되는 것이다.

유사매매사례가액 확인방법 및 실무적용

상기에서 살펴본 바와 같이 아파트 또는 연립주택과 같은 공동주택가격이 공시되어 있는 재산의 경우 비교대상인 유사매매사례가액을 적용할 때 평가대상 재산과 동일한 공동주택단지 내에 속해 있어야 하고 또한 주거전용면적의 차이가 5% 이내여야 하고 또한 기준시가도 5% 이내 차이가 있는 경우에 한하여 적용받을 수 있다. 또한 이러한 유사매매사례가액이 둘 이상인 경우에는 공동주택가격의 차이가 가장 적은 주택을 적용해야 한다.

유사매매사례가액에 대한 정보는 국세청이 2017.07.18.부터 전국의 공동주택과 수도권 및 지방 5대 광역시 소재 오피스텔의 유사재산 매매사례가액 정보를 제공하고 있으며, 국세청 홈택스(www.hometax.go.kr)〉상속·증여재산 평가하기 접속하여 확인할 수 있다.

이 외 국토교통부 아파트 실거래가 공개시스템 또는 서울지역의 경우 서울부동산정보광장을 통하여 확인할 수 있다.

그런데 이 국세청 홈택스 또는 국토교통부 아파트 실거래가 공개시스템에 올려지는 매매사례가액은 「부동산 거래신고 등에 관한 법률」에 따라 신고한 가액이다. 동 법률에 의하면 부동산에 대한 매매계약을 체결한 경우 매매가액 등 매매계약 내용을 계약체결일부터 30일 이내에 국토교통부에 신고하도록 하고 있다. 그러다 보니 국토교통부 아파트 실거래가 공개시스템에 올려지는 이 매매가액 등에 대한 정보를 제3자가 확인할 수 있는 시점은 계약체결일로부터 최대 30일이 경과 되어야 확인할 수 있게 되는 것이다. 그런데 국세청 홈택스에 올려지는 정보는 그보다 더 늦은 평균 5~6개월 소요되며, 국세청 홈택스 자료는 양도자가 양도한 후 양도소득세를 신고한 경우로서 관할세무서등에서 신고서 검토가 이루어진 후의 그 신고자료 등으로 업데이트되기 때문이다.

국토교통부 아파트 실거래가 공개시스템에 올려지는 매매사례가액은 면적과 매매계약체결일, 매매가액만 확인할 수 있고 기준시가에 대한 정보는 제공하지 않는다. 하지만 국세청 홈택스(www.hometax.go.kr)〉상속·증여재산 평가하기에서 제공하는 유사매매사례가액은 기준시가 정보뿐만 아니라 평가대상 재산과 가장 유사한 매매사례가액에 대한 정보를 순위별로 제공하고 있어 국토교통부 아파트 실거래가 공개시스템에 올려지는 매매사례가액보다 훨씬 더 정확한 정보를 제공하고 있다. 하지만 국세청 홈택스에서 정확히 확인할 수 있는 시점이 국토교통부 아파트 실거래가 공개시스템보다 훨씬 늦다는 것이다.

이로 인하여 국토교통부 아파트 실거래가 공개시스템이 제공하는 유사매매사례가액을 기준으로 신고하였다가 향후 평가대상 재산과 더 유사한 매매사례가액이 신고 후 또는 조사과정에서 확인되어 수정신고해야 하거나 또는 추징이 되어야 하는 경우가 있어 낭패를 당하는 경우가 있다.

필자는 실무를 할 때 유사매매사례가액을 시가로 적용될 수 있는 재산을 증여받거나 또는 상속받은 경우 유사매매사례가액 적용실무는 다음과 같은 순서로 하고 있다.

첫째, 국토교통부 아파트 실거래가 공개시스템에 있는 정보를 이용하여 평가기준일로부터 가장 빠른 시간 내에 그 시스템이 제공하는 정보를 기준으로 1차적으로 판단하여 유사매매사례가액 또는 기준시가(유사매매사례가액 없다고 판단될 때임)로 일단 신고한다.

둘째, 신고 후 6개월(증여는 3개월) 이내 계속하여 국세청 홈택스 또는 국토교통부 아파트 실거래가 공개시스템을 수시로 접속하여 신고일 이전에 이미 계약이 체결된 유사매매사례가액이 있는지 확인하고 만일 있다면 그 유사매매사례가액으로 수정신고를 하고 없는 경우에는 그대로 둔다.

셋째, 유사매매사례가액의 급락이 심한 경우로서 유사매매사례가액 적용이 너무 불리하다 판단되는 경우에는 평가대상 재산을 감정평가를 하여 수정신고를 한다. 평가대상 재산에 대한 감정가액이 유사매매사례가액보다 우선 적용되기 때문이다.

19. 법정결정기한 이내의 감정가액 등을 시가로 적용하는 현행법령을 유불리에 따라 이를 활용하거나 피하는 것도 절세방법이다.

▌평가기준일 전후 6개월 이내의 매매가액 등 상속·증여재산의 시가적용

부동산 등 재산을 상속받거나 증여받은 경우 상속세나 증여세가 부과되는 재산의 가액은 상속개시일 또는 증여일 현재의 시가에 따른다. 이 경우 시가란 불특정 다수인 사이에 자유롭게 거래가 이루어지는 경우에 통상적으로 성립된다고 인정되는 가액을 말하며, 평가기준일 전후 6개월(증여재산의 경우에는 평가기준일 전 6개월부터 평가기준일 후 3개월까지로 한다) 이내의 기간 중에 수용가격·공매가격 및 감정가격 평균액, 유사매매사례가액 등 상속세및증여세법 시행령 제49조에서 규정하고 있는 것이 포함된다(상증법 §60).

다만, 시가를 산정하기 어려운 경우에는 해당 재산의 종류, 규모, 거래상황 등을 고려하여 공시가격 등 보충적인 방법으로 평가한다. 또한, 평가대상 재산에 저당권 등이 설정된 경우에는 그 재산이 담보하는 채권액(채권잔액)을 기준으로 평가한 가액과 시가 또는 보충적인 방법으로 평가한 가액 중 큰 금액으로 평가한다(상증법 §66).

▌평가기기준일 전 2년 이내의 매매가액 등도 시가인정

평가기준일 전 6개월전부터 평가기준일 전 2년 이내의 기간 중에 매매·감정·수용·경매 또는 공매가 있는 경우로서 매매계약체결일 등부터 평가기준일까지 가격변동의 특별한 사정이 없다고 인정되는 때는 이를 평가심의위원회의 자문을 거쳐 시가로 적용할 수 있다.

법정결정기한 이내의 매매가액 등도 시가 인정

2019.02.12. 상속·증여분부터는 법정결정기한[상속재산은 신고기한일(상속개시일이 속하는 달의 말일부터 6개월)부터 9개월, 증여재산은 신고기한일(증여일이 속하는 달의 말일부터 3개월)부터 6개월)]까지의 기간 중에 매매 등이 있는 경우에도 가격변동의 특별한 사정이 없는 경우에는 이를 평가심의위원회의 자문을 거쳐 시가에 포함시킬 수 있다. 이로 인하여 가장 길게는 상속개시일로부터 16개월(증여는 10개월)까지의 기간 중에 매매가액 또는 감정가액의 평균액이 있는 경우에도 시가적용이 가능하게 되었다.

이를 시가로 인정받고자 하는 경우에는 납세자는 해당 매매 등이 있는 날부터 6개월 이내에 시가를 입증자료를 첨부하여 평가심의위원회에 신청해야 하고, 과세관청 입장에서는 상속증여세를 결정하는 과정에서 신청하면 된다(상증령 §49조의2⑤,⑥).

꼬마빌딩 및 초고가주택은 감정가액으로 평가 후 과세

국세청은 "2019.02.12. 이후 상속 및 증여받은 부동산 중 꼬마빌딩 등 비주거용 부동산 및 나대지 등의 편법증여를 차단하기 위하여 상속·증여세 결정과정에서 시가로 감정해 상속·증여세를 부과하겠다"라고 보도자료(2020.01.31.)를 통하여 밝혔고, 현재 실행 중에 있다.

또한 국세청은 초고가주택도 2025.01.01. 이후 법정결정기한이 도래하는 분부터 감정평가대상에 포함시키는 훈령을 개정하였다

구체적인 평가대상이 되는 꼬마빌딩이나 초고가주택의 금액규모 등은 구체적으로 밝히지 못한다고 하면서 고가의 상속·증여 물건을 대상으로 한다고 밝히고 있는 바 고가의 꼬마빌딩 및 주택 등을 상속·증여시 유의해야 한다.

절세전략

상기와 같이 법정결정기한 이내의 매매가액 또는 감정평가액 등을 시가로 인정하는 현행 법령이 납세자 입장에서 반드시 불리한 것만은 아니다. 예를 들면 상속받은 재산이 상속공제액 이하에 해당하여 부담할 상속세가 없는데 그 재산이 법정결정기한 이내 매각이 된 경우 그 매매가액을 상속재산의 시가로 적용하게 되면 양도소득세 부담도 없을 수 있기 때문이다.

반면, 꼬마빌딩 이상 또는 초고가주택 같은 경우에는 오히려 국세청이 감정평가하는 경우에는 상속증여세가 추징될 수 있으므로 납세자에게 불리할 수 있다. 하지만 상속증여받은 재산을 향후 양도하는 경우 고율의 양도소득세 세율, 양도소득세 중과세 대상여부 등에 따라 양도소득세 등 부담액도 만만치 않으므로 무조건 불리한 것만은 아니다.

따라서, 법정결정기한 이내의 매매가액 또는 감정가액 등을 시가로 적용하는 현행 법령을 유불리에 따라 이를 적극적으로 활용하거나 또는 시가의 적용을 피하도록 하여 상속세 및 증여세, 양도소득세 등을 절세 수단으로 이용하는 것도 하나의 절세방법이다.

20. 증여받은 아파트에 대하여 증여세 신고할 때 매매사례가액을 예측하기 어려운 경우 감정평가를 받는 것도 좋다.

정부의 최근 다주택자들에 대한 양도소득세 및 종합부동산세 등 조세 중과세 정책에 따라 다주택자들이 중과세를 회피하기 위하여 본인들이 소유한 주택 중 일부를 배우자 또는 자녀들에게 분산 증여한 경우가 역대 최고라 할 정도로 많다.

▌시가의 범위

주택에 대한 증여등기를 할 때 취득세는 2022년 이전에는 기준시가(아파트 또는 다세대주택의 공동주택가격, 단독주택인 경우 개별주택가격을 말함)를 기준으로 부과하였으나 2023년부터 시가인정가액이 있는 경우 그 가액으로 부과하고 있다.

증여세를 부과할 때에도 상속세및증여세법에 따라 증여일 현재 시가로 평가한다. 여기서 시가란 불특정 다수인끼리 자유롭게 거래가 이루어진 경우에 통상적으로 성립된다고 인정되는 가액을 말한다. 좀 더 구체적으로 증여일전 6개월부터 증여일 후 3개월 이내의 기간 중에 증여받은 주택에 대한 매매가액이 있거나 둘 이상의 감정가액 평균액(기준시가 10억원 이하는 1개의 감정가액도 인정됨)이 있거나 또는 공매·경매·수용보상가액이 있으면 이를 시가로 인정한다.

또한 증여일전 2년 이내의 기간 중에 해당 주택에 대하여 매매 등이 있거나 또는 증여일이 지난 후부터 증여세 법정결정기한(증여세 신고기한 다음날부터 6개월이 되는 날)의 기간 중에 매매가액 등이 있는 경우에도 시간의 경과 및 주위환경의 변화 등을 감안하여 가격변동의 특별한 사정이 없다고 인정되는 때에는 국세청 평가심의위원회의 자문을 거쳐 당해 매매 등 가액을 시가에 포함시킬 수 있다.

이때 증여받은 주택과 면적·위치·용도·종목 및 기준시가가 동일하거나 유사한 다른 주택에 대한 매매·감정가액의 평균액, 공매·경매·수용보상가액이 있는 경우에는 유사매매사례가액이라 하여 증여받은 주택의 시가로 적용할 수 있다. 이러한 유사매매사례가액 정보는 국세청 홈택스(www.hometax.go.kr) 상속·증여재산 평가하기에 접속하여 확인하거나 국토교통부 실거래가 공개시스템(rt.molit.go.kr) 등에서 확인할 수 있다.

▌시가로 인정되는 감정가액

시가로 인정되는 감정가액이라 함은 평가기간 이내에 둘 이상의 감정가액 평균액이 있는 경우로서 가격산정기준일과 감정가액평가서 작성일이 평가기간 이내이면 된다. 그러므로 가격산정기준일이 반드시 증여일이 되지 않아도 된다.

▌유사매매사례가액 적용배제

유사매매사례가액은 증여세 법정 신고기한(증여일이 속하는 달의 말일부터 3개월) 이내에 증여세를 신고하였다면, 신고일 이후의 유사매매사례가액은 시가로 적용하지 않으며, 해당 주택에 대한 직접 감정 평가한 가액의 평균액 등 시가가 있는 경우에도 적용되지 않는다.

▌유사사례가액 확인의 어려움

한편, 주택 등 부동산의 매매계약을 체결한 사람은 부동산 거래신고 등에 관한 법률에 따라 거래계약의 체결일부터 30일 이내에 부동산의 매매계약 내용을 시장·군수 또는 구청장에게 신고하도록 하고 있다. 이 신고한 내용이 국토교통부 실거래가 공개시스템 및 국세청 홈택스에 공개가 되어 유사매매사례가액이 된다. 그런데 이러한 유사매매사례가액은 증여당시 또는 증여세 신고당시 공개되지 않은 경우에는 납세자는 확인할 방법이 없다.

그러다 보니 증여세 신고당시에 확인되지 않던 유사매매사례가액이 증여세 신고 후 한참이나 지난 뒤에 시가에 더 근접하다고 하면서 관할 세무서에서 증여를 추징하겠다고 하는 경우가 많다. 이런 경우 과소신고에 따른 가산세는 없지만 신고세액공제(3%)도 적용받지도 못하고 또한 과소납부가산세(연 약 8%, 1일당 2.2/10,000임)까지 오히려 부담해야 하는 경우가 발생한다. 더구나 최근 아파트 등 주택 가격이 그야말로 롤러코스트를 타고 있다 보니 납세자는 어떠한 유사매매사례가액을 시가로 적용해서 신고해야 할지 또는 증여세 신고 후에는 증여세 신고당시 확인되지 않던 유사매매사례가액으로 향후 세무서에서 추징은 당하지 않을지 상당히 불안해한다.

▌절세전략

그러므로 상기와 같은 경우를 방지하기 위하여 최소한 증여세 신고일 이후의 유사매매사례가액을 적용받지 않기 위하여 최대한 증여세 신고를 빨리 접수한 후 증여세 신고기한이 임박해서 다시 유사매매사례가액을 확인하여 수정신고 여부를 결정한다.

또는 처음부터 증여받은 주택에 대하여 차라리 평가기간 이내의 기간 중에 가장 낮은 시점을 가격산정기준일로 하여 최대한 낮게 감정평가를 받아서 이를 시가로 적용하여 신고하는 것이 마음이 편할 수도 있다.

21 중견기업의 주주가 감자·증자를 통하여 다른 주주에게 이익을 분여하는 경우에는 20%의 세부담액을 줄일 수 있다.

▍최대주주가 보유한 주식 증여시 20% 할증평가

법인의 주주인 사람의 재산권의 행사는 주식에 의하여 이루어지게 되며, 주주평등의 원칙에 따라 주식을 가진 주주는 회사에 대하여 갖는 법률관계에 관하여는 그가 보유하는 주식의 수에 따라 평등하게 취급받게 된다. 그러나 최대주주등이 보유하는 주식은 통상적인 주식가치에 더하여 당해 회사의 경영권 내지 지배권을 행사할 수 있는 특수한 가치, 이른바 '경영권 프리미엄'을 지니고 있게 된다. 이와 같이 최대주주 등이 가지고 있는 경영권프리미엄을 상증세법상 주식을 평가할 때 반영한 것이 할증평가규정이다.

최대주주 등이 보유한 주식에 대한 할증평가 규정은 주권상장법인이나 코스닥시장상장법인, 비상장법인의 주식에 대하여 보충적방법으로 평가하거나, 기업공개 중인 법인 주식, 미상장주식을 평가할 때에도 모두 적용된다. 상증세법 제60조제2항에 따른 시가의 정의에 부합되는 매매가액·공매가액·경매가액 등 시가로 적용할 때도 원칙은 적용된다.

하지만, 평가대상 법인이 중소기업에 해당하거나 또는 직전 3개 사업연도의 매출액의 평균금액이 5천억원 미만인 중견기업, 상증세법 시행령 제28조, 제29조, 제29조의2, 제29조의3 및 제30조에 따른 합병·증자·감자·현물출자에 따른 이익 및 전환사채 등 주식전환 등에 따른 이익계산하는 경우 등 같은령 제53조제7항의 사유가 있는 경우에는 할증평가를 하지 않는다.

할증평가 제외 대상이 되지 않는 경우로서 최대주주로서 보유하고 있는 직전 3개 사업연도의 매출액의 평균금액이 5천억원 이상인 중견기업 또는 대기업의 주식을 증여 또는 상속 등을 하는 경우에는 원칙적으로 20%를 할증평가 해야 한다. 즉, 할증평가를 하지 않는 법인에 비하여 주식평가액이 20%가 더 높다는 의미이다.

한편 직전 3개 사업연도의 매출액의 평균금액이 5천억원 이상인 중견기업 주식에 대하여는 상증세법 제18조제2항에 따른 가업상속공제 또는 조특법 제30조의6에 따른 가업승계에 대한 증여세 과세특례 규정도 적용받지 못하므로 상속·증여하는 경우 세부담액이 상당히 높다.

▎절세전략

직전 3개 사업연도의 매출액의 평균금액이 5천억원 이상인 중견기업의 경우 20% 할증되지 않는 방법으로 주식이동을 통한 이익을 증여 등을 할 수 있다면 최소한 20%에 상당하는 세부담액을 줄일 수 있게 된다. 그러면 20%에 상당하는 세부담액을 줄이면서 특수관계인에게 증여 등을 하는 방법은 무엇일까?

가장 대표적인 방법이 불균등 증자 또는 감자를 통하여 다른 특수관계인 주주에게 이익을 분여하는 경우이다. 즉, 불균등 증자 또는 감자를 하게 되면 상증세법 시행령 제29조, 제29조의2에 따라 증자 또는 감자에 따른 이익에 해당하여 해당 이익을 얻은 다른 주주에게 증여세는 과세되지만 이 경우 증여이익을 계산할 때 할증평가를 하지 않음으로 인하여 오히려 20% 할인된 가액으로 이익을 증여할 수 있게 된다는 의미이다.

한편 시가보다 저가로 감자를 하는 경우에는 주식을 발행한 법인과 주식을 소각당하는 주주간에는 법인세법상 부당행위계산 규정이 적용되지 않는다. 또한 시가보다 저가로 유상증자를 하는 경우에도 마찬가지로 주식을 발행하는 법인과 주주간에는 부당행위계산 규정이 적용되지 않는다.

다만, 감자를 당하는 주주는 감자대가와 취득가액의 차액에 대하여 의제배당으로 소득세가 과세될 수 있다. 또한, 시가와 감자대가와의 차액 상당액에 대하여는 다른 주주들에게 증여세가 과세될 수 있으며, 법인주주가 있는 경우에는 법인세법에 따라 부당행위계산 등 규정이 적용될 수 있다. 이런 것을 포함하여 주주구성에 따른 분여이익 등을 고려하여 플랜을 짜게 되면 중견기업 주식을 직접적으로 증여하는 경우에 비하여 증자 또는 감자를 통하여 이익을 분여하는 것이 20% 정도의 세부담액은 줄일 수 있게 된다.

V

신고납부 분야

01 납부할 상속세, 증여세가 너무 부담스러운 경우 분할납부·연부연납 제도를 이용하라.

상속세 또는 증여세는 일시에 납부하는 것이 원칙이나 일시납부에 따른 과중한 세부담을 분산시켜 상속재산 또는 증여재산을 보호하고 납세의무의 이행을 용이하도록 하기 위하여, 일정요건이 성립되는 경우에 분할하여 납부할 수 있다. 이 경우 단기간에 나누어 내는 것을 분할납부, 장기간에 나누어 내는 것을 연부연납이라고 한다. 납부할 상속세 또는 증여세가 너무 많아 부담스러운 경우에는 세액의 일부를 이러한 분할납부, 연부연납제도를 적절하게 이용하여 납부하는 경우에는 일시납부에 따른 부담을 줄일 수 있고, 자금이용의 효율성을 높일 수 있다.

▌분할납부

상속세 또는 증여세의 납부할 세액이 1천만원을 초과하는 때에는 다음의 금액을 납부기한이 지난 후 2개월 이내에 이자 부담없이 분할납부할 수 있다.

- 납부할 세액이 2천만원 이하일 때 : 1천만원을 초과하는 금액
- 납부할 세액이 2천만원을 초과하는 때 : 그 세액의 50% 이하의 금액

▌연부연납

연부연납 요건

상속세 및 증여세의 경우 다음의 요건을 갖춘 경우에는 그 세액의 분할납부를 허가할 수 있다.

- 상속세 또는 증여세의 납부세액이 2천만원을 초과하고

- 연부연납신청기한 이내에 신청해야 하며
- 납세담보를 제공하는 경우

연부연납 신청기한

- 법정신고기한 이내에 자진신고한 세액 : 법정신고기한 이내
- 수정 신고 및 기한후 신고한 세액 : 수정신고 및 기한후 신고할 때
- 납부고지서상 세액 : 납부고지서상 납부기한 이내
- 연대납세의무자가 통지를 받은 경우 : 납부통지서상의 납부기한 이내

연부연납 허가기한

- 법정신고기한 이내에 자진신고한 세액 : 법정신고기한 경과한 날부터 9개월(증여는 6개월)
- 수정신고 및 기한후 신고한 세액 : 신고한 날이 속하는 달의 말일부터 9개월(증여는 6개월)
- 납부고지서상 세액 : 납부고지서상 납부기한 경과한 날로부터 14일 이내
- 연대납세의무자가 통지를 받은 경우 : 납부통지서상 납부기한 경과한 날로부터 14일 이내

연부연납신청일에 허가된 것으로 간주

다음에 해당하는 납세담보를 제공하여 연부연납 허가를 신청하는 경우에는 그 신청일에 허가받은 것으로 본다.
- 금전
- 국채증권, 지방채증권 및 특수채증권, 양도성예금증서 등
- 납세보증보험증권
- 은행법에 따른 은행 등의 납세보증서

연부연납기간

- 일반 증여세의 경우 : 연부연납허가일로부터 5년 이내
- 가업승계 특례주식에 대한 증여세의 경우 : 연부연납허가일로부터 15년 이내
- 상속세의 경우 : 연부연납허가일로부터 10년 이내
- 가업상속재산가액(사립유치원에 직접 사용하는 재산 포함) : 연부연납 허가일부터 20년 또는 연부연납 허가 후 10년이 되는 날부터 10년

  ☞ 단, 각 회분의 분납세액이 1천만원을 초과하도록 연부연납기간을 정하여야 함.

연부연납신청시 및 연부연납기간중 납부할 세액

- 증여세의 경우

$$\text{증여세 납부세액} \times \frac{1}{(\text{연부연납기간}+1)}$$

- 일반상속재산에 상당하는 상속세의 경우

$$\left[\text{상속세납부세액} - \left(\text{상속세납부세액} \times \frac{(\text{가업상속재산가액} - \text{가업상속공제액})}{\text{총상속재산가액} - \text{가업상속공제액}}\right)\right] \times \frac{1}{(\text{연부연납기간}+1)}$$

- 가업상속재산(사립유치원에 직접 사용하는 재산 포함)에 해당하는 상속세의 경우

$$\left[\text{상속세납부세액} \times \left(\frac{(\text{가업상속재산가액} - \text{가업상속공제액})}{\text{총상속재산가액} - \text{가업상속공제액}}\right)\right] \times \frac{1}{(\text{연부연납기간}+1)}$$

  ☞ 다만, 가업상속재산에 해당하는 상속세에 대하여는 거치기간 적용 연부연납신청시에는 납부할 상속세가 없다.

연부연납 가산금의 가산율

연부연납의 허가를 받은 경우 연부연납 가산금을 각 회분의 분납세액에 가산하여 납부하여야 한다.

- 현재 이자율: 3.1%

연부연납의 취소

연부연납허가를 받은 자가 다음 어느 하나에 해당하는 경우에는 연부연납 허가를 취소 또는 변경하고 세액을 전부 또는 일부를 징수할 수 있다.

- 연부연납세액을 지정된 납부기한까지 납부하지 아니한 경우
- 담보의 변경 기타 담보보전에 필요한 관할세무서장의 명령에 따르지 아니한 경우
- 납기 전 징수사유에 해당되어 그 연부연납기한까지 그 연부연납에 관계되는 세액의 전액을 징수할 수 없다고 인정되는 경우
- 상속받은 사업을 폐업하거나 해당 상속인이 그 가업에 종사하지 아니하게 된 경우 등 일정한 사유에 해당하는 경우
- 사립유치원에 직접 사용하는 재산 등을 해당 사업에 직접 사용하지 아니하는 경우 등 일정한 사유에 해당하는 경우

02. 상속재산가액보다 실제로 매매되는 가액이 더 낮은 경우에는 상속세에 대하여 물납을 신청해라.

▎사례

> **사례**
>
> 상속재산가액 : 100억원
> - 공원용지 : 30억원(개별공시지가, 관련법령상 분할할 수 없음)
> - 공원용지를 양도하고자 20억원에 매물로 내놓아도 거래가 안 되고 있음.
> - 주택(피상속인 및 상속인이 거주하던 주택임) : 15억원
> - 임대차계약이 체결된 상가빌딩 : 45억원
> - 상장주식 : 10억원
> - 자진신고 및 납부할 상속세 : 28억원

공원용지로 상속세 전액을 물납할 수 있는지?

상속세 납부세액이 2천만원을 초과하는 경우로서 상속세 납부세액이 상속재산가액 중 금융재산의 가액을 초과하고, 상속재산(상속재산에 가산하는 증여재산 중 상속인 및 수유자가 받은 증여재산을 포함) 중 부동산과 유가증권의 가액이 1/2을 초과하는 경우에는 상속받은 재산으로 물납이 가능하다. 다만 그 물납을 청구할 수 있는 상속세의 범위액은 상속재산가액 중 부동산과 유가증권의 가액이 차지하는 비율에 해당하는 상속세액을 초과할 수 없다. 그러나 해당 상속세액을 납부하는데 적합한 부동산 및 유가증권이 없는 경우에는 해당 상속세액을 초과하는 세액에 대하여도 물납을 허가할 수 있다.

상기 사례의 경우 공원용지에 대하여 지상권 설정 등 다른 관리·처분이 부적당한 사유가 있는 경우를 제외하고는 공용원지로 물납신청이 가능하며, 물납을 청구할 수 있는 세액의 범위액은 원칙적으로 다음과 같다.

> 물납범위액＝28억원×(90억원/100억원)＝25.2억원

그러나 공원용지는 관련법령에 의하여 분할을 할 수 없는 재산이므로 공원용지 30억원으로 28억원의 상속세를 모두 물납신청 할 수 있다. 다만, 상속세납부세액을 초과하는 2억원을 포기하여야 한다.

상기 사례는 공원용지를 개별공시지가보다 훨씬 낮은 20억원에 매도하고자 하여도 팔리지 않는 토지이나 개별공시지가로 과세 받았으므로 물납이 허가되는 경우에 수납가액은 그 과세받은 상속재산가액이 된다. 따라서 물납이 허가되어 수납된 경우에는 최소한 8억원(28억원－20억원)의 상속세를 절세할 수 있는 것이다.

상기 사례와 같은 공원용지뿐만 아니라 상권이 죽은 상가건물로서 임대가 잘 되지 않는 건물, 맹지 등이 상속재산에 포함되어 있는 경우에는 그러한 재산은 일반적으로 매매되는 가액보다 상속재산가액이 더 높은 경우가 있다. 이러한 골칫거리인 재산을 물납하는 방법도 절세의 방법이다. 따라서 물납도 요령껏 하면 상속세를 크게 절세할 수 있다.

절세전략

물납하고자 하는 부동산이 임야 또는 농지라면 일반적으로 상속세 과세시 기준시가로 평가한다. 그러나 기준시가로 평가된 재산을 물납하게 되면 수납가액도 기준시가로 평가하여 수납이 된다.

그러므로 물납을 하고자 하는 부동산이 있으면 미리 상속세 신고시 감정평가를 하여 물납신청하는 것이 유리하다. 설령 감정평가를 함으로 인

하여 기준시가와의 차액에 대하여 상속세를 더 납부하게 되지만 수납가액도 감정평가액이 되기 때문이다.

▌물납의 요건

- 상속재산 중 부동산과 유가증권의 가액이 2분의 1을 초과하여야 한다. 다만, 유권증권에는 비상장주식 등은 제외하되, 비상장주식 등 외에 상속재산이 없거나 다른 상속재산으로 물납에 충당한 후 부족한 경우에는 유가증권에 포함한다.
- 상속세의 납부세액이 2천만원을 초과하여야 하며,
- 상속세 납부세액이 상속재산가액 중 금융재산의 가액을 초과하여야 하며,
- 물납신청기한 이내에 물납신청을 하여야 한다.

▌물납 신청기한

- 법정신고기한 이내에 자진신고한 세액 : 법정신고기한 이내
- 수정신고 및 기한후 신고한 세액 : 기한후 신고할 때
- 납부고지서상 세액 : 납부고지서상 납부기한 이내
- 연대납세의무자가 통지를 받은 경우 : 납부통지서상의 납부기한이내
- 연부연납기간 중 분납세액[첫 회분 분납세액(중소기업자는 5회분 분납세액)]의 물납 : 각 회분의 분납세액 납부기한 30일 전까지

▌물납 허가기한

- 법정신고기한 이내에 자진신고한 세액 : 법정신고기한 경과한 날부터 9개월
- 수정신고 및 기한후 신고한 세액 : 신고한 날이 속하는 달의 말일부터 9개월

- 납부고지서상 세액 : 납부고지서상 납부기한 경과한 날로부터 14일 이내
- 연대납세의무자가 통지를 받은 경우 : 납부통지서상 납부기한 경과한 날로부터 14일 이내
- 연부연납기간 중 분납세액의 물납 : 물납신청일로부터 14일 이내

물납재산의 수납일 지정

- 물납을 허가하는 때에는 그 허가한 날부터 30일 이내의 범위내에서 재산의 수납일 지정(이 경우 물납재산의 분할 등의 사유로 해당 기간 내에 물납재산의 수납이 어렵다고 인정되는 경우에는 1회에 한하여 20일 범위 내에서 수납일 다시 지정)
- 수납일까지 물납재산의 수납이 이루어지지 아니하는 때에는 해당 물납 허가는 효력상실

관리·처분이 부적당한 물납 부동산

물납신청을 받은 재산이 다음의 어느 하나에 해당하는 사유로 관리·처분이 부적당하다고 인정하는 경우에는, 그 재산에 대한 물납을 허가하지 아니하거나 관리·처분이 가능한 다른 물납대상재산으로의 변경을 명할 수 있다.

- 지상권, 지역권, 전세권, 저당권 등 재산권이 설정된 경우
- 물납 신청한 토지와 그 지상건물의 소유자가 다른 경우
- 토지의 일부에 묘지가 있는 경우
- 건축허가를 받지 아니하고 건축된 건축물 및 그 부수토지
- 소유권이 공유로 되어 있는 재산
- 자본시장과 금융투자업에 관한 법률에 의하여 상장이 폐지된 경우의 해당 주식 등

▎관리·처분이 부적당한 물납 유가증권

- 유가증권을 발행한 회사의 폐업 등으로 관할 세무서장이 사업자등록을 말소한 경우
- 유가증권을 발행한 회사가 상법에 따른 해산사유가 발생하거나, 회생절차 중에 있는 경우
- 유가증권을 발행한 회사의 물납신청일 전 2년 이내 또는 물납신청시부터 허가시까지의 기간이 속하는 사업연도에 결손금이 발생한 경우
- 유가증권을 발행한 회사가 물납신청일 전 2년 이내 또는 물납신청시부터 허가시까지의 기간이 속하는 사업연도에 회계감사 대상임에도 불구하고 감사인의 감사의견이 표명되지 않는 경우
- 상기 사유와 유사한 사유로서 관리·처분이 부적당하다고 기획재정부령이 정하는 경우

▎물납청구의 범위

물납을 청구할 수 있는 납부세액은 해당 상속재산 가액에 대한 상속세를 초과할 수 없다.

- 물납청구세액의 범위 min(①, ②)

  ① 상속세 납부세액 × $\dfrac{\text{부동산·유가증권 가액}}{\text{상속재산가액}}$

  ② 상속세 납부세액 − (금융재산의 가액 + 상장된 유가증권의 가액)

  * 금융재산의 가액 = (금융재산 − 금융채무)
  * 상장된 유가증권 : 법령에 따라 처분이 제한되지 않은 것을 말함

- 비상장주식으로 물납시 물납 신청세액
  = 상속세 납부세액 − 상속세 과세가액*

  * 상속세 과세가액 : 비상장주식등과 상속개시일 현재 상속인이 거주하는 주택 및 그 부수토지의 가액(담보된 채무를 차감한 가액)을 차감한 금액을 말함.

- 상속재산 중 상기의 납부세액을 납부하는데 적합한 가액의 물건이 없을 때는 세무서장은 해당 납부세액을 초과하는 납부세액에 대하여도 물납을 허가할 수 있다.

▎물납에 충당하는 재산의 물납신청 및 허가순위

물납에 충당하는 재산은 세무서장이 인정하는 정당한 사유가 없는 한 다음의 순서에 의하여 신청 및 허가하여야 한다.(상증령 §74②)

① 1순위 : 국채 및 공채
② 2순위 : 상속세및증여세법 시행령 제74조 제1항 제2호 가목 단서에 해당하는 유가증권(국채 및 공채 제외)으로서 거래소에 상장된 것
③ 3순위 : 국내에 소재하는 부동산(⑤의 재산을 제외한다)
④ 4순위 : 국채·공채·주권 및 내국법인이 발행한 채권 또는 증권과 다음의 기타 기획재정부령이 정하는 유가증권(①, ②, ⑤제외)
　㉠ 자본시장과금융투자업에관한법률에 따른 신탁업자가 발행하는 수익증권
　㉡ 자본시장과금융투자업에관한법률에 따른 집합투자증권
　㉢ 자본시장과금융투자업에관한법률에 따른 종합금융회사가 발행하는 수익증권
⑤ 5순위 : 상속의 경우로서 거래소에 상장되어 있지 아니한 법인의 주식 등 외에 다른 상속재산이 없거나 ①부터 ④까지의 상속재산으로 상속세 물납에 충당하더라도 부족액이 있는 경우의 그 거래소에 상장되어 있지 아니한 법인의 주식 등.
⑥ 6순위 : 상속개시일 현재 상속인이 거주하는 주택 및 그 부수토지

▎ 물납에 충당할 재산의 수납가액

물납에 충당할 재산의 수납가액은 다음의 경우를 제외하고는 과세표준 결정시의 상속재산의 가액으로 하며, 다음의 경우에는 물납허가통지서 발송일 전일을 기준으로 재평가한 가액으로 한다(상증령 §75).

- 주식의 경우에 있어서 상속개시일부터 수납할 때까지의 기간 중에 해당 주식을 발행한 법인이 신주를 발행하거나 주식을 감소시킨 경우
- 상속세의 연부연납 허가를 받은 자가 연부연납 기간 중에 분납세액에 대하여 물납에 충당하는 경우
- 물납에 충당할 유가증권의 가액이 평가기준일부터 물납허가통지서 발송일 전일까지의 기간 중 유가증권을 발행한 회사가 합병 또는 분할하거나 주요 재산을 처분한 경우, 배당금이 물납신청 전보다 증가하는 등 사유로 해당 유가증권의 가액이 평가기준일 현재의 상속재산의 가액에 비하여 100분의 30 이상 하락한 경우

03 가업을 상속받은 경우 가업상속공제와 20년간 분할납부를 선택할 수 있다.

▍연부연납제도란?

상속세는 상속재산이 대부분 부동산 등으로 구성되어 현금화하기 어렵거나 상당한 시일이 소요되는 경우에는 금전으로 일시에 납부하는 것이 곤란 할 수 있다. 이런 경우에 과중한 세금에 대하여 국세수입의 확보의 편의를 위하여 상속재산을 처분하여 납부하도록 하는 것은 납세의무자에게 필요 이상의 새로운 부담이 될 수 있다. 이와 같이 일시에 거액의 세금을 금전으로 납부하기 곤란한 경우에는 수년 동안 분할하여 납부하도록 함으로써 기한의 편의를 제공하는 것을 연부연납제도라 한다.

▍가업재산에 대한 연부연납기간 특례

일반적인 상속세의 연부연납기간은 연부연납허가일로부터 10년 이내의 기간 범위내에서 해당 납세의무자가 신청한 기간으로 정한다(상증법 §71②).

그러나 상속재산 중 일정한 요건을 충족하는 가업상속재산이 있는 경우에는 무려 연부연납 허가일부터 20년 또는 연부연납 허가 후 10년이 되는 날부터 10년간 분할하여 납부할 수 있다. 한편, 가업상속재산에 대하여 가업영위기간에 따라 최고 300억원~600억원을 한도로 하여 가업상속공제도 적용받을 수 있다(상증법 §18①, §71②).

연부연납기간 특례 대상 자산

연부연납기간 특례대상이 되는 가업상속은 ①상속세및증여세법 제18조의2에 따라 가업상속공제를 적용받은 경우로서 공제한도를 초과하거나 또는 ②가업상속공제 요건을 갖추었으나 가업상속공제를 적용받지 않은 경우, ③피상속인이 중소기업 또는 중견기업의 최대주주 등인 경우로서 5년 이상 계속하여 기업을 경영하고 30% 이상 대표이사로 재직하는 등 같은법 제71조제2항제1호의 요건을 충족한 경우가 그 대상이 된다. 또한 가업재산이라 함은 소득세법을 적용받는 가업은 가업에 직접 사용되는 토지, 건축물, 기계장치 등 사업용 자산[타인에게 임대하고 있는 부동산[지상권, 부동산임차권 등 부동산에 관한 권리를 포함한다)은 제외한다]의 가액에서 해당 자산에 담보된 채무액을 뺀 가액을 말하며, 법인세법을 적용받는 가업은 주식가액에 사업용자산비율을 곱한 가액을 말한다. 가업상속재산에는 유아교육법 제7조제3호에 따른 사립유치원에 직접 사용하는 교지, 실습지등도 포함한다(상증법 §71②).

연부연납기간 특례와 가업상속공제 중복 적용 배제

연부연납기간 특례를 적용받을 수 있는 가업상속재산가액은 가업상속공제액을 차감한 후의 가업상속재산가액을 기준으로 적용하므로 연부연납기간 특례와 가업상속공제가 중복적용은 되지 않는다. 그러므로 상속세 법정신고기한 이내에 가업상속재산에 대하여 가업상속공제를 적용받을지 아니면 연부연납기간 특례를 적용받을지 여부를 선택할 수밖에 없다.

절세전략

 따라서 가업상속재산에 대하여 만일 사후관리규정인 고용유지 등의 부담으로 가업상속공제를 적용받기 어려운 경우에는 연부연납기간 특례를 적용받는 것도 하나의 방법이다. 더구나 2020년도부터 가업상속에 대한 연부연납기간 특례를 적용받을 수 있는 대상을 대폭 확대하고 요건도 완화하는 것으로 세법이 개정되었다. 다만, 상속받은 가업을 폐업하거나 해당 상속인이 가업에 종사하지 아니하게 되거나 가업용 자산을 처분하는 경우에는 연부연납기간에 대한 특례를 취소하고 일반 연부연납기간을 적용함을 유의해야 한다.

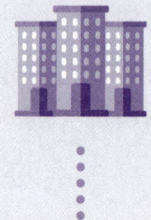

VI

기타 분야

01 무주택자가 주택을 상속받은 경우 취득세를 절세할 수 있다.

▌상속받은 재산에 대한 취득세 과세대상

상속을 통하여 부동산, 차량, 기계장비, 항공기, 선박, 입목, 광업권, 어업권, 양식업권, 골프회원권, 승마회원권, 콘도미니엄 회원권, 종합체육시설 이용회원권 또는 요트회원권을 취득한 경우에는 그 상속받은 사람에게 취득세가 부과된다(지방세법 §7①).

▌상속재산에 대한 취득세율

취득유형	취득세	교육세	농특세	합계	비고
농지	2.3%	0.06%	0.2%	2.56%	
1주택자 취득 (상속인 기준)	0.8%	0.16%	-	0.96%	고급주택 제외
2주택 이상(전용 85㎡)	2.8%	0.16%	-	2.96%	중과제외
비주택, 2주택(85㎡ 초과)	2.8%	0.16%	0.2%	3.16%	중과제외

▌상속받은 1가구 1주택에 대한 취득세율 특례

상속으로 인한 1가구 1주택의 취득에 해당하게 되면 취득세율의 특례가 적용된다. 이 경우 1가구 1주택이란 세대별 주민등록표에 함께 기재되어 있는 가족으로 구성된 1가구가 국내에 1개의 주택을 소유하는 경우를 말한다. 다만, 상속인의 배우자, 상속인의 미혼인 30세 미만의 직계비속 또는 상속인이 미혼이고 30세 미만인 경우 그 부모는 각각 상속인과 같은 세대별 주민등록표에 기재되어 있지 아니하더라도 같은 가구에 속한 것으로 본다.

1주택을 여러 사람이 공동으로 상속받는 경우에는 지분이 가장 큰 상속인을 그 주택의 소유자로 본다. 이 경우 지분이 가장 큰 상속인이 두 명 이상일 때에는 지분이 가장 큰 상속인 중 다음 각 호의 순서에 따라 그 주택의 소유자를 판정한다.
 ① 그 주택에 거주하는 사람
 ② 나이가 가장 많은 사람

▌상속재산에 대한 취득세 신고기한

취득세 과세물건을 상속으로 인한 경우는 상속개시일이 속하는 달의 말일부터, 실종으로 인한 경우는 실종선고일이 속하는 달의 말일부터 각각 6개월(외국에 주소를 둔 상속인이 있는 경우에는 각각 9개월)] 이내에 그 과세표준에 세율을 적용하여 산출한 세액을 신고하고 납부하여야 한다(지방세법 §20①).

▌유증 또는 사인증여를 통하여 취득한 재산에 대한 취득세 신고기한

피상속인으로부터 상속인에게 한 유증은 상속에 포함하여 그 신고납부기한은 상속개시일이 속하는 달의 말일부터 6월이 되나, 상속인이 아닌 자에 대한 유증은 상속개시일이 속하는 달의 말일부터 3개월 이내 신고해야 한다(세정13407-878, 2000.07.08.).

▌상속세 신고기한 이내에 등기등후 재분할 등기등을 해도 취득세 추가 과세 안됨.

상속개시 후 상속재산에 대하여 등기·등록·명의개서 등에 의하여 각 상속인의 상속분이 확정되어 등기 등이 된 후, 그 상속재산에 대하여 상속에 따른 취득세 신고·납부기한 내에 공동상속인이 협의하여 재분할에 의한 취득과 등기등을 모두 마친 경우에도 재분할에 따른 취득세는 과세되지 않는다(지방세 §법7⑬).

▮ 절세전략

상속재산 중 주택이 포함된 경우에는 무주택자가 상속받아 1주택자가 되거나 공동상속인 경우에는 무주택자의 지분이 더 많게 상속받는 경우에는 취득세가 0.96%에 불과하므로 엄청나게 절세가 됨을 알 수 있다.

그러므로 상속주택에 대하여 협의분할을 할 때 취득세를 고려하여 상속하는 것도 절세가 된다. 다만, 상속재산을 상속인이 아닌 사람이 유증이나 사인증여를 받은 경우에는 취득세 신고 및 납부기한이 상속개시일이 속하는 달의 말일부터 3개월 이내이므로 신고납부기한을 놓쳐서 공연히 가산세를 무는 것을 유의해야 한다.

02 상속에 따른 취득세의 연대납세의무제도를 이용하면 증여세를 절세할 수 있다.

▌사례

> **사례**
>
> - 상속재산가액 : 상속재산 130억원(부동산과 예금)이며, 취득세가 3억원, 상속세가 약 25억원임.
> - 공동상속인은 배우자 甲과 자녀 乙이며, 상속 등기시 부동산에 대하여는 배우자 갑 3%, 자녀 乙 97% 비율로 각각 상속등기함.

취득세를 모두 甲이 납부할 수 있는지?

▌상속에 따른 취득세에 대한 공동상속인 연대납세의무

상속으로 인하여 부동산등 취득세 과세대상 물건을 취득하는 경우에는 상속인 각자가 상속받는 취득물건(지분을 취득하는 경우에는 그 지분에 해당하는 취득물건을 말한다)을 취득한 것으로 본다. 이 경우 상속재산을 공동상속하는 경우 공동상속인은 취득세에 대하여 연대납세의무를 부담하게 된다(지방세법 §7⑦).

취득세는 상속세와 달리 취득세의 과세단위는 납세의무자가 아닌 각 과세대상 물건이므로 상속으로 인한 취득의 경우에도 상속인 각자의 취득 물건별로 납세의무 성립 여부 등을 결정하여야 하는바(조심2020지1236, 2021.07.20.), 물건별로 공동 취득하여야 연대납세의무가 성립되므로 상기 사례와 같이 공동지분으로 등기한 후 취득세를 甲이 상속받은 재산 한도로 납부하면 추가적인 증여세 과세문제는 없다.

03 차명계좌를 이용하면 혹 떼려다가 혹 붙이게 된다.

차명계좌란 금융기관에 타인명의로 예금계좌를 개설하여 거래하는 그 계좌를 말하는 것으로 현재 이러한 차명계좌는 불법행위 등의 목적으로 많이 이용되고 있다.

불법행위를 목적으로 한 차명거래의 금지를 위해 금융실명제를 1993년도에 도입하였지만 실소유주와 계좌 명의자가 합의만 하면 사실상 차명거래가 허용이 되어 왔고 별도의 처벌을 할 수 없다는 점에서 한계가 있는 문제점이 있었다.

이에 정부는 금융실명거래 및 비밀보장에 관한 법률(이하 "금융실명법"이라 한다) 등의 개정을 통하여 차명계좌의 사용을 원천적으로 봉쇄하는 규제안을 마련하였다.

▌금융실명법에 따른 규제

정부는 이러한 문제점을 해결하고자 금융실명법을 2014년 5월 28일에 개정하였으며, 2014년 11월 29일부터 시행이 된다.

주요 개정내용은 다음과 같이 크게 세가지이다.

첫째, 개정된 금융실명법 제3조 제5항에 의하면 실명이 확인된 계좌 또는 외국의 관계 법령에 따라 이와 유사한 방법으로 실명이 확인된 계좌에 보유하고 있는 금융자산은 명의자의 소유로 추정하도록 하였다. 만일 명의자가 본인 것이라고 주장하는 경우에는 이를 돌려받으려면 소송을 제기해야 한다.

둘째, 개정된 금융실명법 제3조 제3항 및 제6조 제1항에 의하면 누구든지 「특정 금융거래정보의 보고 및 이용 등에 관한 법률」 제2조 제3호에 따른 불법재산의 은닉, 같은 조 제4호에 따른 자금세탁행위 또는 같은 조 제5호에 따른 공중협박자금조달행위 및 강제집행의 면탈, 그 밖의 세법에 따라 납부하여야 하는 조세를 탈루할 목적으로 재산의 취득·처분 또는 발생 원인에 관한 사실을 가장(假裝)하거나 그 재산을 은닉하는 행위 등 탈법행위를 하기 위하여 타인명의로 금융거래를 하는 경우에는 최고 5년 이하의 징역 또는 5천만원 이하의 벌금에 처해 질 수 있다.

셋째, 금융회사 등에 종사하는 자도 상기 둘째와 같은 범죄목적의 차명거래를 알선하거나 중개하는 경우에도 동일하게 최고 5년 이하의 징역 또는 5천만원 이하의 벌금에 처해 질 수 있다.

상속세및증여세법에 따른 규제

한편, 차명계좌에 대하여 상기와 별도로 2013년 1월 1일 상속세및증여세법을 개정하여 차명계좌에 재산이 입금된 시점에 명의자가 그 재산을 취득하는 것으로 보아 그 재산취득자금의 출처를 소명하여야 하고 자금출처를 소명하지 못하는 경우에는 증여받은 것으로 추정하여 증여세를 물게 되도록 하였다.

따라서 2014년 11월 29일부터는 차명계좌에 입금된 재산에 대하여 명의자가 자금출처를 밝히지 못하는 경우에는 그 명의자는 증여세를 물어야 하며, 차명계좌임을 스스로 밝히는 경우에는 명의자에게 증여세는 부과하지 않지만 금융실명법의 위반으로 5년 이하의 징역 또는 5천만원 이하의 벌금을 물어야 하는 결과가 발생하므로 유의해야 한다.

국세기본법에 따른 규제

첫째, 국세기본법 제26조의2 제5항 제5호에 의하여 수증자 명의의 차명계좌에 있는 증여자의 금융자산을 수증자가 보유하거나 사용·수익하는 등 부정행위로 증여세를 포탈한 경우에는 해당 증여가 있음을 안 날부터 1년 이내에 증여세를 부과할 수 있다.

둘째, 국세기본법 제84조의 2 제1항에 의하여 체납자 은닉재산을 신고하거나 타인 명의로 되어 있는 법인 사업자, 복식부기의무자의 금융자산을 신고한 사람에게는 20억원의 범위에서 포상금을 지급할 수 있다.

셋째, 상기 이외에도 타인명의로 예금한 차명계좌에 대하여 금융소득 합산과세로 소득세를 부과하거나 증여세 및 상속세 등을 부과할 때, 무신고가산세가 무려 40%가 부과되며, 납부지연가산세는 연 8%가 부과된다.

차명계좌에서 발생한 이자에 대한 원천징수세율

기획재정부는 "차명계좌에서 발생한 이자소득에 대한 원천징세율이 90%(지방소득세 별도)가 적용된다"라고 해석(기획재정부 금융세제과-266, 2017.11.21.)한 바가 있다.

그러나 법원은 "차명계좌에 의한 거래는 금융실명법 제3조 제1항의 '거래자의 실명에 의한 금융거래'에 해당한다고 할 것이므로, 이 사건 계좌에 예치된 금융자산을 금융실명법 제5조에 따른 비실명자산으로 보아 차등과세의 대상으로 삼을 수 없다"라고 판시(대법원 2022두32191, 2022.05.12.)한 바 있다.

▌FIU법에 따른 규제

금융회사 등은 금융거래의 상대방이 금융실명법 제3조 제3항을 위반하여 불법적인 금융거래를 하는 등 자금세탁행위나 공중협박자금조달행위를 하고 있다고 의심되는 합당한 근거가 있는 경우 등 특정금융거래정보의 보고 및 이용 등에 관한 법률(FIU법) 제4조 제1항 각 호의 어느 하나에 해당하는 경우에는 지체없이 그 사실을 금융정보분석원장에게 보고하여야 한다.

▌국조법에 따른 규제

국제조세조정에 관한 법률 제34조에 따른 해외금융계좌정보를 미신고 또는 과소 신고한 금액이 50억원을 초과하는 해외금융계좌 신고의무 위반자의 명단을 공개하도록 하였다.

04 국세청은 최근 FIU자료를 활용한 재산 등 취득자금의 출처에 대한 조사를 강화하고 있다.

▎국세청의 최근 특정금융거래정보자료(FIU자료)를 활용한 재산취득자금과 채무상환자금 등의 출처에 대한 조사강화

종전에는 주로 재산취득자금의 출처조사 대상이 되었던 재산은 부동산이 대부분이었으나, 최근 재산취득자금에 대한 자금출처조사와 관련하여 가장 두드러지는 현상이 FIU자료를 활용하여 부동산뿐만 아니라 예금 등 일정기간(통상 4년의 기간으로 함) 동안 취득한 모든 재산의 취득자금과 대출금 상환 및 세금납부, 심지어 신용카드사용의 출처에 대한 조사강화이다.

재산취득자금 출처 조사대상자로 선정이 된 경우에는 재산취득자 또는 재산을 증여할 만한 사람이 법인기업을 경영하는 경우에는 그 법인에서 재산취득자금이 흘러나왔는지 여부에 대하여 금융자료 등을 활용하여 집중적으로 조사를 한다.

그러므로 조사대상자는 재산취득자금의 원천뿐만 아니라 이러한 자금이 법인에서 흘러나오지 않았다는 사실을 금융자료를 모두 첨부하여 소명을 하여야 하며, 법인과의 금융거래가 있는 경우에는 명확하게 입증하지 못하면 모두 실지조사로 전환하여 법인까지 세무조사를 받게 된다.

▌특정금융거래정보자료 등을 활용한 차명계좌에 대한 과세강화

국세청의 특정금융거래정보자료 등을 활용하여 차명계좌에 대한 조사강화이다. 고액의 예금 또는 양도성예금증서 등을 타인명의로 예금하거나 발행한 경우에는 국세청이 포착될 확률이 굉장히 높아졌다.

▌일정기간 동안 증가한 모든 재산변동내역에 대하여 자금출처 조사

종전에는 특정지역, 또는 일정금액 이상의 재산을 취득하는 경우에는 그 특정재산에 대하여만 자금출처 조사대상로 선정이 되어 자금출처를 소명해야 했으나, 최근은 FIU자료를 활용하여 서면분석 단계를 거쳐 특별한 자금출처 없이 수년 동안(통상 4년의 기간으로 함) 재산이 급격하게 증가한 경우에는 실지조사대상자로 선정될 수 있다. 조사대상자로 일단 선정이 된 경우에는 수년 동안 증가한 모든 재산변동내역에 대하여 100% 자금출처를 소명해야 한다.

▌특정금융거래정보 자료란?

각 금융기관은 "혐의거래보고제도"에 따라 국내 및 해외 거래자금이 불법자금일 가능성이 있다는 의심이 들 때는 이를 금융정보분석원(FIU)에 보고해야 한다. 보고하지 않으면 처벌을 받게 된다. 이를 보고받은 금융정보분석원(FIU)은 기획재정부 소속기관으로 금융기관으로부터 마약, 밀수, 사기 등 범죄와 연계된 자금세탁, 불법적인 해외도피 등의 혐의가 있는 금융거래 정보를 선별하여 검찰과 국세청, 관세청, 금융감독위원회 등에 제공하는 역할을 하고 있다.

특정금융거래정보자료란 국세청에 제공하는 다음 자료를 말한다.

① 금융기관이 FIU에 보고한 의심거래보고

(STR: Suspicious Transaction Report)

- 금융기관 등이 불법재산, 자금세탁행위, 공중협박자금조달행위와 관련된 금융거래라고 판단하여 FIU에 보고하는 자료
- 보고기준금액은 원화 1천만원 이상 또는 외화5천불이상 거래 (2010.6.30.이전 원화 2천만원이상 또는 외화 1만불 이상)(2013년 법 개정으로 보고기준금액 폐지)

② FIU가 외국금융정보분석기구로부터 수보받은 자료
③ FIU가 위 ①, ②의 정보 또는 금융기관에서 보고하는 고액현금거래보고를 정리 또는 분석한 정보

- 고액현금거래보고(CTR : Currency Transaction Report)란 금융기관 등이 1거래일 기준으로 2천만원 이상의 현금을 지급하거나 영수하는 경우에 FIU에 보고하는 자료를 말한다.
- 국세청은 최근 보도자료를 통하여 국세청 첨단탈세방지담당관실을 통해 고액 현금거래정보를 활용한 종합적인 탈루방지 대책을 검토하고 있다고 밝혔다.

④ 국세청이 조세범칙혐의의 확인을 위하여 FIU에 요청하여 수보하는 자료
⑤ FIU가 자금세탁행위와 관련된 조세범칙혐의가 있다고 분석하여 국세청에 제공한 STR보고서 및 관련 CTR 자료

FIU자료와 국세청 재산취득자금 출처 조사

국세청은 통보된 FIU자료를 활용하여 특정인이 비정상적으로 고액의 현금거래를 하거나 입출금하는 경우, 또는 예금이나 부동산 등을 취득한 경우에는 아래와 같이 해명자료 제출요구서를 통지하여 소명하도록 하고, 소명하지 못하는 경우에는 실지세무조사로 전환하여 일정기간 동안 취득한 모든 재산에 대한 세무조사를 하게 된다.

해명(보정)자료 제출 요구서

관리번호		성명	홍길동	주민등록번호	123456-7******
주소					

○ 재산취득 자금의 운용과 원천

자금의 운용		자금의 원천	
구분	금액(원)	구분	금액(원)
자금운용계	5,795,000,000	자금원천계	2,619,000,000
부동산취득(11~14)	2,385,000,000	부동산 양도(11~14)	470,000,000
주식보유(14)	695,000,000	주식보유(10)	18,000,000
골프회원권취득	0	골프회원권양도	0
부채상환	216,000,000	부채발생	1,200,000,000
현금,예금 증여(11~14)	0	현금,예금 수증(11~14)	81,000,000
해외송금	50,000,000	해외입금	0
신용카드,현금영수증사용액(11~14)	514,000,000	신고(결정)소득금액(11~14)	545,000,000
금융자산환산액(14)	1,908,000,000	금융재산 환산액(10)	305,000,000
외화증권 매수(11~14)		외화증권매도	
소득, 증여세 납부(11~14)	27,000,000		
자금원천의 부족금액		3,176,000,000	

○ 재산내용

주요재산	붙임 자료 참조
기타재산	

○ 회신하실 내용

05 국세청은 PCI 시스템을 이용하여 신고된 소득에 비해 재산증가액과 소비지출액이 과도한 경우 탈루혐의가 있는 것으로 보아 세무조사 한다.

국세청은 그간 세수확보를 위하여 전산 로드맵을 꾸준히 개발하여 왔다. 그래서 사업자의 소득과 지출, 보유재산 등을 거의 대부분 모두 파악하고 있다. PCI 시스템이란 국세청이 그동안 확보한 사업자의 자료(재산, 소비, 신고소득)을 통합, 비교, 분석하여 세금탈루 혐의자를 전산으로 추출하는 시스템이다.

이러한 국세청의 PCI시스템은 소득이나 이익을 의도적으로 누락시키는 납세자를 적발하여 세금을 추징하는데 결정적인 기여를 하고 있다. 이 시스템은 소득에 대응하는 소비지출과 재산증가가 이루어져야 한다는 것을 전제로 만들었다. 간단히 수식으로 나타내자면 '재산증가액＋소비지출액－신고소득금액＝탈루혐의금액'이라고 할 수 있다. PCI 시스템은 이러한 간단한 공식만으로 탈루세액을 쉽게 찾아 낼 수 있는 특징을 가지고 있다.

일정기간 동안 소비지출과 재산증가의 합계액이 해당기간 동안의 국세청에 신고된 소득의 합계액보다 크면 차액은 신고 누락된 소득으로서 탈루혐의가 있는 것으로 보아 소명을 요구하게 된다. 국세청은 부동산이나 주식, 회원권, 차량처럼 등기·등록이 요구되는 재산의 보유내역은 모두 파악하고 있으며, 마찬가지로 세금납부, 신용카드, 현금영수증 사용내역, 해외여행 횟수 등도 파악하고 있다. 더 나아가 금융소득의 원천징수 된 내역과 이자율을 바탕으로 역으로 환산하여 개인의 금융잔고 예상액까지 추정할 수 있다. PCI시스템에 의해 탈루혐의가 있는 납세자로 분류되면 재산취득자금 등에 대해 해명 요구를 받거나 또는 세무조사를 통하여 종합소득세 및 증여세 등의 세금을 추징당할 수 있다.

한편 국세청은 FIU법 개정으로 금융정보분석원으로부터 의심거래보고(STR) 및 고액현금거래(CTR) 자료를 통보받고 있다. 이로 인하여 국세청은 막강한 FIU자료와 PCI시스템을 활용하여 탈세혐의자를 적출하고 세무조사를 통하여 탈루세액을 추징하고 있다.

따라서 세무조사 등을 피하고자 한다면 평소 재산취득 및 소비지출, 소득세 신고 등을 균형있게 해야 한다.

또한, 금융정보분석원의 의심거래보고(STR) 및 고액현금거래(CTR)로 세무조사를 받지 않도록 사전에 체계적으로 자산관리도 해야 한다.

06 부동산 임대업자가 법인 임대사업자로 전환하는 것이 과연 유리한지?

요즘 임대 빌딩을 소유하신 분들 중에서 개인사업자로 임대사업을 영위하는 경우 종합소득세 부담이 워낙 커서 법인사업자로 전환하고자 하는 분들이 많다. 이 경우 법인으로 전환하는 것이 유리한지 아니면 그대로 개인사업자로 있는 것이 유리한지 또는 법인으로 전환하는 경우 어떤 방법으로 세금이 부과되는지 무척 궁금해 한다. 이에 대하여 살펴보면 다음과 같다.

▎법인전환시 양도소득세 이월과세

부동산 임대사업을 영위하던 개인이 사업용 고정자산을 현물출자하거나 사업양도·양수의 방법에 따라 법인으로 전환하는 경우로서 그 사업용 고정자산이 부동산 등 양도소득세 과세대상 재산에 해당하는 경우에는 양도소득세를 납부해야 한다.

하지만, 양도하는 개인이 거주자(국내에 주소를 두거나 183일 이상 거소를 둔 사람을 말함)에 해당하는 등 일정한 요건을 모두 충족하는 경우에는 그 사업용 고정자산에 대하여는 이월과세를 적용받을 수 있다.

'양도소득세 이월과세'란 개인이 해당 사업에 사용되는 사업용고정자산 등 종전 사업용고정자산등을 현물출자 또는 사업양도·양수를 통하여 법인에 양도하는 경우 이를 양도하는 개인에 대해서는 양도소득에 대한 양도소득세를 과세하지 아니하고, 그 대신 이를 양수한 법인이 그 사업용 고정자산 등을 양도하는 경우 개인이 종전 사업용고정자산등을 그 법인에 양도한 날이 속하는 과세기간에 다른 양도자산이 없다고 보아 계산한 양도소득 산출세액 상당액을 법인세로 납부하는 것을 말한다.

다만, 해당 사업용고정자산이 주택 또는 주택을 취득할 수 있는 권리인 경우는 2021년부터는 이월과세가 적용되지 않는다.

법인전환의 방법은 현물출자에 의한 법인전환과 사업양도·양수에 의한 법인전환의 방법이 있다.

현물출자에 의한 방법	거주자가 사업장별로 해당 사업에 사용한 사업용 고정자산을 새로이 설립되는 법인에 현물출자하는 방법을 말한다.
사업양도·양수의 방법	해당 사업을 영위하던 자가 발기인이 되어 종전 사업장의 순자산가액 이상을 출자하여 법인을 설립하고, 그 법인설립일로부터 3개월 이내에 해당 법인에게 사업에 관한 모든 권리와 의무를 포괄적으로 양도하는 것을 말한다.

이 경우 새로 설립되는 법인의 자본금은 사업용 고정자산을 현물출자하거나 사업양수도하여 법인으로 전환하는 종전 사업장의 순자산가액(법인전환일 현재의 시가로 평가한 자산의 합계액에서 충당금을 포함한 부채의 합계액을 공제한 금액을 말한다) 이상이어야 한다. 이 경우 종전 사업장의 순자산가액을 계산함에 있어서 영업권은 포함하지 아니한다. 또한 순자산가액을 계산할 때 '시가'는 상속세및증여세법에 따라 평가한다.

다만, 법인으로 전환하는 경우에도 ▲ 호텔업 및 여관업(관광진흥법에 따른 관광숙박업은 제외), ▲ 주점업(일반유흥주점업, 무도유흥주점업 및 식품위생법 시행령 제21조에 따른 단란주점 영업만 해당하되, 관광진흥법에 따른 외국인전용유흥음식점업 및 관광유흥음식점업은 제외다), ▲ 그 밖에 오락·유흥 등을 목적으로 하는 사업으로서 기획재정부령으로 정하는 사업을 경영하는 법인으로 전환하는 경우에는 이월과세를 적용받을 수 없다.

법인 전환에 따른 양도소득세 이월과세를 적용받아 법인으로 전환한 법인이 설립일부터 5년 이내에 이월과세를 적용받은 거주자로부터 승계받은 사업을 폐지(사업용 고정자산의 2분의 1이상을 처분하거나 사업에 사용하지 않는 경우에는 사업의 폐지로 본다)하거나, 이월과세를 적용받은 거주자가 법인전환으로 취득한 주식 또는 출자지분의 50% 이상을 처분[(주식 또는 출자지분의 유상이전, 무상이전, 유상감자 및 무상감자 주주 또는 출자자의 소유주식 또는 출자지분 비율에 따라 균등하게 소각하는 경우는 제외한다)를 포함한다]하는 경우에는 거주자는 그 사유발생일이 속하는 달의 말일부터 2개월 이내에 이월과세액을 양도소득세로 납부하여야 한다.

다만, ▲ 전환법인이 파산하여 승계받은 자산을 처분한 경우, ▲ 전환법인이 법인세법 제44조 제2항에 따른 합병, 같은 법 제46조 제2항에 따른 분할, 같은 법 제47조 제1항에 따른 물적분할, 같은 법 제47조의 2 제1항에 따른 현물출자의 방법으로 자산을 처분한 경우, ▲ 전환법인이 채무자 회생 및 파산에 관한 법률에 따른 회생절차에 따라 법원의 허가를 받아 승계받은 자산을 처분한 경우에는 사업의 폐지로 보지 않는다.

또한 ▲ 이월과세를 적용받은 거주자가 사망하거나 파산하여 주식 또는 출자지분을 처분하는 경우, ▲ 해당 거주자가 법인세법 제44조 제2항에 따른 합병이나 같은 법 제46조 제2항에 따른 분할의 방법으로 주식 또는 출자지분을 처분하는 경우, ▲ 해당 거주자가 조세특례제한법 제38조에 따른 주식의 포괄적 교환·이전 또는 법 제38조의 2에 따른 주식의 현물출자의 방법으로 과세특례를 적용받으면서 주식 또는 출자지분을 처분하는 경우 ▲ 해당 거주자가 채무자 회생 및 파산에 관한 법률에 따른 회생절차에 따라 법원의 허가를 받아 주식 또는 출자지분을 처분하는 경우, ▲ 해당 거주자가 법령상 의무를 이행하기 위하여 주식 또는 출자지분을 처분하는 경우, ▲ 해당 거주자가 가업의 승계를 목적으로 해당 가업의 주식 또는 출자지분을 증여하는 경우로서 수증자가 증여세 과세특례를 적용받은 경우에는 주식 등의 처분에 해당되지 않는다.

양도소득세의 이월과세를 적용받고자 하는 자는 현물출자 또는 사업양도·양수를 한 날이 속하는 과세연도의 과세표준신고(예정신고를 포함한다)시 새로이 설립되는 법인과 함께 이월과세적용신청서를 납세지 관할세무서장에게 제출하여야 한다.

만일 법인으로 전환하여 주식을 가진 거주자가 해당 법인의 주식을 처분해야 할 때에는 이월과세된 양도소득세 상당액을 빼고 양도대가를 책정하기 때문에 해당 법인이 사업용고정자산을 처분하지 않는 경우에도 결과적으로 주식을 처분할 때 양도소득세를 부담하게 됨을 유의해야 한다.

▍부동산임대업자 법인전환시 취득세 감면혜택 배제

부동산임대 및 공급업이 아닌 개인사업자가 사업용 고정자산을 현물출자하거나 양수도 방법으로 전환한 후 전환법인이 취득한 사업용자산에 대한 취득세는 지방세특례제한법 제57조의2제4항에 의하여 2021년 12월 31일까지는 취득세의 75%를 경감한다. 그러나 부동산 임대 및 공급업에 대해서는 2020.08.12. 이후 사업용 고정자산을 취득하는 분부터 감면을 배제한다.

▍법인전환 후 임대소득에 대한 법인세 납부

법인으로 전환한 후 해당 법인의 임대소득에 대하여는 법인세를 납부하여야 한다.

현재 법인세는 과세표준이 2억원 이하인 경우 9%(지방소득세 별도), 2억원 초과 200억원 이하는 19%, 200억원 초과 3천억원 이하는 21%, 3천억원 초과는 24%이다. 개인사업자에 대한 종합소득세율 보다 훨씬 낮은 세율로 법인세를 납부하게 된다. 현재 소득세율은 과세표준 구간에 따라 6% ~ 45%(지방소득세 별도)이며, 소득세 과세표준이 10억원 초과분에 대하여는 무려 45%의 소득세를 납부하여야 한다. 따라서 부동산 임대소득에 대한 세부담액은 개인사업자 보다 법인사업자가 훨씬 적다.

법인이 임직원에게 급여 또는 배당금 지급시 소득세 과세

법인이 임직원에게 급여를 지급하는 경우에는 소득세를 원천징수를 해야 하며 연말에는 연말정산을 해야 한다. 이 경우 임직원의 소득세 부담은 과세표준 구간에 따라 6% ~ 45%(지방소득세 별도)이다.

또한 법인의 누적된 잉여금을 주주에게 배당할 때 그 배당소득에 대하여 소득세를 납부하여야 한다. 배당소득을 포함하여 금융소득이 2천만원 이하 경우에는 15.4%(지방소득세 포함)의 원천징수로 분리과세로 종결되지만 금융소득이 2천만원을 초과하는 경우에는 다른 소득과 합산과세 된다.

물론 이중과세 조정을 위하여 배당소득으로 과세할 때 현행 소득세법에서는 Gross-up제도를 채택하고 있다. Gross-up 제도는 주주의 배당소득 중에서 법인단계에 과세된 법인세상당액(11%의 Gross-up 금액)을 총수입금액에 합산하여 종합소득세를 산출한 후, 동일한 법인세액상당액(11%의 Gross-up 금액)을 배당세액 공제하는 방식을 말한다.

법인전환 후 3년 이내 법인의 주식을 상속·증여시 순자산가치로만 1주당가액 평가

법인으로 전환한 후 3년 이내에 해당 법인의 주식을 특수관계인에게 양도하거나 증여 또는 상속하여 해당 법인의 주식을 평가할 때, 시가가 없는 경우에는 순자산가치로만 1주당 가액을 평가한다. 이 경우 순자산가치를 산정할 때 영업권 평가액을 자산가액에 가산하지 않는다. 하지만 법인전환 개인사업자가 해당 법인에 무형자산을 현물출자한 경우로서 개인 사업영위 기간 중 특허권 등 무형자산을 소유하면서 해당 사업에 실제로 사용한 경우로서 해당 자산을 그 법인이 사용하는 경우에는 영업권 상당액을 자산가액에 가산하여 1주당 순자산가치를 계산한다.

비상장주식을 평가할 때 원칙은 증여일 전후 3개월 이내에 불특정다수인간에 자유로이 거래된 매매가액 등 시가로 평가하는 것이지만 대개 가족으로 구성된 경우에는 시가로 인정되는 매매가액 등이 없는 경우가 대부분이다. 그럴 경우에는 1주당 순손익가치와 1주당 순자산가치를 3과 2(부동산과다보유법인은 2와 3)로 가중 평균한 가액과 1주당 순자산가치의 80% 중 큰 금액으로 1주당 가액을 산정한다. 하지만, 이 경우에도 사업개시후 3년 미만 법인에 해당하는 경우에는 과거의 수익력을 기준으로 수익가치를 평가하는 것이 불합리하므로 순자산가치로만 1주당 가액을 평가하도록 하고 있다.

따라서 전환한 법인의 주식 1주당 가액을 순자산가치로만 평가하는 경우에는 법인으로 전환하기 전의 임대부동산을 직접 증여 또는 상속하는 것과 다를 것이 없다.

▎법인전환 후 3년 후 부동산 등 비율이 80% 이상인 법인 해당시 순자산가치로만 1주당가액 평가

법인으로 전환하여 사업을 개시한 후 3년이 지난 후에 해당 법인의 주식을 증여 또는 상속하거나 특수관계인에게 양도하는 경우에도 평가기준일 현재 자산총액 중 부동산과 부동산에 관한 권리의 가액, 해당 법인이 직간접 보유한 다른 부동산과다보유법인의 주식가액 상당액이 차지하는 비율이 80% 이상에 해당하는 경우에는 마찬가지로 순자산가치로만 1주당 가액을 평가한다.

부동산 및 부동산에 관한 권리의 가액, 해당 법인이 직간접 보유한 타부동산과다보유법인의 주식가액(부동산보유비율상당액)이 자산총액의 80% 이상에 해당하는지 여부는 당해 법인의 법인세법상 장부가액을 기준으로 판단한다. 다만, 토지 및 건물(건물에 부속된 시설물과 구축물을 포함)의 경우에는 기준시가가 법인세법상 장부가액보다 큰 경우에는 기준시가로 평가하며, 해당 법인의 장부가액 중 "건설중인 자산"의 금액은 부동산 및 부동산에 관한 권리에 해당되지 않음을 유의해야 한다(부동산거래-330, 2011.04.19.).

또한, 자산총액에는 법인세법에 따른 개발비 및 사용수익기부자산가액과 평가기준일부터 소급하여 1년이 되는 날부터 평가기준일까지의 기간 중에 차입금 또는 증자 등에 의하여 증가한 현금·금융재산 및 대여금의 합계액은 포함하지 않는다.

자산총액 중 부동산 및 부동산에 관한 권리, 해당 법인이 직간접 보유한 타부동산과다보유법인의 주식가액(부동산보유비율상당액)합계액이 차지하는 비율이 80% 이상인지 여부를 판단할 때 자산총액은 당해 주식의 평가기준일 현재를 기준으로 판정한다.

▎부동산과다보유 법인 주식 매각시 누진세율 적용

부동산 과다보유법인의 주식을 만일 양도하여 양도소득세를 계산할 때에는 6% ~ 45%(지방소득세 별도)의 누진세율이 적용된다.

부동산보유비율이 높은 법인의 주식을 대량으로 양도하거나 부동산보유를 필수로 하는 특정업종의 주식을 양도하는 경우에는 일반법인의 주식을 양도하는 경우와 달리 주식의 양도로써 부동산을 양도하는 것과 유사한 경제적 이익이 발생하므로 별도의 과세대상으로 규정하여 주식의 양도와 달리 취급하고 있다. 이러한 법인의 주식을 특정주식이라 한다. 이러한 특정주식의 양도에 대하여 일반법인의 주식 양도에 대하여 적용하는 세율과 다르게 누진세율을 적용하여 양도소득세가 과세된다.

특정법인의 주식은 법인의 주주구성, 부동산보유현황, 사업의 종류 등을 감안하여 과점주주의 주식과 부동산과다보유법인의 주식으로 구분된다.

과점주주의 주식이란 ▲ 해당 법인의 자산총액중 토지 또는 건물 및 부동산에 관한 권리, 해당 법인이 직간접 보유한 다른 부동산과다보유법인의 주식가액 상당액이 자산총액에서 차지하는 비율이 50% 이상이고 ▲ 그 법인의 주식 등의 합계액 중 주주 1인과 기타 주주가 소유하고 있는 주식 등의 합계액이 차지하는 비율이 50% 초과인 법 ▲ 그 법인의 주식 등의 합계액 중 주주 1인과 기타 주주가 소유하고 있는 주식 등의 합계액이 차지하는 비율이 50% 초과인 법인으로 ▲ 그 법인의 주주 1인 및 기타주주가 주주1인 및 기타주주 외의 자에게 3년 내 양도한 그 법인의 주식 등의 양도 비율이 50% 이상인 경우(과점주주가 다른 과점주주에게 양도한 후 양수한 과점주주가 과점주주 외의 자에게 다시 양도하는 경우로서 양도하는 날부터 소급해 3년 내에 해당 법인의 과점주주 간에 해당 법인의 주식등을 양도한 경우를 포함한다)의 해당 주식 등을 말한다.

주주 1인과 기타 주주가 주식 등을 수회에 걸쳐 양도하는 때에는 그들 중 1인이 주식 등을 양도하는 날부터 소급하여 3년 내에 그들이 양도한 주식 등을 합산한다. 이 경우 50% 이상 양도여부의 판정은 그들 중 1인이 주식 등을 양도하는 날부터 소급하여 그 합산하는 기간 중 최초로 양도하는 날 현재의 해당 법인의 주식 등의 합계액 또는 자산총액을 기준으로 한다.

부동산과다보유법인의 주식이란 ▲ 해당 법인의 자산총액중 토지 또는 건물 및 부동산에 관한 권리, 해당 법인이 직간접 보유한 다른 부동산과다보유법인의 주식가액 상당액의 합계액이 자산총액에서 차지하는 비율이 80% 이상이고, ▲ 체육시설의 설치·이용에 관한 법률에 의한 골프장업, 스키장업 등 체육시설업 및 관광진흥법에 의한 관광사업 중 휴양시설관련업과 부동산업·부동산개발업으로서 골프장, 스키장, 휴양콘도미니엄, 전문휴양시설을 건설 또는 취득하여 직접 경영하거나 분양 또는 임대하는 사업을 영위하는 법인의 주식을 말하는 것으로 해당 주식을 양도하는 경우에는 단 1주만 양도하여도 양도소득세 계산시 누진세율이 적용된다.

사례

> **사례**
> - 甲은 나이가 80세이고 부동산을 소유한 사람으로서 개인으로 부동산 임대업을 영위하고 있음.
> - 현재 부동산의 기준시가는 60억원(과밀억제권역 소재)이지만 감정평가를 하는 경우 100억원정도이고 주변의 권유로 법인전환을 검토하고 있음.
> - 이월과세 되는 양도소득세는 약 20억원 정도이며, 이외 법인전환과정에서 취득세 등이 9.4억원이고 감정평가수수료, 등록면허세 등 기타 비용이 약 3천만원임.

법인전환 하는 것이 좋을까?

상기 사례의 경우 甲이 법인으로 전환한다면 부동산을 감정평가해서 현물출자 또는 사업양수도 방법으로 전환해야 하고, 이 경우 법인의 장부가액은 시가대로 감정을 받았다면 100억원이 될 것이다. 그러면 갑은 80대로서 향후 10년 이내에 사망할 확률이 높아서 비상장주식을 평가할 때 해당 법인이 보유한 부동산의 가액이 기준시가보다 장부가액이 더 높을 확률이 높다. 상기 사례의 경우 결국 분할증여 등을 통하여 기준시가로 과세 될 수도 있는 부동산을 감정평가하여 법인 전환함으로 인하여 시가로 평가되어 더 높은 가액으로 상속세를 과세받은 결과가 될 것이다. 또한 취득세가 감면되지 아니하므로 인하여 취득세 부담도 너무 부담스럽다.

▌절세전략

상기에서 살펴본 바와 같이 부동산임대업을 영위하는 개인사업자가 법인으로 전환한 후 부동산 등 비율이 80% 이상에 해당하는 경우에는 법인전환에 따른 실질적인 세부담액이 결코 줄어드는 것이 아님을 알 수 있다. 상기 사례처럼 경우에 따라 기준시가로 과세받을 수 있는 부동산이 시가로 평가되어 과세되는 불이익도 발생할 수 있으며, 법인전환에 따른 비용이 너무 큼을 알 수 있다.

다만, 개인사업자로 임대사업을 영위하는 경우에는 6.6 ~ 49.5%(지방소득세 포함)에 해당하는 종합소득세를 매년 꼬박꼬박 납부하여야 하지만 법인으로 전환한 경우로서 배당을 하지 않는 경우에는 11% ~ 27.5%(지방소득세 포함)에 해당하는 법인세만 납부하면 되므로 우선 소나기처럼 쏟아지는 소득세 부담을 조금 덜 수 있다는 장점만 있는 것이다.

따라서 부동산 임대사업을 영위하는 사람 중에서 법인사업자로 전환할지 여부를 고민하시는 분들은 상기 내용을 잘 살펴본 후 판단하는 것이 좋다.

07 법인이 자기주식을 보유하고 있는 경우 각 세법상 문제를 체크해야 한다.

2011.04.14. 상법이 개정되면서 회사는 상법 제341조에 따라 자기의 명의와 계산으로 일정한 금액 범위 내에서 법에서 정한 방식으로 자기주식을 취득할 수 있도록 되었다. 이로 인하여 자기주식의 취득은 종전에 비하여 비교적 자유롭게 되었다.

기업회계기준에서는 자기주식은 법인의 보유 의도와는 관계없이 자기주식은 항상 미발행주식과 같이 자본조정계정으로 하여 주주지분의 차감항목으로 회계처리 하도록 규정하고 있다. 즉, 취득원가로 자본조정계정에서 자본을 차감하는 형식으로 회계처리 하도록 규정하고 있다.

그러나 상속세및증여세법상 비상장법인의 주식평가 등 자기주식에 대하여 보유목적 등에 따라 별도로 반영해야 하는 등 각종 규정이 있으므로 이를 반드시 체크해야 한다.

▍1주당 순손익가치 계산시 각사업연도 소득에 차감여부

평가기준일이 속하는 사업연도 이전 3년 이내에 해당 법인의 자본을 감소시키기 위하여 주식 등을 소각 즉, 유상감자한 사실이 있는 경우에는 유상감자를 한 사업연도와 그 이전 사업연도의 순손익액을 계산할 때 유상감자 금액의 10%를 각 사업연도 소득에서 차감한다(상증령 §56⑤).

1주당 순자산가치 산정시 순자산가액에 가산여부

① 소각목적으로 취득한 경우

회사가 주식을 소각하기 위한 목적으로 자기 회사가 발행한 주식을 취득하였다면 그 주식수는 없는 것으로 보아 발행주식총수에서 제외하고 1주당 순자산가치와 순손익가치를 평가를 하여야 한다. 자기주식은 취득당시에 자기주식을 취득하기 위하여 자금을 지출하여 평가기준일 현재 이미 자산이 감소되었으므로 순자산가액을 산정할 때 다시 자산의 가액에서 자기주식가액상당액을 차감할 필요는 없다. 다만, 자기주식은 기업회계기준상 자본조정항목에 기입되어 있기 때문에 발행주식총수에서는 자기주식수 만큼 차감하여 평가하면 되는 것이다.

② 일시 보유목적으로 취득한 경우

기획재정부는 당해 법인이 일시적으로 보유한 후 처분할 자기주식은 자산으로 보아 상속세및증여세법 시행령 제55조 제1항의 규정에 의하여 평가하는 것으로 해석(재재산-1494, 2004.11.10.)하였다. 자산에 가산하기 위해서는 방정식으로 풀어야 한다.

평가대상법인이 다른 비상장법인에 10%이하 출자한 경우 그 다른 법인이 주식 평가방법

비상장법인의 순자산가액을 산정할 때 평가대상법인이 다른 비상장법인이 발행한 발행주식총수 등의 10% 이하의 주식 등을 소유하고 있는 경우에는 그 다른 비상장법인의 주식의 평가는 시가에 의하되, 시가에 해당하는 가액이 없는 경우에는 법인세법 시행령 제74조 제1항 제1호 마목에 따른 취득가액(이동평균법에 의한 취득가액)과 보충적인 평가방법중 선택할 수 있다(상증령 §54③). 이 때 발행주식총수 등에는 자기주식과 자기출자지분을 제외한다.

1주당 순손익가치 및 순자산가치 평가시 발행주식총수 반영방법

비상장법인의 1주당 순손익가치 및 순자산가치를 계산할 때 평가대상 법인이 자기주식을 보유하고 있는 경우에는 보유목적에 따라 다음과 같이 상이하게 처리한다.

① 주식을 소각하거나 자본을 감소하기 위하여 보유하는 자기주식이라면 자본에서 차감하는 것이므로 발행주식총수에서 자기주식을 차감하여 1주당 순자산가치와 순손익가치를 평가한다.

② 기타 일시적으로 보유한 후 처분할 자기주식이라면 자산으로 보아 평가하는 것이므로 자기주식은 발행주식총수에 포함시킨다(서일46014-10198, 2003.02.20. 등).

자기주식 평가시 할증평가 제외

최대주주 등의 주식에 대하여 할증평가를 할 때에 최대주주 등이 보유하는 주식수 및 발행주식총수 등은 평가기준일 현재 당해 법인이 발행한 상법상 의결권이 있는 주식에 의하므로 평가기준일 현재 의결권이 제한되는 자기주식은 포함되지 않는다(서면4팀-3801, 2006.11.17.).

공익법인이 내국법인의 주식 등을 10%등 초과보유분 산정시 자기주식 반영방법

공익법인 등이 내국법인의 의결권 있는 주식 또는 출자지분을 출연받거나 취득하는 경우로서 그 내국법인의 의결권 있는 발행주식총수 또는 출자총액의 10%(정관상 의결권 행사제한 등 일정한 요건을 갖춘 성실공익법인은 20% 등)을 초과하는 경우에는 그 초과하는 가액을 상속세 또는 증여세 과세가액에 산입한다. 이 경우 그 내국법인의 의결권 있는 발행주식총수 또는 출자총액에는 자기주식은 제외한다(법령해석재산-2188, 2018.07.27.).

▎가업상속공제 요건 적용시 10년 이상 최대주주로서 지분율 요건 적용시 자기주식 반영방법

가업상속공제를 적용받을 수 있는 법인 가업은 피상속인이 중소기업 또는 중견기업의 최대주주인 경우로서 피상속인과 그의 특수관계인의 주식등을 합하여 해당 법인의 발행주식총수등의 40%(상장법인인 경우 20%) 이상을 10년 이상 계속하여 보유하는 경우에 한정한다(상속증여-579, 2013.10.14.). 이 경우 지분율 계산시 자기주식은 발행주식총수에서 제외한다. 또한 의결권 없는 우선주는 가업상속공제 적용대상에 해당하지 않는다(법규-1088, 2014.10.14.).

가업상속공제 사후관리규정을 적용하는 경우로서 상속인 지분의 감소 여부 판단 시 주식발행법인이 보유하는 자기주식은 발행주식총수에서 제외한다(서면법규-763, 2014.07.18.).

▎자기주식의 소각시 증여세 과세문제

법인이 자본을 감소하기 위하여 주식을 소각한 때에 그 감자전에 각 주주들이 소유하고 있는 주식수 대로 균등하게 주식을 매입하여 소각하지 아니한 경우에는 상속세및증여세법 제39조의2(감자에 따른 이익의 증여)에 의하여 증여세가 과세되는 것이나, 상장법인이 한국거래소에서 경쟁매매방식의 장내거래를 통하여 취득하거나 자본시장과 금융투자업에 관한 법률 제133조에 따른 공개매수방식으로 취득한 자기주식을 소각하는 경우에는 증여세가 과세되지 아니한다(서면4팀-211, 2005.02.01.).

법인의 합병 후 존속하는 법인이 합병과정에서 소각을 목적으로 취득한 자기주식을 정상적으로 소각하여 해당 주식의 소각으로 특정주주에게만 이익을 주는 경우 외에는 상속세법 제34조의5 제2호의 규정이 적용되지 아니한다(재경원 재산46014-6, 1996.01.04.). 또한 출자관계에 있는 법인간 합병으로 취득한 자기주식을 상법에 따라 적정하게 소각한 경우에는 상속세및증여세법 제39조의2 및 같은법 제42조의 규정이 적용되지 아니한다(재재산-767, 2007.06.29.).

▌법인이 자기주식을 시가보다 저가로 매입하는 경우 법인세법상 과세문제

특수관계에 있는 개인으로부터 유가증권을 시가보다 저가로 매입하는 경우에는 그 시가와 당해 매입가액의 차액에 상당하는 금액은 법인세법 제15조 제2항 제1호에 의하여 익금에 산입한다. 하지만 법인이 자본감소목적으로 특수관계자인 개인으로부터 자기주식을 저가로 매입하는 경우에는 익금에 산입되지 않는다(서면2팀-795, 2006.05.09.).

▌법인에 자기주식을 소각목적으로 매각하는 경우 의제배당에 따른 소득세 과세문제

법인이 자기주식을 매입하는 경우 당해 법인에게 주식을 양도하는 주주의 소득이 양도소득에 해당하는지 배당소득에 해당하는지 여부는 그 거래의 실질내용에 따라 판단하는 것으로서, 그 매매가 단순한 주식매매인 경우에는 양도소득에 해당하는 것이나, 주식소각이나 자본감소 절차의 일환인 경우에는 배당소득(의제배당)에 해당한다(서면1팀-177, 2005.02.03.).

▌주식소각을 위하여 보유하던 주식을 회사에 반환하는 경우 증권거래세 과세문제

법인이 자기주식을 매입하는 경우 당해 법인에게 주식을 양도하는 주주의 소득이 양도소득에 주권 또는 지분의 양도에 대하여는 증권거래세 과세대상에 해당하나, 상법 제343조의 규정에 의한 주식소각을 위하여 보유하던 주식을 회사에 반환하는 경우는 증권거래세 과세대상에 해당되지 않는다(서면1팀-177, 2005.02.03.).

▌일감몰아주기 및 일감떼어주기, 특정법인과의 거래를 통한 이익의 증여규정 적용시 지배주주 및 친족의 지분율 계산시 자기주식 반영여부

상속세및증여세법 제45조의3의 특수관계법인과의 거래를 통한 이익의 증여 의제, 일명 일감몰아주기에 대한 증여세를 과세할 때 수증자는 수혜법인의 지배주주와 그 지배주주의 친족으로서 수혜법인의 발행주식총수 또는 출자총액에 대하여 직접 또는 간접으로 보유하는 주식보유비율이 한계보유비율(3%, 다만, 중소기업 또는 중견기업은 10%)을 초과하는 주주에 한정이 된다. 이 경우 지배주주와 친족의 보유지분을 산정할 때 자기주식은 발행주식총수에서 제외한다(서면법규-1487, 2012.12.14.).

상속세및증여세법 제45조의4의 특수관계법인으로부터 제공받은 사업기회로 발생한 이익의 증여 의제), 즉 일감떼어주기에 대한 증여세를 과세할 때에도 수혜법인의 지배주주와 그 지배주주의 친족의 보유비율 계산할 때도 자기주식은 발행주식총수에서 제외한다.

상속세및증여세셉 제45조의5의 특정법인과의 거래를 통한 이익의 증여 의제 규정 적용시에도 지배주주와 친족의 지분율이 50% 이상에 해당하는 특정법인 판단시에도 자기주식은 발행주식총수에서 제외한다.

▌유상증자를 통하여 자기주식가액을 낮춤

법인이 유상증자를 할 때 당해 법인이 자기주식을 보유하고 있는 경우에는 상법에 따라 그 자기주식에 상당하는 신주를 배정하지 못한다. 그러므로 자기주식을 제외하고 나머지 각 주주들의 지분비율로 균등하게 시가보다 저다 유상증자를 하는 경우에도 증자에 따른 이익에 대하여 증여세가 과세되지 않으므로(서면-2015-상속증여-2216, 2015.11.23.) 이를 활용하면 저가발행 유상증자를 통하여 자기주식의 가액을 낮출 수가 있게 된다.

08 상속세및증여세법상 상속세 경정 등 청구 제도가 있다는 것을 잊지 마라.

사례

> **사례**
> - 상속받은 재산이 상속개시 직후에 경매에 들어가 2번의 유찰을 통하여 상속세신고기한 이내에 6억원에 경매가 됨.
> - 해당 재산에 대하여 2개 이상의 감정평가법인으로부터 감정한 가액인 10억원으로 과세받음.
> - 감정가액의 평균액이 상속개시일에 더 가까운 가액임.

이 경우 경매가액으로 경정청구를 할 수 있는지?

상속세및증여세법상 시가에 해당하는 가액이 2이상인 경우 평가기준일에 가장 가까운 날의 가액을 시가로 적용하도록 하고 있기 때문에 상기 사례의 경우에는 감정가액의 평균액인 10억원이 상속재산가액이 된다. 그러나 납세자 입장에서 신고기한 이내에 경매되어 6억원에 낙찰이 되었음에도 불구하고, 상속재산가액을 10억원으로 하여 상속세가 과세되게 되면 너무 억울할 것이다. 하지만 이 경우 상속세및증여세법상 경정청구 제도가 있으므로 억울할 게 없다.

상속세및증여세법 제79조에서는 상속세과세표준 및 세액을 신고한 자 또는 상속세과세표준 및 세액의 결정 또는 경정을 받은 자로서 상속개시후 1년이 되는 날까지 상속재산이 수용·경매 또는 공매된 경우로서 그 보상가액·경매가액 또는 공매가액이 상속세과세가액보다 하락한 경우에는 그 사유가 발생한 날부터 6월 이내에 결정 또는 경정을 청구할 수 있도록 하고 있다.

즉, 감정가액의 평균액으로 상속세를 먼저 신고한 후 곧바로 상속세및증여세법에 의한 경정청구를 하게 되면 4억원에 상당하는 상속세를 환급받을 수 있다.

상속세 경정 등 청구대상자

상속세과세표준 및 세액을 신고한 자 또는 상속세과세표준 및 세액의 결정 또는 경정을 받은 자

상속세 경정 등 청구사유

- 피상속인 또는 상속인과 그 외의 제3자와의 분쟁으로 인한 상속재산에 대한 상속회복 청구소송 또는 유류분반환청구소송의 확정판결로 인하여, 상속개시일 현재 상속인 간에 상속재산의 변동이 있는 경우
- 상속개시후 1년이 되는 날까지 상속재산이 수용, 경매(민사소송법에 의한 경매를 말함) 또는 공매된 경우로서 그 보상가액, 경매가액 또는 공매가액이 상속세과세가액보다 하락한 경우
- 상속세및증여세법 제63조 제3항에 따라서 주식 등을 할증평가 하였으나, 상속개시 후 1년이 되는 날까지 일괄하여 매각(피상속인 및 상속인의 친족에게 일괄 매각한 경우를 제외함)함으로써 최대주주 등의 주식에 해당 되지 아니하는 경우. 이러한 경우에는 할증평가된 가액에 대하여만 경정청구 대상이 된다.
- 상속재산이 다음의 주식에 해당하여 그 주식을 의무적으로 보유해야 하는 기간의 만료일부터 2개월 이내에 매각한 경우로서 그 매각가액이 상속세 과세가액보다 낮은 경우
  ① 자본시장과 금융투자업에 관한 법률에 따라 처분이 제한되어 의무

적으로 보유해야 하는 주식
② 채무자 회생 및 파산에 관한 법률 및 기업구조조정 촉진법에 따른 절차에 따라 발행된 주식으로서 법원의 결정에 따라 보호예수해야 하는 주식

상기 사유가 있는 경우에는 할증평가된 가액에 대하여만 경정청구 대상이 된다.

경정 등 청구기한

상기의 경정 등 청구사유가 발생한 날부터 6월 이내에 결정 또는 경정을 청구할 수 있다.

경정청구방법

상속세의 결정 또는 경정의 청구를 하고자 하는 자는, 다음의 사항을 기재한 결정 또는 경정청구서를 제출하여야 한다.

- 청구인의 성명과 주소 또는 거소
- 결정 또는 경정 전의 과세표준 및 세액
- 결정 또는 경정 후의 과세표준 및 세액
- 경정청구 사유에 해당됨을 입증하는 서류
- 기타 필요한 사항

09. 법인형태로 소유한 부동산을 매도하고자 하는 경우 주식으로 양도하는 것이 나은지? 부동산을 양도하는 것이 나은지?

사례

사실관계
- 甲법인(중소기업, 부동산임대법인임) 현황은 다음과 같음
  - 주주는 A(모친, 50%), B(자녀1, 25%), C(자녀2, 25%)임
- 甲법인은 부동산(근린생활시설)을 20년전에 취득하여 보유하고 있으며 자산총액 중 부동산 보유비율은 80% 이상됨.
- 상기 부동산을 양도하게 되면 100억원은 받을 수 있으며, 취득가액은 20억원임
- 甲법인의 주주들은 상기 부동산을 양도하고자 하며, 부동산을 사실상 양도하는 방법으로 실무적으로 주주들이 소유한 주식 전부 양도하는 방법과 법인이 직접 해당 부동산만을 양도하는 방법이 있음.

질문1) 주주들이 주식으로 양도하는 경우 과세문제는?
질문2) 법인이 부동산을 직접 양도하는 경우 과세문제는?
질문3) 취득하는 매수자 입장에서 과세문제는?

주식으로 양도하는 경우 세부담액

(금액단위: 백만원)

양도자	양도가액	취득가액	필요경비	양도소득세	지방소득세	증권거래세	합계액
A	5,000	1,000	21	1,723	172	21	1,916
B	2,500	500	11	829	83	11	923
C	2,500	500	11	829	83	11	923
합계액	10,000	2,000	43	3,381	338	43	3,762

부동산 등 비율이 50% 이상이고 특수관계인의 지분율이 50% 이상이며, 50%이상 주식을 제3자에게 양도하게 되므로 해당 주식양도는 소득세법 제94조 제1항제4호 다목에 따른 과점주주 주식의 양도에 해당하여 6%~45% 누진세율이 적용되어 양도소득세가 계산이 된다.

법인이 부동산을 양도하고 배당하는 경우

법인세 부담액

양도가액	취득가액	양도차익	법인세	지방소득세	합계액
100억원	20억원	80억원	15.8억원	1.58억원	17.38억원

배당에 따른 소득세 부담액(금액단위: 백만원)

주주	배당	결정세액	지방소득세	합계액
A	4,130	1,544	154	1,698
B	2,066	739	74	813
C	2,066	739	74	813
합계액	8,262	3,022	302	3,324

┃주식 또는 부동산을 취득하는 매수자 입장에서 세부담액

주식으로 취득하는 경우에는 재무상태표상 부동산 장부가액을 기준으로 지방세법에 따른 간주취득세를 2.2%를 부담하게 된다.

만일 법인으로부터 부동산을 직접 취득하는 경우에는 취득자가 개인인지 또는 법인인지 여부와 부동산 소재지가 과밀억제권역에 있는지 여부 등에 따른 취득세 중과세 문제 등을 고려하여 취득세가 부담하게 된다.

┃절세전략

따라서 개인이 법인을 통하여 부동산을 소유한 경우로서 해당 부동산을 양도하고자 할 때 주식의 형태로 양도할 수도 있고 또는 법인이 직접 제3자에게 부동산을 양도하고 그 매도대금을 배당을 통하여 개인주주에게 귀속시킬 수도 있다.

어느 방법으로 양도하는 것이 유리한지 여부는 세부담액과 해당법인이 대출이 많은 경우 해당 대출금을 상환해야 하는 경우 등을 고려하여 판단하는 것이 절세전략이다. 아울러 부동산비율을 50% 미만으로 낮춘 후에 양도가 가능한지 여부도 고려할 필요가 있다.

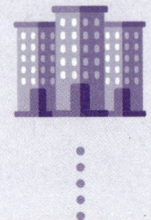

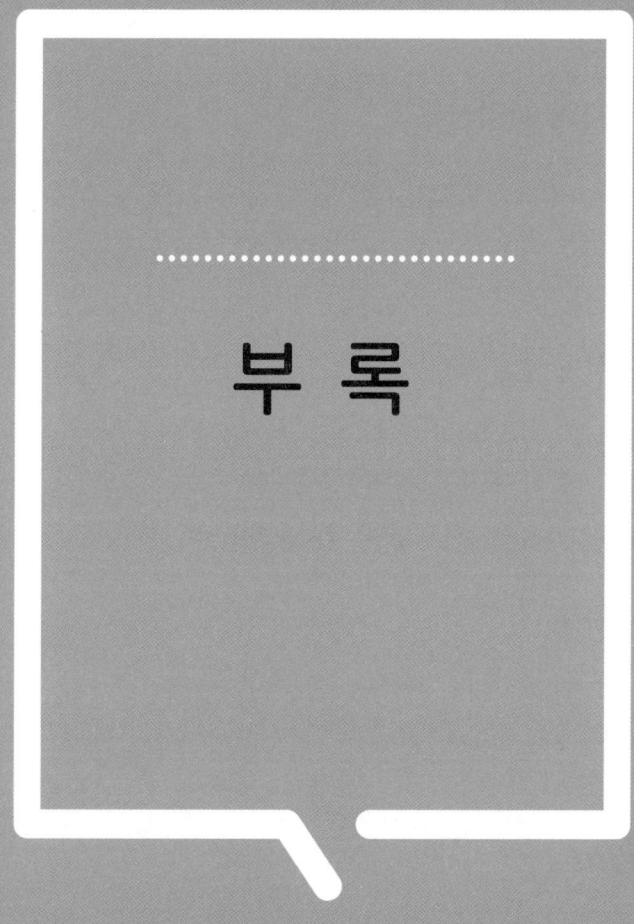

부록

부록

사망신고 후의 후속조치 매뉴얼

 사망자의 사망신고

> 사람이 사망하면 가장 먼저 가족관계의등록등에관한법률 제84조 제1항에 따라 사망신고를 하여 주민등록과 가족관계등록부를 정리하여야 한다.

▌사망 신고기한

사망의 신고는 사람의 사망사실을 안 날부터 1개월 이내에 진단서 또는 검안서를 첨부하여 신고하여야 한다.

❖ 신고기한 이내에 미신고시 5만원의 과태료를 부과

▌사망신고 의무자

사망의 신고는 동거하는 친족이 하여야 한다.

❖ 친족・동거자 또는 사망장소를 관리하는 사람, 사망장소의 동장 또는 통・이장도 사망의 신고를 할 수 있다.

▌사망 신고장소

- 사망자의 본적지 또는 신고인의 주소지나 현주지 시(구)・읍・면의 사무소에 하여야 한다.
- 그러나 사망지, 매장지 또는 화장지 시(구)・읍・면의 사무소에도 할 수 있다.
- 시에 있어서는 신고장소가 사망자의 주민등록지와 같은 경우에는 사망자의 주민등록지를 관할하는 동의 사무소에 사망신고를 할 수 있다.

민원인이 제출해야 하는 서류

- 진단서 또는 사체검안서 등 사망의 사실을 증명하는 서류
  ❖ 진단서는 사망시에 사망자를 진찰한 의사가 작성한 것이고, 검안서는 사망 후에 사체를 검안한 의사가 작성한 사망사실을 증명하는 내용의 문서임.
- 신분확인(신고인, 제출인, 우편제출의 경우 신고인의 신분증명서 사본)
- 사망자의 가족관계등록부의 기본증명서(가족관계등록 관서에서 전산정보로 확인이 가능한 경우에는 제출 생략)
- 가족관계등록부(담당공무원 확인시 제출안해도 됨)

 상속재산 확인하기

1. 안심 상속 원스톱 서비스

안심 상속 원스톱 서비스는 사망신고 시 상속의 권한이 있는 자가 사망자의 재산조회를 통합 신청할 수 있게 하여 사망처리 후속 절차의 번거로움을 없애고 상속 관련하여 신속한 대처가 가능하도록 편의를 제공하는 서비스를 말한다.

> ❖ 접수처 : 사망자의 주소지 관할 동주민센터 또는 구청
> ❖ 신청기한 : 사망일이 속한 달의 말일로부터 6개월 이내 신청 가능

(1) 방문 신청

○ 사망자 재산조회 신청 자격 :

- 1순위(배우자, 직계비속)
  2순위[배우자(직계비속이 없는 경우), 직계존속]
  3순위(사망자의 형제자매)

  ❖ 단, 제2순위의 경우에는 제1순위 상속인이 없는 경우에 한함, 제3순위의 경우에는 제1·2순위 상속인이 없는 경우에 한함.
- 민법 제1001조의 대습상속에 해당하는 자
- 민법 제27조에 따라 실종선고를 받은 자의 상속인

○ 피 성년후견인 재산조회 신청 자격: 법원이 선임한 민법 제929조 및 제959조의 2의 성년후견인, 한정후견인

(2) 온라인 신청

○ 사망자 재산조회 신청 자격:

- 1순위 상속인(배우자, 직계비속). 2순위 상속인(배우자, 직계존속)

❖ 제2순위의 경우에는 제1순위 상속인이 없는 경우에 한함.
제1순위 상속인의 상속포기로 인한 제2순위 상속인은 제외
○ 피성년후견인 재산조회 신청 자격: 온라인 신청 불가

신청절차 및 방식

○ 신청방식 : 가까운 구청이나 동 주민센터에 방문신청 및 온라인신청(정부24 www.gov.kr4)

○ 신청절차 :

- 사망자 재산조회의 경우 : 사망신고와 함께 또는 사망신고 처리완료 후 사망자 재산조회 신청서 작성, 방문제출 또는 온라인 신청
  ❖ 온라인 신청은 사망신고 처리완료 후 가능
- 피후견인 재산조회의 경우 : 법원에 의해 선임된 성년후견인/권한 있는 한정후견인이 구비서류를 지참하여 재산조회 신청서 작성, 방문제출만 가능

구비서류

○ 방문신청

- 사망자 재산 조회시
  ① 신청인(상속인)의 신분증(주민등록증, 운전면허증, 여권) 확인
    • 타 지역에서 사망접수 후 처리 완료 전일 경우, 사망신고 시 제출했던 사망진단서 원본 1부 추가 제출
  ② 대리신청시 : 대리인의 신분증(주민등록증, 운전면허증, 여권)+상속인위임장+상속인본인서명사실확인서(또는 인감증명서)
    ❖ 사망신고 이후 별도 신청 시 가족관계증명서 제출
    ❖ 3순위·대습상속인은 증명할 수 있는 서류 제출
- 피후견인 재산 조회

① 신청인(후견인)의 신분증(주민등록증, 운전면허증, 여권) 확인
② 대리신청 시 : 대리인의 신분증(주민등록증, 운전면허증, 여권)＋후견인위임장＋후견인본인서명사실확인서(또는 인감증명서)
③ 후견등기사항전부증명서 또는 성년(한정)후견개시 심판문 및 확정증명원 제출 필요
  ❖ 특히, 한정후견인의 경우 증명서(심판문)에 '안심상속(후견인) 원스톱서비스 조회' 문구 확인 필요

○ 온라인 신청

- 사망자재산조회시
  ① 신청인(상속인)의 공인인증서
  ② 통합신청서 및 구비서류(가족관계증명서)
    정부24(http://www.gov.kr) 통해 제출
    ❖ 구비서류 전자결제 수수료 : 1,090원

- 피후견인재산조회시
  ❖ 온라인 신청 불가, 방문 신청만 가능

처리기한

○ 통보기한

- 지방세, 자동차, 토지 정보 : 7일 이내
- 국세, 금융거래, 국민연금 정보 : 20일 이내
  ❖ 통보 기한 산정은 조회결과 발송일 (문자, 우편, 직접방문 수령, 금감원홈페이지 등에 결과 게재) 기준

처리비용 : 없음

교부방법

• 지방세, 자동차, 토지 : 방문수령, 우편, 문자 중 신청서에 기재한 방

법으로 통보
- 국세 : 신청인에게 조회완료 안내문자 발송 → 홈텍스 홈페이지에서 직접 내역확인 (신청인의 공인인증서 필요)
- 금융거래 :
    ① 인터넷 : 신청인에게 조회완료 안내문자 발송 → 신청인이 금감원 홈페이지에서 신청후 3개월 이내에 결과확인
    ② 방문 : 통합서비스를 신청한 상속인이 신청 후 3개월 이내에 해당 금융회사를 방문하여 결과 확인
- 국민연금 : 신청인에게 조회완료 안내 문자 발송 → 상속인이 국민연금공단 홈페이지 로그인하여 결과 확인
- 개인정보 유출 우려로 팩스로 통지 불가

지원내용

- 재산조회 종류
    ① 지방세정보(체납액·고지세액·환급액), ② 자동차정보(소유내역), ③ 토지정보(소유내역), ④ 국세정보(체납액·고지세액·환급액), ⑤ 금융거래정보(은행, 보험 등), ⑥ 국민연금정보(가입 및 대여금 채무 유무), ⑦ 공무원연금정보(가입 및 대여금 채무 유무), ⑧ 사학연금정보(가입 및 대여금 채무 유무), ⑨ 군인연금 가입 유무, ⑩건설근로자 퇴직 공제금정보(가입유무), ⑪건축물정보(소유내역)
- 조회범위
    - 지방세정보 : 사망자에게 납부 의무가 있는 모든 체납세액(전국 조회) / 사망자에게 납부 의무가 있는 납기 미도래 고지세액(주민등록지 시, 군, 구만 조회) (단, 납기가 도래하지 않은 지방세는 전국조회 결과가 아님)
    - 자동차정보 : 사망자 명의의 차량 소유 정보(전국조회)

- 토지정보 : 사망자 명의의 토지 소유 정보(전국조회)
- 국세정보 : 사망자에게 납부 의무가 있는 모든 체납세액 및 납기미도래 고지세액
- 금융거래정보 : 예금은 잔액(원금), 보험은 가입여부, 투자 상품은 예탁금 잔고유무를 통보(조회 신청일 기준)
- 국민연금정보 : 사망자의 국민연금 가입 유무

▌주의사항

금융조회 신청 시 해당계좌의 거래가 정지되므로 입·출금(자동이체포함)이 제한될 수 있음
- 일부항목에 대한 재산조회만 요청 할 수 있음
- 접수증은 신청정보 확인 및 추후 은행 등 개별 금융회사를 방문하여 금융거래내역 등의 정보 조회 시 필요

2. 피상속인의 소유 토지 확인

국토교통부 국토공간정보센터에서 조상땅 찾기 서비스를 통하여 피상속인이 생전 소유한 토지 현황을 조회할 수 있다.

▌신청방법 및 장소

- 피상속인의 주민등록번호가 있는 경우(1975.7.25. 이후)
국토교통부 국토공간정보센터나 시·도 및 시·군·구청 지적부서를 상속인이 직접 방문하여 신청하여야 한다.
- 피상속인의 주민등록번호가 없는 경우(1975.7.25. 이전)
피상속인이 토지를 소유하고 있을 것으로 추정되는 서울특별시·광역시·도청 지적업무부서를 상속인이 직접 방문하여 신청하거나, 가까운 시·군·구를 방문 신청하면 신청기관에서 관할 시·도로 문서

를 이송하여 자료를 관할 시·도에서 제공 받을 수 있다.

▎구비서류

- 상속인 신청 : 제적등본(2007.12.31.이전 사망자) 또는 가족관계증명서(기본증명서 포함), 상속인의 신분증(주민등록증 등)
    - ❖ 제적등본이나 가족관계증명서(상속인)·기본증명서(피상속인)상에서 본인과 사망자와의 관계 및 사망날짜가 나타나야 한다.
- 대리인 신청 : 위 서류외에 인감증명서 1통을 첨부한 위임장, 대리인 신분증

▎수수료 : 무료

▎자료조회 범위

- 주민등록번호가 있는 자 : 시·군·구, 시·도, 전국자료 신청가능
- 주민등록번호가 없는 자 : 거주지 또는 토지가 있을 것으로 예상되는 광역시·도를 대상으로만 신청가능

▎기타사항

- 근거법령 : 국가공간정보센터 운영규정 제11조제3항
- 채권확보·담보물권확보등 이해관계인이나 제3자에 대한 개인정보는 공공기관의개인정보보호에관한법률에 의하여 제공 불가
- 부부, 형제, 부자간 등 가족관계라 하더라도 위임장(인감증명 첨부) 없이는 제공불가

▎상세문의

국토교통부 국토공간정보센터(콜센터 ☎ 1899-6523), 시·도 및 시·군·구 지적부서로 문의할 수 있다.

3. 피상속인의 금융재산 확인하기

상속인 등이 피상속인(사망자, 실종자, 금치산자 또는 피성년후견인, 피한정후견인)의 금융재산 및 채무를 확인하기 위하여 여러 금융회사를 일일이 방문하여야 하는데 따른 시간적·경제적 어려움을 덜어주기 위하여 금융감독원에서 조회신청을 받아 각 금융회사에 대한 피상속인의 금융거래여부를 확인할 수 있는 서비스입니다.

▍신청인

- 상속인 또는 대리인, 만일 상속인이 다수인 경우에는 그 중 1인이 신청할 수 있다.[2]
- 상속인이 미성년자인 경우 14세이상은 본인이나 법정대리인(또는 후견인)이 신청할 수 있으며, 14세미만은 법정대리인(또는 후견인)만 신청이 가능하다.

▍접수처

- ○ 금융감독원 본원 1층 금융민원센터 및 각지원, 전 은행(수출입은행, 외은지점제외), 농수협단위조합, 우체국, 삼성생명 고객프라자, 한화생명 고객센터, KB생명 고객프라자, 교보생명 고객프라자, 삼성화재 고객프라자, 유안타증권
- ○ 안심상속원스톱서비스(사망일이 속한 달의 말일로부터 6개월 이내 이용 가능)
  - 상속인이 자치단체를 방문하여 사망신고와 동시에 한 장의 상속재산 조회 신청서를 작성
  - 민원 공무원이 사망신고를 하는 상속인에게 상속재산 조회신청을 선제적으로 안내

---

[2] 금융감독원 홈페이지 FAQ, 2007.9.12. 3786-8011.

- 국세·국민연금 가입여부 등 상속재산 확인을 위해 상속인이 소관기관을 방문할 필요가 없음.

▌처리기한

신청일로부터 20일 이내(각 금융협회별로 처리기간이 상이함. 상속인 금융거래조회서비스 안내문 참조)

▌신청서류

① 상속인이 직접 신청하는 경우
- 2007년 12월 31일 이전 사망자 : 제적등본, 상속인의 신분증
- 2008년 1월 1일 이후 사망자
  - 사망일 및 주민등록번호가 기재된 기본증명서, 사망진단서 등 사망자 기준 가족관계증명서(최근 3개월내 발급, 주민등록번호 기재) 또는 가족관계증명서 열람(지자체에서 접수하는 경우)
  - 상속인 신분증
- 실종자, 피성년후견인, 피한정후견인, 상속재산 관리인
  - 상속인 직접 신청시 필요서류와 등기사항증명서(법원판결문(원본)과 확정증명서도 가능)

② 대리인이 신청할 경우
- 상속인 등이 직접 신청할 경우 필요한 서류
- 상속인의 위임장(인감증명서 첨부 → 인감도장 날인, 본인서명사실확인서 첨부 → 서명), 인감증명서 또는 본인서명사실확인서, 대리인의 신분증(주민등록증 및 운전면허증 등)
위임장다운로드 신청서다운로드 상속인 등에 대한 금융 거래 조회 안내문 다운로드

③ 사망자가 외국인인 경우

- 사망사실·상속관계 등을 확인할 수 있는 외국기관발행 문서를 문서인증 및 번역인증을 받아 제출
- 문서인증 : 외국 발행 문서의 국내효력 인정을 위해 필요하며 아포스티유(http://www.apostille.go.kr) 확인 또는 영사 확인 방법으로 가능
- 번역인증 : 외국어로 표기된 외국기관 발행문서에 대한 번역본을 공증인 또는 한국공관의 번역인증을 받아 제출

조회대상 금융회사

예금보험공사, 은행, 한국신용정보원(신보·기신보, 한국주택금융공사, 한국장학재단, 서민금융진흥원(미소금융대출 제외), NICE평가정보·KCB·KED, 캠코, 무역보험공사, 신용보증재단, 중소기업중앙회 포함), 종합금융회사, 한국증권금융, 카드회사, 리스회사, 할부금융회사, 상호저축은행, 신용협동조합, 새마을금고, 산림조합, 우체국, 한국예탁결제원, 대부업체, 국세청, 국민연금공단, 공무원연금, 사학연금, 군인연금, 건설근로자공제회, 군인공제회, 대한지방행정공제회, 과학기술인공제회, 한국교직원공제회, 근로복지공단

조회범위

- 금융채권 : 각종 예금, 보험계약, 예탁증권 등 피상속인 명의의 금융자산
- 금융채무 : 대출, 신용카드이용대금, 지급보증 등 우발채무 및 특수채권(상각채권) 등 금융회사가 청구권이 있는 피상속인 명의의 부채
- 보관금품 : 국민주, 미반환주식, 대여금고 및 보호예수물, 보관어음 등 금융회사가 반환할 의무가 있는 피상속인 명의의 임치계약금품
- 공공정보 : 피상속인의 국세·지방세·과태료 등 일정금액 이상의

체납정보 등('2014.09.01.부터 제공)
- 부가서비스 : 피상속인 명의의 채무금액 및 상환일, 예금액 통보
    ❖ 지자체에서 접수한 경우 국세 체납액·고지세액, 국민연금 가입여부도 포함.

조회절차 및 조회결과

① 금융감독원은 접수대행기관에서 접수된 조회신청서를 취합하여 각 금융협회에 조회 요청

② 각 금융협회에서 소속 금융회사에 피상속인 등의 금융거래여부 조회요청

③ 금융회사는 피상속인 등의 금융거래여부 및 예금액·채무액을 해당 금융협회 등에 통보

④ 각 금융협회 등은 조회완료 사실을 신청인에게 문자메시지 등을 이용하여 통보(금융협회 홈페이지에서 결과 조회 가능)

❖ 조회 결과는 접수일로부터 3개월까지 금융감독원 홈페이지(http://www.fss.or.kr)에서 일괄 확인 및 각 금융협회 홈페이지에서 개별 확인 할 수 있으며, 조회결과를 받으신 후 예금 등 금융자산 인출 문의는 해당 금융회사로 하셔야 합니다.

- 각 금융협회 홈페이지

협회명	홈페이지주소
예금보험공사	http://www.kdic.or.kr
전국은행연합회	https://portal.kfb.or.kr
한국예탁결제원	http://www.ksd.or.kr
손해보험협회	http://www.knia.or.kr
저축은행중앙회	https://www.fsb.or.kr
새마을금고연합회	https://www.kfcc.or.kr
우체국	http://www.epostbank.go.kr
금융투자협회	http://www.kofia.or.kr
한국신용정보원	http://www.kcredit.or.kr
생명보험협회	https://www.klia.or.kr
여신금융협회	https://www.crefia.or.kr
신협중앙회	http://www.cu.co.kr
산림조합중앙회	http://banking.nfcf.or.kr
한국대부금융협회	http://www.clfa.or.kr

❖ 한국대부금융협회는 금감원 통합조회시스템을 이용하시기 바랍니다.

❖ 국세는 국세청 홈택스(http://www.hometax.go.kr), 국민연금 가입유무는 국민연금공단 홈페이지(http://www.nps.or.kr)에서, 근로복지공단 퇴직연금 가입유무는 근로복지공단 퇴직연금 홈페이지(http://pension.kcomwel.or.kr)에서 확인 가능하고, 공무원연금, 사학연금, 군인연금, 건설근로자 퇴직공제, 한국교직원공제회 가입여부, 근로복지공단 대지급금 채무유무는 해당 기관에서 문자메세지 또는 이메일로 결과를 제공합니다.

기타 문의사항

금감원콜센터 ☎ 1332, 02-3145-5114

Ⅲ 재산의 상속절차

> 상속이 개시되면 상속인을 확정한 후 상속의 승인 또는 포기여부를 결정하여야 하며, 상속의 승인이 결정되면 재산 상속의 절차를 밟아야 한다.

1. 상속의 개시

상속은 사망으로 인하여 개시된다. 사망에는 자연적 사망뿐만 아니라 실종선고를 받은 경우에도 사망으로 의제된다.

▍자연적 사망

자연적 사망인 경우에는 실제로 사망한 사실이 발생한 시점으로 호흡과 심장의 고동이 영구적으로 정지된 순간이 사망시기이다. 보통은 사망신고에 첨부되는 의사의 사망진단서에 의거하여 가족관계등록부에 기재된 사망 연,월,일,시,분으로 사망시기를 확인한다.

▍실종선고

- 생사불명상태에서 사망의 개연성은 크지만 사망의 확증이 없는 경우에 이해관계인의 신청에 의하여 가정법원에서 내리는 선고로 실종선고에 의하여 사망한 것으로 간주되는 경우 민법상 사망일자는 실종기간이 만료되는 시점이다.
- 그러나 상속세및증여세법에서는 상속세 부과와 관련하여 실종선고일을 상속개시일로 간주하도록 하는 특례규정을 두고 있다(상증법 §1).

▍부재선고

가족관계등록부에 군사분계선 이북지역 거주로 표시된 자(잔류자)에 한해 가족이나 검사의 청구가 있으면 1개월 이상의 공시최고를 거쳐 잔류자 본적지의 가정법원이 부재선고를 한다. 부재선고를 받은 자는 가족관계등록부를 폐쇄한다. 이 경우 상속 및 혼인에 관하여는 실종선고를 받은 것으로 보아 사망한 것으로 간주된다.

▍인정사망

사망의 확인(시신 등)은 없으나 수재나 화재 기타 사변으로 인하여 사망의 가능성이 큰 경우 이를 조사한 관공서가 사망지의 시·읍·면장에게 사망보고(외국에서 사망이 있는 때에는 사망자의 본적지의 시, 읍, 면의 장에게 사망의 보고)를 하여 가족관계등록부에 사망의 기재를 하여 사망한 것으로 추정한다. 사망보고서에 의하여 사망으로 간주하는 경우는 가족관계등록부에 기재된 사망의 연,월,일,시에 의하여 사망시기가 확정된다.

▍동시사망

- 항공기 추락, 선박 침몰, 화재 등 2인 이상이 동일한 위난으로 사망한 사실은 확인되었으나 사망시점의 선후가 불분명한 경우에 동시에 사망한 것으로 추정한다.
- 상속관계에 있는 사람이 동시사망의 추정을 받으면 동시에 사망한 자들 사이에는 상속이 발생되지 않는다. 다만, 동시사망 추정을 받은 자가 직계존비속관계인 경우에는 직계비속이 먼저 사망한 것으로 본다(대법 99다13157, 2001.03.09.).

▍상속개시의 장소

- 상속은 피상속인의 주소지에서 개시된다.
- 피상속인의 주소를 알 수 없는 경우 또는 국내에 주소를 가지지 않는 경우에는 국내에 있는 거소를, 거소도 알 수 없는 경우 사망지를 상

속개시의 장소로 본다.

❖ 상속개시의 장소를 정하는 것은 상속소송이나 파산사건의 재판관할을 결정, 상속세부과의 기준지가 되기 때문이다.

2. 상속인 확인

▌재산 상속의 순위

상속개시당시 상속인이 될 수 있는 자격을 가진 자로서 다음과 같은 순위에 의하여 결정된다.

① 제1순위 상속인 : 피상속인의 직계비속 및 배우자
- 직계비속은 자연혈족, 법정혈족(양자)을 불문하고, 혼인 중의 출생자이건 인지된 혼인 외의 출생자이건, 남자이건 여자이건, 기혼・미혼을 불문하고 촌수가 같으면 동순위로 상속인이 되고, 촌수가 다르면 가까운 쪽이 선순위가 된다. 다만, 친양자의 경우에는 친생부모와 친족관계가 종료되었으므로 친생부모의 상속인이 될 수 없다.
- 배우자는 사망당시 배우자이어야 하며, 이혼한 배우자 또는 사실혼 관계에 있는자는 상속권이 없다.

② 제2순위 상속인 : 피상속인의 직계존속과 배우자
- 직계존속은 부계, 모계 또는 양가, 생가를 불문한다(단, 친양자의 경우 생가의 직계존속은 상속인이 아님). 직계존속이 여러명인 경우에는 피상속인과 촌수가 가장 가까운 사람이 상속인이 된다.

③ 제3순위 상속인 : 피상속인의 형제자매(1, 2순위가 없는 경우)
동성이복의 형제자매 및 이성동복의 형제자매가 상속인이 된다.

④ 제4순위 : 피상속인의 4촌 이내의 방계혈족(1, 2, 3순위가 없는 경우)
3촌부터 4촌까지의 방계혈족을 말하며, 상속인이 여러명인 경우 촌수가 가까운 자가 상속인이 되며, 촌수가 같으면 공동상속인이 된다.

- ❖ 태아는 상속순위에 관하여는 이미 출생한 것으로 본다.
- ❖ 피상속인의 배우자는 상속인으로 피상속인의 직계비속과 피상속인의 직계존속이 있는 경우에는 그 상속인과 동순위로 공동상속인이 되고, 그 상속인이 없는 때에는 단독상속인이 된다.
- ❖ 선순위에서 상속인이 결정되면 그 이후의 순위에 해당되는 사람은 상속인에 해당되지 아니한다.

대습상속인

- 상속인이 될 직계비속 또는 형제자매가 상속개시 전에 사망하거나 결격자가 된 경우에 그의 직계비속과 배우자가 있는 때에는 그 직계비속 및 배우자가 사망하거나 결격된 자의 순위에 갈음하여 상속인이 된다.
- 이때 그에게 배우자가 있으면 배우자는 그의 직계비속과 공동상속인이 되고, 직계비속이 없으면 배우자가 사망한 자에 갈음해서 단독 상속인이 된다.

3. 상속재산에 대한 상속인의 상속분

지정상속분

- 피상속인의 유언에 의하여 공동상속인의 상속분을 지정할 수 있다.
- 다만, 상속채무의 지정에 대해서는 그것을 부담할 비율을 유언으로 지정할 수 없다.

법정상속분

- 법정상속분은 동순위의 상속인이 수인인 때에는 그 상속분은 균분으로 하며,
- 피상속인의 배우자의 상속분은 직계비속 또는 직계존속과 공동으로 상속하는 때에는 직계비속 또는 직계존속의 상속분의 5할을 가산한다.

예 상속인으로 배우자와 자녀 2명인 경우
배우자 : 1.5/3.5   자녀 각각 : 1/3.5

▌대습상속인의 상속분

- 대습상속인의 상속분은 사망 또는 결격된 자의 상속분에 의한다.
- 대습상속인이 여러 명인 때에는 그 상속분은 사망 또는 결격된 자의 상속분의 한도에서 상기의 법정상속분에 의한다.

▌기여상속인의 상속분

- 기여분은 공동상속인중 상당한 기간 동안 동거·간호 그 밖의 방법으로 피상속인을 특별히 부양하거나 피상속인의 재산의 유지 또는 증가에 특별히 기여한 자가 있을 때에는 상속분 산정에 그러한 특별한 기여나 부양 등을 고려하는 것으로 말한다.
- 기여상속인의 상속지분 = 기여분 + (상속재산 − 기여분) × 법정지분

4. 유류분

▌유류분 권리자 및 유류분 비율

유류분은 피상속인의 증여나 유증에 의해서도 침해되지 않는 상속재산의 일정부분으로, 일정한 범위의 상속재산을 유류분권리자에게 유보해 두고 그 한도를 넘는 유증이나 증여가 있을 때는 그 유류분권리자가 반환을 청구할 수 있게 하는 제도이다. 유류분권을 가지는 자는 피상속인의 직계비속·배우자·직계존속 및 형제자매이다. 이 경우에 태아의 경우에는 살아서 출생하면 직계비속으로 유류분을 가진다. 유류분의 비율은 다음과 같다(민법 §1112).

> 피상속인의 배우자 : 법정상속분의 2분의 1
> 피상속인의 직계비속 : 법정상속분의 2분의 1
> 피상속인의 직계존속 : 법정상속분의 3분의 1

☞ 현재 유류분 규정에 대해 헌법불합치 판결로 민법 개정중에 있다.

유류분액의 계산

유류분 부족액은 다음과 같이 계산한다.

> 유류분 부족액 = [유류분 산정의 기초가 되는 재산(A)×당해 유류분권자의 유류분 비율(B)]-당해 유류분권자의 특별수익액(C)-당해 유류분권자의 순상속분액(D)
> A = 적극적인 상속재산 + 증여재산 - 상속채무액
> C = 당해 유류분권자의 수증액 + 수유액
> D = 당해 유류분권자가 상속에 의해 얻는 재산액 - 상속채무 부담

5. 부양의무를 중대하게 위반한 상속인에 대한 상속권 상실선고 청구

피상속인(미성년자)에 대한 부양의무를 중대하게 위반하거나 피상속인에 대한 중대한 범죄행위 등을 한 직계존속이 상속인 중에 있는 경우에는 공동상속인은 피상속인의 유언이 없는 경우에 6개월 이내에 가정법원에 그 직계존속의 상속권 상실을 청구할 수 있다(민법 §1004의2).

6. 상속의 승인과 포기

상속이 개시되는 경우에는 상속인은 피상속인의 재산에 관한 포괄적 권리·의무를 당연히 승계하게 되므로 상속은 상속인에게 이익만 주는 것이 아니라 불이익도 줄 수 있게 된다. 그러므로 상속이 개시되면 상속인에게 상속을 승인할 것인지 포기할 것인지에 관하여 결정하여야 한다.

(1) 상속의 승인 또는 포기 의사결정

▌ 상속의 승인 또는 포기의 기간

- 상속인은 상속개시가 있음을 안 날(피상속인의 사망사실과 자기가 상속인이 된 사실을 인식한 날)로부터 3월 이내에 단순승인이나 한정승인 또는 상속포기를 할 수 있다.
- 상속인은 상속채무가 상속재산을 초과하는 사실을 중대한 과실 없이 상속개시 있음을 안날로부터 3월의 기간 내에 알지 못하고 단순승인을 한 경우에는 그 사실을 안 날부터 3월 내에 한정승인을 할 수 있다.

▌ 단순승인

- 피상속인의 권리·의무를 아무런 제한 없이 승계하는 상속 형태로 승인하는 상속방법을 말하는 것으로 단순승인을 한 때에는 제한 없이 피상속인의 권리의무를 승계하게 된다.
- 3개월 내에 한정승인이나 포기를 하지 아니한 때에는 단순승인으로 본다. 상속인이 한정승인 또는 상속포기를 한 후에 상속재산을 은닉하거나 부정소비하거나 고의로 재산목록에 기입하지 아니한 때에는 단순승인한 것으로 본다.

▌ 한정승인

- 상속인이 상속으로 인하여 얻은 재산의 한도 내에서 피상속인의 채무와 유증을 변제할 조건으로 상속을 승인하는 것을 말한다.
- 한정승인은 상속인이 한정승인기간 내에 상속재산의 목록을 첨부하여 가정법원에 한정승인의 신고를 하여야 하며, 상속재산 중 이미 처분한 재산이 있는 때에는 그 목록과 가액을 함께 제출하여야 한다.

▎상속포기

- 상속의 포기는 피상속인의 재산에 대한 모든 권리·의무의 승계를 부인하고, 상속개시 당시부터 상속인이 아니었던 것과 같은 효력을 발생하게 하려는 단독의 의사표시를 말한다.
- 상속포기는 상속포기 기간내에 상속인이 법원에 대하여 하는 단독의 의사표시로서 포괄적, 무조건적이어야 하므로 상속포기시 재산목록을 첨부할 필요가 없다.

(2) 상속포기 및 한정승인의 구체적인 절차

▎상속포기 및 한정승인 심판청구서 제출

- 상속인이 상속개시 있음을 안 날(피상속인의 사망사실과 자기가 상속인이 된 사실을 인식한 날)로부터 3월 내에, 상속재산포기심판청구나 한정승인심판청구서를 제출하면 된다.
- 상속인이 상속채무가 상속재산을 초과하는 사실을 중대한 과실없이 위 기간 내에 알지 못하고 단순승인을 한 경우에는 그러한 사실을 안 날로부터 3월 내에 한정승인을 할 수 있다.

▎상속포기 및 한정승인 청구기관

피상속인(사망한 사람)의 마지막 주소지(사망당시 주민등록지)를 관할하는 가정(지방, 지원)법원에 제출하여야 한다.

▎심판청구 청구인

- 상속인이어야 한다.
- 다만, 미성년자 등 무능력자인 경우에는 법정대리인이 대리하여야 하지만, 상속의 한정승인이나 포기가 법정대리인과의 관계에서 이해상반행위에 해당하는 때에는 특별대리인을 선임하여야 한다.

▌상속포기시 첨부서류

① 청구인들의 가족관계증명서(상세), 주민등록등본 각 1통
② 청구인들의 인감증명서(또는 본인서명사실확인서) 각 1통
   ❖ 청구인이 미성년자인 경우 법정대리인(부모)의 인감증명서를 첨부함.
③ 피상속인의 폐쇄가족관계등록부에 따른 기본증명서(상세), 가족관계증명서(상세) 각 1통
④ 상속인의 말소된 주민등록등본 1통
⑤ 가계도(직계비속이 아닌 경우) 1부

▌한정승인시 첨부서류

① 상기 상속포기시 첨부서류
② 상속재산 목록 1부

▌상속한정승인심판청구 · 상속재산포기심판청구서 서식

대한민국법원 > 전자민원센터 > 양식 > 에 있음

▌한정승인 후 절차

- 한정승인을 한 상속인은 신속하고 적정하게 상속재산을 청산하여 피상속인의 채권자와 수증자에게 공평하게 변제하여야 하며,
- 상속인은 한정승인을 한 날(한정승인심판문을 송달 받은 날)로부터 5일 내에 일간신문사에 공고를 내고 한정승인심판문의 내용과 재산목록을 게재하여야 하고(법원이 관여안함), 일반상속채권자와 유증받은 자에 대하여 2개월 이내에 채권 또는 수증을 신고할 것을 공고하여야 한다.
- 한정승인자가 이미 알고 있는 채권자 등에게는 채권을 신고하라고 개별적으로 최고하여야 한다.

7. 상속재산의 분할

상속재산분할은 상속인이 수인이 있는 경우에 상속개시로 인하여 생긴 공동상속인간의 상속재산의 과도적 공유관계를 종료시키고 공동상속인별 상속분에 응하여 그 배분, 귀속을 확정시키는 것을 목적으로 하는 일종의 청산행위를 말한다.

▌유언에 의한 분할

피상속인은 유언으로 상속재산의 분할방법을 정하거나 이를 정할 것을 제3자에게 위탁할 수 있다.

▌협의에 의한 분할

공동상속인은 언제든지 그 협의에 의하여 상속재산을 분할할 수 있다.

▌조정 또는 심판에 의한 분할

공동상속인간에 분할의 협의가 성립되지 않은 때에는 가정법원에 분할을 청구할 수 있다.

8. 상속으로 인한 소유권 이전등기 절차

피상속인의 소유의 재산에 대하여 공동상속간에 협의분할 등에 의하여 각 상속인이 상속받을 재산이 확정이 된 경우에는 그 상속재산을 상속인 명의로 등기, 등록 등을 하여야 한다.

(1) 상속으로 인한 소유권 이전등기

▌상속으로 인한 소유권이전등기란

피상속인이 사망한 경우에 피상속인의 부동산을 상속을 원인으로 하여 상속인 앞으로 이전하는 것을 말하는 것으로 등기신청은 상속인이 단독으로 신청한다.

상속으로 인한 소유권이전등기 신청기한

상속등기를 언제까지 해야 하는지 기한의 제한은 없다.

❖ 다만, 상속등기를 일정기간동안 하지 아니하는 경우 상속세를 계산할 때 배우자상속공제 배제 등의 불이익이 있을 수 있으며, 상속인이 양도 등 재산권을 행사할 때 등기를 하지 아니면 재산권 행사에 제한을 받을 수 있다. 현재 배우자상속재산 분할기한은 상속세 신고기한 다음날부터 9개월이다.

등기신청방법

신청인 본인 또는 법무사 등 그 대리인이 신분을 확인할 수 있는 주민등록증 등을 가지고 부동산 소재지 등기소에 출석하여 신청한다.

등기신청서 양식

소유권이전등기신청(상속)

❖ 서식 및 신청서 작성요령 : 대법원 인터넷등기소 www.iros.go.kr〉자료센터〉등기신청양식〉부동산등기

등기신청서 기재요령

신청서는 한글과 아라비아 숫자로 기재하며, 부동산의 표시란이나 등기권리자란 등이 부족할 경우에는 별지를 사용하고, 별지를 포함하여 신청서가 여러 장일 때에는 각장사이에 간인을 하여야 한다.

등기신청서에 첨부할 서면

위임장	등기신청을 법무사 등 대리인에게 위임하는 경우 첨부
신청서 부본	등기필증 작성용으로 신청서와 같은 내용의 부본. 단, 전자신청 지정등기소의 경우는 제출할 필요가 없음

취득세(등록면허세) 영수필확인서	시장, 구청장, 군수 등으로부터 취득세(등록면허세)납부서(OCR용지)를 발급받아 납세지를 관할하는 해당 금융기관에 세금을 납부한 후 취득세(등록면허세)영수필확인서와 영수증을 교부받아 영수증은 본인이 보관하고 취득세(등록면허세)영수필확인서만 신청서의 취득세(등록면허세)액표시란의 좌측상단 여백에 첨부하거나, 또는 지방세인터넷납부시스템에서 출력한 시가표준액이 표시되어 있는 취득세(등록면허세)납부확인서를 첨부한다.
토지(임야)· 건축물대장등본	등기신청대상 부동산의 종류에 따라 토지(임야)등본, 건축물대장 등본(각, 발행일로부터 3월 이내)을 첨부한다.
상속을 증명하는 서면	피상속인의 사망한 사실 및 상속권자와 상속인을 확인할 수 있는 제적등본(필요한 경우에 구 호적법상 전적전 제적등본 포함), 가족관계증명서(상세), 기본증명서(상세), 친양자입양관계증명서(상세) 등(발행일로부터 3월 이내)을 첨부합니다. 단 상속순위 2순위 이하의 자가 상속권리자가 되는 경우 피상속인의 입양관계증명서(상세)도 첨부한다.
주민등록표 등(초)본	① 피상속인의 주민등록표초본 또는 등본(각, 발행일로부터 3월 이내)을 첨부합니다. 다만, 등기기록상의 주소와 최종 주소가 상이할 경우에는 반드시 주소변동내역이 포함된 주민등록표초본을 첨부한다. ② 상속인의 주민등록표초본 또는 등본(각, 발행일로부터 3월 이내)을 첨부한다.
기타	① 상속권자 및 상속분은 피상속인의 사망 당시의 민법 규정에 따릅니다. ② 상속인이 재외국민 또는 외국인일 때, 상속결격자가 있는 때, 특별수익자가 있는 때, 상속의 포기가 있는 때, 피상속인이 유언으로 상속분을 지정한 때, 대습상속이 있는 때 등의 경우에는 신청서의 기재사항과 첨부서면이 다르거나 추가될 수 있으므로, 기타 궁금한 사항은 변호사, 법무사 등 등기와 관련된 전문가에게 문의하시기 바란다.

상속인이 재외국민 또는 외국인인 경우 등기신청 절차

- 주소를 증명하는 서면
  - 외국주재 대한민국 대(영)사관에서 발행하는 재외국민 거주

사실증명 또는 재외국민 등록부등본을 첨부
- 다만 주재국에 대사관 등이 없어 그와 같은 증명을 발부 받을 수 없을 때에는 주소를 공증한 서면으로 대신할 수 있음.
- 국내거소신고를 한 경우에 국내거소신고 사실증명으로도 가능함.

• 부동산등기용 등록번호 부여받아야 함.
- 등기권리자(상속 등)로서 신청하는 때에 주민등록번호가 없는 경우에 대법원소재 관할 등기소(현재 서울중앙지방법원 등기과)에서 부동산등기용 등록번호를 부여받아야 함.
- 국내거소신고번호로 부동산등기용 등록번호를 갈음할 수 없음. 종전에 주민등록번호를 부여받은 경우 새로이 부동산등기용 등록번호를 부여받지 않음.

• 인감증명
- 재외국민의 상속재산의 협의분할시 인감증명은 상속재산 협의분할서상의 서명 또는 날인이 본인의 것임을 증명하는 재외공관의 확인서 또는 이에 관한 공정증서로 대신할 수 있음.

등기신청 서류 편철순서

신청서, 취득세(등록면허세)영수필확인서, 등기신청수수료 영수필확인서, 위임장, 제적등본, 가족관계증명서(상세), 기본증명서(상세), 친양자입양관계증명서(상세), 주민등록표초(등)본, 토지(임야)·건축물대장등본 등의 순으로 편철해 주시면 업무처리에 편리하다.

(2) 협의분할에 의한 상속으로 인한 소유권 이전등기

협의분할에 의한 상속으로 인한 소유권이전등기란

피상속인이 사망한 경우에 피상속인의 부동산을 상속인 전원의 상속재산분할 협의서 또는 심판서 정본에 의하여 상속인 앞으로 이전하는 것으로, 상속인이 단독으로 등기를 신청한다.

▍등기신청방법

신청인 본인 또는 법무사 등 그 대리인이 신분을 확인할 수 있는 주민등록증 등을 가지고 직접 부동산 소재지 등기소에 출석하여 신청하여야 한다.

▍등기신청서 양식

소유권이전등기신청(협의분할에 의한 상속)

❖ 서식 및 신청서 작성요령 : 대법원 인터넷등기소 www.iros.go.kr〉 자료센터〉 등기신청양식〉 부동산등기

▍등기신청서 기재요령

신청서는 한글과 아라비아 숫자로 기재하며, 부동산의 표시란이나 등기권리자란등이 부족할 경우에는 별지를 사용하고, 별지를 포함하여 신청서가 여러 장일 때에는 각 장 사이에 간인을 하여야 한다.

▍등기신청서에 첨부할 서면

위임장	등기신청을 법무사 등 대리인에게 위임하는 경우에 첨부
신청서 부본	등기필증 작성용으로 신청서와 같은 내용의 부본
상속재산분할협의서	상속재산분할협의서(여러 장인 경우 공동상속인 전원의 인감 또는 본인서명사실확인서에 기재한 서명을 한 경우에는 서명으로 간인해야 함)는 공동상속인 전원이 참가하여 작성하며 각자의 인감으로 날인 후 인감증명서를 첨부하거나 또는 본인서명사실확인서에 기재한 서명(전자본인서명확인서 발급증을 제출할 경우에도 서명)을 하고 본인서명사실확인서(전자본인서명확인서 발급증)을 첨부하여 제출하여야 한다.

취득세(등록면허세) 영수필확인서	시장, 구청장, 군수 등으로부터 취득세(등록면허세)납부서(OCR용지)를 발급받아 납세지를 관할하는 해당 금융기관에 세금을 납부한 후 취득세(등록면허세)영수필확인서와 영수증을 교부받아 영수증은 본인이 보관하고 취득세(등록면허세)영수필확인서만 신청서의 취득세(등록면허세)액표시란의 좌측상단 여백에 첨부하거나, 또는 지방세인터넷납부시스템에서 출력한 시가표준액이 표시되어 있는 취득세(등록면허세)납부확인서를 첨부한다.
토지·건축물 대장등본	등기신청대상 부동산의 종류에 따라 토지(임야)대장등본, 건축물대장등본(각, 발행일로부터 3월 이내)을 첨부한다.
상속을 증명하는 서면	피상속인의 사망한 사실 및 상속권자와 상속인을 확인할 수 있는 제적등본(필요한 경우에 구 호적법상 전적전 제적등본 포함), 가족관계증명서(상세), 기본증명서(상세), 친양자입양관계증명서(상세) 등(발행일로부터 3월 이내)을 첨부합니다. 단 상속순위 2순위 이하의 자가 상속권리자가 되는 경우 피상속인의 입양관계증명서(상세)도 첨부한다.
인감증명서 또는 본인서명사실확인서	상속재산분할협의서에 날인한 상속인 전원의 인감증명서(발행일로부터 3월 이내)를 첨부하거나 인감증명을 갈음하여『본인서명사실 확인 등에 관한 법률』에 따라 발급된 본인서명사실확인서(발행일로부터 3월 이내)에 기재한 서명(전자본인서명확인서 발급증을 제출할 경우에도 서명)을 하고 본인서명사실확인서(전자본인서명확인서 발급증)을 첨부한다. 재외국민의 경우 상속재산협의분할서상의 서명 또는 날인이 본인의 것임을 증명하는 재외공관의 확인서 또는 이에 관한 공정증서로 대신할 수 있다.
주민등록표 등(초)본	㉮ 피상속인의 주민등록표초본 또는 등본(각, 발행일로부터 3월 이내)을 첨부합니다. 다만, 등기기록상의 주소와 최종 주소가 상이할 경우에는 반드시 주소변동내역이 포함된 주민등록표초본을 첨부한다. ㉯ 상속인의 주민등록표초본 또는 등본(각, 발행일로부터 3월 이내)을 첨부한다. 다만, 협의서상의 주소와 등기신청시의 주소가 상이할 경우에는 반드시 주소변동내역이 포함된 주민등록표초본을 첨부한다.

기타	① 상속권자 및 상속분은 피상속인의 사망 당시의 민법 규정에 따른다. ② 상속인이 재외국민 또는 외국인일 때, 상속결격자가 있는 때, 특별수익자가 있는 때, 상속의 포기가 있는 때, 피상속인이 유언으로 상속분을 지정한 때, 대습상속이 있는 때 등의 경우에는 신청서의 기재사항과 첨부서면이 다르거나 추가될 수 있으므로, 기타 궁금한 사항은 변호사, 법무사 등 등기와 관련된 전문가에게 문의하시기 바란다.

▌상속인이 재외국민 또는 외국인인 경우 등기신청 절차

상기의 상속으로 인한 소유권이전등기 신청과 동일하다.

▌등기신청 서류 편철순서

신청서, 취득세(등록면허세)영수필확인서, 등기신청수수료 영수필확인서, 위임장, 제적등본, 가족관계증명서(상세), 기본증명서(상세), 친양자입양관계증명서(상세), 상속재산분할협의서 및 인감증명서나 본인서명사실확인서 또는 전자본인서명확인서 발급증, 주민등록표초(등)본, 토지(임야)·건축물대장등본 등의 순으로 편철해 주시면 업무처리에 편리하다.

(3) 협의분할로 인한 소유권 경정등기 신청

▌협의분할로 인한 소유권경정등기란

상속으로 인하여 공동상속인 명의로 상속등기를 한 후 부동산을 공동상속인중 1인의 단독 또는 일부의 소유로 하는 상속재산분할협의가 이루어진 경우에는 공동상속인 명의로 된 등기를 단독 또는 일부의 소유로 경정하는 등기를 말한다.

등기신청방법

신청인 본인 또는 법무사 등 그 대리인이 신분을 확인할 수 있는 주민등록증 등을 가지고 직접 부동산 소재지 등기소에 출석하여 신청하여야 한다.

등기신청서 양식

소유권경정등기신청

❖ 서식 및 신청서 작성요령 : 대법원 인터넷등기소 www.iros.go.kr〉자료센터〉등기신청양식

등기신청서 기재요령

신청서는 한글과 아라비아 숫자로 기재하며, 부동산의 표시란이나 등기권리자란등이 부족할 경우에는 별지를 사용하고, 별지를 포함하여 신청서가 여러장인 때에는 각 장사이에 간인을 하여야 한다.

등기신청서에 첨부할 서면

위임장	등기신청을 법무사 등 대리인에게 위임하는 경우에 첨부
신청서 부본	등기필증 작성용으로 신청서와 같은 내용의 부본
등기필증	등기의무자의 소유권에 관한 등기필증으로서 등기의무자가 소유권 취득 시 등기소로부터 교부받은 등기필증을 첨부합니다. 단, 소유권 취득의 등기를 완료하고 등기필정보를 교부받은 경우에는 신청서에 그 등기필정보 상에 기재된 부동산고유번호, 성명, 일련번호, 비밀번호를 각 기재(등기필정보를 제출하는 것이 아니며 한번 사용한 비밀번호는 재사용을 못함)함으로써 등기필증 첨부에 갈음한다.

상속재산분할 협의서 (조정조서 정본 또는 심판서 정본)	경정사유를 증명하는 서면으로 첨부하며 상속재산분할협의서(여러 장인 경우 공동 상속인 전원의 인감 또는 본인서명사실확인서에 기재한 서명을 한 경우에는 서명으로 간인해야 함)는 공동상속인 전원이 참가하여 작성하며 각자의 인감으로 날인 후 인감증명서를 첨부하거나 또는 본인서명사실확인서에 기재한 서명(전자본인서명확인서 발급증을 제출할 경우에도 서명)을 하고 본인서명사실확인서(전자본인서명확인서 발급증)을 첨부하여 제출하며, 조정에 의한 경우에는 그 조정조서 정본을, 심판에 의한 경우에는 그 심판서 정본을 첨부한다.
취득세(등록면허세)영수필확인서	시장, 구청장, 군수 등으로부터 취득세(등록면허세)납부서(OCR용지)를 발급받아 납세지를 관할하는 해당 금융기관에 세금을 납부한 후 취득세(등록면허세)영수필확인서와 영수증을 교부받아 영수증은 본인이 보관하고 취득세(등록면허세)영수필확인서만 신청서의 취득세(등록면허세)액표시란의 좌측상단 여백에 첨부하거나, 또는 지방세인터넷납부시스템에서 출력한 취득세(등록면허세)납부확인서를 첨부한다.
인감증명서나 본인서명사실확인서 또는 전자본인서명확인서 발급증	협의분할에 의한 상속등기를 신청하는 경우 분할협의서에 날인한 상속인 전원의 인감증명(발행일로부터 3월 이내)을 첨부하거나 또는 분할협의서에 본인서명사실확인서에 기재한 서명(전자본인서명확인서 발급증을 제출할 경우에도 서명)을 하고 인감증명서에 갈음하여 『본인서명사실 확인 등에 관한 법률』에 따라 발급된 본인서명사실확인서(전자본인서명확인서 발급증)를 첨부할 수 있다.
주민등록표 등(초)본	등기의무자 및 권리자의 주민등록표초본 또는 등본(각, 발행일로부터 3월 이내)을 첨부한다.
기타	① 신청인이 재외국민이나 외국인 또는 법인 아닌 사단 또는 재단인 경우에는 신청서의 기재사항과 첨부서면이 다르거나 추가될 수 있으므로, "대법원 종합법률정보(http://glaw.scourt.go.kr)"의 규칙/예규/선례에서 『재외국민 및 외국인의 부동산등기신청절차에 관한 예규, 등기예규 제1686호』및『법인 아닌 사단의 등기신청에 관한 업무처리지침, 등기예규 제1621호』등을 참고하시고, 기타 궁금한 사항은 변호사, 법무사 등 등기와 관련된 전문가에게 문의하시기 바랍니다. ② 등기상 이해관계인이 있는 경우에는 그의 승낙서(인감증명 또는 본인서명사실확인서 첨부) 또는 이에 대항할 수 있는 재판의 등본을 첨부하여야만 등기를 실행할 수 있다.

▌등기신청서류 편철순서

신청서, 취득세(등록면허세)영수필확인서, 등기신청수수료 영수필확인서, 위임장, 상속재산분할협의서, 인감증명서나 본인서명사실확인서 또는 전자본인서명확인서 발급증, 주민등록표초(등)본, 등기필증 등의 순으로 편철해 주시면 업무처리에 편리합니다.

(4) 유증으로 인한 소유권 이전등기

▌유증으로 인한 소유권이전등기란

유증은 유언자가 유언에 의하여 부동산을 수증자(증여 받을 자)에게 증여하는 것으로 유언자의 사망시 유증을 원인으로 하여 그 부동산의 소유권을 이전하는 것을 말한다.

▌등기신청방법

- 공동신청
  유언집행자 또는 유증자의 상속인과 수증인이 본인임을 확인할 수 있는 주민등록증 등을 가지고 직접 등기소에 출석하여 공동으로 신청함이 원칙이다.
- 단독신청
  판결에 의한 등기신청인 경우에는 승소한 등기권리자 또는 등기의무자가 단독으로 신청할 수 있다.
- 대리인에 의한 신청
  등기신청은 반드시 신청인 본인이 하여야 하는 것은 아니고 대리인이 하여도 된다.

▌등기신청서 양식

소유권이전등기신청(유증)

❖ 서식 및 신청서 작성요령 : 대법원 인터넷등기소 www.iros.go.kr〉자료센터〉등기신청양식 〉 부동산등기

▌등기신청서 기재요령

신청서는 한글과 아라비아 숫자로 기재하며, 부동산의 표시란이나 등기권리자란 등이 부족할 경우에는 별지를 사용하고, 별지를 포함하여 신청서가 여러 장일 때에는 각 장 사이에 간인을 하여야 한다.

▌등기신청서에 첨부할 서면

위임장	등기신청을 법무사 등 대리인에게 위임하는 경우에 첨부한다.
등기필증	등기의무자의 소유권에 관한 등기필증으로서 유증자가 소유권 취득시 등기소로부터 교부받은 등기필증을 첨부합니다. 단, 소유권 취득의 등기를 완료하고 등기필정보를 교부받은 경우에는 신청서에 그 등기필정보 상에 기재된 부동산고유번호, 성명, 일련번호, 비밀번호를 각 기재(등기필정보를 제출하는 것이 아니며 한번 사용한 비밀번호는 재사용을 못함)함으로써 등기필증 첨부에 갈음합니다. 다만, 등기필증(등기필정보)을 멸실하여 첨부(기재)할 수 없는 경우에는 부동산등기법 제51조에 의하여 유언집행자(상속인)의 확인서면이나 확인조서 또는 공증서면 중 하나를 첨부한다.
유언증서 등	유언집행자의 자격을 증명하는 서면으로, 유언집행자가 유언으로 지정된 경우에는 유언증서, 유언에 의해 유언집행자의 지정을 제3자에게 위탁한 경우에는 유언증서 및 제3자의 지정서(그 제3자의 인감증명서 또는 본인서명사실확인서 첨부), 가정법원에 의해 선임된 경우에는 유언증서 및 심판서를 각 첨부합니다. 유언자의 상속인이 유언집행자인 경우에는 상속인임을 증명하는 서면을 첨부하여야 한다.

유언검인조서등본(공정증서에 의한 유언일 경우 제외)	유언증서가 자필증서, 녹음, 비밀증서에 의한 경우에는 유언검인조서등본을, 구수증서에 의한 경우에는 검인신청에 대한 심판서 등본을, 유증에 정지조건 등이 붙은 경우에는 그 조건성취를 증명하는 서면을 각 첨부하여야 합니다. 다툼 있는 사실이 기재되어 있는 검인조서를 첨부한 경우 유언 내용에 따른 등기신청에 이의가 없다는 위 상속인들의 동의서(인감증명서 또는 본인서명사실확인서 첨부)를 첨부하여야 한다.
취득세(등록면허세)영수필확인서	시장, 구청장, 군수 등으로부터 취득세(등록면허세)납부서(OCR용지)를 발급받아 납세지를 관할하는 해당 금융기관에 세금을 납부한 후 취득세(등록면허세)영수필확인서와 영수증을 교부받아 영수증은 본인이 보관하고 취득세(등록면허세)영수필확인서만 신청서의 취득세(등록면허세)액표시란의 좌측상단 여백에 첨부하거나, 또는 지방세인터넷납부시스템에서 출력한 시가표준액이 표시되어 있는 취득세(등록면허세)납부확인서를 첨부한다.
토지(임야)·건축물대장등본	등기신청대상 부동산의 종류에 따라 토지(임야)대장등본, 건축물대장등본(각, 발행일로부터 3월 이내)을 첨부한다.
인감증명서나 본인서명사실확인서 또는 전자본인서명확인서 발급증	등기의무자(유언집행자)의 인감증명서(발행일로부터 3월 이내)를 첨부하거나, 인감증명을 갈음하여 『본인서명사실 확인 등에 관한 법률』에 따라 발급된 본인서명사실확인서를 첨부할 수 있다.
제적등본, 가족관계증명서 등	유언집행자를 지정하지 아니하여 상속인이 유언집행자가 되는 경우에 유언집행자의 자격을 소명하고 유언의 효력이 발생하였음을 증명하는 서면으로, 발행일로부터 3월 이내의 것을 첨부한다.
주민등록표등(초)본	등기의무자 및 등기권리자의 주민등록등본 또는 초본
법인등기사항전부(일부)증명서	신청인이 법인인 경우에는 법인등기사항전부증명서 또는 법인등기사항일부증명서(각, 발행일로 부터 3월 이내)를 첨부한다.

기타	신청인이 재외국민이나 외국인 또는 법인 아닌 사단 또는 재단인 경우에는 신청서의 기재사항과 첨부서면이 다르거나 추가될 수 있으므로, "대법원 종합법률정보(http://glaw.scourt.go.kr)"의 규칙/예규/선례에서『재외국민 및 외국인의 부동산등기신청절차에 관한 예규, 등기예규 제1686호』및『법인 아닌 사단의 등기신청에 관한 업무처리지침, 등기예규 제1621호』등을 참고하시고, 기타 궁금한 사항은 변호사, 법무사 등 등기와 관련된 전문가에게 문의하시기 바란다.

▌ 등기신청서류 편철순서

신청서, 취득세(등록면허세)영수필확인서, 등기신청수수료 영수필확인서, 위임장, 인감증명서나 본인서명사실확인서 또는 전자본인서명확인서 발급증, 제적등본, 가족관계증명서(상세), 기본증명서(상세), 친양자입양관계증명서(상세), 주민등록표초(등)본, 토지(임야)대장등본, 건축물대장등본, 유언증서, 유언검인조서등본, 등기필증 등의 순으로 편철해 주시면 업무처리에 편리합니다.

(5) 상속으로 인한 소유권이전등기시 국민주택채권 매입 등

▌ 국민주택채권 매입금액

부동산소재지	시가표준액	매입금액	비고
특별시, 광역시	1천만원이상 5천만원 미만	시가표준액의 18/1,000	
	5천만원 이상 1억5천만원미만	시가표준액의 28/1,000	
	1억5천만원 이상	시가표준액의 42/1,000	
그밖의 지역	1천만원이상 5천만원 미만	시가표준액의 14/1,000	
	5천만원 이상 1억5천만원미만	시가표준액의 25/1,000	
	1억5천만원 이상	시가표준액의 39/1,000	

- 국민주택채권의 최저매입금액은 1만원으로 한다. 다만, 1만원 미만의 단수가 있을 경우에 그 단수가 5천원 이상 1만원 미만인 때에는 이를 1만원으로 하고, 그 단수가 5천원 미만인 때에는 단수가 없는 것으로 한다.
- 근거법령 : 주택도시기금법 시행령」 별표(제8조 제2항 관련)

▎수입인지 매입(인지세법 §3)

과세문서 기재금액	인지세액	비고
기재금액이 1천만원 초과 3천만원 이하인 경우	2만원	
기재금액이 3천만원 초과 5천만원 이하인 경우	4만원	
기재금액이 5천만원 초과 1억원 이하인 경우	7만원	
기재금액이 1억원 초과 10억원 이하인 경우	15만원	
기재금액이 10억원을 초과하는 경우	35만원	

- 수입인지의 용도는 인지세법에서 규정한 과세문서의 인지세 납부에 쓰이고, 각 개별법령이나 각 정부기관의 내부규정에 의하여 수수료, 벌금납부시 현금대신에 수입인지로 납부하는데 쓰임.
- 수입인지는 우체국, 은행, 기타 정부 지정판매소에서 구입, 교환, 현금교환 할 수 있다.

9. 자동차 소유권 이전등록 신청

▎등록 신청 기한

자동차 소유자가 사망한 경우 "상속개시일이 속하는 달의 말일부터 6개월 이내"에 상속자 관할 시·도 차량등록 관리부서에 자동차상속 이전등록 신청을 하여야 한다.

등록 신청방법

방문, 우편신청 가능

등록 신청시 첨부서류

○ 상속인이 직접 등록 신청하는 경우

- 등록관청에 비치된 이전등록신청서에 다음 서류를 첨부하여 신청하여야 함.
  - 사망자 가족관계증명서 및 사망자 기본증명서
  - 자동차등록증
  - 상속인의 의무보험가입 증명서
  - 상속자 본인 참석시 신분증 제시
  - 상속 사실을 증명할 수 있는 가족관계기록사항에 관한 증명서
  - 상속인 명의로 가입한 보험가입증명서

❖ 자동차의 사용본거지확인정보, 자동차등록원부 및 상속 사실을 증명할 수 있는 가족관계기록사항에 관한 증명서는 신청인이 동의할 경우 담당공무원이 전산망을 통하여 직접 확인할 수 있음.

❖ 제적등본이나 가족관계등록부 상에는 상속인과 사망자의 관계 및 사망날짜가 기록되어 있어야 함.

○ 상속인의 대리인이 등록 신청하는 경우

- 대리인의 신분증
- 인감날인이 된 위임장(인감증명서를 첨부하여야 함)

○ 상속인이 2인 이상인 경우

- 상속인이 2인 이상인 경우로서 1인이 상속을 받을 경우에는 상속을 포기한 다른 상속인의 상속포기각서를 제출하여야 함.

❖ 포기각서에는 도장을 날인하여 신분증 앞뒤 복사한 사본 첨부하여야 하며, 반드시 인감도장이 아니어도 됨.

❖ 해당 지자체별로 도시철도채권 또는 지역개발채권을 매입하여야 함.

▎신청절차

상속인의 주민등록지 관할 자동차 등록관청(시·군·구)을 방문하여 등록신청

▎처리기간 및 수수료

- 즉시(근무시간 내 3시간) 처리
- 수수료 : 1,000원, 다만, 사용본거지와 다른 시·도에 신청하는 경우에는 1,500원이다.

▎등록 신청기한 이내에 미등록한 경우 과태료 부과

- 자동차의 소유자가 사망하였을 때 상속인은 상속개시일이 속하는 달의 말일부터 6월이내에 이전등록을 신청하여야 하며, 이 기간 내에 이전등록을 하지 않을 경우 최고 50만원까지 과태료를 부과함.

▎근거법령

- 자동차관리법 제12조
- 자동차등록령 제26조 제1항
- 자동차등록규칙 제33조 제1항
- 도시철도법 제13조

▎상세문의 : 각 시·군·구의 자동차생활과

10. 국민연금 청구

피상속인이 국민연금 가입자인 경우 국민연금공단(www.nps.or.kr)에 국민연금을 청구하여야 한다.

(1) 유족연금 청구

▌유족연금의 수급요건(사망일이 2016.11.30. 이후인 경우)

다음의 자가 사망한 때
- 노령연금수급권자
- 장애등급 2급 이상의 장애연금 수급권자
- 가입기간 10년 이상인 가입자(였던 자)
- 연금보험료를 낸 기간이 가입대상 기간의 1/3이상인 가입자(였던 자)
- 사망일 5년 전부터 사망일까지의 기간 중 3년 이상 연금보험료를 낸 가입자(였던 자). 단, 전체 가입대상기간 중 체납기간이 3년 이상인 경우는 유족연금을 지급하지 않음.

▌유족연금 수급권자

국민연금법상 유족이란 사망자에 의하여 생계를 유지하고 있던 가족으로 아래의 요건을 충족하는 배우자(사실혼배우자 포함), 자녀, 부모, 손자녀, 조부모 순위 중 최우선 순위자에게 유족연금을 지급
- 배우자(사실혼배우자 포함)
- 자녀25세 미만 또는 장애등급 2급 이상
- 부모(배우자의 부모 포함)60세 이상 또는 장애등급 2급 이상
- 손자녀19세 미만 또는 장애등급 2급 이상
- 조부모(배우자의 조부모 포함)60세 이상 또는 장애등급 2급 이상
  - ❖ 부모 및 조부모의 유족연금 수급연령 상향조정 : 1953~1956년생 61세, 1957~1960년생 62세, 1961~1964년생 63세, 1965~1968년생 64세, 1969년생 이후 65세 (단, 지급사유발생일이 2013.1.1. 이후인 경우에 한함)
  - ❖ 연금을 받을 수 있는 대상자가 동순위로 2인 이상인 경우에는 같은 금액을 나누어 지급하지만, 그 중 대표자를 선정하여 청구하는 경우에는 그 대표자에게 지급합니다.

▮ 유족연금 지급액

- 가입기간 10년 미만 : 기본연금액 40% + 부양가족연금액
- 가입기간 10년 이상 20년 미만 : 기본연금액 50% + 부양가족연금액
- 가입기간 20년 이상 : 기본연금액 60% + 부양가족연금액
  - ❖ 다만, 노령연금수급권자가 사망한 경우 유족연금액은 사망한 자가 지급받던 노령연금액을 초과할 수 없으며, 노령연금의 지급연기로 인한 가산금액은 유족연금액에 반영되지 않음.
  - ❖ 2016.11.30. 이후 사망자 중 연금보험료를 낸 기간이 가입대상 기간이 1/3이상인 가입자(였던 자) 및 사망일 5년 전부터 사망일까지의 기간 중 3년 이상 연금보험료를 낸 가입자(였던 자)는 사망일이 타공적연금 가입기간이나 내국인의 국외이주 또는 국적상실 기간 및 외국인의 국외거주기간 중에 있는 경우는 유족연금을 지급하지 않음.

▮ 청구기한

유족연금은 수급권(받을 수 있는 권리)이 발생한 때로부터 5년 안에 청구하지 않으면 소멸시효가 완성되어 받을 수 없게 된다.
다만, 유족연금을 비롯하여 매월 지급되는 연금의 경우는 신청일로부터 역산하여 최근 5년 이내의 급여분은 언제든지 지급받을 수 있고, 그 이후에는 매월 해당월의 연금액을 지급받을 수 있다.

▮ 청구시 제출 서류

- 유족연금지급청구서
- 신분증 (주민등록증, 운전면허증, 여권, 선원수첩, 장애인복지카드(장애인등록증))(제시로 갈음할 수 있음)
- 사망자의 폐쇄등록부에 관한 가족관계증명서
- 사망진단서 또는 사체검안서 없는 경우 사망에 관한 인우확인서 또는 사망증명서 (등록사무관서 제출용)
- 장애발생·사망 경위 신고서

- 수급권자 예금계좌
- 수급권자 도장(서명가능)

(2) 반환일시금 청구

▎반환일시금 수급요건

반환일시금은 다음과 같은 경우에 지급됩니다.
- 가입기간 10년 미만인 자가 60세가 된 경우(단, 특례노령연금수급권자는 해당되지 않음)
- 가입자 또는 가입자였던 자가 사망하였으나 유족연금에 해당되지 않는 경우
- 국적을 상실하거나 국외로 이주한 경우

▎반환일시금의 지급액

반환일시금은 가입기간 중 본인이 납부한 연금보험료에 대통령령으로 정하는 이자를 더하여 받게된다.

반환일시금 산정시 적용하는 이자율은 연금보험료를 낸 날이 속하는 달의 다음 달부터 지급사유발생일이속하는 달까지의 기간에 대하여 해당 기간의 3년 만기 정기예금 이자율*을 적용한다.

❖ 이자율은 매년 그 해 1월 1일 현재 은행법에 의하여 설립된 은행 중 전국을 영업구역으로 하는 은행이 적용하는 이자율을 평균하여 적용한다.

▎반환일시금 수급권자

반환일시금은 가입자 또는 가입자였던 자가 사망할 당시 그에 의하여 생계를 유지하고 있던 다음의 최우선순위에 있는 유족자에게 지급한다.

① 배우자
② 자녀. 다만, 18세 미만이거나 장애등급 2급 이상인 자만 해당한다.

③ 부모(배우자의 부모를 포함).
다만, 60세 이상이거나 장애등급 2급 이상인 자만 해당한다.
④ 손자녀. 다만, 18세 미만이거나 장애등급 2급 이상인 자만 해당한다.
⑤ 조부모(배우자의 조부모를 포함. 다만, 60세 이상이거나 장애등급 2급 이상인 자만 해당한다.

▌청구시 제출 서류

① 반드시 필요한 서류
- 반환일시금 지급청구서
- 신분증 (주민등록증, 운전면허증, 여권, 선원수첩, 장애인복지카드(장애인등록증))(제시로 갈음할 수 있음)
- 수급권자 예금계좌
- 수급권자 도장 (서명가능)

② 지급사유별 필수 서류
- 사망에 의한 청구 사망진단서 등 사망을 증명할 수 있는 서류
  사망자의 가족관계증명서에 대한 상세증명서(주민등록번호 포함)
  생계유지 확인 필요시 관련서류
- 국외이주 해외이주신고 확인서 또는 거주여권 사본
  출국전 청구시 : 1개월 이내 출국예정임을 입증할 수 있는 서류 (비행기 티켓 등)
- 국적상실 수급권자의 기본증명서에 대한 상세증명서(주민등록번호 포함) 또는 국적상실 사실증명서

(3) 사망일시금

▮ 사망일시금

국민연금 가입자 또는 가입자였던 자가 사망하였으나 국민연금법에 의한 유족이 없어 유족연금 또는 반환일시금을 지급 받을 수 없는 경우 생계유지를 함께하던 사람에게 지급하는 장제보조금적 성격의 급여이다.

▮ 사망일시금 수급요건

가입자 또는 가입자였던 자가 사망하였으나 유족연금 또는 반환일시금을 반환받을 수 있는 유족의 범위에 해당하는 사람이 없는 경우

▮ 사망일시금 수급자

배우자, 자녀, 부모, 손자녀, 조부모, 형제자매, 사망자에 의해 생계를 유지하고 있던 4촌 이내의 방계혈족(傍系血族) 중 최우선순위에 있는 자에게 지급한다.

▮ 사망일시금 지급액

사망일시금은 가입자 또는 가입자였던 자의 반환일시금에 상당하는 금액으로 하되, 최종 기준소득월액(가입중 결정된 각각의 기준소득월액중 마지막 기준소득월액) 또는 가입기간 중 기준소득월액의 평균액 중에서 많은 금액의 4배를 초과하지 못한다.

▮ 청구시 제출 서류

- 청구인신분증(본인직접 내방 청구시 주민등록증, 운전면허증, 공무원증, 여권, 선원수첩등 중 1)
- 가족관계등록부 등(사망당시 생계유지 입증) 1부

- 사망진단서 또는 사체검안서(사망일자 확인이 필요한 경우)
  ❖ 청구서에 기재된 금융기관 입금 계좌번호(통장) 제시

(4) 공통적인 사항

❙ 청구자격

- 원칙적으로 연금을 받을 권리를 가진 자(수급권자) 본인이 하여야 한다.
- 수급권자가 미성년자, 금치산자, 한정치산자인 경우 법정대리인이 신청가능하다. 단, 미성년자가 14세 이상인 경우 그의 법정대리인의 동의서를 첨부하여 본인이 직접 신청가능하다.
- 수급권자가 국외이주자나 국적상실자로 해외에 체류하고 있어 본인이 지사를 방문하지 못할 경우에는 국내에 있는 대리인을 선임하여 청구하거나 해외에서 본인이 직접 우편으로 신청할 수 있다.

❙ 청구방법

청구서 제출방법에 따라 내방청구와 우편청구가 가능하다.

❙ 청구기한

유족연금, 반환일시금, 사망일시금은 수급권이 발생한 날로부터 5년안에 청구하지 않으면 소멸시효가 완성되어 청구권이 소멸된다.

❙ 접수 및 처리기관

전국 국민연금공단 지사 어디든지 방문하여 청구

❙ 기타 상세문의

국민연금공단 ☎ 1355 www.nps.or.kr

11. 예금·보험 지급청구

(1) 은행 상속예금 지급청구

┃금융조회 결과

금융감독원의 금융재산 조회결과 금융재산이 있는 경우 해당 금융회사를 방문하여 금융잔액조회 및 지급청구를 하여야 한다.

┃상속예금 청구

- 상속인 전원이 은행을 방문하는 경우
    - 예금주의 사망사실 확인서류(기본증명서, 사망진단서)
    - 상속관계를 확인할 수 있는 가족관계확인서
    - 상속인들 각자의 신분증
    - 제적등본
- 상속인 대표자 1인이 청구하는 경우
    - 예금주의 사망사실 확인서류(기본증명서, 사망진단서)
    - 상속관계를 확인할 수 있는 가족관계확인서
    - 방문하는 대표자 신분증 및 인감도장
    - 제적등본
    - 방문하지 않는 상속인의 인감증명서와 인감도장으로 날인한 위임장
- 상속인중 미성년자가 있는 경우
    - 상기 서류
    - 미성년자의 부모가 법정대리인으로 청구가능
- 협의분할에 의하여 특정상속인이 상속받을 경우
    - 예금주의 사망사실 확인서류(기본증명서, 사망진단서)
    - 상속관계를 확인할 수 있는 가족관계확인서
    - 방문하는 상속인 신분증 및 인감도장

- 제적등본
- 상속협의분할서

(2) 우체국 상속예금 지급청구

▍상속예금 정보제공방법 및 절차

- 사망사실과 상속관계를 확인할 수 있는 가족관계확인서와 신분증을 지참(정당한 권리자 여부 확인)하면 된다.
- 상속인 중 1인의 요구에 의하여 정보제공 가능하다.
- 제3자앞 정보제공은 상속인 전원의 동의(인감증명서가 첨부된 위임장)가 필요하다.

▍상속예금의 청구

- 상속인 전원이 우체국을 방문하는 경우
    - 예금주의 사망사실 확인서류
    - 상속관계를 확인할 수 있는 가족관계확인서
    - 상속인들 각자의 신분증
    - 상속협의분할서
- 상속인 대표자 1인이 청구하는 경우
    - 상속예금지급청구서
    - 예금주의 사망사실 확인서류
    - 상속관계를 확인할 수 있는 가족관계증명서
    - 공동상속인이 직접 발급받은 인감증명서와 인감도장
    - 방문하는 대표자 신분증 및 인감도장 지참
- 상속인 전원이 공동으로 청구하는 경우
    - 예금주(피상속인)의 사망사실 및 상속관계를 확인할 수 있는 제적등본, 가족관계등록부

- 공동상속인 전원의 인감증명서
    - 공동상속인 전원이 연서한 상속예금 명의변경신청서 또는 선정된 상속인 대표자의 명의변경신청서(명의변경이 없는 경우는 불필요)
    - 공동상속인 전원이 연서한 상속예금 지급청구서 또는 대표자의 상속예금지급청구서, 상속인 대표자의 각서
    - 상속포기자가 있는 경우 각각의 상속포기서, 상속예금수령자 지정확인서
- 상속예금 합계 100만원 이하 소액
    - 대표자 단독청구시 지급가능(각서징구)
- 상속재산의 분할에 의하여 특정 상속인이 청구하는 경우
    - 분할의 협의가 공동상속인 전원으로서 행하여진 것인가를 확인할 수 있는 서면을 공동상속인 전원의 연서로 작성
    - 상기 상속인 전원이 공동으로 청구하는 경우의 서류
- 공증받은 유언장에 의한 (분할) 지급청구
    - 공증받은 유언장, 상속인의 신분증, 상속인의 인감증명서
- 법원으로부터 상속재산의 분할 판결문에 의하여 분할지급 청구
    - 판결문 정본, 판결확인증명원, 인감증명서(각각) 등 제출

특수한 경우의 상속예금 청구

- 상속인 중 해외거주자가 있는 경우
    - 재외공관의 인증을 받은 위임장(국적유지자) 또는 아포스티유 확인서류에 의해 작성 된 위임장(국적상실자)
- 예금주의 실종 또는 행방불명시 상속예금의 처리
    - 예금주가 실종선고된 경우 : 실종선고를 사망한 것으로 간주하고 예금주의 사망에 기한 상속절차 개시

- 예금주가 행방불명된 경우 : 가정법원에서 선임된 재산관리인이 지급청구 및 수령권한을 가짐
- 상속인 중 교도소 수감자에 대한 처리
  - 교도소장의 인증으로 확인된 위임장을 받아 처리
- 상속인 중 미성년자가 있는 경우
  - 친권자가 소정의 절차를 취함
  - 공동상속인중 미성년자가 있어 친권자와 이해가 상반되는 경우에는 법원의 특별대리인 선임결정서 등본을 첨부
- 상속인 중 상속포기자가 있는 경우
  - 법원에 신고한 상속포기서로 상속포기를 확인, 포기자를 제외하고 상속개시

(3) 우체국 보험 지급청구

▌계약자가 사망한 경우 : 계약자 상속

- 신청서 및 구비서류
  - 보험계약사항변경신청서(우체국에 비치)
  - 사망진단서와 사망자의 기본증명서
  - 제적등본, 가족관계증명서
  - 법정상속인의 신분증(상속인 모두 방문시)
  - 대표상속인 1인 방문시 위임장(상속인들의 인감증명서 첨부하고 인감도장으로 위임한 경우에 한함)
  - 대표상속인 신분증
  - 재해로 사망시 재해사망 입증서류
  - 예금통장
    ❖ 상속관계 확인을 위하여 추가서류 제출이 필요한 경우가 있음
- 신청절차

- 법정 상속인 전원의 동의를 받아 계약자 변경 신청
- 단, 피보험자가 따로 있을 경우는 최종적으로 피보험자의 동의를 받아야 함.
- 피보험자의 동의 불가능으로 계약자 변경 없이 보험계약을 해약하는 경우 계약자의 법정상속인이 그 권리를 행사함.

사망보험금

- 보험금 청구서
- 실명확인증표(주민등록증, 운전면허증, 여권, 외국인등록증 등)
- 수익자 예금계좌번호(계좌수령의 경우)
- 위임장(대리인이 보험금을 청구하는 경우)
- 재해사고 증명서류(재해사고시)
- 사망사실확인서류(사망진단서, 사체검안서 또는 인우보증서)
  ❖ 인우보증서의 경우 인우보증인 2명 이상 인감증명서 첨부
- 사망자를 본인으로 한 기본증명서, 가족관계증명서, 상속관계확인가능한 제적등본
  ❖ 단 사망시 수익자가 지정된 경우는 사망자를 본인으로 한 기본증명서만 제출
- 대표수익자지정 위임장(수익자가 다수인 경우)과 수익자 전원의 인감증명서(위임장 날인과 동일해야함)
  ❖ 모든 서류는 원본이며 발행기관의 날인이 되어야 하며 부득이 사본인 경우 발행기관의 원본대조필 날인이 있어야 함.

보험금청구기한

보험사고발생일로부터 2년 내에 청구하여야 한다.

▌기타 상세문의

- 우체국금융콜센타 (☎ 1588-1900)
- 우정사업본부 홈페이지(www.koreapost.kr)
- 우체국예금보험 홈페이지(www.everrich.kr)

(4) 생명보험사의 사망보험금 청구[3]

▌사망보험금 청구

기본서류

- 보험금 청구서(회사양식)
  - ❖ 보험금 청구서는 피보험자(보험대상자) 또는 보험금 수익자가 작성
- 사망진단서 또는 사체검안서
  - ❖ 병원에서 원본대조필 날인한 사본으로 사망진단서 또는 사체검안서 대체가능
  - ❖ 종피보험자(확장 보험대상자(배우자, 자녀))사망시는 주피보험자(주된 보험대상자)와의 관계확인서류 추가
- 가족관계증명서, 주민등록등본 中 택1
- 상속인 확인서류
  ① 사망시수익자 미지정시
    - 사망사실 기재된 기본증명서
    - 상속관계확인이 가능한 제적등본
    - 가족관계증명서
    - 상속인전원의 기본증명서
  ② 사망시수익자 지정시
    - 사망사실 기재된 기본증명서
    - 지정수익자의 기본증명서
      ❖ 상속관계 확인을 위해 추가서류가 필요할 수 있음.

---

[3] 삼성생명(삼성생명>개인사이버창구>사고보험금 청구안내>개인보험청구안내>) 기준으로 작성함

- 수익자 통장사본

    ❖ 수익자(사망시,상해시)는 보험증권 또는 사이버창구에서 확인하실 수 있음.

추가서류

- 사망의 원인이 재해인 경우는 다음 中 한가지
    ① 사고사실확인원(경찰서,소방서 등)
    ② 손해보험처리내역서 - 교통사고 등
    ③ 산재처리내역서(근로복지공단) - 산업재해 발생시
    ④ 공무상병인증서(군부대) - 군복무中 사고발생시
    ⑤ 법원판결문(의료사고, 분쟁사고 등)
    ⑥ 기타 사고확인 관련서류(①~⑤에 해당되지 않는 경우)
- 암사망인 경우는 ①, ② 모두 첨부
    ① 진단서
    ② 조직검사결과지

Ⅳ 재산상속에 따른 세금 납부

상속이 개시되어 상속인이 확정되고 상속승인·포기여부의 결정과 상속재산의 협의분할 등에 의하여 상속재산분할이 결정된 경우에는 상속재산에 대하여 상속세와 취득세 등을 신고 및 납부하여야 한다.

1. 취득세 신고 납부

▌취득세 신고 및 납부기한

상속개시일(실종으로 인한 경우는 실종선고일이 속하는 달의 말일부터 6개월)이 속하는 달의 말일부터 6월 이내(납세자가 외국에 주소를 둔 경우에는 9월)에 그 과세표준액에 세율을 적용하여 산출한 세액을 신고하고 납부하여야 한다.

다만, 상속인이 아닌 자에게 유증은 3개월 이내 신고해야 한다(세정 13407-878, 2000.07.08.).

▌취득세 신고관할

과세물건 소재지를 관할하는 시·군·구

▌취득세 과세대상 물건

부동산·차량·기계장비·입목·항공기·선박·광업권·어업권·골프회원권·승마회원권·콘도미니엄회원권 또는 종합체육시설이용회원권 등

❖ 취득세 비과세 : 상속물건이 주택으로서 1가구 1주택에 해당하는 경우와 지방세법에 의하여 감면대상이 되는 농지를 상속받는 경우에는 표준세율에서 2%를 뺀 세율로 산출한다.

▌신고시 구비서류

- 상속인 본인이 신고하는 경우에는 제적등본 또는 가족관계등록부, 상속인의 신분증, 상속재산이 분할되는 경우 분할협의서 등을 첨부해야 하며,
- 대리인이 신고하는 경우에는 위임장 및 인감증명서를 첨부하여야 함.

▌표준세율

- 주택 : 0.8% ~ 2.8%(1세대 1주택 : 0.8%)
- 농지 : 취득가액의 2.3%,
- 주택 및 농지외 부동산 : 2.8%
- 선박 : 취득가액의 2.5%
  ❖ 농특세 및 교육세 별도

▌법정신고납부기한내 무신고 및 무납부시 가산세 부과

- 신고불성실가산세 = 취득세액 × 20%
  ❖ 다만, 미신고 하였더라도 일정기한 이내 신고를 하면 20% ~ 50% 감면
- 납부불성실가산세 = 취득세액 × 미납일수 × (2.2/10,000)
  ❖ 미납일수 : 납부기한의 다음날부터 자진납부일 또는 고지일까지의 기간

2. 상속세 신고 납부

(1) 상속세 과세대상

▌상속세 과세대상

- 피상속인의 사망으로 인하여 상속·유증·사인증여 받은 재산, 피상속인이 상속개시전 10년 이내에 상속인에게 진 증여채무와 상속개시일전 5년 이내에 상속인이 아닌 자에게 진 증여채무의 이행 중에 사망한 경우 당해 증여재산, 특별연고자에 대한 분여재

산, 유언대용신탁 및 수익자연속신탁에 의한 수익원은 모두 상속세 과세대상에 해당한다.
- 상속재산에는 피상속인에게 귀속되는 재산으로서 금전으로 환산할 수 있는 경제적 가치가 있는 모든 물건과 재산적 가치가 있는 법률상 또는 사실상의 모든 권리를 포함하고, 피상속인의 일신에 전속하는 것으로서 피상속인의 사망으로 인하여 소멸되는 것은 이를 제외한다.

피상속인의 거주자·비거주자 구분에 따른 상속세 과세대상

- 피상속인이 거주자인 경우 : 국내·외에 소재하는 모든 상속재산
- 피상속인이 비거주자인 경우 : 국내 소재 상속재산
    - ❖ 거주자란 국내에 주소를 두거나 183일 이상 거소를 둔 자로서 가족 및 자산의 유무 등과 관련하여 생활근거가 국내에 있는 자를 말한다.

(2) 상속세 신고 및 납부기한

피상속인이 거주자인 경우

상속개시일이 속하는 달의 말일부터 6월 이내에 상속세의 과세가액 및 과세표준을 납세지관할세무서장에게 신고하고 상속세를 납부하여야 한다.

피상속인이 비거주자 이거나 상속인중 비거주자가 있는 경우

피상속인이나 상속인중 일부가 외국에 주소를 둔 경우에는 상속개시일이 속하는 달의 말일부터 9월 내에 상속세의 과세가액 및 과세표준을 납세지관할세무서장에게 신고하고 상속세를 납부하여야 한다.

신고기한 이내에 상속인이 확정되지 아니한 경우

- 상속세 법정 신고기한까지 상속인이 확정되지 아니한 경우에도

상속개시일이 속하는 달의 말일부터 6월 이내에 상속세의 과세가액 및 과세표준을 납세지관할세무서장에게 신고하고 상속세를 납부하여야 한다.
- 다만, 이와 별도로 상속인이 확정된 날부터 30일 이내에 확정된 상속인의 상속관계를 적어 납세지 관할세무서장에게 제출하여야 한다.

(3) 상속세 신고의무자

상속인 또는 수유자가 상속개시로 인하여 상속재산을 취득하게 되면 법정신고기한 내에 상속세신고서 및 관련 서류를 납세지관할세무서장에게 신고하여야 한다.

❖ 상속인 : 민법상 상속순위에 의한 법정상속인인 뿐만 아니라 대습상속인, 상속결격 상속인, 상속을 포기한 상속인, 특별연고자도 포함한다.
❖ 수유자 : 유증 또는 사인증여를 받거나 유언대용신탁 및 수익자연속신탁에 의하여 신탁의 수익권을 취득한 자를 말한다.

(4) 상속세 신고 관할 세무서

▌피상속인이 거주자인 경우

상속세는 피상속인의 주소지인 상속개시지(주소지가 없거나 분명하지 아니한 경우에는 거소지)를 관할하는 세무서가 된다.

▌피상속인이 비거주자인 경우

- 피상속인이 비거주자인 경우 상속재산 소재지를 관할하는 세무서가 되며,
- 상속재산이 둘 이상의 세무서장 등의 관할구역에 있을 경우에는 주된 재산의 주소지를 관할하는 세무서가 된다.

❙ 실종선고를 받은 경우

- 실종으로 인한 사망의 경우 상속세 과세관할은 피상속인의 상속개시지를 관할하는 세무서장으로 한다.
- 다만, 피상속인의 상속개시지가 불분명한 경우에는 주된 상속인(상속지분이 큰 자를 말함)의 주소지를 관할하는 세무서장으로 한다.

(5) 상속세 신고시 구비서류

❙ 상속세 신고시 필요한 법정서식

① 상속세 과세표준 신고 및 자진납부계산서(별지 제9호 서식)
② 상속세 과세가액 계산명세서(별지 제9호서식 부표1)
③ 상속인별 상속재산 및 평가명세서(별지 제9호서식 부표2)
④ 채무,공과금,장례비용 및 상속공제 명세서(별지 제9호서식 부표3)
⑤ 상속개시전 1(2)년 이내 처분재산・채무부담 내역 및 사용처소명 명세서
⑥ 가업상속신고서, 영농상속신고서, 상속재산미분할신고서, 장애인증명서, 금융재산상속공제신고서, 재해손실공제신고서, 동거주택상속공제신고서, 외국납부세액공제신청서, 기타 상속세및증여세법에 의하여 제출하는 서류
⑦ 비상장주식 평가관련
⑧ 연부연납허가신청서 및 납세담보제공서

❖ 신고에 사용되는 서식은 인터넷 국세청 홈택스(www.hometax.go.kr) 〉국세법령정보시스템〉별표・서식)에서 다운받아 사용할 수 있다.

❙ 상속재산가액 계산에 필요한 서류

① 상속재산협의분할서 및 유언장
② 부동산 및 부동산을 취득할 수 있는 권리

- 등기부등본, 토지대장, 건축물관리대장(공동주택의 경우 표제부 및 전유부)
- 개별주택가격확인원 또는 공동주택가격확인원, 토지의 개별공시지가확인원
- 사망일로부터 1년이내 2억원, 2년이내 5억원 이상인 양도부동산 양도가액 사용처
- 사망일로부터 1년이내 2억원, 2년이내 5억원 이상인 채무부담액의 사용처
- 부동산 임대시 : 임대차 계약서 사본 전세권 설정 여부 확인
- 부동산 근저당 설정의 경우 : 사망일 현재 채권잔액 증명
- 시가로 인정되는 감정평가서, 매매가 이루어진 경우 매매계약서 등
- 피상속인 명의로 부동산 취득 및 양도 매매계약이 체결된 경우 계약서
- 분양 중에 있는 아파트 분양계약서 및 조합원 입주권 등 부동산 취득권리 관련서류

③ 예금 및 보험
- 피상속인 사망일로부터 2년 이내 통장 입출금 거래내역
- 보험금 관련 계약서 및 수령 관련증빙
- 금융자산 1년이내 2억원이상, 2년이내 5억원이상의 인출금액이 있는 경우 : 사용처

④ 주식
- 유가증권상장 및 코스닥시장상장법인상장주식 : 피상속인 사망일 전후 각 2개월 종가평균액 계산서
- 비상장 주식 : 평가에 필요한 서류(최근 3년간 세무조정계산서 및 사망일 현재 가결산 재무상태표 등)

- 2년이내 고액의 배당금 수령여부 및
  전환사채 신주인수권부사채 보유여부

⑤ 기타
- 골프 및 콘도 등 회원권, 2년 이내 양도 및 양수 계약서 사본
- 피상속인이 사업자의 경우 잔존재화 및 채권 채무 내역 및 자산 부채 변동
- 가등기 채권 및 법인 가수금 채권 내역 및 퇴직금 및 퇴직위로금 등
- 기타 자산 : 자동차 건설기계 선박 항공기 등 등록된 자산 및 서화골등품 등
- 10년 이내 증여재산 명세(상속개시일 10년이내 부동산 취득 양도 내역 검토서류)

상속세 과세가액 공제액에 필요한 서류

- **채무관련** : 은행대출금 통장 및 사망일 현재 부채증명, 사채 차용계약서 입원비(간병인 간병 지급금 포함) 영수증
- 공과금 관련 납부영수증 및 미납 공과금 명세
- 임대차 계약서 사본 및 부가가치세·종합소득세 신고서
- 장례비 및 묘지 구입비, 봉안시설 또는 자연장 관련 영수증
- 종교단체 등 공익법인과 국가기관 등에 기부한 영수증
- 사업자의 경우 사용인에 지급할 퇴직금 및 기타 외상매출금 등 관련서류

가족관계등록부 등 공부서류

- 피상속인 기본증명서 및 가족관계증명서, 사망진단서
- 피상속인 및 상속인 주민등록 등초본

(6) 상속세 신고서를 제출한 경우와 미제출한 경우의 차이

▌상속세 신고기한 이내에 신고한 경우

납부하여야 할 상속세액의 3%의 신고세액공제로 적용받을 수 있다.

▌상속세 신고기한 이내 무신고(과소신고)한 경우

- 그 무신고(과소신고) 부분에 대한 신고세액공제 적용배제
- 신고불성실 가산세 부과 : 무신고(과소신고) 부분에 대하여 10% ~ 40% 부과
- 납부지연가산세 : 1일 2.2/10,000(연8%) 부과

(7) 상속세 납부방법

▌원칙

상속세 신고기한 이내에 자진신고한 세액에 대하여 금전으로 일시에 납부하는 것을 원칙으로 한다.

▌분할납부

납부할 세금이 많으면 나누어 낼 수 있다.
- 납부할 세액이 1천만원을 초과하는 경우에는 납부할 세액의 일부를 납부기한 경과후 2개월 이내에 낼 수 있다.
- 분할납부 할 수 있는 세액
  - 납부할 세액이 2천만원 이하인 때 : 1천만원을 초과하는 금액
  - 납부할 세액이 2천만원을 초과하는 경우 : 납부할 세액의 1/2 이하의 금액

▌연부연납

납부할 세액이 2천만원을 초과하는 경우에는 세무서에 담보를 제

공하고 각 회분 분납세액이 1천만원을 초과하도록 연부연납기간을 정하여 매년 세액을 균등하게 나누어 낼 수 있다.
- 연부연납기간
  - 원칙 : 연부연납허가일로부터 10년간
  - 가업상속재산이 차지하는 비율이 50%미만 : 허가일부터 10년 또는 연부연납 허가 후 3년이 되는 날로부터 7년간
  - 가업상속재산이 차지하는 비율이 50%이상 : 허가일부터 20년 또는 연부연납 허가 후 5년이 되는 날로부터 15년간
- 연부연납허가요건

  연부연납을 하려면 상속세 신고기한 이내에 관할세무서장에게 신청하여 허가를 받아야 한다. 단, 다음을 납세담보로 제공하여 연부연납 허가를 신청하는 경우에는 그 신청일에 허가받은 것으로 본다. ① 금전, ② 자본시장과 금융투자업에 관한 법률 제4조 제3항에 따른 국채증권 등 대통령령으로 정하는 유가증권 ③ 납세보증보험증권 ④ 은행법에 따른 은행 등 대통령령으로 정하는 자의 납세보증서
- 연부연납가산금

  연부연납허가를 받은 세액에 대하여 일정한 이자(연부연납가산금, 현재 연 3.5%)를 부담하여야 한다.

물납

□ 부동산과 유가증권에 대한 물납

납세지 관할 세무서장은 다음의 요건을 모두 갖춘 경우에는 납세의무자의 신청을 받아 물납을 허가할 수 있다. 다만, 물납을 신청한 재산의 관리·처분이 적당하지 아니하다고 인정되는 경우에는 물납허가를 하지 아니할 수 있다(상증법 §73).

① 상속재산(상속재산에 가산하는 증여재산 중 상속인 및 수유자가 받은 증여재산을 포함) 중 부동산과 유가증권의 가액이 해당 상속재산가액의 2분의 1을 초과할 것
② 상속세 납부세액이 2천만원을 초과할 것
③ 상속세 납부세액이 상속재산가액 중 대통령령으로 정하는 금융재산의 가액(상속재산에 가산하는 증여재산의 가액은 포함하지 아니한다)을 초과할 것

- 물납을 하고자 하는 경우에는 상속세 신고기한 이내에 관할 세무서장에게 신청하여 허가를 받아야 한다
- 물납을 할 수 있는 재산
  - 국내에 소재하는 부동산
  - 국채, 공채, 주권 및 내국법인이 발행한 채권 또는 증권·수익증권
  - 다만, 상장주식은 제외함(최초로 거래소에 상장되어 물납허가통지서 발송일 전일 현재 자본시장과 금융투자업에 관한 법률에 따라 처분이 제한된 경우에는 물납가능 함)
  - 비상장주식도 원칙적으로 제외하나 다른 상속재산이 없거나 상기의 상속재산으로 상속세 물납에 충당하더라도 부족하면 물납가능 함.

□ 문화재 등에 대한 물납

2023.01.01. 이후 상속이 개시되는 경우부터 다음의 요건을 모두 갖춘 납세의무자는 상속재산에 대통령령으로 정하는 문화재 및 미술품이 포함된 경우 납세지 관할 세무서장에게 해당 문화재 등에 대한 물납을 신청할 수 있다(상증법 §73의2).

① 상속세 납부세액이 2천만원을 초과할 것
② 상속세 납부세액이 상속재산가액 중 대통령령으로 정하는 금

융재산의 가액(상속재산에 가산하는 증여재산의 가액은 포함하지 아니한다)을 초과할 것

3. 종합소득세 신고 납부

피상속인이 종합소득(이자·배당·사업·근로·연금·기타소득)이 있는 자에 해당하는 경우 상속인은 상속개시일이 속하는 달의 말일부터 6개월이 되는 날(이 기간 중 상속인이 출국하는 경우에는 출국일 전날)까지 종합소득세를 신고·납부하여야 한다.

▍종합소득세 신고대상자

- 피상속인이 거주자인 경우:국내·외에서 발생한 소득 중 종합소득금액이 있는 경우
- 피상속인이 비거주자인 경우 : 국내에서 발생한 원천소득 중 국내사업장에 귀속되는 종합소득금액이 있는 경우

▍종합소득이 있더라도 다음의 경우 소득세 신고 제외

- 근로소득만이 있는 사람으로서 연말정산을 한 경우
- 직전연도 수입금액이 7,500만원 미만인 보험모집인 또는 방문판매원 등 소속회사에서 연말정산을 한 경우
- 비과세 또는 분리과세되는 소득만이 있는 경우
- 연 300만원 이하인 기타소득이 있는 자로서 분리과세를 원하는 경우 등

▍신고대상 소득금액

종합소득금액(이자·배당·사업·근로·연금·기타소득금액)

▍납세의무자

피상속인의 종합소득금액에 대해서 과세하는 경우에는 그 상속인이

납세의무를 진다.

신고대상 과세기간 및 확정신고기한

구 분	신고대상기간		종합소득세 확정신고기한
해당 과세기간 중 사망한 경우	1.1 ~ 사망일		상속 개시일이 속하는 달의 말일부터 6개월이 되는 날(이 기간 중 상속인이 출국하는 경우에는 출국일 전날)까지
1월1일부터 5월31일 사이에 사망한 경우	직전 과세기간	1.1 ~ 12.31	상속 개시일이 속하는 달의 말일부터 6개월이 되는 날(이 기간 중 상속인이 출국하는 경우에는 출국일 전날)까지
	해당 과세기간	1.1 ~ 사망일	

납세지

- 원칙 : 피상속인·상속인 또는 납세관리인의 주소지나 거소지 중 상속인 또는 납세관리인이 관할 세무서장에게 납세지로서 신고하는 장소
- 피상속인이 비거주자인 경우로서 납세관리인을 둔 경우
  국내사업장의 소재지 또는 그 납세관리인의 주소지나 거소지 중 납세관리인이 관할 세무서장에게 납세지로서 신고하는 장소
- 신고한 납세지가 없는 경우
  - 거주자 : 피상속인의 주소지, 주소지가 없는 경우 거소지
  - 비거주자 : 국내사업장(국내사업장이 둘 이상 있는 경우에는 주된 국내사업장)의 소재지, 국내사업장이 없는 경우 국내원천소득이 발생하는 장소

확정신고시 제출대상 서류

- 종합소득세. 농어촌특별세 과세표준확정신고 및 자진납부계산서
  (소득자에 따라 : 단일소득자용, 복수소득자용)

- 소득금액계산명세서, 소득공제신고서, 주민등록등본
- 복식부기의무자 : 재무상태표, 포괄손익계산서, 합계잔액시산표, 조정계산서
    - 간편장부대상자 : 간편장부 소득금액계산서
    - 기준경비율, 단순경비율에 의한 추계신고자 : 추계소득금액계산서
- 공동사업자별 소득금액 등 분배계산서(공동사업자)
- 원천징수세액 납부명세서
- 세액공제신청서
- 세액감면신청서
- 일시퇴거자인경우
    - 일시퇴거자 동거가족 상황표, 퇴거전 주소지와 일시퇴거지의 주민등록등본
    - 재학증명서, 요양증명서, 재직증명서, 사업자등록증 사본
- 장애자공제 대상인 경우
    - 국가보훈처가 발행한 증명서, 장애인수첩사본, 장애증명서

▌상속세 신고시 공과금 공제

피상속인의 종합소득세를 상속개시후 상속인이 납부한 경우 상속세 과세가액 계산시 공과금으로 공제가능하다.

▌확정신고기한 이내에 무신고한 경우

- 신고불성실 가산세 부과 : 무신고(과소신고) 부분에 대하여 10% ~ 40% 부과
- 납부불성실가산세 : 1일 2.2/10,000(연8%) 부과

Ⅴ 기타 후속조치 사항

1. 영업자 지위 승계

공중위생관리법 제3조의2에 의거 공중위생업(숙박업, 목욕장업, 이용업, 미용업, 세탁업, 위생관리용역업) 신고를 한 자가 사망한 때 그 지위를 승계하고자 하는 상속인은 시장·군수·구청장에게 신고하여야 한다.

(1) 공중위생영업 영업자 지위승계 신고

▎대상업종

숙박업·목욕장업·이용업·미용업·세탁업·위생관리용역업

▎신고기한

사망일로부터 1월 이내에 시장·군수 또는 구청장에게 신고하여야 한다.

▎접수기관 : 시·군·구

▎신고방법 : 인터넷, 방문, 우편

▎신청서 및 구비서류

- 영업자지위승계신고서
- 가족관계증명서 및 상속인임을 증명할 수 있는 서류
    ❖ 신고서 서식은 시·군·구에 비치되어 있고,
      민원 G4C(http://www.minwon.go.kr)에 서식이 있음

▎대상업종

신고기한 이내에 영업자 지위승계 신고를 하지 않은 경우 6월 이하

의 징역 또는 500만원 이하의 벌금에 처해진다.

▌상세문의 : 관할 시·도 또는 시·군·구 공중위생업무 담당부서

(2) 식품영업 공중위생영업 영업자 지위승계

식품위생법 제25조 제1항에 따라 식품위생법상 영업자가 사망한 경우 그 상속인은 그 영업자의 지위를 승계한다.

▌신고기한

그 영업자의 지위를 승계한 자는 1개월 이내에 그 사실을 식품의약품안전청장 또는 특별자치도지사·시장·군수·구청장에게 신고하여야 한다.

❖ 3년 이하의 징역 또는 3천만원 이하의 벌금(법77조)

▌신고방법 : 인터넷, 방문, 우편

▌접수기관

- 식품첨가물제조업,식품조사처리업 : 지방식품의약품안전청
- 기타 식품관련 영업 : 시·군·구

▌신청서 및 구비서류

- 영업자지위승계신고서 : 신고증이나 허가증
- 가족관계증명서 및 상속인임을 증명할 수 있는 서류
  ❖ 신고서 서식은 지방식품의약품안정청 또는 시·군·구에 비치되어 있고, 민원 G4C(http://www.minwon.go.kr)에도 서식이 있음.

▌상세문의 : 관할 시·군·구 또는 지방식품의약품안전청

(3) 주요 영업자 지위승계신고사항

신고기한	민원사무	접수기관	기간
권리의무승계일로부터 15일내	국제물류주선업 상속신고	시·도	2일
승계사유발생일로부터 20일내	게임제작(배급)업 등의 영업자 지위승계신고	시·군·구	즉시
사망일로부터 30일내	상속에 의한 광업권(조광권, 저당권)이전등록	광업등록사무소	2일
	축산물가공처리법상 영업자 지위승계신고	시·도(축산물가공업 등), 시·군·구(축산물판매업 등), 국립수의과학검역지원(축산물수입판매업)	3일
	측량업 지위승계신고	국토지리정보원, 시·도	14일
승계일로부터 30일내	도시가스사업자 지위승계신고(가스도매사업, 일반도시가스사업)	지식경제부(가스도매사업) 시·도(일반도시가스사업)	즉시
	액화석유가스 충전사업 등의 지위승계신고	시·군·구 시·도	4일
	위험물제조소 등 지위승계신고	소방소	즉시
	소방시설업 지위승계신고	소방소	14일
승계일로부터 1월내	건강기능식품 영업자 지위승계신고	식품의약품안전청 지방식품의약품안정청	즉시
	총포 등 제조업(판매업, 화약류저장소) 영업자 지위승계신고	경찰서	즉시
	사행행위 영업(사행기구제조, 판매업) 영업자지위승계신고	지방경철청, 경찰서	5일
	관광사업 양수(지위승계)신고	문화체육관광부, 시·군·구, 시·도	5일

신고기한	민원사무	접수기관	기간
사망일로부터 60일내	화물자동차 운송 (운송주선·운송가맹) 사업 상속신고	국토교통부, 시·군·구, 시·도	5일
상속개시일로부터 60일내	건설업 상속신고 (일반건설업, 전문건설업)	시·도(일반건설업) 시·군·구(전문건설업)	7일
	부동산개발업 상속신고	시·도	7일
사망일로부터 90일내	여객자동차터미널사업 상속신고	시·도	2일
	여객자동차운송사업 (자동차 대여사업) 상속신고	국토교통부(시외고속버스) 시·도(시외고속버스 외)	5일
상속일로부터 3월내	골재채취업 상속신고	시·군·구	7일
상속개시일로부터 3월내	주류 제조·판매업 이전 신청	세무서	7일
승계일로부터 3월내	우표류판매소 이전 신청	우체국	2일
사망일로부터 6월내	해수면 유·도선사업 상속신고	해양경찰청, 시·도 해양경찰서, 시·군·구	7일

▌지위승계(상속이전)의 결격사유

상속인이 지위승계를 받는 사업의 인·허가 결격사유에 해당되는 때에는 기간을 정하여 다른 사람에게 그 사업을 양도하도록 관련법령에 규정된 경우가 있다.

2. 사업자등록정정신고

상속으로 인하여 사업자의 명의가 변경되는 때에는 부가가치세법 시행령 제11조의 규정에 의하여 사업자등록정정신고서를 관할 세무서에 제출하여야 한다.

▎사업자등록 정정 신고기한

상속인이 확정되는 때에 지체없이 신고

▎부동산임대업을 영위시 신청서 및 구비서류

- 사업자등록정정신고서(개인사업자용)
- 상속임을 입증하는 서류(사망진단서 및 협의분할서 등)
- 부동산등기부등본(상속등기가 된 경우에 한함)

▎기타 업종 영위시 신청서 및 구비서류

- 사업자등록정정신고서(개인사업자용)
- 해당사업의 상속인임을 증명할 수 있는 서류(협의분할서 등)
- 영업신고가 필요한 업종의 경우에는 시·군·구청에서 먼저 상속인 명의로 정정신고한 영업신고필증 등 제출
- 사업장을 임차한 경우에는 사업장임대차계약서(상속인 명의로 변경한 것을 제출해야 함)

▎처리기간

신청일로부터 2일(사업자등록증의 기재사항을 변경하여 재교부)

▎접수기관 : 사업장 관할 세무서

3. 기타 신용카드, 휴대전화 해지 등

이밖에도 사망신고 후에는 사망자 명의로 되어 있던 각종 보험청구, 거래계약 해지, 신용카드 해지, 인터넷 서비스 해지, 휴대전화 해지, 유선방송 해지 등 조치하여야 할 일들이 다양하다.

저자약력

● 고경희

〈학력〉
- 영남대학교 사학과 졸업 • 연세대학교 법무대학원 경영법무학과 석사

〈경력〉
- 국세청 근무
- 여성세무사회 회장(前)
- 한양대학교 부동산융합대학원 겸임교수(現)
- 한국세무사회 연수원 교수(現)
- 국세공무원교육원 겸임교수(現)
- 중소기업중앙회 가업승계 자문위원(現)
- 광교세무법인 도곡지점 대표세무사(現)

〈연구실적〉
- 완전포괄주의 과세제도하에서 합리적인 증여세 과세방안에 관한 연구(연세대학교 석사학위 논문)
- 완전포괄주의 과세제도에 따른 증여세 도입에 따른 과세방안
  (공법연구 제35집 제2호: 연세대학교 박정우 교수와 공동발표)
- 2008년도 "국세표준상담 500선" 상속세및증여세 분야(국세청고객만족센터)
- 2011년도 "주요상담사례 100선" 상속세및증여세 분야(국세청고객만족센터)
- 국세청 세법적용기준 T/F팀 "명의신탁재산의 증여의제", "매매사례가액", "물납",
  "재산취득자금 등의 증여추정", "기타이익의 증여"등
- 가업승계에 대한 상속·증여세 지원제도와 절세효과 및 절세전략, 월간 조세. 통권364호 (2018년 9월)

〈주요저서〉
- 완전포괄주의 과세제도에 따른 증여세 도입에 관한 과세방안
  공법연구 제35집 제2호(연세대학교 박정우 교수와 공동발표)
- 중소기업 가업승계에 따른 상속 증여세제에 관한 고찰 - 계간세무사 2009년 가을호 통권(122호)
- 국세청 "상속세및증여세 상담사례집"(2006년, 국세공무원교육원 내부자료)
- 국세공무원교육원 "상속·증여세법 및 평가실무", 2009~2010년
- 국세청고객만족센터, "가업승계에 대한 조세지원제도" 2011년
- 상속증여세실무편람 2008~현재

2025 아는만큼 돈버는
상속·증여세 핵심 절세 노하우

개정14판 : 2025년 3월 24일
초 판 발 행 : 2012년 4월 25일
저　　　자 : 고경희
발 행 처 : (주)더존테크윌
주　　　소 : 서울시 광진구 자양로 142, 청양빌딩 3층
등 록 번 호 : 제25100-2005-50호
전　　　화 : 02-456-9156
팩　　　스 : 02-452-9762
홈 페 이 지 : www.etaxkorea.net

ISBN 979-11-6306-117-5
정가 25,000원

- 파본은 구입하신 서점이나 출판사에서 교환해 드립니다.
- 이 책을 무단복사, 복제, 전재하는 것은 저작권법에 저촉됩니다.